동아시아 젠더·페미니즘의 현재

한국일본학회 기획총서 5
문학편

동아시아 젠더·페미니즘의 현재

한국일본학회 편

서문

2017년 10월 미국에서 하비 와인스타인의 성폭력 고발과 함께 SNS 해시태그 운동으로 시작된 초국적 #MeToo운동의 물결은 지구촌을 빠르게 휩쓸었다. 그간의 침묵을 깨고 성폭력 피해를 고발하고 타자와 연대하고자 하는 #MeToo, 직접적인 피해자가 아니더라도 아픔을 외면하지 않고 운동에 동참하겠다는 공감과 지지의 의지를 담은 #With you의 외침은 SNS를 중심으로 국경을 넘어 확산되었고, 이는 젠더에 기반한 폭력과 차별에 맞선 대항 운동이 전 지구적으로 연결되어 있음을 실감케 했다. 그렇다면 '제4물결 페미니즘'이라고도 일컬어지는 이 시기 동아시아에서 젠더·페미니즘과 관련된 움직임은 어떠한 양상으로 나타났을까?

그간의 흐름을 약술해보자. 한국의 경우, 2010년대 중반부터 사회의 다양한 영역에서 성차별적 관행과 성폭력을 고발하는 여성들의 목소리가 동시다발적으로 터져 나왔다. 헐리우드 발 미투에 앞선 2015년 SNS 상에서 이어진 '#나는 페미니스트입니다' 선언은 '페미니즘 리부트'의 신호탄이었다. 그 후 메갈리안의 '미러링'을 거쳐 2016년 5월에 발생한 강남역 살인사건의 피해자를 향한 추모의 물결로 가시화된 반여성혐오의 정동은, '#○○_내_성폭력' 운동과 탈코르셋, 혜화역 시위로 이어지는 대중적 여성운동의 새로운 흐름을 만들어냈다. 2018년 1월 서지현 검사가 검찰 조직 내 성폭력 피해를 고발함으로써 촉발된 한국판 미투는 이후 정계, 문화예술계, 스포츠계에 이르기까지 전방위로 번져나갔다. 상기한 일련의 움직임은 우리 사회가 안고 있는 문제들을 수면 위로 부각시켰다.

다른 동아시아 국가들의 상황은 어떠했을까? 이웃 나라 일본의 사례로 눈을 돌려보자. 일본 미투의 상징적 인물로 알려진 저널리스트 이토 시오리(伊藤詩織)는 2015년 당시 TBS 방송국 워싱턴 지국장이던 야마구치 노리유키(山口敬之)를 준강간 용의로 고발하였고, 2016년 불기소처분을 내린 검찰에 이의신청을 했다. 2017년 5월에는 일본 역사상 성폭행 피해자 최초로 얼굴을 공개하고 기자회견을 열어 야마구치에 의한 강간 피해를 세상에 알리고 그 후 저서 『블랙박스(Black Box)』를 출간해 성폭력 피해뿐만 아니라 일본 경찰의 2차 가해와 사법제도의 문제점 등을 고발했다. 이토는 성폭력 피해자에게 냉담한 사회적 분위기 속에서 민사 소송을 이어간 끝에 2022년 1월 최고재판소 승소 판결을 받았다. 이토의 사례로 대표되는 일본의 미투는 미디어의 무관심과 포스트페미니즘 상황 등이 맞물리면서 대중 확산의 동력을 크게 갖지 못했다고 일반적으로 평가받는다. 하지만 같은 시기 '플라워 데모(フラワーデモ)'와 '#KuToo 운동' 등 성폭력 피해자와 연대하고 강제된 여성성에 이의를 제기하는 독자적인 실천들이 나타난 사실을 주목할 필요가 있으며, 성폭력 피해 고발은 최근 영화계와 엔터테인먼트 산업으로 확산되고 있다.

이처럼 2010년대 동아시아에서 페미니즘 운동이 확산되는 과정에서는 국경을 넘나드는 새로운 연대의 움직임도 나타났다. 한일 미투의 상징적 인물인 서지현 검사와 이토 시오리의 만남(2018년 12월), 이에 앞선 이토와 일본군 '위안부' 피해자와의 만남(2018년 10월)은 성폭력과 여성혐오가 여전히 견고한 한일 양국 공통의 현실과 그 역사성을 상기시킴과 동시에 국민국가의 틀을 넘어선 연대의 가능성을 시사하기도 한다.

　페미니즘적 정동은 사회운동에 국한되지 않고 문화 영역으로도 파급되었다. 조남주의 소설 『82년생 김지영』은 이를 보여주는 대표적 사례라 할 것이다. 한국에서 2016년 출간되자 뜨거운 논쟁의 대상이 되며 100만부 이상이 팔려 하나의 사회현상을 불러일으킨 이 소설은 이후 영어, 일본어, 중국어, 프랑스어, 스페인어, 독일어, 베트남어, 태국어, 아랍어 등 전 세계 25개 국어(2021년 8월 기준)로 번역되어 해외 독자들의 호응을 얻었다. 이 소설에 대한 독자의 반응은 동아시아 지역에서 유독 뜨거웠는데, 일본에서 출간 후 나흘 만에 3쇄를 찍으며 한국 소설로는 최초로 베스트셀러가 된 것을 시작으로, 타이완 최대 전자책 사이트 '리드무' 전자책 부문 1위, 중국 최대 규모 온라인 서점 '당당왕(当当网)' 1위에 잇따라 오르며 "'82년생 김지영'이 한·중·일 여성을 하나로 묶었다"는 평을 받았다.

　그렇다면 『82년생 김지영』이 보인 폭발적인 파급력을 어떻게 이해해야 할까? 이 소설에 대한 해외 독자의 호응을 두고 국내 미디어는 'K'의 경쟁력을 칭양하는 내셔널한 반응도 보였지만, 독자들의 공감의 배후에 무엇보다 냉엄한 성차별적 현실이 있음을 간과해서는 안 될 것이다. 세계경제포럼(World Economic Forum)이 매해 발표하는 글로벌 성 격차 보고서(Global Gender Gap Report)에 따르면, 2023년 기준 한국의 젠더 격차 지수는 전년도 99위보다 6계단 하락해 전체 146개 국가 중 105위를 기록했다. 뒤이어 중국 107위, 일본 125위로 한중일 3국이 나란히 하위권에 포진해 있다는 사실은 미투를 지나온 이후에도 젠더 불평등한 사회 구조가 여전히 개선되지 않고 있는 동아시아의 현실을 단적으로 보여준다.

　한편 페미니즘 정동의 글로벌한 확산을 목도한 2010년대는 전 세계적으로 가속화된 우경화 및 백래시의 시대로도 기억될 것이다. 신자유주의의 진전이 야기한 경제적 양극화와 삶의 불안정성 확대, 이를 배경으로 한 극우 세력의 발흥과 혐오 정동의 확산은 세계 곳곳에서 이민 배척과 소수자 혐오로 나타나고 있으며, 동아시아 역시 이 같은 시대적 조류로부터 자유롭지 못하다. 한국 사회는 미투 이후 한층 격렬해진 페미니즘 백래시를 겪고 있으며, 신자유주의–신보수주의 시대 포스트페미니즘의 정동은 동아시아 페미니즘이 마주하고 있는 공통의 과제이다.

더욱이 포스트 미투 시대의 페미니즘은 아이러니하게도 분열에 봉착한 듯 보인다. 물론 페미니즘은 어느 시대에도 결코 단일했던 적은 없지만 2017년 이후 한국 사회의 페미니즘 운동은 내부 분화를 거치면서 더욱 다각화되었으며, 한국 사회의 제주 예멘 난민 사태, 한일 양국에서 나타나고 있는 트랜스 혐오에서 보이는 것처럼 정체성 정치와 다양성 정치가 배치되면서 페미니즘과 다른 마이너리티 운동 간의 대립과 균열이 깊어지는 양상도 확인된다. 이 시점에 우리는 변화를 이끌어낼 주체는 누구이며 누구를 위한 페미니즘인가를 되물어야만 할 것이다.

이러한 상황인식 속에서 한국일본학회는 2024년 2월 16일 학술대회 〈동아시아 젠더·페미니즘의 현재〉를 개최하여 동아시아의 젠더·페미니즘의 현재를 돌아보고 향후 나아갈 방향성을 모색하고자 하였다. 이번 학술대회 기획에서는 페미니즘의 주체를 생물학적 여성으로 보는 관점을 지양하고 LGBTQ+, 즉 성소수자 등도 포괄하는 젠더적 관점에서 접근하고자 했다. 여성과 LGBTQ+, 페미니즘과 젠더를 함께 다룸으로써 여성과 성소수자, 다양한 마이너리티 집단 간의 연대를 도모할 수 있기를 희망하기 때문이었다. 사회적 약자의 시선에 선 페미니즘은 역사적으로 다양한 마이너리티 운동을 촉발해 왔다. 근래의

상호교차성(intersectionality) 논의가 지적하듯 성·인종·계급·연령·
장애 등에 기반한 권력관계가 상호구성적으로 작동함을 인식하고, 타
자와 연대하는 열린 페미니즘을 통해 성별 이분법에 기반한 이성애
제도를 되묻고 정상성 이데올로기를 해체하며 함께 넘어서기 위한 전
략과 언어를 재정비해야 한다.

나아가 동아시아에서 '젠더·페미니즘의 현재'를 사유한다는 것은 국
가 간 경계를 넘어선 소통과 연대를 지향하면서도 그 어려움을 직시하
는 일이기도 할 것이다. 근대 세계자본주의 체제로 편입된 이래로 동
아시아 국가들은 제국주의와 식민주의, 탈식민과 냉전(열전)을 각기
다른 위치에서 경험해 왔다. 따라서 동아시아 각국의 젠더·페미니즘
은 상이한 역사와 사회적 맥락에 기대어 있으며, 역사적 경험과 이념
의 차이가 이 지역의 연대를 가로막는 분단선으로 작용해 온 것도 사실
이다. 과거를 돌아보면, 초국적 여성/시민 운동의 결실로 2000년 12월
도쿄에서 열린 '일본군 성노예 전범 여성국제법정'이 민간 차원의 국제
연대를 상징하는 역사적 모멘트로 기억되어야 하는 한편으로, 여전히
해결되지 않고 있으며 결코 완전히 해결될 수도 없는 일본군 '위안부'
문제는 동아시아 페미니즘이 내포하는 난제와 존재의 필요성을 응축
적으로 보여준다. 한편, 『82년생 김지영』에 대한 반향이 보여주듯 동
아시아의 젠더·페미니즘은 분명 동시대성을 공유하지만, 1980년대
말 이후 탈냉전과 급격한 민주화를 거치면서 압축된 에너지를 양분
삼아 사회변혁을 추동해온 한국과 타이완, 제국에서 전후 민주주의
국가로 전향하며 일찌감치 경제성장을 이룬 일본, 1970년대 말 이후
급격한 개혁개방을 추진한 중국은 그 여건이 다를 수밖에 없다. 또한
재일조선인과 오키나와 여성의 목소리에 귀를 기울일 때, 그동안 보이
지 않았던 복합적 억압과 차별의 구조가 드러난다. 동아시아 젠더·

페미니즘 고유의 현실을 구성하는 상이한 역사성과 사회문화적 맥락을 소거하지 않으면서 서로의 경험을 참조하며 어떻게 초국적 연대의 흐름을 만들어갈 수 있을 것인가? 이는 팬데믹과 저출생·초고령사회화가 드러낸 돌봄의 위기, 인류세적 생태/기후위기라는 새로운 도전 앞에 더욱 절실하게 다가오는 물음이기도 하다.

이번 기획 총서『동아시아 젠더·페미니즘의 현재』에는 국제학술대회의 성과에 더해 젠더와 페미니즘의 당면과제를 파악할 수 있는 논문을 모았다. 역사 속에서 켜켜이 쌓여왔으나 비가시화되어 있었던 소수자의 목소리를 '젠더·페미니즘'적 관점에서 가시화함과 동시에 현재에도 지속되고 있는 젠더에 기반한 억압과 혐오의 매커니즘을 논구함으로써 실천적 연대를 이룩해 가는 밑거름이 되었으면 한다.

한국일본학회는 2016년『경쟁과 협력의 한일관계』기획총서 제1권을 시작으로,『일본 전후문학과 마이너리티 문학의 단층』(제2권 2018),『한일 관계의 긴장과 화해』(제3권 2019),『정보화시대의 일본어·일본어교육 연구』(제4권 2021)를 간행했고, 이번『동아시아 젠더·페미니즘의 현재』가 제5권이 된다.

이 책은 '돌봄' '젠더 백래시' '주체' '섹슈얼리티' 'K컬처' '트랜스내셔널'의 주제로 전체 6장으로 나뉜다. 수록 논문은 총 14편으로 각 장에 2, 3편을 담았다.

제1장 '돌봄'에는 이다 유코와 지은숙의 글이 실렸다. 이다 유코는 젠더화된 구조 안에서 여성이 재생산 영역 쪽에 배치되어 왔음을 일본 현대소설의 분석을 통해 밝히고 있다. 지은숙의 글은 부모를 돌보는 비혼여성에 대한 사례조사 연구로 젠더 규범과 결혼 여부에 따른 자녀 간 돌봄 분배의 불균형에 주목한다. 고령화와 비혼화의 관계 속 '돌봄'

에 대한 접근은 가족 관계와 젠더 질서의 변동을 파악하는 데 있어서 유익한 시사점을 제공한다. 이다 유코의 말처럼 '돌봄 페미니즘'을 시야에 두고 여성에 대한 재생산 영역의 재구축과 재배치를 사유할 필요가 있다. 페미니즘은 담론 분석에 머물지 않고 타자와 응답하는 관계를 맺기 위한 실천적 사상이다.

제2장 '젠더 백래시'에는 다나카 도코, 조경희, 신기영의 글이 실렸다. 2023년에서 2024년에 걸쳐 일본 사회에서 일어난 성폭력 고발이 일본 미디어 문화와 페미니즘의 복잡한 관계에 어떠한 영향을 미치고 있는지를 살피고 있는 다나카 도코는 페미니즘 사상/운동이 일본의 공적 공간에서 억압된 상황이 일본의 '#MeToo' 운동을 지연시켰다고 지적한다. 다나카 도코는 2010년대 후반 한국 페미니즘에도 영향을 받으며 활발해진 일본의 페미니즘 논의가 현재 진행형인 '#MeToo'로 이어진다는 점에 주목하면서 최근 일본의 성폭력 고발 사례와 미디어 문화의 관계를 고찰한다. 조경희는 2017년 여성 저널리스트 이토 시오리의 성폭력 고발을 일본 #MeToo 운동의 선구적 사례로 꼽고, 1990년대 후반 이후 일본 페미니즘과 그 백래시 과정, 일본 사회의 정치적 보수화, 신자유주의적 재편 등이 #MeToo 운동의 비가시화를 초래한 상황을 살핀다. 또한 한국의 페미니즘 리부트와 #MeToo가 일본에 소개되면서 일본 페미니즘의 새로운 시선을 촉발한 점을 고찰한다. 신기영은 2000년대 이후 일본에서 발생한 두 번의 '젠더 백래시' 현상을 고찰함으로써 일본에서 지난 20여 년 동안 젠더 평등 및 페미니즘에 대한 논의가 정체되다시피 한 배경을 밝힌다.

제3장 '주체'에는 허윤, 정고은, 김미란의 글이 실렸다. 허윤은 광장의 역사를 젠더적 관점에서 비판적으로 재구성하기 위한 시도로서 '페미니즘 리부트'의 전사(前史)인 여성 대중 운동의 계보를 살핀다. 한국

의 1990년대 성정치가 '자유'의 맥락에서만 소환되는 기존 서사에 대한 비판으로, 1980년대부터 개최된 한국여성대회, 1990년대에 시작된 장애여성운동, 2000년대의 퀴어문화축제 등을 통해 젠더 의제가 광장의 주체로 드러난 역사적 계보를 조명함으로써, 광장 서사에서 비가시화되어 왔지만 실제로 성정치는 대중운동으로서 광장에서 자신의 모습을 드러내며 자기 역량을 축적해 왔음을 밝힌다. 정고은은 2010년대 후반 '페미니즘 대중화' 시기의 중요한 문화현상으로서 평범한 여성 대중에 의해 쓰인 '여성 에세이'가 부상한 맥락을 살핀다. 임신과 출산, 비혼, 대안적 여성 공동체, 여성 경제가 에세이의 핵심적 주제로 부상했음에 주목하면서, 여성들의 에세이 읽기/쓰기를 여성의 일상적 경험을 경유해 한국사회의 성차별적 구조를 드러내고 기존의 가부장적 질서가 정해 놓은 생애적 각본과 역할을 거부하는 실천으로 의미화한다. 하지만 한편으로 '여성 에세이'를 통해 전달되는 신자유주의적 각본을 경계하면서 새로운 미래에 도달하기 위한 페미니즘의 언어와 지식을 재발명하는 장으로 페미니스트 독서와 출판의 변화 양상을 추적할 필요성을 말한다. 김미란은 중국에서 2018년에 방영된 드라마 〈베이징여자도감〉과 2016년에 일본에서 방영된 원작 〈도쿄여자도감〉을 비교 분석하면서 성차별적 현실에 대한 비판적 시각을 가로막는 중국 정부의 생명 정치 담론을 고찰한다.

　제4장 '섹슈얼리티'에는 장웬쉰과 유수정의 글이 실렸다. 2019년 동성애자 결혼을 법적으로 인정한 '동성혼법'이 타이완에서 성립되었다. 장웬쉰은 이 법률의 성립 배경에 1990년대에 융성한 섹슈얼 마이너리티 해방운동이 있었음을 지적하면서, 이 시기에 나타난 신예 작가 츄마오진의 문학에 투영된 일본(작가)의 영향을 살핀다. 나아가 츄마오진에 이끌려 일본에서 일본어로 문학 활동을 하는 타이완 출신 소설

가 리 고토미의 작품에 나타난 섹슈얼리티를 분석하면서 츄마오진과 리 고토미의 작품에 공통적으로 나타나는 퀴어 문학의 윤곽을 살핀다. 유수정은 일본 LGBT문학에 지대한 영향을 끼친 타이완 LGBT문학인 '퉁즈문학'을 아쿠타가와상 수상 작가 리 고토미의 작품에 나타난 레즈비언 주인공의 인물 조형 등을 통해 고찰한다.

제5장 'K컬처'에는 류진희와 김지영의 글이 실렸다. 류진희는 1990년대 이후 한국 대중문화의 성장과 한류의 초국적 진전에서 선도적 역할을 담당했던 여성 팬과 걸그룹을 여성 주체의 역량 및 여성노동의 맥락에서 고찰한다. 초국적 동아시아를 배경으로 부상한 한류의 여성 팬과 K-엔터테인먼트의 전사(戰士)였던 걸그룹, 여성 청년을 새로운 문화 창출 주체로 보고, 이들을 사회학적 각론이 아닌 젠더화된 메타서사에 대항하는 행위성으로 읽어야 한다는 점을 말한다. 김지영은 2010년대 일본의 혐오 발언 확산 속에서 2019년 조남주의 『82년생 김지영』이 일본어로 번역되어 베스트셀러가 된 이후 페미니즘을 키워드로 'K-문학' 붐이 일본에서 일었던 배경을 통해 번역이 여성 혐오에 대항하는 여성들의 연대를 매개하며 페미니즘 SF는 소수자, 비인간 간의 공생 관계를 모색하는 전복적 상상력을 자극한다는 점을 고찰한다.

제6장 '트랜스내셔널'에는 신지영과 안민화의 글이 실렸다. 신지영은 2014년 무렵부터 부상한 재일조선여성문학의 특징을 '자기서사 공통장 텍스트'로 규정하고, 이에 기반한 아시아 여성들의 연대 활동의 초기 형태를 살피며, 구술과 증언 등의 '자기서사 공통장 텍스트'가 아시아의 미디어 순환 속에서 왜곡되거나 비대칭적으로 유통되는 상황을 사유한다. 일본 사회는 'K-문학'에 관심을 보이는 것과 대조적으로 위안부와 재일조선여성에 대해 지속적인 무관심과 배제의 태도를 보인다고 한다. 안민화는 재일조선인 박수남 감독의 영화가 보

여주는 일제 피폭 피해자, 오키나와 전투의 한국인 생존자, 위안부 문제 등 '공식적이고 공적인 기록'에서 배제된 소수자의 역사 기록을 '마이너 트랜스내셔널한 기억'과 '다큐멘터리의 수행성'으로 읽는다. 박수남 감독의 작품은 국가의 경계를 넘어 마이너리티를 중심으로 횡단교차되는 기억의 궤적들을 사유할 단초를 제공한다.

오늘날 젠더·페미니즘은 한국, 일본, 타이완, 중국의 국경을 넘어 영향을 주고 받는다. 이 책에 실린 글은 한국의 페미니즘은 일본으로, 일본의 여성 드라마는 중국으로, 타이완의 퀴어 문학은 일본으로 각각 흐르는 현상도 담고 있다. 젠더·페미니즘은 문학과 영화, 드라마, 운동, 미디어, 정치, 사회 등 특정 영역에 한하지 않고 내재한다. 국가와 영역을 넘나들며 동아시아를 사유하는 페미니즘은 여성의 불평등에 한하지 않고 젠더적 관점에서 성소수자를 포함해 자본주의와 타자 문제까지를 포괄하는 복합적인 시각을 요구한다. 국제학술대회의 기조 강연자 이다 유코가 말하듯 페미니즘은 자본주의의 생산과 재생산 배치 구조의 근본을 바꾸며 젠더 규범을 넘어서는 마중물이 되어야 한다.

기획총서가 간행될 수 있도록 원고를 보내 주신 집필자에게 진정으로 고마운 마음을 전하고 싶다. 원고 요청에 흔쾌히 게재를 수락해 주신 선생님들이 안 계셨다면 이 책은 빛을 볼 수 없었을 것이다. 한국일본학회 이지형 회장님과 조영남 총무이사님은 기획총서 간행에 성원을 아끼지 않으셨다. 공익법인 도시바국제교류재단은 총서 간행을 지원해 주었으며, 보고사는 지난 총서에 이어 변함없이 출판을 맡아 주었다. 모든 분의 아낌없는 후원에 깊이 감사드린다.

2024년 8월
한국일본학회 김지영, 이한정

차례

Ⅱ 젠더 백래시

III 주체

IV 섹슈얼리티

V K컬처

VI 트랜스내셔널

I

돌봄

재생산 영역은 어떻게 재구성되고 재배치되어야 할까

페미니즘과 문학적 사유를 통해

이다 유코

1. 재생산 영역을 둘러싼 담론 지형

오늘날 페미니즘이 마주한 문제 가운데 재생산 영역 논의는 빼놓을 수 없을 것이다.

재생산 영역이란, 인간과 사회, 그리고 자연을 재생산하는 영역을 뜻한다. 낸시 프레이저(Nancy Fraser)의 '사회적 재생산'에 대한 정의, 요컨대 "인간을 낳아 기르고, 사회와 연결하는 데 필요한 생활기반을 제공하는 돌봄 노동(가사와 육아 등)과 상호작용"[1]이라는 의미망은 이를 사유하는 데 좋은 참고가 된다. 자본주의는 상품생산과 사회적 재생산을 분리한다. 중요한 것은 생산은 재생산이 없으면 유지 불가능하다는 것이다. 재생산 영역은 생산 영역의 '구성적 외부'이며,

---

[1] 낸시 프레이저, 『자본주의는 왜 우리를 행복하게 하지 않을까(資本主義は私たちをなぜ幸せにしないのか)』, 에구치 야스코(江口泰子) 옮김, 筑摩書房, 2023, p.28.

이는 외부에 자리하면서 내부를 성립하는 데 꼭 필요하다. 이때의 외부는 내부와 구별되는 것이 아닌, 하나의 구조 속에 자리한 것이라고 이해할 수 있다. 또한, 생산 영역은 상위에, 재생산 영역은 하위에 놓임으로써 재생산 영역으로부터 '수탈'을 거듭해 왔다. 그 구조는 새삼 강조할 필요도 없이 젠더화되어 있다. 프레이저는 "분리하고, 의존하면서, 부인하는 것"[2]으로 파악했다. 요컨대, "일반적으로 자본주의사회는 사회적 재생산을 경제적 생산으로부터 분리해 여성의 영역으로 삼고, 그 중요한 가치를 모호한 것으로 치부한다. 그런데 역설적이게도 자본주의사회는 공적 경제를 사회적 재생산 과정에 의존하도록 하면서 그 가치를 부인한다"[3]는 것이다.

프레이저는 사회적 재생산에 더하여 자본주의의 자연 수탈도 지적한다. 자연은 사회적인 것은 아니지만, 순환하는 시간성 안에서 무한히 자원을 제공하는 영역이며, 넓은 의미에서 재생산 영역이라고 말할 수 있다. 자연을 수탈하는 것 또한 생산을 가능케 한다. 자본주의는 이러한 재생산 영역을 수탈함으로써 움직인다.

자연 또한 폭넓게 시야에 넣어 사유해야 하는 이유이다. 더 나아가 '돌봄의 윤리'에도 주의를 기울여야 한다. 이는 개인의 자립이나 강인함을 규범으로 하는 것이 아니라, 타자를 배려하고 이해하는 마음을 기반으로 한 윤리이다. 낸시 프레이저와 함께 돌봄의 윤리를 제창한 캐럴 길리건(Carol Gilligan)에 대해 간단하게 소개하고자 한다. 길리건은 지금까지 사회가 침묵해 온 타자에 대한 배려를 중시하는 목소리를 '또 하나의 목소리'라고 명명했다.[4] 그것은 생산에 종사하는

2　앞의 책, p.106.
3　위의 책, p.106.

자들의 목소리가 아닌, 재생산에 종사하는 자들의 목소리이다. 길리
건의 주장은 페미니스트로부터 지나치게 일반화한 탓에 본질주의 논
의로 빠져들었다든가, 백인 중심 논의라는 비판을 받기도 했다. 이
에 길리건은 가부장제와 관련된 문제임을 강조하고 이에 저항하는
방법으로서 '또 하나의 목소리'의 중요성을 강조했다. 길리건은 "가
부장제 문화(그것이 노골적이든 은폐되었든)에서는 돌봄의 윤리를 동반
하는 또 하나의 목소리, 여성스러운 울림이 있다. 그 목소리를 있는
그대로 귀 기울여 들어보면, 그 목소리는 바로 인간의 목소리다"[5]라
며 반론을 제기했다. 그것은 본질적인 것이 아닌, 물론 젠더화된 사
회구조 문제이다. 현 사회를 근본부터 다시 묻고 있는 것이다.

　한편, 일본에서도 이러한 논의가 전개된 바 있다. 우에노 지즈코(上
野千鶴子)의 『가부장제와 자본주의(家父長制と資本制)』가 그것인데, 그
안에서 〈그림 1〉과 같은 도식을 제시하고 있다.[6]

　시장은 자연에서 자원을 얻는 동시에, 산업폐기물을 그대로 흘려버
리는 '수탈'을 행하고 있다. 다른 한편에서는, 가족(여기서는 노인, 병자,
장애인만 언급하고 있는데, 아이나 청년도 당연히 포함될 것이다)이라는 이
름으로 생산노동을 담당하지 않는 이들에 대한 돌봄이나 노동자의 피
로를 아무런 대가를 지불하지 않고 짐 지운다. 이어서 간행한 『돌봄의

4　캐롤 길리건, 『또 하나의 목소리: 남녀 도덕관의 차이와 여성의 아이덴티티(もうひ
　　とつの声 男女の道徳観のちがいと女性のアイデンティティ)』, 이와오 스미코(岩
　　男寿美子) 외 옮김, 川島書店, 1986.
5　캐럴 길리건, 『저항 선언문: 페미니스트 돌봄 윤리(抵抗への参加　フェミニストの
　　ケアの倫理)』, 고니시 마리코(小西真理子) 외 옮김, 晃洋書房, 2023, p.31.
6　우에노 지즈코(上野千鶴子), 『가부장제와 자본주의(家父長制と資本制)』, 岩波
　　書店, 1990, p.1.

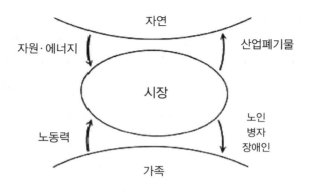

〈그림 1〉 가부장제와 자본주의 관계

사회학(ケアの社会学)』(太田出版, 2011)에서는 가족에게 일방적으로 짐 지워 온 돌봄을 사회화해야 한다고 주장했다.

우에노는 돌봄의 현장을 사(私), 민(民), 관(官), 협(協)이라는 4개의 섹터, 즉 (1) 사적 섹터에는 선택의 자유를, (2) 민간 섹터에는 시장화 옵션을, (3) 관 섹터에는 돌봄 비용의 국제화를, (4) 돌봄 노동은 협 섹터에 분배를 등으로 나누고 그 방안을 제시했다.[7]

이러한 우에노의 제안은 돌봄의 사회화를 구체화한 것이라고 할 수 있다. 최근 '돌봄의 윤리'에 관해 주목할 만한 논의를 전개하고 있는 정치학자 오카노 하치요(岡野八代)는, 우에노가 '돌봄'을 '노동'이라는 형태로 이론화하고 있다고 지적했다.[8] 오카노는 우에노의 논의와 거리를 두며, '돌봄의 윤리'에 보다 주목한다. 사회구조를 낳은 사상의 변화를 모색하는 것으로 볼 수 있다. 돌봄의 사회학만으로는 해

---

7 앞의 책, p.237.

8 오카노 하치요, 『돌봄의 윤리: 페미니즘의 정치사상(ケアの倫理 フェミニズムの 政治思想)』, 岩波書店, 2024, p.14.

결되지 않는 문제, 즉 분담을 통해 노동의 양을 조정하는 것에서 한 발 더 나아가, 돌봄 그 자체를 가치화해야 한다고 주장한다. '노동'의 분담을 통한 것이 아니라, 사회가 회피해서는 안 되는 '돌봄의 책임'을 사회 전체가 짐 지자는 것이다. 오카노는 "돌봄의 윤리가 사회변혁 내지는 현 사회구조에 대한 대안"을 제시하고 있는 데에서 "돌봄 윤리의 의의"[9]를 발견하고 있다. 돌봄의 윤리를 통해 비가시화되어 온 돌봄을 가시화하고, 돌봄에 대한 평가를 근본적으로 변화시키고 돌봄을 가치화함으로써 사회 정의를 회복시킨다는 주장이다.

돌봄의 윤리에 주목한 또 다른 저술로 사회학자 모토하시 리에(元橋利恵)가 간행한 『모성의 억압과 저항(母性の抑圧と抵抗)』(晃洋書房, 2021)이 있다. "돌봄의 윤리를 통해 생각하는 전략적 모성주의"라는 부제처럼 돌봄 페미니즘의 필요성을 제안하고 있다. 기왕의 모성주의의 억압을 문제시하고 돌봄을 자기희생으로 자리매김하는 사회구조를 비판적으로 검증하고, 스피박의 '전략적 본질주의'라는 용어를 비틀어 '전략적 모성주의'를 주장한다. '어머니'와 정치를 분리해 온 구조를 다시 돌아보고, 어머니의 정치적 역학에 힘을 실어주자는 것이다.

이처럼 재생산 영역은 줄곧 여성의 영역으로 사회의 하층 혹은 주변에 머물렀고, 페미니즘은 재생산 영역이 불평등하게 배치되어 온 데에 의문을 제기해 왔다. 지속가능한 사회를 지향해 갈 때 피해 갈 수 없는 과제이기도 하다. 프레이저의 말을 빌리면 우리들은 '돌봄의 위기'[10]에 직면해 있다. 어떻게 여성화된 재생산 영역을 재구성하고, 사회에 재배치해 갈 것인가를 묻지 않을 수 없게 된 것이다.

---

9 위의 책, p.160.
10 낸시 프레이저, 앞의 책, pp.101-102.

필자는 재생산 영역, 특히 '돌봄의 위기'가 문학 작품 속에 어떻게 그려지고 있는지에 관심을 가지고 연구를 진행해 왔다.[11] 이 글에서는 여기서 더 나아가 재생산 영역 가운데 '생식'과 '돌봄'이라는 두 가지 토픽을 다루고자 한다. 먼저 '생식'을 테마로 한 디스토피아 소설을 분석한다. '생식'의 사회적 결함, 즉 출산율 저하는 돌봄 위기의 전형적인 증상인데, 일본이나 한국 모두 심각한 문제로 대두되고 있다.

지금부터 살펴볼 디스토피아 소설들은 심각한 출산율 저하에 직면한 사회를 배경으로 한다. 이어서 '돌봄' 가운데 '청년 돌봄' 문제를 다루고자 한다. '청년 돌봄'은 성인이 맡아야 할 돌봄을 젊은이들이 짊어지게 된 경우이다. 바람직하지 않은 돌봄 형태, 즉 '돌봄의 위기'가 선명하게 드러난다. '생식'을 다룬 소설이나 '청년 돌봄'을 그린 소설은 최근 주목받는 테마 중 하나이다. '돌봄의 위기'에 문학은 어떻게 응답하고 있는지 그 안으로 들어가 보자.

2. '생식'은 어떻게 이야기되고 있나

2.1. 1970년대 돌봄의 위기와 '생식' 소설

'생식'을 다룬 소설부터 살펴보기로 하자. '생식'은 생정치에서 빼놓

---

11 이 글은 필자의 다음 논문들에서 필요한 부분을 참고해 작성한 것임을 밝혀둔다. 「새로운 행복을 발견하다: 가시마다 마키(鹿島田真希)의『저승길 순례(冥土めぐり)』를 중심으로 (『ケアを描く 育児と介護の現代小説』, 七月社, 2019), 「프롤레타리아문학에서 '돈'과 '구원'의 젠더 정치학(飯田祐子·中谷いずみ·笹尾佳代 編, 『プロレタリア文学とジェンダー 階級·ナラティブ·インターセクショナリティ』, 青弓社, 2022.)

을 수 없는 중요한 요소이다. 푸코는 생정치를 "국가가 생명을 조절하는 것"이라고 규정한 바 있다.[12] 그 담당자는 여성이다. 현 일본 사회체제는 패전을 기점으로 정비되었는데, 여성의 재생산과 관련된 권리와 돌봄의 위기는 1970년대에 이르러서야 쟁점화되었다.[13] 전쟁 직후 인구가 증가하는 한편, 60년대 고도경제성장기를 거치며 노동력 부족 현상이 대두되었다. 중절을 제한하는 우생보호법 개정안도 제출되었다. 그와 함께 '태아 죽이기(子殺し)'라는 용어가 부상하고 모성 붕괴 현상을 우려하는 목소리가 높아졌다.[14] 예컨대, 태아를 인간 형상으로 이미지화한 사진을 넣은 연재 기사[15]가 기획되고, 낙태죄를 묻는 가사를 붙인 노래[16]가 만들어지는 등, 임신 중절을 사회문제의 하나로 바라보기 시작했다. 이러한 움직임에 저항해 간 것은 잘 알려진 제2 물결 페미니스트인 우먼리브 여성들이었다. 이들은 국가가 생식을 관리하는 것을 거부했다. 또한, 장애인 운동을 펼치는 측에서도 "어머니여, 죽이지 말라(母よ殺すな)"며 비판의 목소리를 높였다. 귀 기울여 들어야 하는 중요한 주장이다.[17] 우먼리브 측에서는 "낳는 것도, 낳지 않는

---

12 미셸 푸코, 『사회는 방위를 요한다(社会は防衛しなければならない)』, 이시다 히데타카(石田英敬)·오노 마사쓰구(小野正嗣) 옮김, 筑摩書房, 2007, p.242.
13 이와 관련한 논의는 필자의 다음 글에 자세하다. 「리브와 의존 사상: 중절·태아 죽이기·양육하기(リブと依存の思想: 中絶·子殺し·育てること)」(『戦後日本を読みかえる4: ジェンダーと生政治』, 臨川書店, 2019).
14 다마 야스코(田間泰子), 『모성애라는 제도: 태아 죽이기와 중절 폴리틱스(母性愛という制度 子殺しと中絶のポリティクス)』, 勁草書房, 2001.
15 「흔들리는 우생보호법(ゆれる優生保護法)」(『아사히신문(朝日新聞)』 조간, 1970. 7.8.~10, 13~16(총 7회)
16 미즈사 마리에(瑞紗マリヱ), 「형법 22조」(작사: 오구라 아미(小倉雅美)·작곡: 미즈사 마리아, 니혼 컬럼비아[日本コロムビア], 1971).
17 요코다 히로시(横田弘), 『증보신장판 장애인 살해 사상(増補新装版 障害者殺し

것도 여성이 결정한다"라는 슬로건을 내세웠지만, '태아 죽이기'는 실은 '장애아 죽이기'와 깊은 관련을 갖기 때문이다. 우먼리브 측에서 이에 응답하는 형태로 "낳는 사회를, 낳고 싶은 사회를(産める社会を、産みたい社会を)"이라는 슬로건으로 바꿔 걸었다.

이러한 분위기에 편승해 미키 가즈코(三枝和子), 다카하시 다카코(高橋たか子) 등이 '태아 죽이기'를 테마로 한 소설을 발표했다. "폭탄"으로 "태아도 자궁도 한 번에 날려 버리고"[18], "여자의 자궁을 태아와 함께 돌돌 말아 도려내"[19]고 싶다는 욕망을 드러낸다. 쓰시마 유코(津島佑子)는 아버지와 어머니가 다른 태아를 죽이는 소설을 쓰기도 했다.[20] 여기서 중요한 것은 모성 이데올로기를 다시 묻고 있다는 것, 그리고 재생산(낳지 않는 것 포함)의 권리를 여성이 획득하게 되었다는 것이다.

2.2. 부담스러운 '생식'

그 이후의 경과에 대해서는 다음 논의로 넘기고, 여기서는 현 상황에 대해 이야기해 보고자 한다. 우먼리브 시대로부터 50년이 흐른

の思想)』, 現代書館, 2015, p.70.

18 사에구사 가즈코(三枝和子), 「가냘픈 아기울음 소리를 닮은 색채, 그리고 피(幼ない、うたごえ色の血)」, 『처형이 이루어지고 있다(処刑が行われている)』, 審美社, 1969, p.105.

19 다카하시 다카코(高橋たか子), 「묘망(渺茫)」, 『저편 물소리(彼方の水音)』, 講談社文庫, 1978, p.46.

20 이에 관해서는 필자의 다음 글에 자세하다. 「전후 일본의 '돌봄 위기': 쓰시마 유코의 「어떤 탄생」·「병 속 아이」를 통해 본 태아 죽이기와 장애의 교차(戦後日本の「ケアの危機」津島佑子「ある誕生」「壜の中の子ども」にみる子殺しと障害の交差)」, 坪井秀人 編, 『戦後日本の傷跡』, 臨川書店, 2022.

지금, 생식 테크놀러지가 눈부시게 발전하고, 생식을 관리하는 인간의 능력 또한 상상을 초월한다. 여성과 생식의 관계에 대한 비판적 상상력도 변화가 보이고, 생식의 제도성이 노골화되는 한편, 테크놀로지의 발전이 인공적 생식법의 리얼리티와 그에 대한 상상력을 펼쳐 보여주었다. 그러한 흐름 안에서 2010년대 중반부터 생식을 다룬 여성작가의 소설들이 등장하기 시작한다.[21]

이들 소설은 가까운 미래에 도래할 인구 소멸 시대를 배경으로 한다. 대기오염과 전염병, 신종 인플루엔자의 확산, 남녀평등, 동성애 등 다양한 주제를 도입하고 있는데, 저출산 사회라는 설정은 공통된다. 예컨대, 오노 미유키(小野美由紀)의 「퓨어(ピュア)」(2020)라는 소설에서 여성이 생식을 독점하고 관리한다는 상상력을 펼쳐 보인다. 유전자 조작으로 새로운 인류가 탄생하고, 임신 가능한 여성만이 '진화'한 사회, 오염된 지구를 떠나 인공위성에서 생활하고, 때때로 지구로 내려와 남자를 사냥해 생식 행위를 한다. 그런데 사마귀처럼 교접 후 남자를 먹어버려야 임신이 가능하다. 소설은 젠더 불평등을 전도시키고 강한 여성을 표방하지만 끝내 재생산으로부터 해방되지 못한 것으로 귀결된다.

구보 미스미(窪美澄)의 『빨간 딱지(アカガミ)』(2015)는 국가가 나서서 출산이 목적인 남녀를 연결시켜 주는 '빨간 딱지'(군 소집영장의 속칭)가 존재하는 사회를 상상한다. 젊은 여성이 주인공으로 '빨간 딱지'를 통해 사랑, 성, 생식을 찾았지만, 장애아를 출산한다. 국가로부터 배제당

---

21 이에 관해서는 필자의 다음 글에 자세하다. 「재생산·생식의 재배치를 향해: 현대 여성 작가의 다섯 가지 실험(再生産·生殖の再配置に向けて 現代女性作家による 五つの実験)」, 『日本文学』 69(11), 日本文学協会, 2020, pp.12-22.

할 것을 염려해 아이를 데리고 도망가는 장면에서 우생학의 흔적을
엿볼 수 있다.

남성의 출산을 다룬 흥미로운 소설도 보인다. 다나카 조코(田中兆
子)의 『징산제(徵産制)』(2018)가 그것이다. 여성 인구의 감소로 가임
기 연령의 여성을 대신해 남성이 임신과 출산을 한다는 상상력을 통
해 재생산의 의무가 여성에게만 주어지는 것이 아니라 사회 전반으
로 확대시킬 필요가 있음을 제기한다. 아울러 소설 곳곳에 "나는 지
금이 행복하고 좋아. 원망이나 원한 같은 건 없어. 그런 걸 생각하는
것조차 거추장스러워."라는 식의 대화 장면을 배치함으로써 투쟁을
피하는 포스트 페미니즘적 분위기를 엿볼 수 있어 흥미롭다.

고야타 나쓰키(古谷田奈月)의 『릴리스(リリース)』(2016)는 이성애 중
심주의를 비판한다. 정자은행에서 정자를 관리하고, 대리모가 인공
수정으로 임신과 출산을 하는, 즉 국가가 모든 생식을 관리함으로써
인구를 조절하는 사회를 묘사한다. 남녀평등에 걸림돌이 되는 이성
애를 혐오하고, 이성애가 마이너리티이고 동생애가 머저리티라는 기
발한 발상은 기왕의 섹슈얼리티 역학을 전복시킨다. 재생산의 관리
가 전체주의로 흘러가는 것에 대한 비판도 내포되어 있다.

무라타 사야카(村田沙耶香)의 『살인출산(殺人出産)』(2014) 역시 인공
자궁으로 남성이 출산하는 사회라는 상상력으로 채워져 있다. 열 명을
출산하면 한 명을 죽여야 하는 '살인출산제도'가 존재하는 사회. 살인
을 한 자는 출산을 해야 하는 형벌을 받는다. 남자도 여자도 출산하는
몸으로 설정되어 있다. 무라타의 또 다른 소설 『소멸세계(消滅世界)』
(2015)에서는 근대 가족제도가 폐기되고, 성인은 남녀를 가리지 않고
모두 '어머니'로 불리는 사회, 철저한 공산·공유사회가 그려진다. 성
적 욕망이나 가족 간의 친밀감 또한 사라진 지 오랜 것으로 그린다.

『지구별 인간(地球星人)』(2018), 『변반신(変半身)』(2019)과 같은 작품에서도 지구 생물이라는 자리에서 이탈한, 탈인간중심주의 시각에서 재생산을 래디컬하게 상상한다. 남성 등장인물은 공히 임신하거나, 알을 낳거나 한다. 인간을 이탈하는 과정은 재생산과 '여성'을 완전히 분리하는 과정과 맞닿아 있다. 그런데 결국 재생산과 엮이고 마는 소설의 결말 부분에 주목할 필요가 있다. 무라타는 『지구별 인간』에서 지구를 '인간 제조 공장'으로, 여성은 '생식기'로 표현하며 기발한 상상력―'나'와 '남편', 그리고 '나'의 어린 시절 애인은 지구별 인간이 되기를 포기하고 도망쳐 '세 마리'의 '포하피피포포피아별 인간'이 되어 '세 마리' 모두 자신을 닮은 아이를 임신한다―을 펼쳐 보인다. 생식을 둘러싼 이데올로기가 완전히 제거되고 생정치가 적나라하게 드러나지만, 무라타의 실험적인 소설은 생식 그 자체를 부정하는 것은 아니다. 젠더의 비대칭성이나 국가나 마을의 구성원으로서 삶이 분배되는 구조, 그리고 그것에 수반되는 이성애 중심주의와 레이프와 같은 오염된 성적 욕망 등을 허구적 상상력을 통해 비판하는 한편, 부식되어 버린 지구에서 생식을 구출하려 시도한다. 이처럼 무라타 사야카의 소설에서 생식은 재생산이라기보다 재생이나 증식의 의미로 기능하며, 규범화된 '인간'의 단순한 재생산에서 벗어나 탈인간중심주의적인 사고를 하도록 촉구한다.

이들 소설은 여성과 생식을 '인구' 문제로 바라보고, 근대 가족주의가 낳은 모성 이데올로기를 철저히 배제시킨다. 우먼리브 시대로부터 50년이 흐른 지금, 생식과 모성 이데올로기는 더 이상 연결성을 갖지 못하며, 이데올로기의 소멸로 재생산의 필요성이 대두되었다고 할 수 있다. 이데올로기가 사라졌다고 해도 생식을 멈출 수 없기 때문에 현 쟁점은 어떻게 그것을 분담할 것인가에 집중된다. 한곳에 치우치지 않게 그리고 억압하는 일 없이 재생산을 영위해 갈 수 있을지를 묻고 사유하는 실험이 전개되고 있다. 테크놀로지의 발달로 양육만이 아니라 출산을 분담하자는 아이디어는, 생식을 누군가에게 떠맡기는 것은 '부담'이라는 인식을 전제로 한다. 이들 소설은 분명 디스토피아의 상상력[22]으로 채워져 있지만, 여성에게 부담을 강제하는 현 상황에서 보자면, 소설이 그리는 사회는 단순히 디스토피아라는 말로 정의될 수 없을 것이다. 유토피아는 아니지만, 사회의 변혁을 요청하는 저항적 내러티브를 생산해 내고 있기 때문이다.

2.3. 폭력으로서의 '생식'

한편, 아이의 시선에서 본, 낳는 쪽의 권리보다 그 '폭력성'을 묻는 소설군도 등장했다. 가와카미 미에코(川上未映子)는 자신의 아쿠타가와상(芥川賞) 수상작『젖과 알(乳と卵)』(文春文庫版, 2008) 일부를 개작해 새로운 소설『여름 이야기(夏物語)』(2019)를 발표했다.『젖과 알』은 모녀의 갈등을 그렸다. 풍만한 가슴을 동경해 수술을 하려고 하는 어머니를 보며 딸은 "태어나지 말았어야 했어"(p.99)라며 혼잣말을 한다. 어머니가 자신을 낳은 것을 후회하는 것으로 받아들인 것이다. 소설은 모녀의 화해로 마무리되지만, 적어도 해피엔딩은 아니다.『젖과 알』에서는 방관하는 모습으로 등장했던 딸 나쓰코(夏子)가『여름 이야기』에서는 생식의 폭력성을 대변하는 주인공으로 탈바꿈한다. 나쓰코는 남자와 관계를 갖는 일엔 도통 관심이 없다. 가능하면 관계 없이 아이를

---

22 엔도 도시아키(円堂都司昭),『디스토피아 픽션론: 악몽의 현실과 대치하는 상상력(ディストピア・フィクション論 悪夢の現実と対峙する想像力)』, 作品社, 2019.

갖고 싶다고 생각한다. 말하자면 비배우자간 인공수정(AID)에 의한
임신이다. 그렇게 태어난 아이의 경우 정체성 문제가 대두된다. 비배
우자간 인공수정으로 출산한 가정에서 문제가 되는 것은 아이와 부모
의 관계성이 불안정하다는 것이다(현재 일본에서는 생식상의 부모는 밝힐
수 없도록 되어 있다). 작가는 낳아준 부모에게 성적학대를 당하는 인물
을 등장시키는 등 "태어나지 말았어야 했어"라는 나쓰코의 혼잣말에
무게감을 실어준다.

리 고토미(李琴峰)의 『태어난 걸 축하해(生を祝う)』(朝日新聞出版社,
2021)에서는 태아 본인에게 태어나고 싶은지 아닌지 물을 수 있다는
기발한 상상력이 펼쳐진다. 만약 태어나고 싶지 않다고 하면, 부모는
여기에 어떻게 답해야 할까? 부모와 태아의 의견이 엇갈릴 경우 어떤
선택을 해야 할지 질문한다. 이른바, 합의출산제도에 반하는 자연출생
주의자가 아이와의 합의 없이 출산했을 경우, 출생강제죄를 묻게 된
다. 태아의 의사를 존중하는 사회를 상상한 것이다. 주인공 가오리(佳
織)는 태아로부터 거절당한 심경을 다음과 같이 토로한다. "인생 출발
점에서부터 자신의 의사가 무시되어 버린다면 이것은 아이에게 평생
풀리지 않는 저주가 될지 모른다", "나는 내 아이에게 저주가 아니라
축복을 선사하고 싶다"(p.179)라고. '저주'와 '축복'. 가오리는 아이를
낳고 싶다는 욕망을 느끼면서도 아이의 의사를 '존중'하는 쪽을 선택한
다. 자칫 '권리'를 지나치게 강조한 것으로 보일 수 있으나, 그보다는
타자를 수용하고 받아들이는 것의 중요성에 대해 생각하게 한다.

이들 소설은 데이비드 베네이타(David Benatar) 등이 제기한 반(反)
출생주의[23], 즉 인간의 출생을 부정적으로 보는 철학, 출생은 태어나

---

23 데이비드 베네이타, 『태어나지 않는 것이 낫다: 존재하게 된다는 것의 해악(生まれ

는 사람에게 심각한 해악이라는 주장에 대한 응답이 아닐까 한다. 아울러 생식에 돌봄 윤리라는 이름의 옷을 갈아입힌 것이라고 말할 수 있을 것이다. 길리건은 중절한 여성의 목소리 안에 '또 하나의 목소리'가 있다는 사실을 깨닫는다. 중절한 여성들은 자기중심성과 타자에 대한 책임이라는 긴장감을 껴안고 있다. 자기만 생각하고 결단을 내린 것이 아니라는 의미다. 주체가 타자와의 관계 안에 있다는 것을, 자립과는 다른 또 하나의 윤리로서 가치화할 때 태어나고 싶지 않은 아이 잠재적 가능성을 가시화할 수 있을 것이다. 더 나아가, '낳는 것/낳지 않는 것'을 선택하는 것 자체가 폭력이 될지도 모른다는 상상력, 낳으려는 자를 태아와 사전에 마주하게 하는 장으로 이끈다.

『여름 이야기』에서는 낳기로 결정하며, 『태어난 걸 축하해』에서는 태아의 의사를 존중해 낳지 않는 것으로 끝을 맺는다. '낳는 것/낳지 않는 것', 그 어느 쪽이 정답인지 판가름하려는 것이 아니다. 여성의 권리 획득이라는 측면을 드러내 보이려는 것도 아니다. 여성의 권리 획득을 둘러싼 틀에서 논의되어 왔던 생식의 문제를 앞으로 태어날 아이와의 관계성 안에서 묻고 있는 것이다.

두 소설의 방향성을 정리하자면, 하나는, 생정치와 여성의 권리를 이항대립적으로 바라보려는 방식이다. 생식을 부담으로 인식하고, 낳는 것의 피해성을 문제시한다. 이를 어떻게 분담할 것인가에 대해 다양한 상상력을 발휘한다. 중요한 것은 비대칭적인 억압을 해제하는 것이며, 여성만 짊어지는 것이 아닌 보다 다양한 형태를 모색하고 있는 점이다. 지금 우리는 '낳지 않겠다'는 캐치프레이즈를 내세운

てこない方が良かった－存在してしまうことの害悪)」, 고지마 가즈오(小島和男)・다무라 다카요시(田村宜義) 옮김, すずさわ書店, 2017.

70년대식 운동이 아니라, 재생산을 배제하지 않는 사회로 운동의 방향성을 전환해야 한다는 것이다. 또 다른 하나는, 여성의 권리와 태아·아이의 권리를 함께 생각하려는 방식이다. 이때의 생식은 아이에 대한 폭력이 되기도 하고, 낳는 것의 가해성을 추궁하는 것으로 기능한다. 태아의 권리에 주목하게 되면 여성의 권리가 억제된다는 주장이 서로 대립각을 세우는 형국이 된 것이다. 70년대의 '태아 죽이기'류의 소설이 여성의 '권리'를 앞세운 것이었다면, 지금은 아이와 부모 모두를 시야에 넣어 바라보고 있다고 하겠다.

생식이 여성의 권리문제에만 한정된 것이 아니라, 타자와의 관계이기도 함을 열린 방향으로 제시한다. 이들 소설은 돌봄 페미니즘 시점과도 맞닿아 있다. 다른 한편으로는, 재생산이라는 돌봄의 부담을 가시화하면서, 돌봄의 분담에서 한발 더 나아가, 타자를 배려하는 것, 타자에 대한 응답성 내지는 응답의 경험을 중시한다.

3. '청년 돌봄'을 주제로 한 소설들

3.1. '청년 돌봄'이라는 용어는 언제부터 시작되었을까

위기에 직면한 또 하나의 돌봄은 '청년 돌봄'이다. 육아나 간병 같은 소재가 소설의 테마로 부상했다. 일본 문부과학성은 '청년 돌봄'을, "성인이 맡아야 마땅한 가사일이나 가족 돌봄 등을 일상적으로 행하고 있는 청년"이라고 규정하고 있다. 청년 돌봄 현황을 처음으로 조사한 것은 2021년의 일이다. 같은 해에 '청년 돌봄'이라는 용어가 유행어 대상 후보 오르기도 했다. 이러한 흐름을 타고 청년 돌봄을 다룬 소설들이 속속 등장했다.[24]

이들 소설은 크게 두 가지로 나뉜다. 하나는, 당사자인 '청년 돌봄'의 고독과 어려움을 단선적으로 그린 소설군과, 다른 하나는 그들의 회복과 해결책을 입체적으로 모색하는 소설군이다. 주인공을 포함해 복수의 청년 돌봄 주체들이 등장하며, 성인으로 성장해 가족을 떠나 독립하기까지 긴 시간축으로 이야기를 전개한다.

3.2. 청년 돌봄에 대한 평면적 시선

청년 돌봄을 평면적으로 그린 소설로는, 아쿠타가와상 후보로 올랐던 야마시타 히로카(山下紘加)의 『욕지거리(あくてえ)』(2022), R-18문학상을 수상한 가미무라 유타카(上村裕香)의 「괜찮은 게 아니야(救われてんじゃねえよ)」(2022), 아쿠타가와상 수상 작가 우사미 린(宇佐見りん)의 『휠체어를 탄 딸(くるまの娘)』(2022) 등을 들 수 있다.

야마시타 히로카의 『욕지거리』의 주인공은 고등학교를 졸업하고 파견근무를 하는 19세 여성 '유메(ゆめ)'이다. 작가 지망생이기도 하다. 아버지는 이혼 후 집을 나갔고, 유메가 병으로 쓰러진 어머니와 연로한 할머니의 간병을 도맡고 있다. 소설 제목인 '욕지거리'는 악담, 욕지거리라는 야마나시(山梨) 지방 사투리다. 욕이라도 하지 않으면 일상을 살아낼 수 없는 유메의 고단함을 표현한 것이다.

우에무라 유카의 「괜찮은 게 아니야」는 허름하고 협소한 아파트에

---

24 돌봄 소설에 관해서는 필자의 다음 논의를 참고 바람. 「관계의 '여백'을 확장시키는 평면적 시선을 통한 청년 돌봄의 가시화(関係の〈余白〉を広げる単数的な語りによるヤングケアラーの可視化)」(『JunCture』 15, 2024, pp.56-72), 「청년 돌봄 소설의 등장: 다층적 시선을 통한 '회복' 서사(ヤングケアラー小説の登場: 複数的な語りによる〈回復〉のナラティブ)」(『アジア・ジェンダー文化学研究』 8, 2024, pp.3-12.)

서 부모와 함께 살아가는 여고생 사치(沙智)의 이야기다. 빈곤보다
더 큰 문제는 불치병에 걸린 어머니를 간병하는 것과 집안일을 도맡
아야 하는 것이다. 생활력 빵점인 아버지는 기댈만한 존재가 아니다.
빈곤과 돌봄에 갇혀 버린 사치. 엎친 데 덮친 격으로 어머니가 뇌종
양이라는 병원 측 전화에 두 모녀는 강한 충격을 받는데, 마침 거실
에 켜 놓은 텔레비전에서 "어쩌라구"라는 개그맨의 대사가 울려퍼진
다. 침울해 있던 사치도 어머니도 순간 시름을 날려버리듯 폭소를 터
트린다. '괜찮을 거야'라고 위안이라도 받은 듯 말이다. 그런데 소설
의 제목처럼 사치는 괜찮은 게 아니다.

　우사미 린의『휠체어를 탄 딸』의 주인공은 '간코(かんこ)'라는 이름
의 17세 여고생이다. 3인칭 소설인데 간코 한 사람에 집중된 1인칭
소설에 가깝다. 어머니는 2년 전 발병한 뇌경색으로 건강을 잃었다.
게다가 상실감을 술에 의존해 알콜중독에 빠졌다. 간코는 1년 반 전
부터 학교를 나가고 있지 않다. 중학생인 남동생은 이지매를 당해 멀
리 떨어진 조부모 댁으로 거처를 옮겼다. 오빠는 가출해 독립한지 오
래고 결혼해서 가정도 꾸렸다. 아버지도 가정폭력을 휘두르는 등 문
제가 많다. 간코는 집을 떠나지 않는 대신 집 앞에 주차해 놓은 차
안에서 생활하는 것을 택한다. 가족 간의 끈을 놓지 않기 위함이다.

　이들 소설은 모두 십 대 후반 여성이 주인공으로, 가족을 돌봐야
하는 고통을 감수하면서도 집을 벗어나지 않는 공통점을 갖는다. 그
외에도 다음과 같은 공통점을 찾아볼 수 있다. 첫째, 돌봄의 대상이
어머니 혹은 조모라는 점. 둘째, 돌봄을 받는 어머니가 '아이'의 존재
로 묘사되는 점, 셋째, 아무런 희망 없이 폐색감에 젖어 있는 점, 넷
째, 학교나 사회의 도움을 기대하기 어려우며, 다섯째, 가족과 돌봄에
서 해방되는 미래를 꿈꿀 수 없다는 점, 여섯째, 가족을 유지하는 자

신들만의 '여백'을 남겨 두는 점 등이 그러하다. '여백'은 욕설을 내뱉는 것으로, 잠시나마 시름을 잊고 웃음을 터뜨리는 것으로, 혹은 차 안이라는 자기만의 공간을 갖는 것으로 채워진다. 작가가 이 '여백'의 순간을 소설의 제목으로 삼은 점도 유사하다. 돌봄 이외의 시간인 '여백'을 통해 가정을 '유지'해 가는 청년 돌봄의 한 단면을 응시하고 있는 것이다.

3.2. 청년 돌봄에 대한 다층적 시선

청년 돌봄 현상을 다층적으로 그려낸 소설로는 일본서점대상(本屋大賞)을 수상한 나기라 유우(凪良ゆう)의 『너, 별과 같이(汝、星のごとく)』(2022), 미나미 교코(南杏子)의 『생명의 십자로(いのちの十字路)』(2023), 야마다후타로상(山田風太郎賞)을 수상한 마에카와 호마레(前川ほまれ)의 『쪽빛 시간을 살아가는 그대들은(藍色時刻の君たちは)』(2023) 등이 있다.

『너, 별과 같이』는 세토나이(瀬戸内)의 작은 섬을 배경으로 두 여고생을 그린다. 정신질환을 앓고 있는 어머니를 돌보는 아키미(暁海)와 홀어머니와 둘이 사는 가이(櫂)가 그들이다. 비슷한 환경의 아키미와 가이는 서로에게 사랑의 감정을 느낀다. 졸업 후, 아키미는 도쿄로, 가이는 섬에 남아 각자의 길을 걷지만, 가이가 불치의 병에 걸리게 되면서 둘은 다시 하나가 된다. 두 주인공이 성인이 되어 가는 15년간의 여정을 섬세하게 묘사한 장편이다. '청년 돌봄'이라는 용어를 사회적으로 알린 소설이기도 하다.

『생명의 십자로』는, 노로 세이지(野呂聖二)라는 방문진료소 초짜 의사의 분투기를 그리고 있다. 할머니를 간병한 경험이 있는 노로는 '청년 돌봄'의 사회적 의미를 잘 간파하고 있는 인물로 묘사된다. 환자 가족에게서 청년 돌봄 실태를 발견하고 그들에게 도움을 주고자 한다. 『쪽빛 시간을 살아가는 그대들은』의 전반부는 2010년의 미야기(宮城)를 무대로 한다. 조현병(통합실조증)을 앓는 어머니를 돌보는 고등학교 2학년생 오바(小羽), 조울증(쌍극성장애) 할머니를 간병하는 고헤이(航平), 알콜 의존증 어머니와 어린 남동생을 돌봐야 하는 린(凜), 이들 세 명의 고등학생의 돌봄 이야기가 차례대로 펼쳐진다. 이들 셋의 사정을 딱하게 여겨 여러 모로 도움을 주는 아오바(青葉)라는 여성이 등장하는데, 2011년 3월 한신아와지대지진(阪神淡路大震災)으로 목숨을 잃는 것으로 소설 전반부가 막을 내린다. 그리고 시작된 2022년. 오바는 간호사로 성장해 '청년 돌봄'이라는 용어를 처음 접하게 되고, 도쿄에서 재회한 세 친구는 아오바 아주머니도 실은 청년 돌봄의 당사자였을지 모른다는 이야기를 주고 받는다.

이들 세 작품은 다음과 같은 공통점을 갖는다. 첫째, 청년 돌봄에 관한 정보를 독자들에게 전달하고 있는 점을 들 수 있다. 예컨대, 『생명의 십자로』에서는 영국 러프버러대학에서 작성한 청년 돌봄 체크시트를 그대로 소설 속에 제공하고 있다. 둘째, 청년 돌봄 주체가 복수 등장함으로써 서로 의지하고 도움을 주고받는 관계를 형성하고 있는 점. 키테이의 '둘리아 원리'[25], 즉 돌봄의 공공윤리, 사회적 책임을 환기시킨다. 청년 돌봄의 경험을 가진 성인을 등장시켜 돌봄에 지친 청년들에게 기댈 곳을 마련해 준다. 셋째, '치유'의 서사라는 점. 돌봄을

---

25 에바 페더 키테이(Eva Feder Kittay), 『사랑의 노동 혹은 의존과 돌봄의 정의론(愛の労働あるいは依存とケアの正義論)』, 오카노 하치요(岡野八代)·무타 가즈에(牟田和恵) 옮김, 白澤社, 2010, pp.401-402.

짊어진 시간, 그리고 성인이 된 이후까지를 그림으로써 '청년 돌봄'을 현재적 시점에서 생각하게 한다. 나아가, 청년 돌봄이라는 과거를 치유하는 길로도 이어진다. 성인이 된 후 돌봄을 짊어진 청년들에게 도움을 준다는 설정도 공통된다. 청년 돌봄을 입체화시켜 보인 이들 소설은 앞서 기술한 청년 돌봄을 평면적으로 그린 소설의 어두운 결말과 변별된다.

돌봄의 윤리나 그 가치는 부정하기 어렵다. 다만, 청년 돌봄의 경우, 성인이 짊어져야 하는 몫을 대신 짊어져야 하기 때문에 쉽게 가치화하기 어렵다. 그것을 평면적으로 묘사한 청년 돌봄 소설군은 그들의 고단함을 드러내 보여주고 그것을 계속 '유지'하도록 하는 데에 그친다. 반면, 다층적인 시선으로 청년 돌봄을 묘사한 소설의 경우, 그들이 성인이 되어 치유(회복)되는 과정 보여줌으로써 돌봄을 가치화하고 열린 결말로 이끌어 가는 특징을 가진다. 최근에는 청년 돌봄 당사자들의 경험을 담은 논픽션 에세이도 속속 발표되고 있다.[26] 페미니즘이 잉태한 돌봄의 윤리를 발견해 가는 것은 의미있는 일이 아닐 수 없다.

---

26 시부야 도모코(渋谷智子) 편, 『나의 청년 돌봄 이야기: 아이와 젊은이가 경험한 가족 돌봄과 개호(ヤングケアラーわたしの語り 子どもや若者が経験した家族のケア・介護)』(生活書院, 2020), 나가노 하루(ナガノハル), 『만 년을 살아간 아이: 통합실어증 어머니를 모시며(一万年生きた子ドモ 統合失調症の母をもって)』(現代書館, 2021), 나카무라 유코(中村佑子), 『내가 누군지 모른다: 청년 돌봄을 찾아 떠나는 여행(わたしが誰かわからない ヤングケアラーを探す旅)』(医学書院, 2023) 등이 있다.

4. 돌봄의 위기가 던지는 또 다른 주제들

지금까지 일본현대소설에 나타난 '생식'과 '청년 돌봄'이라는, 돌봄의 위기가 발신하는 두 가지 주제에 대해 살펴보았다. 사회적 재상산을 "분리하고, 의존하면서, 부인하는" 사회는 근본적으로 모순을 안고 있으며, 인간, 사회, 환경에 이르기까지 다방면에서 돌봄의 위기가 발생하고 있음을 엿볼 수 있었다. 생식을 둘러싼 디스토피아 소설과 청년 돌봄 소설의 등장은 일본현대사회의 돌봄의 위기에 대한 문학적 대응이자 응답이라고 할 수 있을 것이다.

돌봄의 윤리를 소리 높여 주장해야 마땅하지만, 돌봄의 실태를 드러내는 데 그쳐서는 안 될 것이다. 희생을 감내하지 않아도 되는 아름다운 돌봄이란 현실에서는 극히 드물다. 돌봄은 분명 보람 있는 일이지만, 부담과 고통을 수반하는 일이기도 하다. 그렇기 때문에 돌봄의 위기를 밖으로 드러내 보이는 동시에 그것을 분담하고, 회복(치유)하는 길을 모색할 필요가 있다. 문학은 아직 일어나지 않은, 곧 닥쳐올 미래를 사실적으로 상상하게 해준다. 우리의 인식이나 정동의 틀을 생성해 가는 문학은 그런 식으로 돌봄의 위기에 응답하고, 돌봄의 윤리를 실천해 가고 있다.

이 글에서는 일본 사례만 다루었지만, 돌봄의 분담은 결코 개별 국가의 문제가 아니다. 돌봄 노동을 위해 국경을 넘어 이동해 간 이들도 시야에 넣지 않으면 안 되는 이유이다. 가사와 육아, 간병 등이 사회문제로 대두되면서 돌봄 산업과 재생산 영역에 노동력이 필요하게 되었다. 일본의 경우, 그 자리를 다수의 외국인 노동자가 메우고 있다. 외국인 노동자에게 가해지는 일상적인 차별과 불이익에 더하여, 재생산 노동의 대부분을 차지하는 여성의 경우는 한층 더 평가절하 되었다.

이러한 문제를 하나하나 해결해 가지 않으면 안 될 것이다.

아울러 자본주의, 생산주의가 수탈을 거듭해 온 자연 또한 위기에 직면해 있음을 간과해서 안 될 것이다. 자연은 인간이 구획한 국경에 따라 선명하게 나눌 수 있는 것이 아니며, 개별 국가 단위로 위기를 해결할 수 있는 문제는 더더욱 아니다. 동아시아 지역 전체를 관통하는 시점이 필요할 터인데, 이에 관해서는 향후의 과제로 남기고자 한다.

바야흐로 우리는 '돌봄 윤리'를 통해 재생산 영역을 폭넓게 사유하지 않으면 안 되는 시대를 맞이했다. 돌봄 윤리는 페미니즘이 발견하고 제안해 온 개념이라고 할 수 있다. 페미니즘은 흔히 '여성'의 권리와 해방을 주장하는 목소리로 치부되기 쉬우나, 가부장제 젠더 구조가 생산해 온 다양한 사회 불평등을 피하지 않고 정면으로 마주하는 사상이기도 하다. '돌봄 페미니즘'이라는 시야로 재생산 영역의 재구축과 재배치를 사유함으로써, 페미니즘이 담론 분석에 머물지 않고 타자와의 응답관계로 향하는 실천적 사상이라는 점은 아무리 강조해도 부족하지 않을 것이다. 페미니즘은 '여성'이 마주한 불평등에 초점을 맞춰 왔지만, 젠더는 '여성'을 내세워 이성애에서 시스젠더까지 사유해 왔다. 이 글에서 언급한 자본주의의 생산과 재생산의 배치는 그 하나의 구체적인 사례라고 할 수 있다. 부디 페미니즘이 이러한 구조를 근본부터 바꾸고, 젠더 규범을 넘어서는 마중물이 되기를 바란다.

(번역: 손지연)

이 글은 『일본학보』 139집(한국일본학회, 2024)에 게재된 논문을 번역한 것이다.

부모돌봄의 적임자로 호명되는 비혼여성들

초고령사회에서 딸노릇과 비혼됨(singlehood)의 변화

지은숙

1. 비혼여성의 부모돌봄에 주목하는 이유

오늘날 일본은 아시아의 '생애미혼자 대국'으로 일컬어진다. 2020년 현재 일본의 50세 남자의 28.3%, 여자의 17.8%는 법률상 혼인 기록이 없는 사람들이다. 그런데 1970년대까지만 해도 일본은 거의 모든 사람이 일생에 한 번 이상 결혼했고 결혼하지 않으면 제대로 된 사회인으로 대접을 받기 어려운 개혼(皆婚)사회였다. 이 글에서는 이러한 급격한 생애과정의 변화가 비혼여성과 출생가족과의 관계에 어떤 영향을 미쳤는가를 살펴본다. 특히 저출산·고령화에 따른 가족규모의 축소와 만혼·비혼화가 동시에 진행된 것이 어떻게 비혼여성들의 부모돌봄자화를 촉진했는가를 가족관계의 역동과 가부장적 젠더질서의 작동이라는 측면에서 규명하고자 한다.

생애미혼율은 45~49세와 50~54세 미혼율의 평균치로 50세 시점의 미혼율을 산출한 것이다. 1980년대 이후 일본의 비혼화의 추세는 초혼 연령의 상승에 따른 만혼화가 생애미혼율을 견인하는 것이었다. 「국

세조사」에 따르면 1950년에 남성 26.2세, 여성 23.6세였던 평균초혼 연령은 2021년에는 31.0세와 29.5세로 각각 높아졌고 생애미혼율도 더불어 꾸준히 상승해왔다. 즉 애초에 비혼을 결심했다기보다는 만혼이 증가하면서 생애미혼율의 상승으로 이어지는 구조였다. 그러나 최근에는 비혼의 생애를 계획하고 의도하는 이들의 증가가 두드러진다. 국립사회보장·인구문제연구소가 실시하는 「출생동향기본조사」의 결과를 보면 18~34세 여성독신자 중에서 '평생 결혼하지 않겠다'고 답변한 사람은 1982년에 4.1%였던 것에 비해 2021년 조사에서는 전체응답자의 14.6%를 차지하고 있었다. '어쩌다 비혼'이 아니라 계획한 비혼이 증가하고 있는 것이다.

그러나 이와 같은 변화에도 불구하고 비혼에 대한 사회적 관심은 여전히 한정된 분야에만 치우쳐 있다. 정책적으로는 여성의 비혼화가 저출산·고령화를 초래하는 사회문제라는 측면만 부각되고, 미디어에서는 이들 비혼여성을 가족 부양이나 돌봄을 면제받은 채 자기실현으로서의 일 혹은 소비에만 몰두하는 존재로 재현하기를 반복한다. 이처럼 기존의 비혼담론은 비혼여성의 생애가 어떻게 구성되며 어떤 점에서 어려움을 겪는가에 대한 관심은 소홀한 채 비혼여성을 젠더질서의 밖, 가족의 대척점에 위치시키는 레토릭을 통해 남성생계부양자 중심의 가부장적 가족질서와 담론을 재생산하고 있는 것이다.

이 글은 정책담론이나 미디어에 의해 제대로 조명되지 못하고 있지만 현실의 비혼여성의 삶에서 주목해야 할 것으로 부모돌봄의 영역에 주목한다. 중년의 비혼여성들에게 부모돌봄이 자신의 일이나 노후에 버금가는 중요한 사안이 되었기 때문이다. 장수화에 따른 친자관계의 장기화는 비혼자녀의 생애에 주요한 변수가 되고 있다. 특히 노인돌봄의 배분을 둘러싼 가족 내의 역동을 파악하는 것은 오늘날 비혼여성의 생애 이해에 필수적인 부분이 되었다.

이 글에서는 부모를 돌보는 딸들의 모임에 대한 민족지조사를 통해 이성애적 결합, 성별분업과 가부장제를 축으로 하는 젠더질서가 비혼 딸을 어떻게 부모돌봄으로 포섭하고 있는지 그 양상을 드러낸다. 모임에 대한 장기적 참여관찰과 참가자들에 대한 개별면담을 통해 노인돌봄의 분배를 둘러싼 갈등, 그리고 돌봄 분배의 공정성과 정당성을 확보하기 위한 다양한 수사들, 그리고 좋은 돌봄을 둘러싼 경합을 젠더 관점에서 분석했다. 필자는 자료 수집을 위해 2011년부터 2013년까지 도쿄에서 2년간 현장조사를 수행했다. 현장자료에 대한 분석을 통해 부모돌봄의 분배를 둘러싼 경합과 그 과정에서 재구성되는 비혼됨(singlehood)을 포착함으로써 가족단위의 사회시스템과 남성중심의 젠더질서에 어떤 틈새와 가능성이 생겨나고 있는지를 포착하고자 한다.

2. 저출산 담론이 위축시킨 비혼됨(singlehood)

일본에서 '비혼(非婚)'이라는 용어가 처음 등장한 것은 1980년 무렵이었다. 초기에 이 용어는 법적 결혼에 매이지 않는 새로운 형태의 성적 결합이 확산되는 서구적 현상을 설명하기 위해서만 드물게 사용되었다. 그러다 '싱글붐'[1]을 타고 1987년 요시히로 키요코의 『비혼시대』(吉広紀代子, 1987; 1988) 등이 반향을 얻으면서 비혼은 기존의 가족과 결혼제도의 억압성을 비판하고 이를 의식적으로 거부하는 상

---

1 1980년대 자발적 독신을 의미하는 용어로 '싱글'이 유행어가 되어 싱글즈(singles's), 싱글우먼(single woman), 싱글라이프(single life) 등 싱글을 앞세운 콘텐츠나 마케팅이 범람하게 된 것을 가리킨다.

태를 지칭하는 말로 퍼지기 시작했다.

이다 히로유키는 가장 적극적인 싱글론자 중 한 사람이었다. 그는 가족의 개인화에 근거한 '싱글사회론'을 주장하면서 모든 사람이 속한 사회적 단위는 이미 사라지고 있으며, 앞으로 사회의 기초단위가 될 수 있는 것은 개인 이외에는 없다고 선언했다. 더불어 가족의 존재를 전제로 삼지 않는 사회시스템에 대한 다양한 구상을 펼쳤다(伊田広行, 1998). 한편 당시 싱글·비혼론의 확산에 주요한 이론적 지지를 제공한 것은 페미니즘과 결합한 근대가족론이었다. 가족은 변해도 무방하며, 당연하다고 여겨 온 현재의 일본가족도 특정한 역사적 시기에 성립된 것에 불과하다(落合惠美子, 1989)는 주장은 싱글론자들이 비혼의 확산을 가족의 붕괴로 간주하는 주류 담론에 맞서 가족의 개인화와 다양화라는 관점에서 비혼을 옹호할 수 있는 이론적 근거가 되었다.

그러나 1990년대 들어 인구위기론이 확산되면서 '비혼'이라는 개념도 '저출산'과 짝을 이루어 정부문서와 미디어에 오르내리게 되었다. 이처럼 저출산담론이 부상함에 따라 비혼에 담겨 있던 기존의 결혼과 가족을 넘어선 새로운 친밀성의 추구라는 측면은 묻히고, 비혼은 합계특수출생률 하락과 인구감소의 원인으로서 재배치되었다. 저출산이 이대로 진행된다면 사회를 지탱할 수 없는 수준으로까지 인구가 감소해 사회로서의 재생산 능력 자체가 위기에 빠진 '한계사회'(요시미 순야, 2008: 225)가 출현하는 것이 아니냐는 우려도 등장했다. 이러한 분위기에서 싱글이나 비혼을 긍정하던 담론은 위축을 면하기 어려웠다.

한편 저출산담론은 젊은 남녀의 결혼 및 출산행동의 추이를 탐구하거나 결혼의 장애요인이나 결혼기피현상의 원인을 추출하는 연구의 유행을 불러왔다. 이러한 흐름에서 수행된 비혼연구는 비혼을 사회문제로 전제하고 원인과 해결방안을 찾는 내용이 주를 이루었다. 예를 들어 2000년대 이후 비혼화를 주제로 한 연구를 총괄한『결혼의 벽: 비혼·만혼의 구조』(佐藤博樹·永井曉子·三輪哲, 2010)를 살펴보자. 이 연구는 젠더관점에서 선 비혼연구를 내세우고 있음에도 불구하고 대부분의 수록 논문에서 여자는 수동적이고 부양받는 존재, 남자는 부양하고 구애하는 존재라는 역할구분을 전제로, 젊은 남녀가 결혼행동에 나서지 못하고 있는 원인을 탐색하고 해결방안을 모색하고 있다. 결혼 그 자체를 상대화하거나 성차를 문제 삼는 접근은 찾아보기 어렵다. 이렇듯 저출산에 의해 촉발된 비혼연구는 기본적으로 인구재생산의 차원에서 비혼에 접근하고 그런 까닭에 비혼자집단에서도 20~30대 가임기 여성에게 관심이 집중된 것이 특징이다. 중년 이후의 비혼자에 주목한 연구는 드물다.

이처럼 저출산의 맥락에서 비혼됨을 사회병리적인 것으로 낙인찍는 담론의 득세는 비혼자들의 입지를 약화시켰을 뿐 아니라 비혼화가 30년 이상 지속되면서 생애미혼자 대국으로 불리는 상황에서도 당사자들의 사회적 목소리가 실종되는 결과로 이어지게 되었다. 이 글에서는 정책이나 공론장에서 비가시화된 존재인 중년비혼자의 생애에 주목함으로써 기존 연구의 공백을 메우는 한편으로 그동안 상대적으로 소홀히 다루어져 왔던 비혼자와 출생가족이 맺는 관계에 초점을 둔다. 따라서 35세 이상의 비혼자를 연구대상으로 삼아 그들이 '하지 않은' 결혼의 원인과 배경을 탐구하는 것이 아니라 실제로 그들이 현재 '하고 있는' 가족생활과 돌봄에 주목하는 것은 비혼됨이 담지한 대안적 친밀성을 모색하고 발굴하는 작업이기도 한 것이다.

3. 노인돌봄의 변화와 부모돌봄자로 호명되는 비혼딸들

3.1. 개호보험제도와 가족돌봄의 다양화

고령자에게 돌봄이 필요할 때 누가 돌봄을 제공해야 하는가? 국가와 사회가 제공해야 한다고 생각하는 사람들은 1980년대 이후 꾸준히 증가했지만 돌봄의 탈가족화 요구에 대한 정부의 대응은 느렸고 불철저했다. 그러나 2000년 개호보험제도의 출범은 노인돌봄의 사회시스템에 혁신을 불러왔다. 노인돌봄의 수행주체 측면에서 볼 때 가족돌봄자의 구성에도 큰 변화를 가져왔다. 오랫동안 준 제도화된 부모돌봄자 역할을 강요받아온 며느리돌봄자는 눈에 띄게 감소하였다. 〈그림 1〉에서 보는 것처럼 동거하는 주돌봄자 중 며느리돌봄자는 2000년에 31.0%를 차지하던 것이 2013년에는 17.8%까지 하락했다. 이와 같은 며느리돌봄자의 급격한 감소의 배경으로는 크게 세 가지 요인을 지적할 수 있다. 첫째는 결혼한 자녀와 부모의 동거 자체가 큰 폭으로 줄어든 가족구조의 변화다. 65세 이상 고령자가 있는 세대 중 결혼한 자녀 부부와 동거하는 세대의 비율은 1986년 46.7%였던 것이 2001년에는 27.4%로 줄었고 2013년에는 13.9%를 나타냈다. 둘째는 여성의 생애과정의 변화를 꼽을 수 있다. 1980년에는 남성생계부양자와 전업주부로 이루어진 세대가 1,114만 세대로 맞벌이인 614만 세대를 2배 가까이 웃돌았으나 2014년에는 역전되어 맞벌이 세대가 1,077만 세대로 늘어난 반면, 남성생계부양자와 전업주부의 세대는 720만 세대로 줄어들었다.[2] 이와 같은 기혼여성의 취업증가는 주돌봄자 역할을 수행하는 것이 불가능한 며느리의 증가로 이어졌다. 마지막으로는 자녀수가

---

2   内閣府, 『平成27年版男女共同参画白書』, 2015.

적은 세대가 부모돌봄에 돌입하면서 자신의 친정부모를 돌보지 않으
면 안 되는 기혼여성이 증가한 것을 꼽을 수 있다.

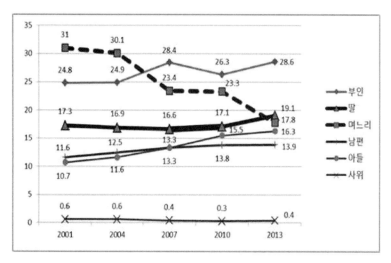

〈그림 1〉 동거하는 주돌봄자의 가족관계별 추이(출처: 후생노동성 「국민생활기초조사」)

한편 〈그림 1〉을 보면 며느리돌봄자의 뚜렷한 감소추세와 더불어
배우자돌봄과 친자녀돌봄이 증가하고 있는 것을 알 수 있다. 고령자
가 고령자를 돌보는 노노(老老)돌봄이 증가하고, 친자녀의 부모돌봄
규범이 강화되면서 딸은 물론이고 아들이 부모돌봄을 담당하는 경우
도 증가하였다.

이러한 가족돌봄의 변화는 젠더질서의 재편이라는 관점에서 중요한
지점이다. 특히 남성돌봄자의 뚜렷한 증가추세는 그동안 돌봄을 '여자
들'에게 맡기고 생계부양자 역할에만 전념하는 일본적 남성성의 변화
를 시사한다는 점에서 중요한 변화라고 할 수 있다(지은숙, 2014). 그러
나 이 글에서는 이처럼 가족돌봄의 수행자가 다양화되는 속에서도 여

성에게 우선적으로 돌봄을 배당하는 가족 내 돌봄의 배분구도가 지속
되고 있는 점에 집중한다. 특히 딸에 대한 돌봄기대가 상승하고 딸돌
봄자가 가족돌봄에서 여전히 큰 비중을 차지하고 있는 것에 주목해
노인돌봄의 영역에서 일어나는 젠더질서의 재편양상을 보다 입체적으
로 드러내고자 한다.

며느리돌봄자가 감소하는 시대에 딸은 가장 이상적인 대체자원으로
지목된다. 그 배후에는 딸에게는 며느리와 달리 부모에 대해 자연스럽
게 우러나오는 '사랑'이 있고 규범에 묶인 것이 아니기 때문에 보은적
차원의 호혜적 돌봄이 가능하다는 통념이 작용한다. 그러나 며느리돌
봄자와 딸돌봄자를 비교한 선행연구(Long·Campbell·Nishimura, 2009)
는 모든 며느리돌봄자가 억지로 하는 것이 아닌 것처럼 모든 딸돌봄자
가 자발적인 것은 아니라는 점을 지적한다. 그리고 돌봄제공자가 돌봄
의존자에 대해 느끼는 분노나 원망과 같은 부정적인 감정이나 스트레
스에 대해 딸돌봄자가 며느리돌봄자보다 더 큰 부담을 느끼고 있으며
심리적으로 더 취약한 상태에 놓여 있다고 보고한다.

3.2. 비혼딸이 최적의 부모돌봄자로 호명되기까지

결혼한 딸보다 비혼인 딸이 부모돌봄에서 더 많은 책임을 지는 것은
사실 새로운 현상이 아니다. 패전 후 전쟁 때문에 혼기를 놓쳤다는
이른바 전쟁독신자 중에도 부모를 돌보는 여성들이 많았다. 비혼여성
들이 근대가족에서 배제된 노부모를 돌보며 근대가족의 후방을 담당
해 온 것이다. 그런데 2000년을 전후해 달라진 것은 이전과 달리 비혼
딸에 대한 돌봄기대가 공공연해졌다는 점이다. 과거에는 다른 형제들
이 있는 경우 비혼딸이 부모를 돌보는 것은 좋은 모양새로 간주되지

않았고, 또 부모라면 딸의 장래를 생각해서 어떻게든 시집을 보내야 하는 것으로 여겼다. 그런데 결혼규범이 약화되고, 자녀수의 감소로 자녀세대 안에서 돌봄자의 수가 줄어든 가운데 비혼딸이 부모돌봄의 최적합자로 공공연하게 지목되는 변화가 발생하고 있는 것이다.

이제는 비혼딸이 부모를 돌보는 것이 어떤 의미에서 가장 바람직한 것으로까지 여겨지게 되었다. 특히 오랫동안 부모와 동거해 온 경우, 비혼딸이 부모돌봄자가 되는 것은 거의 자연스러운 수순처럼 여겨진다. 다른 한편 일찍부터 부모로부터 독립해서 살아온 비혼딸이라고 해도 이러한 돌봄기대를 피해가기는 어렵다. 당사자인 딸이 미처 의식하지 못하는 사이에 고령자 사이에서 비혼딸에 대한 돌봄기대는 높아져 왔다. 때문에 비혼여성을 부모돌봄자로 호명하는 가족들과 당사자인 비혼여성의 간에는 인식의 격차가 존재한다. 이를 잘 보여주는 것이 〈그림 2〉와 〈그림 3〉이다.

먼저 〈그림 2〉를 보면, 남동생이 결혼을 하게 되어 독신인 예비시누이와 예비올케가 첫 인사를 나누는 장면이다. 예비시누이는 예비올케에게 "나 같은 독신 시누이가 딸려서 미안하다"고 말을 건넨다. 이것은 결혼하지 않은 시누이가 새며느리에게 부담스러운 존재였던 과거의 규범에 따른 인사말이다. 그런데 이에 대한 예비올케의 응대는 새로운 규범에 준한 것이다. 예비올케는 독신인 시누이에게 "외동딸이라서", "저는 장래 친정부모를 돌보기도 벅찰테니까…"라고 말한다. 말줄임표에 생략된 내용은, '그러니까 시부모돌봄은 딸인 당신이 맡아주세요'쯤 될 것이다. 예비올케의 의중을 알아챈 독신여성은 당혹스러움을 감추지 못한다. 상대가 돌봄을 배분하는 방식에 선뜻 동의하기 어려운 것과 발화주체가 예비올케라는 예상 밖의 상대였기 때문일 것이다. 이렇듯 노인돌봄의 분배를 둘러싼 여자들 간의 신경전이 진행되고 있는 동안 마찬가지로 친자인 남동생의 모습은 아예 장면에서 삭제되어 있다. 친자녀 간의 돌봄의 분배에서 비혼여 자형제가 있는 경우 기혼아들의 돌봄의무가 어떤 방식으로 면제되는 가를 잘 보여주는 장면이기도 하다.

〈그림 2〉 30년 후의 우리들
(출처: 『OL進化論』秋月りす2013: 121)

〈그림 3〉 미래를 대비해서
(출처: 『OL進化論』秋月りす 2013: 125)

그런가하면 〈그림 3〉은 돌봄을 둘러싼 부모의 기대와 당사자인 비혼딸의 의식격차를 잘 보여준다. 부모가 집을 개축해서 독립해서 사는 비혼딸이 부모집을 방문한 상황이다. 어머니는 딸에게 개축하면서 손님방을 따로 만들었다는 이야기를 한다. 딸은 어머니가 손님방을 만든 것이 어쩌다 찾아오는 오빠네 가족을 위한 것이라고 착각하고 잔소리를 한다. 어머니는 사실은 돌봄이 필요하게 되었을 때 독립해서 사는 딸이 집으로 돌아오기 쉽도록 하기 위해서 방을 만든 것이라는 속내를 딸에게 솔직하게 털어놓지 못한다. 당사자가 자각하지 못하는 사이에 비혼 딸에 대한 부모의 돌봄기대가 높아지고 있는 현실을 잘 보여주는 장면이다.

그런데 위 그림들이 보여주는 비혼여성이 부모돌봄자로 호명되는 상황에는 여성성들 간의 관계 변화라는 측면에서도 흥미로운 지점이 있다. 오랫동안 결혼은 여성성들을 가르는 주요한 분기점이었다. 여성의 생애는 크게 결혼해서 가사와 돌봄을 우선하는 주부의 삶을 사는 다수와, 비혼인 채로 일을 우선하는 '남자같은 삶'을 사는 소수로 나뉘는 구도였다. 기혼여성은 피부양자로 살지만 비혼여성은 스스로를 부양해야 하는 '고달픈' 인생이라는 것이 1970년대까지의 일반적 인식이었다. 그러나 기혼취업여성이 증가하면서 취업과 부양여부로 기혼과 비혼의 삶을 나누는 것이 점점 어려워졌다. 종래의 구분을 대신해 기혼여성은 일과 돌봄에 쫓기는 데 비해, 비혼여성은 일만 하면서 우아하게 소비생활을 즐기는 존재라는 대비가 부상했다.

이성 간 결합이 바람직한 삶의 기본 조건으로 간주되는 사회에서 비혼여성의 여성성은 강조된 여성성(emphasized femininity)에 맞서는 대항적 여성성을 대표한다. 전후의 독신여성들은 의존이냐 자립이냐의 구도 속에서 남편에게 의존하는 주부의 여성성에 대항해 경제적으로 자립한 비혼의 여성성을 구축했다. 또 싱글붐 시대의 여성들은 기혼여성의 가족중심에 대비해 자신들의 개성을 비혼됨으로 강조했다(지은숙, 2016). 그러나 모성과 돌봄을 최우선에 두는 강조된 여성성에서 볼 때 비혼여성의 여성성은 개념상의 대립물이었을 뿐 양자는 생애과정 안에서 서로 대치하거나 경쟁하는 관계가 아니었다. 오히려 주부의 여성성과 경쟁관계에 있었던 것은 경제적으로 자립한 기혼취업여성들의 여성성이었다.

그런데 급속한 고령화와 가족구조의 변화 속에서 돌봄의 공백이 발생하면서 기혼여성과 비혼여성 간에 새로운 교차점과 대립선이 형성되기 시작했다. 노인돌봄의 분배라는 국면에서 기혼여성과 비혼여성의 여성성의 분리선에 변화가 발생하고 있는 것이다. 〈그림 2〉의 예비올케가 예비시누이를 볼 때, 〈그림 3〉의 어머니가 딸을 볼 때, 이들 기혼여성들이 바라보는 비혼여성은 스스로를 부양해야 하는 여자라기보다는 '돌봄을 하지 않는 여자'다. 즉 여자인데 돌봄을 하지 않는 존재인 것이다. 이처럼 비혼여성의 비혼됨을 부양이나 취업보다 돌봄에 초점을 맞춰 바라보게 된 것은 과거 비혼여성을 보는 시선에 '불행'이나 '빈곤' 혹은 '저렇게는 되지 말자'는 반면교사의 함의가 강했던 것을 생각하면 대등한 눈높이에서 비혼여성을 바라보게 된 변화가 발생한 것이라고 해석할 수도 있다. 그러나 가족돌봄이 상정되지 않은 비혼취업의 생애에 돌봄의 부담이 커지는 것은 비혼여성의 생애에 다양한 곤란과 변화를 초래함에도 불구하고, 이러한 측면에 대한 공론화조차 이루어지지 않고 있다는 점에서 문제적인 변화라고 할 수 있다.

4. 부모돌봄의 분배를 둘러싼 자녀세대의 갈등

이 장에서는 부모를 돌보는 딸들의 모임에 대한 현장조사를 바탕으로 자녀세대 내에서 젠더와 결혼여부가 돌봄의 분배에 어떤 역학을 만들어내고 있는지를 살펴보려고 한다. 다음과 같은 질문을 염두에 두고 서술한다. 딸들은 어떻게 부모돌봄자가 되는가? 또 딸들은 어떤 서사를 통해 자신의 돌봄관계나 상황을 설명하는가? 그리고 여기에 젠더와 비혼됨은 어떻게 얽혀드는가 하는 것이다. 먼저 현장연구의 대상인 부모를 돌보는 딸들의 모임에 대해 소개한 후 이에 대한 분석을 제시하려고 한다.

4.1. 무스메사롱[3]: 부모를 돌보는 딸들의 공론장

부모를 돌보는 딸들의 모임인 무스메사롱은 자녀세대의 돌봄의 분배를 둘러싼 역동과 비혼여성과 기혼여성 간에 새로운 금긋기를 살피기에 적합한 현장이다. 무스메사롱은 가족돌봄자모임을 지원하는 단체인 알라딘[4]이 지원해 온 자조모임이다. 노인돌봄을 담당하는 가족들의 자조모임이 대개 지역을 기반으로 하고 원칙적으로 참가자격에 제한을 두지 않는 것에 비해 무스메사롱은 부모를 돌보는 딸들만의 모임을 표방하며 범지역적으로 운영된다는 점이 특징적이다.

연구자는 2012년 5월부터 2013년 8월까지 총 16회 차에 걸쳐 무스메

---

3 무스메(娘)는 딸을 의미하는 일본어다. 무스메사롱은 2010년 5월부터 시작됐으며 2024년 6월 현재도 활동 중인 모임이다.

4 2000년에 결성된 가족돌봄자를 지원하는 비영리단체(NPO)다. 정식 명칭은 〈NPO 법인 개호자서포트 네트워크센터알라딘(NPO法人介護者サポートネットワークセンター・アラジン)〉. http://www12.ocn.ne.jp/~arajin/

사롱을 참여관찰하고 무스메사롱이 열리는 케어러즈카페[5]를 거점으로 주요 참가자들에 대한 면담을 실시했다. 모임의 참가 연인원은 143명, 총 참가자는 58명, 회당 참가자는 8.9명이었다. 참가자들의 평균 연령은 대략 50세 전후였으며 최연소는 28세, 최고령은 72세로 나타나 부모를 돌보는 딸이 전 연령대에 걸쳐 있음을 알 수 있었다. 결혼여부에 따른 참가자의 구성을 보면 58명 중 기혼자가 약간 더 많은 것으로 집계되었다. 또 돌봄의 형태를 보면 동거하면서 부모를 돌보는 경우가 전체의 70% 가량을 차지해 주돌봄자가 동거하고 있는 경우가 전체의 60%를 넘는다는 노인돌봄의 일반적 상황과 유사하게 나타났다.[6] 취업상태별로 살펴보면 참가자 중 절반이상은 파트타임이나 아르바이트로 일하고 있었고 풀타임 취업과 부모돌봄을 병행하는 경우도 전체의 20%에 달했다. 자영업이라고 밝힌 이들 중에는 인터넷쇼핑몰을 운영하거나 출판편집 등의 재택근무를 하는 이들이 있었다. 무스메사롱에 모인 딸들이 돌봄자가 된 경위로 가장 많이 거론한 것은 "나 말고는 돌볼 사람이 없어서"였다. 이것은 형제가 없는 외동뿐 아니라 형제가 있는 경우에도 가장 흔한 이유였다. 부모에게 돌봄이 필요한 상황이었을 때 가까이 있던 본인이 자연스럽게 주돌봄자가 되었다거나 최초에 부모에게 도움이 필요하게 되었을 때 주도적으로 관여하는 바람에 돌봄을 떠맡게 되었다는 서사가 대부분이었다.

그런데 기혼참가자와 비혼참가자 간에는 모임에 참가한 목적과 관

---

5 케어러즈카페는 알라딘이 도쿄도의 지원을 받아 만든 카페로 2012년 4월 개소해 3년간 운영되었다. 도쿄의 주택가에 위치한 카페에서는 간단한 식사와 차를 팔았고, 돌봄자를 위한 강습 프로그램과 다양한 모임의 개최지로 활용되었다. 정식 명칭은 Carer's cafe &dining アラジン.

6 内閣府, 『平成28年版高齢社会白書』, 2016.

심사에서 뚜렷한 차이를 보이고 있었다. 기혼여성들의 경우는 관심이 돌봄 그 자체에 집중되어 있는 경우가 많았다. 이들은 모임에서 돌봄서비스와 관련된 정보나 돌봄관계에서 발생하는 기술적, 감정적 어려움에 대한 화제에 더 적극적으로 반응했다. 이에 비해 비혼여성들은 경제적인 어려움이나 일과 돌봄을 병행하는데서 오는 고통을 호소하는 경우가 많았다. 이것은 무스메사롱의 비혼여성들이 '돌봄자에 대한 돌봄'을 내건 케어러즈카페의 활동에 기혼자들보다 적극적으로 참여하는 요인으로 작용하고 있었다.

'사롱' 형태로 개방적으로 운영되는 무스메사롱에서 모임의 주축을 이루는 것은 3회 이상 참가한 18명이었는데 이들 중 12명이 비혼여성이었다. 이 그룹에 속한 이들은 무스메사롱에서 활발하게 의견을 개진하는 그룹이기도 했고 평소에도 케어러즈카페를 자주 방문하고 카페의 다른 활동에도 참가하고 있었다. 〈표 1〉은 무스메사롱에 3회 이상 참가한 비혼여성 12명의 기본적인 신상정보다. 평균 연령은 43세로, 12명 모두 부모돌봄에 깊이 관여하고 있는 딸들이었다. 양 부모를 동시에 돌보는 사람은 4명이었고 가까운 시일 내에 현재 돌보고 있는 부모가 아닌 다른 쪽 부모에게 돌봄이 필요하게 될 것으로 예상하는 사람이 3명이었다. 직업이력을 보면 12명 중 정규직으로 일하고 있는 이는 3명인데, 그 중에는 메구미 씨만 경제적으로도 어머니를 부양하고 있었다. 시노부 씨는 개호를 이유로 회사에 휴직계를 냈다가 최근에 직장에 복귀한 상태였고 이노우에 씨는 부모돌봄과 직업을 병행하기 위해 근무시간이 불규칙한 보육사 일을 그만두고 일반사무직으로 전직을 한 상태였다. 비정규직으로 분류한 3명의 경우 이전에는 정규직으로 있다가 주돌봄자가 되면서 전직을 한 경우였다. 이들은 동거돌봄을 하면서 정규직으로 취업을 계속하는 것이 매우 어려웠다고 한결같이 지적했

다. 실제로 무직으로 분류한 5명 중 적응장애로 애초에 노동시장에
나가지 않은 쿠로츠 씨와 조기 은퇴한 카키지마 씨를 제외한 3명은
모두 부모돌봄이 시작된 시점에 잠시 휴직하고 있었으나 부모돌봄자가
되면서 무직 상태가 이어지게 된 경우였다. 3명 모두 다시 일하기 원하
고 부모돌봄과 병행할 수 있는 새로운 일을 모색하고 있었다.

결혼에 대한 이들의 태도를 살펴보면, 이혼이력이 있는 카키지마
씨를 제외한 전원이 상대가 생기면 결혼하겠다는 의사를 밝히고 있
었다. 그러나 현실적으로 부모를 돌보고 있는 상황에서 결혼상대를
만나는 것은 불가능하고 부모돌봄은 언제 끝날지 알 수 없기 때문에
결혼할 가능성은 희박한 것으로 생각하고 있었다. 이들의 주요 관심
사는 결혼보다는 현재의 돌봄책임과 자신의 장래를 위한 대비를 어
떻게 병행하는가였다.

〈표 1〉 무스메사롱 3회 이상 참가자 중 비혼여성 12명의 신상정보

	생년	형제	학력	결혼이력	취업 이력	취업 현황	돌봄이력	돌봄형태
이노우에	28	남(비혼)1	4년제졸	無	보육사 6년	정규직	모1년	동거
미네오	38	남(비혼)3	단대	無	보조교사+회사원8년	무직	모6년부2년	동거
쿠마시로	45	남(기혼)1	단대+전문대	無	회사원 10년	무직	모4년	동거
타바키	42	여(기혼)1	단대졸	無	회사원 17년	무직	부/모4년	동거
와키	43	여(기혼)1	4년제졸	無	회사원 16년	비정규직	모12년	동거
시노부	43	남(비혼)1	4년제졸	無	회사원 15년	정규직	모5년	원거리별거
쿠로츠	40	無	고졸	無	無	무직	모4년	동거
메구미	42	無	고졸	無	회사원 20년	정규직	모6년	동거

미카미	43	여(기혼)1 남(기혼)1	석사졸	無	태국 장기체류	자영업	모3년	동거
츠지	51	남(비혼)1	단대졸	無	회사원 20년	비정규직	모6년 부3년	모시설 부동거
미즈노	47	남(비혼)1	고졸	사별	회사원 25년	비정규직	모9년 부5년	모시설, 부근거리 별거
카키지마	53	남(기혼)1	4년제졸	이혼	회사원 17년	무직	모4년	근거리 시설

　모임은 인원이 많은데다 매번 새로운 참가자가 있었기 때문에 자기소개 시간이 길어질 때가 많았다. 소개를 마친 후 정해진 주제 없이 자연스럽게 참가자들의 관심이 쏠리는 화제를 택해 대화를 나누는 방식으로 진행되었다. 화제는 그날 모임의 분위기에 따라 기저귀를 가는 법과 같은 돌봄기술에서부터 정부의 노인돌봄정책과 일본의 가족문화에 대한 비판까지 전방위로 펼쳐졌다.

　필자가 현장조사를 시작한 초기에는 참가자들 간에 오가는 대화를 완전히 파악하기 어려웠다. 노인돌봄과 관련된 용어자체도 낯선데다 줄임말로 사용하는 경우가 많았기 때문이다. 조사가 중반을 넘어서면서 용어에는 막힘이 없게 되었지만 여전히 맥락을 파악하기 어려운 대화들이 있었다. 그 중 하나가 '각오'였다. 처음 귀에 걸린 것은 어느 돌봄 관련 강연회에서 발표자가 사용한 '가족의 각오'라는 표현이었다. 가족과 각오라는 단어의 조합이 이질적이라서 인상에 남았다. 그런데 일단 귀에 들어오고 나니까 무스메사롱에서 이 단어가 자주 등장한다는 사실을 깨달았다. "최근에 돌봄자로 각오가 생겼다"고 말하는 참가자가 있는가 하면 모임 후의 평가회에서 운영진끼리 "○○씨는 요전번에 보니까 각오가 선 것 같았다"는 식의 대화를 나누는 것도 귀에 들어왔다. 연구자에게는 보이지 않는, 각오라는 단어로 표현되는 돌봄자의 어떤 상태가 있는 것 같았다. 그러다 우연히 노인돌봄을 전 문으로 하는 기자와 이야기를 나눌 기회가 생겼다. 연구자가 각오라는 단어 선택의 맥락을 알기 어렵다고 털어놓자 상대는 명쾌하게 다음과 같은 해석을 제시했다. "부모돌봄은 강제노동인 경우가 많다. 그래서 각오 없이는 하기 어려운 것이다. 아마도 강제를 받아들일 마음의 준 비가 됐다는 의미가 아닐까 싶다"는 것이었다. 그의 입에서 '강제노동' 이라는 단어가 흘러나오는 순간 필자는 그동안 얽혀있던 매듭이 풀리 면서 딸돌봄자들이 처한 상황이 한번에 납득되는 느낌이었다.

강제노동은 피하고 싶은 것이다. 자녀가 부모돌봄을 피하는 사회적 으로 용인된 방법은 크게 두 가지다. 최선의 방법은 내가 아닌 가족 중 다른 누군가 하는 것이다. 이것이 최선인 이유는 경제적으로든 정 신적으로든 나에게 부담이 가장 적은 길이기 때문이다. 다른 하나는 돈을 주고 다른 사람에게 맡기는 것이다. 그림책 작가로 유명한 사노 요코는 어머니가 말년에 치매에 걸렸을 때 시설에 맡긴 일을 두고 "나 는 돈으로 어머니를 버린 것이다"(2010: 193)라고 고백해 화제가 되기 도 했다. 그러나 본인은 버렸다고 표현했지만, 사노 씨가 어머니를 입소시킨 시설은 입소비용만 수 천만 엔이 들고 매달 40만 엔 이상의 비용을 지불해야 하는 곳이었다. 대부분의 자녀에게는 그런 방식으로 부모를 버리는 선택이 불가능하다. 최선도 차선도 선택할 수 없을 때 무스메사롱의 딸들은 스스로 돌봄자가 된다는 각오를 다지는 쪽으로 떠밀려가고 있었던 것이다.

그러나 이전부터 '내가 하겠다'는 마음으로 준비하고 있던 것이 아니 라 상황에 밀려 다지게 된 각오는 쉽게 흔들리기 마련이다. 무스메사 롱 참가자의 대부분은 부모돌봄을 피할 수만 있다면 피하고 싶었던 사람들이었다. 특히 형제가 있는 경우 마음 한 구석에는 늘 자신이 주돌봄자가 된 것에 대한 불만이 잠재해 있었다. 때문에 무스메사롱에서 가장 자주 등장한 화제는 '왜 나인가'였고 이것은 모든 참가자의 사연에 힘을 실어주고 할 말을 만들어내는 원점과 같은 것이었다.

4.2. 노인돌봄의 분배에서 나타나는 젠더 간 비대칭

부인이 자신의 부모의 주돌봄자가 되는 경우 남편이 가사를 맡아준다거나 돌봄을 분담하는 사례는 매우 드물었다. 그러나 남편이 자신의 부모의 주돌봄자가 되었을 때 아내는 스스로를 돌봄자로 칭하지 않을 뿐이지 가사를 비롯해 남편의 돌봄을 지원하는 역할을 한다. 돌봄을 하는 남편에게는 아내라는 돌봄자가 딸려 있는 것이다(平山亮, 2014: 46-53). 또 며느리의 시부모에 대한 돌봄규범은 약화된 것이지 사라진 것이 아니다. 며느리돌봄자는 감소했다고는 하나 〈그림 1〉에서 보는 것처럼 여전히 노인돌봄의 주요한 자원중 하나다. 이것은 가족 내 돌봄 분배에서 사위가 장인장모의 주돌봄자인 사례가 매우 드문 것과 대조된다.

오랫동안 기혼여성들은 결혼한 여자는 자신의 부모보다는 시부모 돌봄을 우선해야 한다는 규범 아래에 놓여 있었다. 개호보험제도가 성립하는 과정에서 '각자의 부모는 각자 돌보자'는 친자돌봄 규범이 사회적 지지를 얻었고 과거와 같이 며느리역할을 강제하기 어려워진 변화가 일어났다. 하지만 이러한 변화는 기혼여성에게는 양날의 검으로 작동하고 있었다. 며느리라는 준제도화된 돌봄자의 감소는 딸의 부모돌봄 부담을 증가시키는 결과로 이어졌기 때문이다. 무스메사롱에도 기혼딸돌봄자 중 일단 남자형제가 부모돌봄을 맡았지만 며느리의 돌봄거부 혹은 며느리와의 불화로 주돌봄자가 딸로 교체된 경우가 여럿 있었다. 그런 경우에는 돌봄의존자를 누가 어디서 돌보느냐는 문제의 재조정을 둘러싸고 날선 공방이 수반되었기 때문에 형제관계가 붕괴된 경우가 많았다.

부모가 더 이상 자립할 수 없게 되었을 때, 형제가 여럿인 경우 순번을 정하거나 역할을 나눠 부모를 지원하는 방식을 택하기도 한다. 그런데 주돌봄자를 두지 않는 이런 방식의 분담은 결국 떠맡는 자식이 하나로 정해지게 되고 대개 딸이 그 역할을 하게 된다. 남자형제의 무관심 혹은 수동적인 태도가 그러한 상황을 초래하는 주된 요인이다.

아들이 주돌봄자가 되는 경우가 과거에 비해 증가하기는 했지만, 여자형제가 있는 경우나 돌봄이 필요한 쪽이 어머니일 때 성별은 여전히 아들이 돌봄책임을 피하는 강력한 구실이 된다. 여기에 소득이 낮은 사람이 일을 그만두고 돌봄을 해야 한다는 생산성이나 효율성의 척도가 도입되면, 부모돌봄에는 딸이 더 적합하고 돌봄은 여자의 몫이라는 성별분업의 논리가 완벽하게 가동된다. 이것은 비혼여성이 얽혀 있을 때 더 선명하게 나타난다.

【사례 1】이노우에 씨, 28세 비혼여성, 1남1녀
이노우에 씨는 도쿄에서 회사원인 오빠와 자취를 하며 보육사로 일했다. 어느 날 나가노에 있는 어머니와 통화를 하다가 어머니의 상태가 이상하다는 것을 눈치 챘다. 즉시 병원에 긴급입원할 수 있도록 수배를 하고 오빠와 함께 나가노로 달려갔다. 어머니는 목숨은 건졌지만 뇌손상으로 인지능력이 떨어지고 실어증세를 보였으며 보행도 부자유하게 되었다. 친척들은 이노우에 씨에게 도쿄로 가지 말고 나가노에서 직장을 찾으라고 권했다. 몇 달 전에 퇴직한 아버지도 이노우에 씨가 나가노로 돌아와 주기를 바랐다. 그렇지만 도쿄에서 인생을 계획해 온 이노우에 씨로서는 순순히 이에 따를 수 없었다. 오빠와 의논했다. 오빠는 우선 아버지는 남자라서 여자인 어머니를 제대로 돌보기 어렵고 엄마도 '여자끼리'를 편하게 여길 것이라는 점을 강조했다. 그리고 자신의 일은 도쿄가 아니면 불가능하지만 이노우에 씨가 하는 일은 어디서든 할 수 있다는 점을 들어, 이노우에 씨에게 나가노로 돌아갈 것을 권했다. 이노우에 씨는 '여자끼리'에 대해서는 동의했지만 자신의 일이 '어디서든 상관없다'는 점은 받아들일 수 없었다. 이노우에 씨는 아버지를 나가노에 남겨 둔 채 어머니를 데리고 상경하는 길을 택했다.

부모돌봄을 분배하는 국면에서 형제가 있는 자녀들은 누가 돌봄에 더 적합한 자식인가를 두고 자신에게 유리한 모든 담론을 동원한다. 이노우에 씨의 오빠는 '여자끼리'를 강조했지만 돌봄의 대상이 아버지인 경우에도 '여자인 네가' 더 적합하다고 이야기될 때가 많다. 한편 부모와 물리적으로 가까운 곳에 살고, 시간적 여유가 있는 쪽이 돌봄의 부담을 더 많이 져야 한다는 합리성이나 효율성의 논리도 아들과 딸 간의 돌봄 분배에서는 일관되게 적용되지 않는다.

【사례 2】 시노부 씨, 41세 비혼여성, 1남1녀

시노부 씨는 IT기업에서 일하는 엔지니어다. 이와테 출신으로 고향에는 부모와 비혼인 오빠가 산다. 시노부 씨의 어머니는 5년 전 뇌경색으로 쓰러져 반신마비가 되었다. 어머니의 주돌봄자는 아버지다. 동거하는 오빠는 부모돌봄에 필요한 도움도 비용도 내놓기를 거부했다. 아버지가 가사와 돌봄을 모두 떠안은 채 아슬아슬한 생활을 이어오던 중 2011년 동일본대지진으로 이와테가 크게 흔들렸다. 시노부 씨 일가는 비록 직접적인 피해는 입지 않았지만 부모님이 입은 정신적 충격이 컸다. 그런 상황에서 어머니가 대장암 수술을 받게 되었고 아버지의 건강도 나빠졌다. 시노부 씨는 1년간 개호휴직을 신청해 이와테로 돌아갔다. 1년 동안 어머니를 돌보면서 오빠를 설득하려고 가족상담도 받았다. 그러나 오빠는 "내가 안 할 거니까 너도 아무것도 하지마라"며 여동생을 윽박질렀다. 오빠를 설득하는 작업은 결국 실패했고 1년이 지났다. 부모를 그대로 둔 채 복귀할 수 없어 퇴직을 고민하고 있을 때 "너는 돌아가라"며 등을 떠민 것은 어머니였다. 일단 돌아오기는 했지만 이 상태로 오래 가기는 어렵다고 생각한다.

〈그림 1〉에서 보듯 가족돌봄에서 남성돌봄자는 눈에 띄게 증가했다. 2001년에 남편, 아들, 사위 돌봄자의 합은 22.9%였지만 2013년에는 30.6%까지 상승했다. 이러한 변화가 통계수치상으로 보면 가족돌봄을 둘러싼 환경 변화에 따른 자연스러운 흐름처럼 보인다. 하지만 가족돌봄의 현장에서 이러한 변화는 돌봄의 분배를 둘러싼 무수한 국지적 전투의 결과라는 것을 알 수 있었다. 특히 기혼딸과 비혼아들 간의 갈등이 치열했다. 당뇨와 합병증으로 고생하는 어머니를 돌보는 미치코 씨의 이야기다.

【사례 3】 미치코 씨, 50대 기혼여성
어머니 곁에는 비혼인 남동생이 동거하고 있지만 주돌봄자는 결혼해서 따로 살고 있는 미치코 씨다. 당뇨로 거동이 불편한 어머니가 눈까지 안보이게 된 후 그녀는 자기집, 어머니집, 직장 사이를 뛰어다니는 생활을 몇 달 동안 계속해야 했다. 매일 출근하기 전에 어머니에게 들러 혈당체크를 하고, 약 먹이고, 주사 놓고, 식사를 차려주고, 출근해서 일하고, 퇴근길에 장을 봐와서, 어머니를 챙기고 난 후 자신의 집으로 귀가하는 생활을 반복했다. 어느 날 체력적으로 한계라고 생각해서 남동생에게 아침만이라도 거들라고 요청했다. 남동생은 "네가 쓰러지면 내가 한다"며 돌봄에 관여하기를 거부했다. 그러다 미치코 씨가 과

로로 쓰러져 구급차에 실려가는 일이 벌어졌다. 그 후 아침에 어머니를
챙기는 일은 남동생이 책임지게 되었다고 한다.

돌봄을 거부하거나 비협조적인 남자형제에 대한 불만과 이들을 어
떻게 '제대로 된' 돌봄자로 만들 것이냐는 무스메사롱에 자주 등장하는
화제 중 하나였다. 이에 대한 딸들의 분개와 한탄은 종종 노쇠하는
부모와 마주하기 두려워하는 남자의 심리분석이나 정신분석으로 이어
지거나 "형제는 차라리 없는 것이 낫다"는 체념섞인 푸념으로 마무리
되기도 했다.

2000년대 이후 일본에서는 자녀간의 돌봄의 분배에서 부모돌봄이
자녀의 배우자가 아니라 친자녀가 수행해야 하는 일이라는 인식이 적
어도 규범차원에서는 광범한 사회적 동의를 얻었다. 설사 불만이 있
더라도 며느리돌봄의 당위성을 입에 올리기 어렵게 된 것이다. 그러
나 젠더규범의 경우는 상황이 달랐다. 남성돌봄자의 수치적 증가에도
불구하고 남자보다는 여자가, 아들보다는 딸이 돌봄에 더 적합하다는
성별분업에 근거한 젠더규범은 반드시 약화라는 일방적인 방향으로
이행하고 있다고 보기 어려웠다.

4.3. 가족돌봄의 이중구조: 가정을 지키는 기혼자녀와 부모를 돌보는 비혼자녀

형제가 여럿인 기혼여성은 무스메사롱에서 가장 할 말이 많은 이
들이었다. 그런데 이들이 비혼인 여자형제에 대한 불만을 화제에 올
리는 경우는 없었다. 무엇보다 기혼여성 참가자 중 비혼의 여자형제
가 있는 사람이 없었다. 그 이유를 탐구하면서 필자는 잠정적으로 이
런 결론을 내렸다. 무스메사롱의 기혼여성 참가자의 대부분은 만약

비혼의 여자형제가 있었다면 무스메사롱에 오지 않았을 사람들이라는 것이다. 기혼여성들은 비혼딸이 기혼딸보다 부모돌봄에서 더 많은 책임을 져야한다는 것을 자명한 일로 전제하고 있었고 이들의 이러한 태도는 무스메사롱에서 결혼여부에 따른 돌봄분배의 불공정이 공론화되는 것을 억제하는 힘으로 작용하고 있었다.

한편 비혼딸이 자녀세대의 돌봄에서 1순위라는 것은 무스메사롱 참가자들이 부모의 주돌봄자가 된 과정에서도 드러나고 있었다. 무스메사롱에서 기혼딸이 부모를 돌보는 경우는 앞서 언급한 것처럼 이전에 다른 형제가 돌보다가 본인이 주돌봄자로 교체된 사례가 여럿 있었는데 비해 비혼딸이 주돌봄자인 경우 동세대간 교체이력이 없었다. 비혼여성 돌봄자들은 처음부터 본인이 주돌봄자였거나 시노부 씨의 경우처럼 부모 중 어느 한쪽이 주돌봄자였다가 자신이 이어받은 경우가 대부분이었다. 그런데 이것은 과거 전쟁독신세대 여성들이 주돌봄자가 된 과정과 비교해 볼 때 확실히 달라진 점이었다. 전쟁독신세대 여성들의 경우는 처음부터 부모의 주돌봄자였던 경우도 있었지만 다른 형제들을 거쳐서 주돌봄자가 된 경우가 적지 않았다(지은숙, 2016). 이러한 변화는 배우자가 없는 자녀가 부모돌봄자가 되는 것이 상황에 따른 방편이 아니라 일종의 규범으로 자리잡아가고 있다는 판단을 가능하게 했다.

당사자인 비혼딸의 입장에서 이렇듯 당연하게 형제들이 주돌봄자가 될 것을 요구하는 것은 일종의 압력이었다. 쿠마시로 씨는 이러한 상황에 대한 불만과 두려움을 다음과 같이 호소했다.

【사례 4】 쿠마시로 씨, 45세 비혼여성, 1남1녀
쿠마시로 씨는 최근 4년에 걸친 어머니 돌봄을 마쳤고, 탈진한 상태에서 아버지와 함께 살고 있다. 그런데 아버지가 갑자기 치매 증세를 보이고 있어 몹시 불안하다고 쿠마시로 씨는 호소했다. 이대로 집에 있으면 어머니 때처럼 오빠부부는 어쩌다 문병 오는 손님이고 자신이 주돌봄자가 될 것 같아서 집을 나가고 싶은데, 당장은 직업도 없는데 다 정신적 육체적으로 너무 지쳐서 혼자서 살아갈 자신이 없다고 털어놓았다. 쿠마시로 씨는 기회가 있을 때마다 기혼자녀와 비혼자녀 간의 돌봄의 분배에서의 불공정, 특히 비혼딸에게 모든 부담을 떠넘기려는 형제에 대한 비판을 제기했지만, 이 문제가 진지하게 논의되는 일은 없었다. 어색한 정적이나 침묵과 함께 논의가 미끄러졌다. 기혼자녀와 비혼자녀 간의 부모돌봄의 분배에서 나타나는 불공정은 기혼여성은 말하기를 피하고, 비혼여성은 제대로 말하지 못하는 대표적인 화제였다. 예를 들어 "어머니가 결혼한 언니를 부르는 것을 꺼리고 모든 것을 나한테만 의지하려고 들어서 화가 난다. 딸인 건 마찬가지 아니냐"고 비혼여성이 불만을 터뜨리면 "그건 어머니가 당신을 더 편하고 가깝게 여겨서 아니겠냐"고 기혼여성이 나서서 무마하는 식이었다.

이렇듯 비혼딸에게 쏠리는 부모돌봄의 부담이 공론장에 오르려 할 때 기혼여성이 보인 무반응과 사소화(trivilization)의 시도는 기혼여성에게는 비혼여성이 부모돌봄의 분배에서 더 많은 책임을 지는 것은 자명한 일이며 그것 자체를 논의대상으로 여기지 않고 있다는 인상을 주었다. 하지만 그런 속내에 관한 명시적인 발언은 없었다. 아마도 그것은 소리 내어 말하기 어려운 진심이었을 것이다. 왜냐하면 비혼딸의 돌봄을 당연시 하는 근저에는 결국 여자가 돌봄에 더 적합하고 더 많이 해야 한다는 젠더규범이 깔려 있기 때문이다. 그러한 까닭에 비혼여성에 대한 기혼여성의 돌봄압력은 암묵적으로 행사되었다. 기혼딸은 '나는 할 수 없다'고 할 뿐이지 비혼인 형제에게 '너가 하라'고 직접적으로 압력을 가하지 않는 것이다.

그렇다면 비혼딸이 이 무언의 압력에 굴복하는 것은 무엇 때문인가? 무스메사롱의 참가자 중 비혼여성이 절반에 가깝고 비혼이라는 이유로 부모돌봄에 더 적합한 자녀로 간주되는 상황에 불만을 가진 이들이 많았음에도 불구하고 적극적으로 공론화에 나서지 못한 이유는 무엇인가? 답변의 실마리는 일본사회가 추구하고 지켜야 할 가치로서 '가정'이 지닌 이념적 권위에서 찾아야 할 듯하다. 메이지 이래 가정은 위정자들에 의해 일본사회를 지탱하는 근본이자 힘으로 추앙되어 왔고 '가정이 무너지면 사회가 무너진다'는 레토릭은 전후일본을 관통하는 통치논리이기도 했다. 실제로 1990년대 이후 노인돌봄의 탈가족화가 사회적 공감을 획득하게 된 배경에도 이 가정의 논리가 관통하고 있었다. 며느리 역할이 아내와 어머니 역할을 잠식하여 가정의 기반 자체가 무너진다는 위기의식이 개호보험제도에 대한 사회적 합의를 끌어내는데 중요한 기여를 한 것이다.

이 가정의 논리는 자녀세대 내의 부모돌봄의 분배에도 적용된다. 기혼자녀가 가정을 지키며 사회재생산을 수행할 수 있도록 비혼자녀는 부모돌봄을 맡아주어야 한다는 가족돌봄의 이중구조가 성립하고 있는 것이다. 무스메사롱의 비혼여성들은 이러한 구조에 저항할 언어를 갖지 못했기 때문에 침묵할 수밖에 없었다. 그들은 자신들이 처한 불합리한 상황을 '결혼 안 한 내 탓'으로 돌리거나 '개인적인 불운'으로 체념하고 있었으며 불공정한 돌봄의 분배를 시정하기 위한 수단으로 결혼한다는 개인적 대처 이외의 다른 것을 떠올리기 어려워했다. 그러나 공론장에서의 반복되는 미끄러짐과 좌절, 그리고 무엇보다도 비혼여성돌봄자가 감내해야 하는 현실적인 어려움은 부모돌봄자인 비혼여성이 스스로의 위치를 자각하고 말하게 하는 상황을 만들어낸다.

5. '좋은 돌봄'을 둘러싼 경합과 비혼됨의 재구성

이 장에서는 헌신적인 돌봄이 바람직하고 좋은 돌봄이라는 논리가 비혼여성의 부모돌봄에도 그대로 적용되는 상황에 주목해, 좋은 돌봄 자가 되라는 규범적 압력이 어떻게 작용하고 있고, 비혼여성들은 이에 대응하여 어떻게 비혼됨을 재구성해 가고 있는가를 추적할 것이다.

5.1. 모성신화의 해체: 돌봄의존자이면서 관계의 지배자인 어머니

부모돌봄은 강제노동이다. 그러나 법적 강제가 사라진 시대에 자녀가 부모에게 느끼는 애정과 책임이 없다면 자녀를 돌봄자로 호명하는 일은 가능하지 않을 것이다. 흔히 아들은 책임감 때문에 부모를 돌보고 딸의 경우는 애정이라는 요소가 더 크게 작용한다는 것이 상식으로 통한다. 그러나 자녀돌봄자의 의식에서 애정과 책임을 둘러싸고 뚜렷한 성차가 나타난다는 믿을만한 연구결과는 없다. 여성다움과 남성다움의 이상에 걸맞은 방식으로 이러한 상식이 구성되었다고 보는 것이 타당할 것이다.

성차는 오히려 돌보는 부모의 성별에 따라 나타난다. 돌보는 대상이 아버지일 때와 어머니일 때 돌봄자인 자녀의 태도가 분명하게 다른 것이다. 아들이든 딸이든 돌보는 상대가 어머니일 때는 돌봄의존자가 모성을 보여주기를 기대한다. 돌봄의존자인 아버지에게 부성을 기대하는 자녀는 거의 없다. 그러나 자녀가 어머니에게 갖는 모성에 대한 기대는 대부분 충족되지 못한다. 어머니의 변화가 너무 큰 것이다. 돌봄의존자가 된 어머니는 집안살림을 하고 늘 가족을 보살피는 입장에 있던 그런 어머니가 아니다. 가사능력이 없어지고, 감정적으로도 모질고 사나워지는 경우가 많다. 모성에 대한 기대가 있기 때문에 이러한 어머니의 변화는 자식으로서 더 받아들이기 힘든 일이 된다.

모성이 없는 어머니에 대해 당황하는 것은 아들과 딸이 동일하다. 그러나 아들의 경우 기본적으로 어머니의 변화가 자기 탓이라고 여기지 않는데 비해 딸은 자신이 좋은 딸이 아니기 때문이라고 생각하고 감정적 좌절을 겪기도 한다. 그 때문에 딸들 중에는 '과잉돌봄'이라는 지적을 받을 만큼 어머니에게 헌신하는 경우도 있다. 아들돌봄자로부터 "엄마가 나한테 해준 대로 나도 하려고 했다"같은 말은 들어보지 못했다. 하지만 딸돌봄자가 모인 곳에서는 흔히 등장하는 서사였다. 그러나 "엄마가 나한테 해준 대로 돌보겠다"는 계획은 "내가 어떻게 해도 엄마 마음에 안 들기 때문에"좌절로 끝나기 십상이었다.

【사례 5】모리즈미 씨, 50세 비혼여성, 1녀1남

모리즈미 씨의 어머니는 "나는 너를 맛있는 것만 먹여서 키웠다"가 입버릇이었다. 사이가 좋은 모녀였다. 아버지가 쓰러졌을 때도 모리즈미 씨는 어머니를 돕기 위해 출장이 잦은 정사원에서 물러나 프리랜서로 전환했다. 아버지가 작고한 후 이번에는 어머니가 쓰러져 돌봄이 필요한 상태가 되었다. 모리즈미 씨는 일을 모두 중단하고 집으로 돌아왔다. 이혼하고 혼자 사는 남동생이 있었지만 문병 오는 손님일 뿐 돌봄을 거들 생각도 없었고 어머니도 바라지 않았다. 집에서 혼자 어머니를 돌보던 중 모리즈미 씨가 암에 걸렸다. 수술을 받은 후 자택돌봄은 더 이상 무리라고 판단해서 어머니는 집에서 가까운 병원으로 옮겼다. 어머니는 "왜 나를 이런 데 두느냐"고 화를 냈다. 사정을 설명해도 "내가 너를 어떻게 키웠는데…"만 반복했다. 1년 넘게 매일 오전 오후 두 차례씩 병원을 드나들며 돌봤다. 하지만 어머니의 노여움은 누그러들지 않았다. 어느 날 문병 온 어머니 친구를 배웅하다가 전해들은 말이 지금도 잊혀지지 않는데, 어머니는 친구에게 "오바스테야마[7]가 지금도 있다"며 딸을 원망했다고 한다.

모리즈미 씨와의 면담은 모친이 작고한 몇 달 후 그녀의 집에서 이루
어졌다. 거실에는 부모의 사진이 걸린 불단이 있었다. 모리즈미 씨는
연구자가 선물로 들고 간 과일을 불단 위에 올려놓고 연구자를 소개했
다. 면담은 거실에서 진행되었다. 모리즈미 씨는 오바스테야마에 대한
이야기를 하다가 잠시 말을 멈추고 어머니 사진을 올려다보았다. 침묵
이 길어져 연구자가 끼어들었다. "그래도, 좋은 딸이었다고 생각하실
거다"라고 말을 건넸다. 그러자 모리즈미 씨는 "나도 그렇게 생각한다.
51%의 확률로"라고 답하며 어머니 사진을 향해 "그렇지 엄마? 그 정도
로 참아줘"라고 중얼거렸다.

자식에게 부모의 죽음이 돌봄과정의 끝은 아니다. 결별에서 부모
의 '고맙다'가 누락된 경우는 더욱 그렇다. 모리즈미 씨의 어머니가
죽기 전에 딸에게 '고맙다' 혹은 '좋은 딸이었다'고 말해 주었다면 모
리즈미 씨가 느끼는 죄책감은 한결 줄었을 것이다. 부모로부터의 감
사와 인정은 자녀돌봄자에게 큰 보상이다. 부모돌봄을 마친 자녀들
과 면담할 때, 돌보던 부모가 임종 전에 자신에게 고맙다고 했다는
말을 되풀이하는 이들이 많았다. 그것을 스스로가 한 일에 대한 평가
로 의미 부여하고 있는 것이었다.

흔히 딸이 부모를 돌보는 것, 특히 어머니를 돌보는 것은 동성끼리
이고, 근대가족의 정서적 관계의 상징같은 것이라서, 가장 바람직한
돌봄관계인 것처럼 이야기된다. 그런데 무스메사롱에는 모리즈미 씨
와 같은 사례가 드물지 않았다. 돌봄상황에서 발생하는 모녀관계의
뒤틀림은 딸이 모성에 대해 느끼는 부채의식과 이것을 어머니가 딸
을 지배하는 기제로 활용하는 데서 기인하는 것처럼 보였다. 그러나

---

7 일본의 민담에 등장하는 '노인을 갖다 버리는 산'을 뜻한다.

이러한 상황을 모녀관계의 일반적 특성으로 본질화하기는 어려웠다. 왜냐하면 전쟁독신세대 여성들의 어머니 돌봄에서 이런 갈등을 호소한 사례는 거의 없었기 때문이다. 20세기 초에 출생한 어머니들에게는 딸에게 의존하면서 딸을 지배한다는 발상이 없었다. 오히려 친자갈등은 주로 아들을 사이에 둔 시어머니와 며느리 간에 발생했다. 의존과 지배를 매개로 한 모녀갈등은 근대가족의 모성과 딸의 지위상승을 배경으로 나타난 전후의 새로운 현상이다.

전후일본에서 모성은 비교불가능하고 대체불가능한 것으로 신화화 되었고 여성들은 이를 내면화해 왔다. 그러나 개인이 더 이상 이 신화의 담지자가 되는 것이 불가능한 상황은 신화의 해체를 요구한다. '어머니도 결함이 있는 인간이었다'는 딸이 자각해야 하는 문제일 뿐 아니라 돌봄을 받는 어머니도 인정해야 하는 일인 것이다. 그러나 신화의 자리에서 내려와 새로운 관계를 수립하는 것은 지난한 과정이다. 게다가 모성과 짝을 이루는 착한 딸이라는 젠더규범이 이것을 방해하는 걸림돌로 작용한다. 이 때문에 딸이 어머니를 돌보면서 사이가 나빴던 모녀관계가 회복되는 일은 드문 반면, 사이가 좋았던 모녀관계가 붕괴하는 것은 흔히 일어나는 일이 된다. 이것은 돌보는 상대가 아버지일 때는 찾아보기 어려운 양상이었다

돌봄의존자가 무력하고 수동적이라는 이야기는 무스메사롱에 참가한 딸들의 이야기에 등장하는 어머니에게는 일반적이지 않았다. 이야기 속의 어머니들은 대개 자녀의 죄책감을 무기로 삼아 자녀를 속박하는데 능숙한 전략가들이었다. 그러한 어머니에 대해 거리낌 없이 불평하고 흉보고 비난할 수 있는 것이 딸들이 무스메사롱에 오는 큰 이유 중 하나였다. 부모를 돌보는 딸이라는 동일한 입장이 이들에게 무슨 말을 해도 부정당하지 않을 것이라는 기대를 갖게 하고, 그것이 참가

자들의 여과없는 발언을 촉발했다. 누군가 "그 순간 정말로 (어머니를) 한 대 후려치고 싶었다"고 말하는 것을 들으면서 함께 웃을 수 있는 것은 동일한 고통을 안고 있다는 공감이 있기 때문이었다.

그러나 '딸'이라는 공통의 서사에 근거해 형성된 부모를 돌보는 딸들의 유대와 공감은 제한적인 것일 수밖에 없었다. 왜냐하면 이것은 딸이라는 입장의 동일성으로 부모돌봄의 국면에서 나타나는 다양한 갈등을 일시적으로 봉합하고 있는 것이기 때문이었다. 특히 비혼여성과 기혼여성간의 입장 차이는 일이냐 부모돌봄이냐를 선택해야 하는 국면이 되면 터져나올 수밖에 없었고 이것은 고통받는 딸들이라는 공통의 서사에 균열을 발생시켰다.

5.2. 일이냐 돌봄이냐: 선택압력과 갈등하는 비혼여성

무스메사롱에 오는 이들 중 기혼여성은 정보나 교류를 찾아 모여드는 것에 비해, 비혼여성은 인생상담을 목적으로 참가한 이들이 많았다. 특히 30~40대 비혼여성은 부모돌봄이라는 과제에 직면해 이것을 자신의 일이나 장래와 어떻게 조화시켜 나가야 할지 고민하던 끝에 절박하게 조언을 요청하러 오기도 했다. 이런 경우는 대개 운영진이 나서서 돌봄상황을 확인한 후 따로 만날 약속을 잡는 것으로 정리되었다. 당사자로서는 같은 입장에 있는 참가자들의 의견을 듣고 싶어 하지만 발언에 조리가 없을 때가 많았고 다른 참가자들도 타인의 인생선택에 직접 조언을 해야 하는 입장을 부담스러워하기 때문이었다. 그러나 이러한 인생상담 유형의 참가자가 계속 유입되면서 일과 부모돌봄 사이의 선택을 둘러싼 논의는 피할 수 없는 일이 되었다. 어느날 결국 격돌이 일어났다. 도화선이 된 것은 비혼여성 사쿠라이 씨의 인생고민이었다.

【사례 6】사쿠라이 씨, 30대 중반 비혼여성, 2녀 중 차녀
　어머니는 올해 72세인데 5년 전에 뇌경색 진단을 받았다, 요개호 1년째다. 주돌봄자는 아버지인데, 언니는 결혼해서 멀리 살고, 나는 도쿄에 있는 부모집에서 떨어져 나와 사이타마에서 직장을 다닌다. 직장에서 부모집까지 2시간 걸린다... 그동안은 아버지가 혼자 돌봄부담을 짊어지고 있었다. 그런데 최근 더 이상 아버지에게만 맡겨놓을 수 없는 상태가 됐다... 역시 내가 직장을 그만둬야하나 고민 중이다. 나는 결혼도 하고 싶고, 직장도 다녀야 하는데, 개호를 나 몰라라 할 수도 없다, 인생 설계를 어떻게 해야 좋을지 몰라서 고민 된다.

　이에 대해 츠지 씨(51세, 비혼여성)가 자신도 비슷한 상황에서 직장을 그만뒀지만 결국 어머니는 시설에 맡겼고 현재 구직활동에 큰 어려움을 겪고 있다고 하면서 "지금 일을 그만 두면, 나중에 후회한다"는 조언을 했다. 이러한 선택의 문제가 제기되었을 때 기혼여성 참가자들의 대응은 "부모니까 나중에 후회하지 않도록 선택을 하라"는 정도의 원만한 것이었다. 그런데 이날은 처음 참가한 카와하라 씨(40대 중반, 기혼여성)가 적극적으로 나섰다. 본인은 비슷한 상황에서 일을 그만두고 돌봄을 선택했고 그것을 잘 한 결정이라고 생각한다는 것이었다.

【사례 7】카와하라 씨, 40대 중반 기혼여성
　어머니는 계속 혼자 살았는데, 3년 전에 넉 달 동안 입원했다가 퇴원한 후로 혼자 못 사는 상태가 되었다. 어머니는 당시 72세였고 나는 정사원으로 일하면서 남편과 둘이 살고 있었다. 그대로 어머니를 시설로 보내기는 좀 그랬다. 아직 젊기도 하고... 남편과 의논 끝에 어머니와 동거하기로 했다. 하지만 집에 데려다 놓고 그냥 같이 살기만 해서

되는 문제가 아니었다. 어머니가 자꾸 죽고 싶다고 하니까 의사가 '눈을 떼지 마라'는 지시를 내렸다. 결국 내가 일을 그만두고 개호에 전념하게 되었다. 그 덕분인지 어머니의 요개호도가 3에서 2로 낮아졌다.

카와하라 씨는 돌봄과 일 사이에서 갈등할 때 일보다는 돌봄을 선택하는 것이 올바른 선택임을 역설하고, 헌신하는 것이 좋은 돌봄이라는 것을 강조하면서 수치적 성과까지 제시했다. 이것은 강조된 여성성에 비추어 가장 바람직한 방식으로 행동한 사람의 서사였다. 모성과 돌봄을 최우선으로 하는 강조된 여성성의 영향력은 일이냐 돌봄이냐의 선택에 몰렸을 때 현실적으로 어느 쪽을 선택하든 돌봄을 우선하는 것이 더 낫다는 규범을 내면화시킨다. 이 때문에 출산 후에도 풀타임으로 취업하는 여성이 계속 증가하고 있음에도 불구하고, 일하는 엄마들에게 좋은 돌봄제공자가 아니라는 죄책감을 심어주면서 강조된 여성성의 영향력은 계속 유지될 수 있다.

그런데 카와하라 씨의 서사에 대해 마찬가지로 그날 처음 참가한 비혼여성이 생계부양자가 없는 자신의 입장에서는 부모돌봄의 절대적 우위를 인정하기 어렵다고 반박하고 나섰다.

【사례 8】무스메사롱 참가자, 52세 비혼여성
나는 다른 가족회를 통해서 왔는데, 보통 가족회는 남편을 돌보는 아주머니들이 많다. 그런 아주머니들은 나하고는 사고방식이 완전히 다르다.... 나는 어머니 보내고 난 뒤를 생각하면 일을 해야 한다. 그러니까 어떻게 하면 효율적으로 개호할 지를 생각 안 할 수가 없다. 그러니까 나는 그런 이야기를 하고 싶어서 무스메사롱에 온 거다.

기혼과 비혼의 선을 이렇게까지 확실히 긋고 헌신적인 돌봄의 이상에 도전한 사람은 처음이었다. 게다가 자신이 다른 가족회에서 온 것을 밝히고 '무스메사롱은 보통 가족회와 다를 것으로 기대하고 왔는데 별로 다를 것도 없다'는 논평까지 곁들이고 있었다. 모임에 대한 뜻밖의 도전에 분위기는 냉랭해졌다. 최초 발언자인 사쿠라이 씨가 수습에 나서 대화를 종결짓자는 신호를 보냈고, 누군가 "어쨌거나 소중한 부모니까, 후회 없도록 잘 선택하라"는 통상적인 격려로 화답했다. 그때 치매 아버지를 별거돌봄 중인 미즈노 씨가 '후회'라는 단어를 낚아채며 끼어들었다.

【사례 9】미즈노 씨, 47세 비혼여성, 1남1녀
어떤 선택을 해도 후회는 남을 거 같다. 며칠 전 친구 아버지가 돌아가셨는데, 그 친구는 뇌경색에 암 판정을 받은 아버지를 4개월 동안 개호했다. 자기 집에 그대로 살면서 아버지 있는 곳에 다니면서 개호했다고 하는데, 아버지가 (예상보다 일찍) 돌아가시니까 이럴 줄 알았으면 좀 더 가까이에서 돌볼 걸 그랬다는 후회가 된다고 하더라. 그 얘기 듣고 나서 나도 일은 당분간 접고 아버지 돌보러 집으로 들어가야겠다고 생각했다. 그런 후회를 안 하기 위해서. 그런데 한편으로는 그래도 자기 생활을 지키라고 나중에 후회한다는 충고도 주변에서 듣는다. 부모돌봄과 나를 위해 내 생활을 지키는 것의 비율을 생각한다. 어느 정도가 좋은가? 어떻게 생각해도 부모가 제로는 안 된다. 또 내가 제로가 될 수도 없다. 그러니까 어떤 비율로 나눌까 계속 고민이 되는 것이다.

미즈노 씨는 선택하라는 요구에 대해 선택할 수 없기 때문에 고민한다고 말한 것이다. 부모돌봄을 놓고 갈등하는 비혼여성에게, '비혼인 당신은 돌봄하지 않는 여자로, 그동안 자기 자신만을 위해서 살았으니까, 당장 먹고살 방도가 있다면, 자신의 일보다는 키워준 부모의 사정을 우선해도 되지 않느냐'는 생각을 깔고 조언하는 경우가 많다. 필자는 다른 가족돌봄자모임에서 실제로 그러한 내용의 조언이 오가는 것을 목격하기도 했다. 그런데 이러한 조언에 대해 비혼여성들은 미즈노 씨처럼 부모, 일, 자기인생 중 어느 하나를 선택하는 것이 불가능하다는 '선택불가능성'을 내세운다.

위 상황은 무스메사롱에서 비혼여성과 기혼여성 간의 입장차이가 가장 뚜렷하게 드러난 순간이었다. 그러나 상대의 의견을 부정하지 않는 대화가 원칙이라 이날 모임에서는 더 이상 논의가 전개되지 못했다. 그러나 불연소 된 채 종결된 참가자 간의 논의는 운영진 평가회에서 다시 점화되었다. 문제를 제기한 것은 30년간 비서로 일하면서 양친을 모두 돌봤다는 자원봉사자 스즈키 씨였다. 스즈키 씨는 카와하라 씨의 발언을 언급하며 다음과 같이 유감을 표명했다.

> 【사례 10】 스즈키 씨, 64세, 비혼여성, 2남2녀 중 장녀
> 부모돌봄과 일을 놓고 고민하는 사람한테, 친어머니를 돌보기 위해 정사원 일을 그만뒀다고 이야기하는 것은, 그건 역시 월급봉투를 가져다주는 남편이 있으니까 가능한 일이 아니겠는가? 카와하라 씨의 이야기는, 현재 개호하면서 정사원으로 일하고 있거나, 개호하면서 직업을 찾고 있는 사람 입장에서 보면 역시 돈 벌어다주는 사람이 있으니까, 라는 식으로 느끼지 않았을까 생각한다.

그러면서 사회자를 직접 겨냥해 치우친 논의에 개입해서 균형을 잡아주는 것이 필요했는데 개입시점을 놓친 것 같아서 아쉬웠다는 '지적'을 했다. 이날 사회를 봤던 기혼여성인 모리카와 씨가 평소의 온화한 태도를 버리고 날카로운 어조로 스즈키 씨를 반박했다.

【사례 11】모리카와 씨, 52세 기혼여성, 1녀1남
　그 사람(카와하라 씨)이라고 무턱대고 뱃속 편한 그런 인생은 아닌
게 분명하지 않은가, 남편이 우울증을 앓았다는 이야기도 했었고. 남
편이 부양해주니까 그런 말을 하는 거라고 단정하기는 어렵다. 그 나
름대로의 어려움이 있었을 것이고 그 위에서 내린 결정이라면 그걸
치우쳤다고 할 수는 없다고 생각한다.

　무스메사롱의 운영진은 대부분 기혼여성이었다. 이에 비해 문제제
기를 한 스즈키 씨를 비롯한 자원봉사자 두 명은 모두 부모돌봄을 경
험한 비혼여성들이었다. 평소 드러나지 않았던 이들 간의 모임운영
을 둘러싼 대립선이 공론장이 활성화되면서 분출된 순간이었다. 이
날 평가회를 마친 후 스즈키 씨는 연구자를 술집으로 데리고 가서 그
동안 쌓였던 무스메사롱에 대한 불만을 토로했다. 기혼여성 참가자
가 많아지면서 누구를 위한 모임인지 정체성이 희미해졌다는 것이
주된 내용이었다. 스즈키 씨는 운영자들이 대부분 기혼자라서 그런
경향이 더욱 심화되고 있다고 성토했다. 더불어 연구자에게 연구자
로서 위치를 활용해서 일과 부모돌봄 사이에서 고민하고 있는 비혼
여성들에게 "무슨 일이 있어도 절대 직장을 그만두면 안 된다"는 이
야기를 전해 달라고 거듭 당부했다.

【사례 12】스즈키 씨의 당부. 64세 비혼여성
　모리카와 씨처럼 남편 자식 다 있는 여자가 싱글여성의 처지를 이해
할 수 없다. 싱글여성돌봄자에게 가장 큰 문제는 자신의 장래생활이
다. 이걸 제일 중요하게 생각해야 한다는 이야기를 꼭 해주고 싶다.
장래생활을 위해서는 연금, 아무도 뺏어갈 수 없는, 이걸 확보하는 게
중요하고, 이걸 받으려면 일을 그만두면 절대 안 된다. 그만 두면 그걸

로 끝이다. 형제는 싱글이 개호할 때는 고맙다, 미안하다 말하지만 부
모 돌아가시고 나면 그걸로 끝이다.

스즈키 씨는 부모돌봄이냐 일이냐의 선택 상황이라면 주저없이 일
을 선택해야 한다고 역설했다. 자신의 경험에 근거한 절실한 충고였
다. 그런데 필자가 보기에 무스메사롱에 참가한 비혼여성들은 부모
돌봄과 일을 애초에 선택의 문제로 사고하기 어렵기 때문에 갈등하
고 있었다. 경제성장기에 태어나 부모로부터 물심양면의 지원을 받
아왔고 부모와의 관계가 주요한 친밀성인 경우도 많았다. 게다가 과
거와 달리 포스트전후의 부모세대는 대개 연금이 있고 자식에게 경
제적인 부양을 요구하지 않는다. 이것은 특히 딸이 비정규직이며 저
임금 직종에 있는 경우 딸이 일을 계속하면서 부모에게 필요한 서비
스를 구매하는 것보다 일을 그만두고 부모돌봄자가 되는 것이 가족
전략의 차원에서 더 합리적이라는 계산을 낳았다. 하지만 그것은 비
혼여성의 입장에서 보면 장기적으로 지속불가능한 삶의 방식이다.
그런 까닭에 비혼여성으로서는 '여자'처럼 돌봄을 우선하라는 압력
이나 '비혼'으로서 일을 사수하라는 충고, 어느 쪽도 확실하게 취하
기 어려운 것이다.

적령기를 넘기기 전에 일제히 결혼해서 주부가 되고 두 자녀를 낳
는 것이 '평범한' 여성의 삶이던 시절에 비해 오늘날 일본여성의 생
애과정은 다양화되었고 선택지는 증가했다. 국가통계에서 여성의 생
애과정이 전업주부, 재취업, 양립, DINK[8], 비혼취업으로 다양화된
것은 그간의 변화를 반영한다고 할 것이다. 그런데 그 선택지의 내용

---

8 Double Income No kids, 자녀가 없는 부부만의 가족을 의미하는 약어다.

을 들여다보면 비혼취업의 생애과정에는 출산이나 돌봄은 아예 상정되어 있지도 않다. 기혼여성의 생애과정은 출산과 취업의 조합방식에 따라 여러가지로 제시되지만 비혼여성에게는 취업이라는 한 가지 선택지밖에 없는 것이다.

시마자키 나오코(嶋崎尚子, 2013)는 1990년대 이후 확산된 생애과정의 다양화 담론이 개인의 생활양식의 차원에 그치고 있음을 지적하면서 샐러리맨과 전업주부라는 핵심적인 생애과정 모델은 그대로 둔 채, 그 주변의 선택지가 증가했을 뿐이라고 분석한다. 즉 여성들은 전업주부가 아닌 다양한 인생을 선택할 수 있게 되었지만, 이 다양한 선택지들은 생애과정으로서 제도화 되지 못했기 때문에 제도와 현실의 틈을 메우는 것은 개인적인 노력에 전적으로 의존한다는 것이다. 시마자키의 관점에서 보면 비혼여성이 직면하고 있는 일과 돌봄의 딜레마도 제도화가 미비한 취업여성의 생애과정의 문제로 볼 수 있다. 결혼여부에 따른 여성의 생애과정의 제도화 정도에는 큰 격차가 존재한다. 일찍이 전쟁독신여성들은 일본의 사회정책이 '남편이 돈을 벌고, 부인이 가정을 지키는' 것을 전제로 해서, 그렇게 생활하고 있는 부부를 우대하는 것을 통해 독신자를 차별한다고 주장해 왔다. 즉 제도가 이성애 부부 간의 성적 결합을 인간의 본래적 삶의 방식으로 전제하고 그것에 절대적 우위를 부여함으로써 그것과는 다른 방식의 삶을 사는 사람들의 시민적 권리를 제한하고 있음을 지적한 것이다. 이와 같은 지적은 여전히 유효하다. 아내나 어머니로서의 사회권은 성립하지만 (부모) 돌봄자로서의 사회권은 개념조차 없는 것이 현실인 것이다.

비혼취업여성은 부모돌봄이라는 과제에 직면했을 때 이를 해결하기 위해서는 개인적으로 가진 자원을 총동원해 취업과 돌봄을 병행하고 이것이 여의치 않을 경우 돌봄을 위해 취업을 포기하는 상황에 이르기도 한다. 가족돌봄자를 위한 제도적 지원이나 보상이 없는 사회에서 돌봄을 위한 취업포기는 비혼여성을 주변화하고 하층계급화를 촉진하는 기제로 작동한다. 이상과 같은 맥락에서 볼 때 부모를 돌보는 비혼여성의 생애는 비혼취업의 생애과정에 포섭되기 어려우며 다른 '여자'의 생애과정으로도 파악하기 어렵다. 때문에 비혼여성과 돌봄의 결합은 젠더질서 자체의 재편을 요구하게 되는 것이다.

5.3. "일도 개호도 연애도 하고 싶다": 비혼됨을 새롭게 정의하기

기본적으로 알라딘의 운영진은 딸들의 고통이 가족의 부담을 좌시하는 제도의 맹점에서 기인한 것이라는 입장이었다. 때문에 모임에서 드러나는 기혼여성과 비혼여성 간의 차이를 부차적인 문제로 간주했고 이에 대해 별도로 대응할 필요성을 못 느끼고 있었다. 이러한 상황의 돌파구는 당사자들이 만들었다. 무스메사롱의 비혼여성들이 주축이 되어 새로운 모임을 발족하겠다는 의사를 밝힌 것이다. 당사자들이 직접 나섰다는 점을 고무적으로 평가하며 알라딘도 지원을 약속했다. 이렇게 해서 2013년 11월 케어러즈카페에 〈일하는 개호자, 오히토리사마 미팅〉이 발족했다. 모임의 부제는 "일도 개호도 연애도 하고 싶다"였다. 그동안 선택을 강요받아온 것들을 병렬적으로 나열하면서 어느 하나를 선택하거나 우선할 수 없는 것이 비혼자의 특성이라고 내세운 것이다. 즉 선택하라는 압력에 대해서 비혼은 돌봄도 일도 연애도 하는 존재라고 대응한 것이었다.[9]

---

9 〈일하는 개호자, 오히토리사마 미팅: 이하 오히토리사마 미팅〉은 2013년 11월 1회 모임이 개최되었고 2022년 9월 54회 모임이 개최되었다.
 https://carers-concier.net/minutes

부모돌봄 때문에 이직과 전직을 거듭해 온 와키 씨의 사회로 진행된 1차 모임에는 무스메사롱 참가자인 비혼여성 3명과 기혼여성 1명 그리고 취지에 찬동한 비혼남성 1명이 참가했다. 와키 씨는 첫 번째 모임의 분위기를 이렇게 전했다.

【사례 13】 오히토리사마 미팅 1회 모임에 대한 와키 씨의 전언

　　우리가 발신하지 않으면 앞으로 나아갈 수 없다, 떠들고 발신하자, 시끄러운 인간들이라고 생각할지도 모르지만 그래도 이야기하자. "결혼을 안했으니까 부모를 돌봐도 괜찮다", "젊어서, 기운이 있어서, 좋겠다"이런 말에 얼마나 화가 나는지 우리가 말하지 않으면 사람들은 모른다. 세상을 바꾸고 싶으면 당사자가 입을 열고 말을 하는 수밖에 없다. 우선 회사와 주위에 내가 이렇다고 커밍아웃하는 것에서 시작하자.

이렇게 해서 1회 모임에서 참가자들 간에 '커밍아웃'에 대한 의기투합이 이루어졌다고 한다. 일하는 돌봄자들은 자신이 돌봄자라는 사실을 일터에서 드러내려 하지 않는다. 24시간 싸울 준비가 되어 있는 기업전사를 요구하는 일본의 기업문화에서 돌봄의 책임을 지고 있음을 밝히는 것은 자신의 약점을 드러내 불이익을 받을 가능성이 있기 때문이다. 다수의 돌봄자는 일과 돌봄을 병행하다가 그것이 불가능해지는 시점이 오면 조용히 일터에서 사라지는 길을 선택한다. 그런데 이러한 선택은 다시 돌봄자를 비가시화하고 돌봄의 책임을 지지 않는 조직원의 정상성을 강화하는 결과를 낳는다. 오히토리사마 미팅은 이러한 상황을 타개하기 위해 "커밍아웃해서 우리의 존재를 알리고, 세상을 바꾸자"고 주장하는 것이다.

이들 모임이 발족한 직후 아베정부가 노인돌봄에 따른 노동력 감

소를 사회문제로 공론화하기 시작했다. 이런 분위기를 타고 오히토리사마 미팅의 2회 모임은 뜻밖의 성황을 이뤘다. 전단지를 보고 참가한 신규참가자가 여러 명 있었던 데다 대중매체에서 모임이 발신하고자 하는 내용에 관심을 보이며 몰려들었다. 사회적으로 개호퇴직에 대한 관심이 높아지고 있는 시점에서 비혼돌봄자들이 당사자모임을 만들었다는 것이 시기적으로 잘 맞아떨어져 화제가 된 것이었다. 이러한 반향은 이후의 모임에도 이어졌다.

오히토리사마란 사전적으로는 한사람을 의미하지만 비혼돌봄자들은 이것을 파트너의 도움 없이 혼자서 돌봄을 제공하는 사람을 의미하는 것으로 전유해 '오히토리사마돌봄자'라는 범주를 제시했다. 그런데 이처럼 오히토리사마를 일하는 돌봄자로 전유하는 과정에서 비혼여성들은 자신들의 손상된 정체성을 적극적으로 활용하고 있다는 점이 흥미롭다. 이들은 혼자서 일도 돌봄도 해내지 않으면 안되는 돌봄자의 처지를 응축해서 전달하는데 부양해줄 남편이 없는 비혼자의 상황을 적절히 활용하고 있다. 이것은 르블랑(LeBlanc, 1999)의 연구에서 주부운동가들이 그랬던 것처럼 사회로부터 부여받은 불리한 위치를 부정하는 것이 아니라, 그것이 손상되어 있다는 것을 역으로 이용해서 전략적으로 활용하고 있는 것이었다. 하지만 일과 돌봄의 접합을 통해 비혼됨의 의미를 내부로부터 교란시키려는 이러한 시도는 사무직 여성들의 저항이 그랬던 것처럼(Painter, 1996; Ogasawara, 1998) 불평등의 시정으로 연결되지 못하고 오히려 구조의 재생산에 연결될 가능성도 있다. 실제로 비혼돌봄자가 일도 돌봄도 할 수 있도록 세상이 바뀌어야 한다는 이들의 목소리가 호응을 얻고 있는 상황은 궁극적으로 돌봄의 가족책임을 강조하려는 국책과 부합하는 지점이 있기 때문이라는 점을 간과할 수 없다. 가족돌봄자라는 위치에서 목소리를 내는 것이 가족의 돌봄책임을 자명한 것으로 만드는 담론으로 수렴될 위험성이 존재하는 것이다.

그러나 한계에도 불구하고 오히토리사마돌봄이 기존의 가족돌봄과는 다른 지평에서 돌봄의 문제에 접근하고 있는 지점은 여전히 주목할 만한 가치가 있다. 우선 오히토리사마돌봄자는 가족돌봄자를 돌봄의존자와의 관계적 속성이 아니라 돌봄자를 기준으로 정의하고 있다는 점에서 발상부터 새로운 지점이 있다. 기존의 돌봄자모임은 이름부터 가족회, 아들모임, 딸모임이었다. 이에 비해 오히토리사마는 혼자서 일도 돌봄도 하는 개인을 지시하며, 이것은 젠더와 결혼여부에 따라 세분화된 생애과정을 통합할 수 있는 새로운 시점을 제공해준다는 점에서도 주목할 만한 시도다. 기존의 여성의 생애과정을 배열하는 관점은 일이냐 돌봄이냐 혹은 일이냐 가정이냐가 선택가능하다는 전제에서 출발했다. 그 배경에는 여성에게는 남편이라는 의존대상이 있다는 것을 전제로 한 것이었다. 이에 대해 애초에 그러한 선택이 불가능하다는 비혼자의 속성을 개인의 속성으로 확장하고 나서면 젠더와 결혼여부를 넘어서 일과 돌봄이라는 시점에서 생애과정의 통합을 시도할 수 있는 가능성이 열리는 것이다. 즉 애초에 남자의 생애과정과 달리 여자의 생애과정이 세분화되어 있고 복잡한 선택이 있는 것 자체가 이상하다는 문제제기를 할 수 있게 된다. 성인이라면 누구나 일도 돌봄도 해야 하는 개인이라는 관점에서 출발해 생애과정을 제도화한다면 성별분업을 전제로 한 상태에서 이 골을 메우는 방식으로 접근하는 것보다 젠더통합적인 생애과정을 도출하는데 더 효율적이고 효과적인 접근이 될 수 있다. 그런 의미에서 오히토리사마는 "타자를 돌보는 존재로서의 개인"의 보편적 이름으로 불러도 좋을 것이며 이때의 비혼됨이란 '성별분업을 전제하지 않는 생애와 돌봄 관계'로 파악될 수 있을 것이다.

6. 비혼돌봄의 증가와 젠더질서 재편의 가능성

부모를 돌보는 딸들을 중심으로 고령화와 비혼화가 동시에 진행되는 일본사회에서 자녀세대 내의 부모돌봄의 배분에서 드러나는 공론의 경합을 살펴보았다. 가족돌봄규범의 변화라는 측면에서 지금까지의 논의를 정리하면 다음과 같다. 첫째는 며느리를 준제도적 돌봄자로 간주해 온 이에규범의 뚜렷한 퇴조와 친자돌봄의 규범화다. 둘째는 노인돌봄에서 젠더규범은 반드시 약화라는 한 방향으로 변화하고 있다고 보기 어렵다는 점이다. 최근의 남성돌봄자의 수적 증가는 여성을 돌봄에 우선적으로 배당하는 성별분업이 약화된 결과라기보다는 대안의 부재에 따른 상황적응으로 해석될 여지가 있었다. 셋째는 부모돌봄의 분배를 둘러싼 기혼자와 비혼자 간의 갈등이다. 이것은 잠재적으로만 존재하고 표면화되지 않고 있었는데, 그 이유는 가정을 지키는 기혼자녀와 부모를 돌보는 비혼자녀라는 가족돌봄의 이중구조의 작동에 따른 결과로 보인다.

서구에서 법적 제도적 결혼거부가 사실혼과 동거의 증가, 혼외출생자의 증가를 수반했다면, 일본에서 비혼자의 증가는 근대가족 규범의 해체를 동반하지 않았다. 오히려 비혼자와 출생가족의 거리를 좁히면서 부모와 동거하거나 부모돌봄자가 되는 비혼자들을 증가시켰다. 이것은 일견 비혼자들이 기존의 가족주의와 젠더질서에 편입된 것처럼 보이기도 한다. 그러나 그 내용을 들여다보면 특히 부모를 돌보는 비혼딸들의 경우, 생애 곤란이 심화되면서, 이들을 통제해 온 성별이라는 범주에 균열을 만들어내고 있음을 알 수 있었다. 비혼여성의 가족 돌봄자화는 이들에게 비혼으로서의 자각을 촉발하고 비혼됨을 정치화하려는 움직임을 낳을 가능성을 내재하고 있는 것이다. 오히토리사마 미팅의 사례가 이를 잘 보여준다. 비혼됨과 돌봄을 결합한 오히토리사마가 요구하는 동등한 사회참여는 가족주의 시스템의 범주를 초과하는 것이며, 그런 의미에서 비혼돌봄자의 증가가 가족관계와 젠더질서 혁신의 시발점이 될 가능성을 배제할 수 없다.

이 글은 『한국문화인류학』 50-2집(한국문화인류학회, 2017)에 게재된 논문을 가필 수정한 것이다.

II

젠더 백래시

일본 #MeToo 운동이 남긴 것

미디어 문화와 페미니즘의 불행한 만남에 대해

다나카 도코

1. 일본 사회에도 #MeToo 운동은 있었다

2023년부터 24년에 걸쳐 일본 사회에 성폭력 고발 사건이 연이어 발생했다. 이 글에서는 이들 고발 사건에 주목해 현대 일본 미디어 문화와 페미니즘 간의 불행한 만남을 살펴보고, 이 불행한 만남을 어떻게 하면 행복한 만남으로 바꿔 갈 수 있을지 그 방안을 제안해 보고자 한다.

성폭력 문제는 일본이나 한국만이 아니라 전 세계적으로 대책 마련을 위한 움직임이 꾸준히 있어 왔다. 예컨대, 1969년에는 유럽과 미국을 중심으로 확산된 제2 물결 페미니즘 운동을 통해 여성 차별에 대한 항의가 있었고, 1979년에는 「여성차별철폐조약」(정식 명칭은 「여성에 대한 모든 형태의 차별철폐에 관한 조약」)이 제34차 유엔 총회에서 채택되어 1981년에 발효되었다. 이것은 남녀의 완전한 평등을 이루기 위한 조약으로, 일본에서는 1985년에 비준되었으며, 실행 체제 정비와 「남녀공동참여사회기본법」 제정 등이 추진되었다.

1993년에는 유엔 총회 결의로 「여성에 대한 폭력 철폐 선언」을 제출했다. 그 안에는 여성에 대한 폭력이 성별에 따른 폭력 행위라는 점을 명확히 하며 "여성에게 가해지는 신체적, 성적, 심리적 해악, 그리고 고통이 되는 행위나, 혹은 그럴 우려가 있는 행위, 그러한 행위의 위협, 강제 혹은 부당한 자유 박탈을 포함하며, 이는 공적 생활이든 사적 생활이든 불문한다"[1]는 내용이 적시되어 있다.

그러나 21세기에 들어서도 여성에 대한 폭력, 이른바 '젠더에 기반한 폭력(Gender Based Violence: GBV)'은 아직도 사라지지 않았으며, 2017년에는 할리우드 영화산업계를 중심으로 성폭력과 성희롱 사태에 항의하는 #MeToo 운동이 확산되었다. 이 #MeToo 운동은 동아시아 지역에 거의 동시적으로 파급을 미쳤으나, 일본의 경우 한국이나 타이완에 비해 그 정도가 크지 않은 것으로 이야기되어 왔다. 그런데 과연 그럴까? 2017년 당시에는 별다른 움직임이 포착되지 않았을지 모르지만 일본 역시 그 이후 #MeToo 운동으로 번져갔던 정황이 포착되기 때문이다. 다른 나라에 비해 느리고 조용하게 말이다.

#MeToo 운동이 일본 사회에 곧바로 영향을 미치지 않았던 데에는 여러 이유를 들 수 있는데, 우선 제2 물결 페미니즘이 확산된 1980년대 이후, 1990년대 후반부터 2010년대에 걸쳐 일어난 페미니즘 운동에 대한 대중적 반감을 생각할 수 있다. 이 시기에는 페미니즘 사상이나 운동을 공적인 자리에서 언급하는 것이 금기시되었다. 그랬기 때문에 페미니즘 사상이나 운동은 공적인 공간이라기보다 사적인 공

---

1 "Declartion on the Elimination of Violence against Women" (file:///C:/Users/enfan/Desktop/Declartion%20on%20the%20Elimination%20of%20Violence%20against%20Women%20(1993).pdf)에서 인용.

간이나 대중문화 안에 잠복해 있었다.[2]

1990년대 이후 현재까지 일본 대중문화, 특히 텔레비전을 통해 방송되는 프로그램은 가부장적이고 남성 중심적인 경향이 강하다. 따라서 이 시기의 페미니즘을 온전히 이해하려면, 한편으로는 페미니즘 사상이나 운동을 은폐하고, 다른 한편으로는 가부장적이고 성차별적 콘텐츠를 생산해 간 두 개의 얼굴을 가진 대중문화나 미디어의 속성을 잘 파악할 필요가 있다.

아울러 2010년대 후반 동아시아 문화권 페미니즘 사상과 운동이 서로 영향을 주고받았던 정황도 엿볼 수 있다. 한국의 사회운동을 소개하는 형태로 일본 사회의 대중적인 페미니즘 목소리를 환기하려는 페미니스트들의 움직임이 있었는데, 이는 K-POP의 인기가 소설, 만화, 드라마, 영화 등의 대중문화 영역에까지 확산되면서 한국 페미니즘 소설이 활발히 소개되었던 것과 관련이 있다. 이러한 분위기를 타고 일본 대중문화에 잠복해 있던 페미니즘 사상이 조금씩 부상하기 시작한 것이다. 다른 한편으로, SNS와 같은 온라인 플랫폼상에서 포퓰러 미소지니[3]가 힘을 얻고 있는 상황이 포착되는 바, 그 양의적인 상황에 주목할 필요가 있다.

마지막으로, 최근 일본 사회에 불거진 세 건의 성폭력 고발 사례를 통해 #MeToo 운동의 현 상황을 파악하고, 미디어 문화가 가진 문제

---

2 다나카 도코의 다음 글을 참조 바람. 『미디어 문화와 젠더의 정치학-제3 물결 페미니즘 시점에서(メディア文化とジェンダーの政治学一第三波フェミニズムの視点から)』, 世界思想社, 2012, 「제3 물결 이후의 포스트페미니즘(第三波以降のポストフェミニズム)」(『現代思想』 2019年5月臨時増刊号, 青土社, pp.165-169).

3 Banet-Weiser, Sarah, 2018, Empowered: Popular Feminism and Popular Misogyny, Duke University Press (サラ・バネット゠ワイザー「エンパワード: イントロダクション」, 『早稲田文学』 2020年夏号, 田中東子訳, pp.212-252).

점에 대해서도 지적하고자 한다.

2. 미디어 문화와 성폭력

이상과 같이 1990년대에서 2010년대에 이르기까지 일본 사회와 페미니즘이 불행한 관계에 놓여 있었음을 염두에 두면서, #MeToo 운동 이후의 일본 미디어 문화와 성폭력 문제에 조금 더 가깝게 다가가 보도록 하자.

2.1. 잠복하는 페미니즘 문화의 양의성

여기서는 ① 2017년 #MeToo 운동이 발생하기 이전의 일본 페미니즘 상황에 대해 살펴보고, ② 일본 사회에 불거졌던 #MeToo 관련 사건과, ③ 동아시아 지역의 페미니즘 상황을 간단하게 기술해 보겠다.

2017년 무렵 일본 페미니즘이 놓였던 상황은 〈그림 1〉과 같다. 연구계에서는 '페미니즘 붐은 끝났다'라는 말이 회자될 정도였다. 그럼에도 사회운동의 일환으로 미약하게나마 운동을 이어갔으나 신문이나 텔레비전 등 주류 미디어가 이를 주목하는 일은 없었다. 오히려 자민당을 중심으로 하는 정치권에서는 일본 사회의 남녀참여가 과도하다는 '젠더프리(성에 의한 제약을 가능한 배제하려는 사회시스템) 때리기'를 서슴지 않는 분위기가 조성되고 있었다.[4]

---

4 '젠더' 혹은 '젠더프리'라는 용어를 과격한 페미니즘 사상이라며 공격하는 것을 '젠더프리 때리기(ジェンダーフリー・バッシング)'라 일컫는다. 1998년 도쿄여성재단이 발행한 「젠더 체크(ジェンダー・チェック)」 등의 간행물에 대해 도의회가 비판

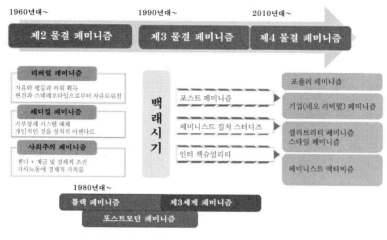

〈그림 1〉 일본 페미니즘 개괄도(다나카 도코 작성)

그 수면 아래에서 페미니즘 이론과 사상이 명맥을 이어갔는데, 이를 테면 제2차 세계대전 당시 일본의 아시아 침략과 페미니즘의 관계를 묻는 '포스트콜로니얼 페미니즘'(다케무라 가즈코[竹村和子], 기쿠치 나쓰노[菊地夏野] 등)과 주디스 버틀러 등에 의한 포스트 구조주의 페미니즘 이론의 소개(다케무라 가즈코, 시미즈 아키코[清水晶子], 후지타카 가즈키[藤高和輝] 등), 앤젤라 맥로비(Angela McRobbie) 등의 영향을 받은 페미니스트 서브컬쳐와 페미니스트 미디어 연구가 그것이다(고노 신타로[河野真太郎], 다나카 도코 등). 페미니즘 연구가 역사학, 사상, 문화 영역으로 확장되는 경향을 엿볼 수 있다.

이렇듯 백래시 시대 분위기 속에서 만화, 음악, 영화, 텔레비전 드라마 등에서도 페미니즘을 정면으로 다루진 않아도 전통적 여성상을 벗

적인 질문을 던진 것에서 촉발되었다(江原由美子, 「ジェンダー・フリー・バッシングとその影響」, 『年報社会学論集』 巻20号, 2007, pp.13−24).

어난 인물들을 그리기 시작했고 이에 환호하는 여성 팬층도 생겨났다.

그러나 이들 작품은 '대중문화'라는 한정된 영역에 갇힌 채 정치, 사회, 경제적인 측면에서 문제 제기하는 페미니즘과 거리를 두려는 것이 일반적이었다. 공적 공간이기보다 사적이고 친밀한 공간에서 남성 지배적인 권력관계를 전복해 보이는 이른바 '은밀한 전복'[5]을 도모한 것이다.

2017년의 #MeToo 운동을 기점으로 하여 일본 사회 페미니즘 문맥에도 변화가 일기 시작한다〈그림 2〉. 2017년 5월, 프리랜서 저널리스트인 이토 시오리(伊藤詩織) 씨가 자신이 TBS 직원으로부터 성폭력을 당한 사실이 있음을 폭로하는 기자회견을 열었다. 일본 사회의 첫 성폭력 고발 사태로 기록되고 있으며, 시기적으로 할리우드의 그것보다 앞선다.

그 외에도 간헐적으로 성폭력이나 성희롱을 고발하는 목소리가 계속되고 있지만, 아직 성폭력 사실을 터놓고 말하기 어려운 사회 분위기라는 것은 연예계의 사례가 나오지 않고 있는 것에서 짐작 가능하다.[6] 이처럼 해외 여러 나라에 비해 '성희롱 고발' 운동이 저조한 것으로 인식되어 온 데에는 고발 이후 겪어야 하는 심적 고통이 컸기 때문이다. "이토 시오리 씨는 …… 병원 간호사로부터 마치 '심문'하는 듯한 질문을 받았고, 심지어 남성 경찰관은 실물 크기의 인형을 들이밀며 강간당한 상황을 설명하라고 압박했다"[7]고 한다. 이때부터 성폭력 피해자에 대한 배려 부족이 결과적으로 #MeToo 운동을 저해

---

5 다나카 도코, 앞의 글.

6 ORICON NEWS, 2018.

7 AFPBB News, 2018(https://www.afpbb.com/articles/-/3172784).

했다는 식의 보도가 이어졌다.

년월	주요 내용
2017.5.	이토 시오리 씨가 자신이 성폭력 당한 사실이 있음을 폭로함
2027.10.	미국 할리우드 영화 프로듀서가 오랜 기간 성폭력을 행사한 사실이 폭로됨. 배우 아리사 밀라노 씨가 트위터를 통해 #MeToo를 호소함
2017.12.	인기 블로거 겸 작가 하아츄 씨, 정치 아이돌 마치다 아야카(町田彩夏) 씨, 젊은 실업가 시키 리카(椎木里佳) 씨 등이 성폭력 피해 사실을 트위터에 올림
2018.4.	재무사무 차관 성희롱 문제
2019.1.	이시카와 유미 씨가 트위터로 '#KuToo' 운동 호소함
2019.4.	성폭력과 성폭력 사건 부당 판결에 항의하는 '플라워 데모((Flower Demo)'가 일본에서 시작되어 각지로 퍼져나감
2021.4.	마리에 씨 성을 이용한 영업 강요 고발(당시는 은폐됨)
2022.3.	고레에다 히로카즈(是枝裕和) 감독, 니시카와 미와(西川美和) 감독 등 6명이 '영화 감독 지위를 이용한 모든 폭력에 반대한다'라는 성명 발표함 6월에는 별도의 단체를 조직해 성희롱 방지 가이드라인 초안 발표함
2002.9.	미술, 영화, 연극, 음악 등에 뜻을 둔 '표현의 현장 조사단'이 발표한 '젠더 밸런스 백서' 공개함
2023.3.	BBC가 쟈니 기타가와의 성폭력을 고발하는 다큐멘터리 공개함
2023.12.	슈칸분슌(週刊文春)이 요시모토 고교(吉本興業株式会社) 소속 연예인 다운타운의 마쓰모토 히토시(松本人志)의 강제 성관계 보도함

〈그림 2〉 일본 사회의 #MeToo 운동 전개 과정

이러한 분위기를 일본 저널리즘 대표 연구자 중 하나인 하야시 가오리(林香里) 씨는 #MeToo가 일본 사회에서 힘을 얻지 못한 것이 아니라 미디어가 힘을 실어주지 않기 때문이라고 지적했다(『교도산카쿠(共同参画)』 2020년 3·4월호 권두언).

또한, 일본을 대표하는 연예인 기획사 쟈니스 사무소(ジャニーズ事務所) 전 사장 쟈니 기타가와(ジャニー喜多川)가 50년 동안 무려 1,000여 명에 가까운 성희롱, 성폭력 피해자를 낳았던 일이 2023년에 폭로되

었다. 피해자들이 계속해서 나오고 있어 연예계 성폭력 실태 조사가 시급한 상황이다.[8]

1990년대 후반부터 불거진 페미니즘에 대한 혹독한 백래시로 인해 #MeToo 운동이 전면에 나서기 어려운 상황이었지만, 2010년대 후반이 되면서 서서히 변화가 보인다. 바로 한국에서 음악, 영화, 드라마, 그리고 페미니즘 운동 물결이 유입되면서부터다. 〈그림 3〉과 같이 한국에서 일본으로, 일본에서 중국으로 페미니즘 사상이 가부장제가 작동 중인 동아시아 지역을 순환하고 있는 모습을 확인할 수 있

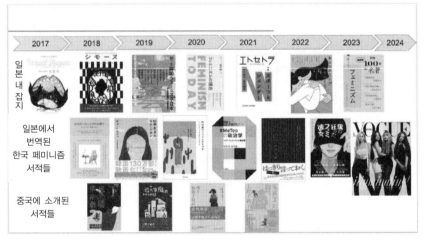

〈그림 3〉 동아시아 지역을 이동·순환하는 페미니즘 양상

---

8 사회조사지원기구 지키라보(チキラボ)의 「보도업계에서의 쟈니스 피해의 '침묵'과 보도·예능계의 성희롱 구조에 대한 횡단 조사(報道業界におけるジャニーズ被害の〈沈黙〉と、報道・芸能界におけるハラスメント構造についての横断調査)」(https://www.sra-chiki-lab.com/[검색일: 2023.12.6.]). 아울러 필자를 포함한 NHK방송문화연구소 멤버들이 쟈니스 사무소 문제로 촉발된 일본 예능계와 미디어 산업의 성폭력, 성희롱 실태를 조사한 바 있다.

다. 이러한 순환은 남성중심 가부장제에 항거하기 위한 지혜와 실천
을 제공하고, 새로운 페미니즘을 시도할 수 있는 힘이 되고 있다.

2.2. 세 건의 성폭력 사건

2017년에 시작되어 현재까지 일본 사회를 크게 뒤흔들고 있는 세
개의 성폭력 사건이 있다.

저널리스트 이토 시오리 씨는 2017년 자신이 과거 TBS 기자 야마
구치 노리유키(山口敬之)로부터 동의하지 않은 성행위를 강요받은 사
실을 기자회견을 통해 폭로했다. 얼굴을 드러내고 실명으로 피해 사
실을 말하고 책을 간행하는 등의 행동에 많은 이들이 지지를 보냈지
만, SNS상에서는 비방하는 글들이 난무하는 등 2차 가해가 빈발했
다. 일본 사회가 성폭력 문제에 대해 얼마나 무지하고 관대한지 알
수 있는 장면이다.

고노이 리나(五ノ井里奈) 씨는 2022년 육상자위대 합숙 훈련 중 다
섯 명의 남성 대원들에게 성폭력을 당한 사실을 폭로했다. 그리고 이
들을 상대로 위자료 등 손해배상 청구를 했다. 2023년 12월, 후쿠시
마 지검은 이들 중 세 명에게 강제외설죄로 유죄 판결을 내렸다. 고
노이 씨 고발을 둘러싸고도 SNS상에서 비방과 조롱이 이어지는 등
일본 사회의 여성혐오의 민낯을 그대로 보여주었다.

다음은 쟈니 기타가와의 성폭력 고발 사건. 이 사건은 2023년 3월에
일본 남자 아이돌 시장을 독점해 온 쟈니스 사무소 사장을 지낸 쟈니
가타가와의 성폭력 스캔들을 BBC가 폭로하면서 불거졌다. 〈J-POP의
포식자 은폐된 스캔들("Predator: The Secret Scandal of J-POP")〉이라
는 타이틀의 다큐멘터리가 방송을 타자 쟈니 기타가와로부터 성적 학

대를 받았다고 폭로하는 남성들이 얼굴과 실명을 드러내고 등장하기 시작했다. 이토 시오리 씨와 고노이 리나 씨의 고발, 그리고 #MeToo 운동에 용기를 얻어 남성들도 남성으로부터 성폭력 대상이 되었다는 사실을 폭로한 것이다.

당시 일본 미디어, 특히 텔레비전 방송에서 이 사건을 일절 다루지 않았는데, 그 배경에는 미디어와 연예계의 검은 유착 관계가 자리한다. 이러한 분위기에 변화가 찾아드는 것은 2023년 7월에 국제연합 '비지니스와 인권' 작업부회 멤버들이 일본을 방문하면서다. 이들은 일본 정부와 기업의 인권에 관한 의무와 책임, 쟈니 기타가와의 성폭력 관련자들을 청문 조사하여, 일본 미디어 기업이 수십 년에 걸쳐 이와 같은 불상사를 덮는 데 가담해 왔다는 사실을 밝히고, 성폭력이 쟈니스 사무소의 은폐로 지속되고 미디어 기업의 암묵적 묵인으로 유지되었음을 분명히 했다.

또한, 그해 8월 쟈니스 사무소 측이 꾸린 외부 전문가 재발 방지 특별팀은, "쟈니스 사무소는 쟈니 씨의 성폭력을 비판하는 미디어가 존재하지 않았던 탓에 성폭력 실태를 조사하는 등의 자정 능력을 상실하고 은폐하기에 급급했던 것으로 보인다. 그 결과 …… 피해가 커졌고, 다수의 피해자를 낳게 되었다"는 조사 결과를 발표했다. 이후, 일본 미디어는 자기 검증을 겸해 쟈니스 사무소 등이 성폭력 은폐에 가담해 온 구조를 파헤치는 데 착수했다. 일본 엔터테인먼트 산업과 미디어의 유착은 남성들이 중심이 되고, 가부장제가 뒷받침하는 형태로 형성·유지되어 왔고, 쟈니 기타가와의 성폭력 고발을 계기로 그 일그러진 민낯이 드러나게 된 것이다.

마지막으로, 요시모토 고교 소속 연예인 다운타운 마쓰모토 히토시를 둘러싼 보도인데, 2023년 말에 불거져 아직 진행 중인 사건이

니만큼 정확한 판단은 유보하겠지만, 이를 고발한 여성의 다음과 같은 발언에 귀 기울일 필요가 있다. "쟈니스로 인해 2010년대 중반까지 성폭력 피해자가 다수 발생했습니다. 그 피해자들이 일제히 들고 일어나 커다란 산이 움직였습니다. 그것을 보고 용기를 냈습니다." (『週刊文春』2024年1月4日・11日合倂号, p.188.)

3. 미디어의 응답과 제3 물결 페미니즘: 결론을 대신하여

위에서 언급한 세 건의 성폭력 고발에 대해 대중매체와 SNS 등의 온라인 플랫폼 매체는 어떻게 대응했을까? 일본 미디어와 페미니즘의 불행한 관계는 지금도 여전히 계속되고 있다. 실제로 내각부(內閣府) 남녀공동참획국(男女共同參画局)이나 NHK방송문화연구소가 주관한 조사에 따르면, 미디어 산업은 남성 쪽으로 기울어져 있으며, 미디어가 발신하는 젠더 표상 역시 불평등한 것으로 나타났다.[9]

이토 시오리 씨의 고발을 다루는 대중매체의 방식은 단순한 보도에 그쳤다. 그런데 쟈니 기타가와의 성폭력 문제를 보도할 때는 성폭력에 대응하는 텔레비전 방송국의 역할, 그리고 방송국이 성폭력 발생의 장이기도 했음을 돌아보며 성찰하는 태도를 보였다.[10] 이러한

---

9   내각부 남녀공동참획국 조사보고 「미디어의 여성 참가에 관한 조사(メディアにおける女性の参画に関する調査)」(https://www.gender.go.jp/research/kenkyu/media_resarch.html), NHK방송문화연구소 연구조사결과보고 「텔레비전 방송의 다양성(テレビ番組におけるダイバーシティ)」(https://www.nhk.or.jp/bunken/research/domestic/pdf/20231001_5.pdf)

10   예컨대, 일본 주요 방송국 중 하나인 TBS홀딩스는 「전 쟈니스 사무소 문제에 관한 특별조사위원회 보고서(旧ジャニーズ事務所問題に関する特別調査委員会による報告

태도의 차이는 현대 페미니즘에서 어떤 의미를 가질까?

또한, 온라인 플랫폼 SNS는 #MeToo 운동을 확산시키는 공간이기도 했지만, 동시에 #MeToo 운동과 이를 저지하는 여성들, 성폭력과 성차별 고발자들을 비방하고 조롱하는 폭력적인 공간으로도 기능했다. 즉, 대중매체나 온라인 플랫폼이나 모두 성폭력이나 성차별을 생성하는 공간인 동시에 이를 비판하고 자정시키는 공간이기도 한 것이다.

지난 30여 년간 공적인 공간에 모습을 드러내지 않았던 일본 페미니즘 사상은 성폭력 사건 보도 등이 이어지면서 응집하는 모습을 보이며 공적 공간에 다시 부상하게 되었다. 이를 1990년대 중반 이후의 제3, 제4 물결 페미니즘 운동체로 자리매김할 수 있을 듯하다. 성폭력이나 성차별이 재생산되는 장이 되기도 하고, 이에 대항하는 운동을 생성하는 장이 되기도 하는 것이 바로 미디어 문화 영역인 것이다.

일본 미디어 문화와 가부장제의 관계는 과연 종언을 고했을까? 미디어 문화와 페미니즘의 불행한 관계를 행복한 관계로 바꿔갈 수는 없는 걸까? 2017년 당시에는 보이지 않았던 #MeToo 운동의 물결이 어쩌면 지금 가시화되고 있는 것일지 모른다.

(번역: 손지연)

이 글은 『일본학보』 139집(한국일본학회, 2024)에 게재된 논문을 번역한 것이다.

書)」를 공식 사이트에 공개했다(https://www.tbsholdings.co.jp/about/governance/investigation_report.html). 이 안에는 쟈니 기타가와의 성폭력을 묵과한 원인이나 사내 거버넌스 재정비 등 재발 방지 대책이 기술되어 있다.

일본의 #MeToo 운동과 포스트페미니즘

조경희

1. 일본의 #MeToo와 포스트페미니즘

　일본인 저널리스트 이토 시오리(伊藤詩織)는 2015년 당시 TBS 방송국 워싱톤 지국장이던 야마구치 노리유키(山口敬之)를 준강간 용의로 고발하였고 2016년 불기소처분을 내린 검찰에 이의신청을 했다. 2017년 5월에는 기자회견을 열어 야마구치에 의한 강간 피해를 세상에 알렸고, 야마구치를 상대로 손해청구배상 소송을 진행했다. 그 직후에는 자서전을 간행해 성폭력 피해뿐만 아니라 일본 경찰의 2차 가해와 사법제도의 문제점도 제기했다. 이토의 고발은 일본 #MeToo 운동의 선구적 사례로 해외에서도 널리 알려졌다. 그러나 세련된 외모에 유창한 영어를 구사하는 이토는 '전형적인 피해자성'에서 벗어난다는 이유로 일본사회에서 비난과 협박의 대상이 되었다. 7년 간의 투쟁 끝에 소송은 이토의 승소로 마무리되었다.

　2017년 10월 헐리우드 여배우들의 성폭력 고발 직후, 『뉴스위크』일본판은 "#MeToo는 일본에서도 확산되는가"라는 특집을 꾸몄다. 결론적으로 기사는 세계적으로도 젠더격차 지수 최하위권을 지키는 압도적인 남성우위사회 일본에서 성폭력 고발이 근본적으로 어려움을 겪고 있음을 지적하였다[1]. 그 외 학회지나 대중잡지에서도 #MeToo와 관련된 특집들이 꾸며졌는데, 대부분 그동안 흔히 써왔던 '세쿠하라'(sexual harrassment의 약칭)라는 단어를 특집제목으로 달았던 것도 특징적이다.[2] 1987년에 이 용어가 일본에 도입된 이후 직장 내 성희롱이 꾸준히 사회문제로 거론되었던 현실을 반영하는 것이기도 하지만, 한편에서 모두에게 이미 친숙해진 이 단어는 최근 #MeToo운동이 가져온 폭발적인 파급력을 완화시키는 것처럼 보인다.

이토의 고발 이후 사진가 아라키 노부요시(荒木経惟), 인권 저널리스트 히로카와 류이치(広河隆一) 등 유명인사들의 상습적인 성폭행이 고발되었지만, 일본의 거대언론은 물론 SNS에서의 지지와 관심 또한 결코 높다고 볼 수 없었다. 이와 같은 현실을 단지 일본 #MeToo 운동의 실패나 불가능으로 보기 전에 탈냉전 신자유주의 시대 페미니즘의 맥락과 그 반응들을 살펴볼 필요가 있다. 역사적으로 보면 아시아에서 페미니즘 운동과 연구를 선구적으로 이끌어온 일본이 동시대적 정동을 널리 공유하지 못하는 배경과 요인은 무엇인가.

이 글에서는 1990년대 후반 이후 일본 페미니즘과 백래시 과정에 주목하면서 사회 전반에 걸친 정치적 보수화와 개개인을 둘러싼 신

---

1 『Newsweek』(日本版), 2017.12.5.

2 예컨대『女性&運動(特集 緊急シンポジウム #MeToo #WeToo #WithYou セクハラのない社会をどうつくる)』279, 2018;『Posse(特集 #MeTooはセクハラ社会を変えられるか?)』39, 2018;『現代思想(特集 性暴力=セクハラ: フェミニズムとMeToo)』46, 2018. 한국에서 일본의 #MeToo 운동을 논한 글로 楊아람·李炳宣, 「일본의 이토 시오리(伊藤詩織)와 미투 운동」,『대동문화연구』106, 대동문화연구원, 2019가 있다.

자유주의적 재편이 어떻게 맞물리면서 #MeToo 운동을 비가시화했는지 살펴볼 것이다. 현재 일본 #MeToo를 둘러싼 상대적으로 냉담한 반응은 탈냉전기 페미니즘을 비롯한 소수자 인권운동의 제도화와 그들의 인정투쟁에 대한 광범위한 백래시를 전제로 하지 않으면 이해하기 어렵다. 따라서 일본의 #MeToo 운동의 전개를 젠더 백래시 '이후'의 신자유주의-신보수주의 시대 포스트페미니즘의 정동과 함께 검토해볼 필요가 있다.

　포스트페미니즘이라는 용어의 쓰임새는 논자마다 다르지만, 영미권에서는 일반적으로 1980년대 이후 신자유주의 정책 아래서 젠더 문제가 개인화·다양화되는 경향을 나타내는 말로 써왔다. 앤 브룩스(Ann Brooks)는 1980년대 포스트 담론들, 즉 포스트 모더니즘이나 포스트 식민주의와 같은 맥락에서 가부장제에 대한 비판적 자세를 견지하면서도 원리주의를 넘어서는 비판적 정치기획으로 포스트페미니즘을 다뤘던 한편 안젤라 맥로비(Angela McRobbie)는 백래시 이후 능력주의에 기대면서 목표를 달성할 줄 아는 똑똑하고 야심찬 여성들의 현실을 포스트페미니즘으로 불러 비판적으로 분석했다. 기쿠치 나쓰노(菊地夏野)는 포스트페미니즘의 특징으로 집합체로서의 여성의 사회적 지위의 향상이 아닌, 여성 개개인의 성공을 찬양하는 지향성을 지적하고 있다. 즉 "여성을 한 덩어리로 약자로 보는 것 자체가 여성들의 임파워먼트를 저해한다"고 보는 것이다. 또한 포스트페미니즘의 신체화 과정을 보면 서구에서는 여성들 스스로 성적 주체가 되어가는 경향이 있는 반면, 일본에서는 가사능력을 비롯한 '여자력(女子力)'을 키움으로서 연애 및 결혼시장에서 우위에 서고자 하는 생존전략으로 나타나는 경향이 있다고 지적한다.[3]

　이 글에서 말하는 포스트페미니즘은 맥로비와 기쿠치가 지적하는

맥락에 가깝다. 즉 페미니즘의 대중화로 인해 거꾸로 페미니즘과 거리
를 두거나, 혹은 이를 선별적으로만 수용하는 사회적 분위기를 포스트
페미니즘 상황으로 본다. 높은 '여자력'을 중요한 스펙 중 하나로 삼는
일본의 포스트페미니즘 상황은 90년대 이후 신자유주의의 한편에서
잃어가는 가족이나 지역공동체의 재건을 지향하는 신보수주의의 이데
올로기를 반영한 것이라 하겠다.[4] 그러나 한편에서 최근 수년간 한국
의 페미니즘 '리부트'와 #MeToo 운동이 일본에도 소개되면서 새로운
지적 교류와 정동적 순환이 일어나고 있다. 이와 같은 소통은 최근에
갑자기 시작되었다고 보기보다는 그동안 한일 간에서 축적된 일본군
'위안부' 문제에 대한 관심과 교류가 그 토대를 마련했다고 볼 수 있다.
구조적 제약에 갇힌 일본사회에서 이와 같은 새로운 접속의 시도는
어떤 새로운 작용과 반응을 일으키고 있는가?

　2절에서는 #MeToo의 배경으로서 1990년대 후반 이후 젠더 백래
시의 맥락을 살펴보고 3절에서는 현재 #MeToo가 비가시화, 무력화
되는 요인들을 검토한다. 4절에서는 #MeToo와 위안부문제가 서로
어떤 연쇄작용을 이루고 있는지 볼 것이며, 마지막 5절에서는 일본
에서 『82년생 김지영』이 베스트셀러가 된 것을 필두로 한국의 페미
니즘 작품들이 수용되는 과정을 추적하여, 한국사회를 참조대상으로
삼는 일본 페미니즘의 새로운 시선과 동아시아 내 지식과 정동의 순

3　앤 브룩스 저, 『포스트페미니즘과 문화 이론』, 김명혜 옮김, 한나래, 2003. Angela
　　McRobbie, *Aftermath of Feminism*, SAGE Publications: London, 2009. 菊地夏
　　野, 『日本のポストフェミニズム:「女子力」とネオリベラリズム』, 大月書店, 2019,
　　제3장, 참조.

4　일본의 신자유주의와 신보수주의의 결합 양상에 대해서는 渡辺治, 「日本の新自
　　由主義: ハーヴェイ『新自由主義』に寄せて」, 데이빗·하ー베이 저, 渡辺治
　　감역, 『新自由主義: その歴史的展開と現在』, 作品社, 2007, pp.322-328.

환을 함께 검토할 것이다.

2. 페미니즘의 제도화와 젠더 백래시의 맥락

2.1. 페미니즘의 신자유주의적 재편

일본 페미니즘 운동의 발전은 일반적으로 1970년대 우먼리브 운동의 시작, 1980년대 여성학의 창설, 1990년대 젠더연구의 성립 등으로 특징 지워진다. 제도적으로는 1985년 여성차별철폐조약 비준을 계기로 국적법 개정(1984)과 남녀고용기회균등법(이하 균등법) 제정(1985)이 실현되었고, 1990년대는 베이징세계여성회의(1995)에서 제시된 행동강령이 남녀공동참획사회기본법 제정(1999)으로 결실을 맺었다. 그 외에도 육아개호휴업법(1995), 아동매춘·아동포르노금지법(1999), 스토커 규제법(2000), 배우자폭력방지법(2001), 차세대육성지원대책추진법(2003) 등 1990년대 후반에서 2000년대 초에 걸쳐 고용문제만이 아닌 여성의 인권보호를 위한 법제정이 일정하게 실현되었다.

물론 이와 같은 정리는 너무나 일면적이다. 페미니스트들이 1985년을 '여성빈곤 원년' 혹은 '여성분단 원년'이라 부른 것처럼[5] 균등법의 제정은 한편에서 고용의 규제 완화를 촉진하는 노동자파견법, 그리고 여성의 낮은 임금을 장려하는 연금제도의 '제3호피보험자' 규정[6] 도입과 함께 여성들의 비정규직화를 가속시켰다. 기회의 균등이

5　藤原千沙, 「貧困元年としての1985年: 制度が生んだ女性の貧困」, 「女たちの21世紀」編集委員会編, 『女たちの21世紀』 57, アジア女性資料センター, 2009. 上野千鶴子, 「ネオリベラリズムとジェンダー」, 『ジェンダー研究』 20, 2017.
6　후생연금이나 공제연금에 가입한 자가 부양하는 20세 이상 60세 미만의 배우자

라는 리버럴한 이상이 결과의 균등으로 이어지지 않을뿐더러, 당시 본격적으로 시작된 신자유주의 개혁과정에서 여성들이 간편한 노동력으로 재편된 것은 부정할 수 없었다. 신자유주의 개혁을 부추긴 새로운 보수 세력은 이제 여성들에게 "가정으로 돌아가라"고는 하지 않았다. 그 대신에 사회진출과 가정에서의 역할을 동시에 담당할 수 있는 '유연한(flexible)' 노동력이 되기를 요청한 것이다.

1999년에 시행된 남녀공동참획사회기본법(이하 기본법) 또한 정부주도의 신자유주의 구조개혁 과정의 중요한 시책 중의 하나였다. "남녀가 서로의 인권을 존중하고 책임을 공유하며 성별에 상관없이 개성과 능력을 충분히 발휘할 수 있는 남녀공동참획사회의 실현"을 전문에 내세운 기본법은 여성차별철폐조약 제2조에서 요구되는 '국내법 정비'에 대응한 것으로, 일본에서 페미니즘 운동의 제도화를 상징적으로 반영하고 있었다. 그러나 반면에 여성의 자립과 사회진출을 지향하는 리버럴 페미니즘의 방향성은 경쟁과 선별을 강화하는 신자유주의 경제논리와 친화적이었다.[7] 남녀의 '기회의 균등' '공동참획'은 실질적으로 시장의 개방에 의해 추진되었고, 결과적으로 비정규 노동시장에 여성들이 대량으로 유입되는 결과를 낳았다. 신자유주의 시대 페미니즘의 역설적 운명은 일본특유의 현상은 물론 아니다. 낸시 프레이저

중, 연 수입 130만엔 미만인 자는 보험료를 납부하지 않아도 국민연금 수급자가 되는 제도다. 주로 샐러리맨 가정의 여성주부들이 이 유형에 해당되었다. 여성들의 노후 복지 대책으로 도입된 이 제도는 직장을 다니는 여성들의 반발을 일으키거나, 결혼한 여성들을 낮은 임금의 파트타임 노동으로 유도하는 등 여성들 사이에서 정규직/비정규직의 분단을 촉진하였다.

7   上野千鶴子, 「グローハリゼーションのもとのネオリベ改革と『ジェンダー平等』・『多文化共生』」, 辻村みよ子、大沢真理編, 『ジェンダー平等と多文化共生』, 東北大学出版会, 2010.

(Nancy Fraser)는 페미니즘이 신자유주의의 '새로운 정신'에 핵심적 요소들을 제공했다고 지적한다.

> 전문적인 중산층 계급의 여성들에게는 유리천장을 부술 수 있도록 해 주었다. 다른 한쪽 끝에 위치한 여성 비정규직 시간제 노동자, 저임금 서비스노동자, 가사노동자, 성노동자, 이민자...들에게는 임금소득과 물질적인 안정을 추구하도록 해 주었을 뿐만 아니라 전통적 권위로부터 해방되어 인간적 존엄성, 자기향상, 해방을 도모할 수 있게 해 주었다. 양극단에서 진행된 여성해방을 향한 꿈은 자본축적의 엔진에 속박된다.[8]

즉 페미니즘과 신자유주의는 전통적 권위로부터의 탈각이라는 공통의 과제를 향해 '위험한 관계'를 형성했다. 결과적으로 신자유주의는 여성차별이라는 비효율적 변수를 해소하지 않았을 뿐더러 재분배의 불평등을 온존시킨 채 인정투쟁으로 이행함으로써 여성들을 노동시장으로 끌어들이는 것에 성공했다.

기본법 제정과 함께 '남녀공동참획'이라는 아젠다 아래서 정부와 지방행정 내부에도 여성들이 진입하기 시작했다. 기본법을 구현하기 위해 각 지자체에서 남녀공동참획 센터와 젠더관련 조례가 만들어졌고, 학술·교육 분야에서도 젠더론 강의나 시민강좌, 젠더 관련 출판물 등이 활발하게 나타나기 시작했다.[9] 페미니즘의 제도화는 한편에

---

8 낸시 프레이저, 『전진하는 페미니즘: 여성주의 상상력, 반란과 반전의 역사』, 임옥희 역, 돌베개, 2017, 8장 참조.
9 牟田和恵, 「フェミニズムの歴史からみる社会運動の可能性:「男女共同参画」をめぐる状況を通しての一考察」, 『社会学評論』 57(2), 日本社会学会, 2006, pp.299-300 참조.

서 페미니즘 풀뿌리운동의 포섭과 전환을 가져왔다. '성차별 철폐'에
서 '남녀공동참획'으로의 전환은 1990년대 이후 '민족차별 철폐'에서
'다문화공생'으로의 전환과정에서 재일조선인을 비롯한 소수자 운동
이 수렴된 과정과도 맞닿아 있었다.

그런데 당시 전국각지의 여성단체가 발간하는 간행물이나 교육용
소책자에는 '젠더프리'라는 말이 종종 등장하였다. "성 편견에서 자유
로운 상태" 정도의 의미를 담은 '젠더프리'라는 말은 제도적 평등이
실현된 후에도 변하지 않는 의식이나 태도를 계몽하는 맥락에서 쓰였
는데, 흥미롭게도 이 말자체가 미국 젠더연구의 오독과 오역의 산물이
었다.[10] 출처와 맥락이 불명확한 이 말이 1990년대 후반부터 2000년대
초반까지 지방 행정이나 교육 현장에서 슬로건처럼 널리 사용되었던
것은 그 자체가 페미니즘의 제도화 과정의 느슨함을 보여준다. 동시에
'젠더프리' 과잉현상이 나타난 것은 이 말을 "프리섹스를 장려하는 과
격한 성교육"으로 호도하고 공격하는 백래시의 물결이 전국적으로 확
산했기 때문이었다.[11]

예를 들어 심리학자 하야시 미치요시(林道義)는 1990년대 후반부터
부성과 모성, 주부의 복권을 제창하기 시작했고, 기본법이 제정된

---

10 '젠더프리'라는 말은 일본에서 미국의 교육학자 바바라 휴스턴이 제창한 것으로
   알려졌으나, 야마구치 도모미(山口智美)는 휴스턴이 오히려 구체성이 없는 gender
   free가 아니라 젠더에 민감해지는 gender sensitive가 더 중요하다고 했음을 밝혔
   다. 山口智美, 「『ジェンダー・フリー論争』とフェミニズム運動の失われた一〇年」,
   上野千鶴子 외 편, 『バックラッシュ: なぜジェンダーフリーは叩かれたのか?』,
   双風舍, 2006.
11 각 지자체의 백래시에 대해서는 石楢, 「日本女性政策の変化と「ジェンダー・
   バックラッシュ」に関する歴史的研究」, 立命館大学大学院 文学研究科博士論
   文, 2014, 제4장 참조.

1999년 이후 페미니즘을 "정권의 중심을 차지하여 가족을 파괴하는 해악"으로 보고 반격의 필요성을 호소했다.[12] 하야시를 비롯한 백래시 담론들이 90년대 후반부터 집중적으로 나왔던 것에 비해 백래시를 비판하는 페미니즘 측 반격은 2000년대 초중반까지 기다려야 했다.[13] 석향은 백래시 세력에 대항하는 페미니즘 측의 늦은 대응을 심각한 문제점으로 지적하고 있다.[14] 일본에서는 이미 1994년에 수전 팔루디 의 Backlash(1991)가 번역되었지만, 그 당시에는 이 책의 내용을 일본 의 현실 속에서 자각적으로 받아들인 흔적은 찾을 수 없다. 처음부터 '젠더프리'라는 불명확한 용어에 관심을 보이지 않았던 급진적 페미니 스트들은 역설적으로 1990년대 후반에 싹튼 백래시의 움직임에 대해 서도 무관심했거나 위기로 파악하지 못했다고 할 수 있다.

2.2. 젠더 백래시와 역사수정주의의 결합

그런데 위의 점을 백래시 세력에 대한 페미니스트들의 늦은 대응이 라는 시차의 문제로만 볼 수는 없다. 젠더 백래시의 계기를 제공한

---

12 林道義, 『父性の復権』, 中央公論社, 1996; 『主婦の復権』, 講談社, 1998; 『フェ
    ミニズムの害毒』, 草思社, 1999; 『母性崩壊』, PHP研究所, 1999; 『母性の復権』,
    中央公論社, 1999; 『家族の復権』, 中央公論社, 2002; 林道義, 『家族を蔑む人々:
    フェミニズムへの理論的批判』, PHP研究所, 2005.

13 浅井春夫他編, 『ジェンダーフリー・性教育バッシングーここが知りたい50のQ&A』,
    大月書店, 2003; 木村涼子編, 『ジェンダー・フリー・トラブル : バッシング現象
    を検証する』, 白澤社, 2005; 日本女性学会研究会編, 『Q&A男女共同参画 ジェ
    ンダーフリー・バッシング : バックラッシュへの徹底反論』, 明石書店, 2006; 双
    風舎編集部編, 앞의 책. 若桑みどり他編, 『「ジェンダー」の危機を超える!-徹底討
    論!バックラッシュ』, 青弓社, 2006 등이 있다.

14 石橋, 앞의 논문.

것은 '젠더프리' 담론 외에도 앞서 본 가정주부들의 연금부담 문제나 부부별성제와 같은 현재적 사안들이었는데, 여기에 하나 더 추가된 내용이 바로 일본군 '위안부' 문제였다.[15] 1990년대 후반은 일본에서 '새로운 역사교과서를 만드는 모임'(새역모)이나 고바야시 요시노리(小林よしのり)의 만화 『전쟁론』 등 역사수정주의가 본격적으로 시작된 시기이며, 그 주된 논객들이 젠더 백래시에도 가담하고 있었다. 예컨대 역사를 "과학이 아닌" "민족의 로망"이라 부른 새역모 회장 니시오 칸지(西尾幹二) 및 핵심멤버인 다카하시 시로(高橋史郎), 야기 히데츠쿠(八木秀次) 등은 일본군 '위안부'의 교과서 기술을 부정하는 한편에서 젠더 백래시의 주역으로도 활약했다.[16]

그들은 '모성의 복권'을 내걸고 여성들의 자율적 영역을 부정하는 한편에서 '위안부'를 매춘부로 불러 피해자들과 성노동자들을 동시에 모욕하는 담론을 반복적으로 재생산해왔다. 독일과 일본의 반페미니즘 움직임을 비교한 히메오카 도시코(姫岡とし子)는 독일과 다른 일본의 특징으로 애국을 말하는 우파세력과 반페미니즘과의 결합을 지적하였다.[17] 90년대 후반 이후 젠더 백래시와 역사수정주의는 상승하면서 세력을 키웠고, 그들의 동력의 핵심에는 일본군 '위안부' 문제가 있었다고 할 수 있다(이 점은 4절에서 다시 서술한다).

---

15 예컨대 호소야 마코토(細谷実)는 빠른 시기에 젠더 백래시를 일으킨 사안들을 1. 선택적부부별성제, 2. 전업주부 세금·연금문제, 3. 모성·부성의 복권, 4. 젠더프리 교육, 5. 소녀들의 성적 활동, 6. 국가전시성폭력 문제로 정리하고 있다. 細谷実, 「男女共同参画に対する最近のバックラッシュについて」, 『We learn』, 2003.8.

16 西尾幹二・八木秀次, 『新・国民の油断－「ジェンダーフリー」「過激な性教育」が日本を亡ぼす』, PHP研究所, 2005.

17 姫岡とし子, 「日本とドイツの反フェミニズムとナショナリズム」, 『政策科学』22, 2015, p.237.

90년대 역사수정주의 담론은 2000년대에 들어 두 보수 세력을 낳았다. 하나는 보수 정치인들과의 연합을 통해 형성된 광범위한 극우 세력이다. 그들은 '일본회의'와 '신토정치연맹' 등 일본 최대급의 극우 정치·종교단체를 기반으로 삼았고 『산케이신문(産経新聞)』『세이론(正論)』『쇼쿤(諸君!)』『SAPIO』 등의 보수언론을 주요무대로 활약했다. 이들에게 일본군 '위안부' 문제와 '젠더프리 교육'은 애국심과 전통적 질서를 파괴한다는 점에서 서로 연결되었다. 2005년 5월에는 당시 내각 관방장관이던 아베신조(安倍晋三)를 좌장으로 내세운 '과격한 성교육·젠더프리교육 실태조사 프로젝트팀'이 발족되었던 것처럼[18] 젠더 백래시는 시민사회 내 반페미니즘 운동이라는 한 파트를 벗어나, 자민당 극우정치인들 스스로가 견인하는 대보수연합의 일환으로 전개되었다.

역사수정주의가 형성한 또 하나의 보수 세력은 인터넷의 발달과 함께 나타난 광범위한 넷우익이다. 2002년 한일 월드컵을 계기로 급성장한 넷우익의 존재는 '혐한류' '재일특권' 등의 담론을 거쳐 '행동하는 보수'를 자임하는 '재특회(재일코리안의 특권을 용서하지 않는 모임)'의 헤이트 스피치로까지 발전했다. 이와 관련해서는 인종주의와 배외주의의 관점에서 많은 연구가 진행되어 왔지만[19] 인종혐오의 측면에 비해 이들의 여성혐오 측면이 부각되지 않았다. 키쿠치의 지적대로 1990

---

18 「自民党『過激な性教育·ジェンダーフリー教育を考えるシンポジウム』抄録」, 『金曜日』 567, 2005.7.29.

19 한국에 소개된 대표적인 저작으로 야스다 고이치 저, 『거리로 나온 넷우익: 그들은 어떻게 행동하는 보수가 되었는가』, 김현욱 역, 후마니타스, 2014; 히구치 나오토 저, 『폭주하는 일본의 배외주의: 재특회, 왜 재일 코리안을 배척하는가』, 김영숙 역, 미래를 소유한 사람들, 2015가 있다.

년대 역사수정주의도 2000년대 헤이트 스피치도 대부분 '위안부'의 부정 혹은 피해자에 대한 공격이 포함되어 있었음에도 불구하고 이 사실이 제대로 다뤄지지 않았다.[20] 즉 새역모가 일본인의 긍지와 애국심을 훼손하는 '자학적' 역사교과서를 비난할 때도, 또 재특회가 거리에서 혐한시위를 벌릴 때도 그 중심에는 '위안부' 피해자들의 모욕과 비난이 자리잡고 있었지만 이 점이 경시되는 경향이 있다.

예컨대 재특회의 생태를 취재해온 야스다 고이치(安田浩一)는 "일본 넷우익에도 여성혐오 현상이 나타나는가?"라는 박권일의 질문에 대해 "재일조선인과 결혼한 일본 여성에 대한 혐오 발언이 없는 것은 아니다. 그러나 한국처럼 강하게 나타나지는 않는 것 같다"고 답했다.[21] 혐오발화가 단발적 행위가 아닌, 역사적으로 축적된 언어적 습관을 인용, 반복하는 행위라고 한다면[22] 그 주된 공격대상이나 혐오의 강도가 각국의 역사·사회적 맥락에 따라 다르게 나타나는 것은 당연하다. 그러나 야스다는 일본에서 여성혐오를 민족차별이나 인종혐오의 종속적 변수로만 인식함으로써 역사수정주의와 결합된 젠더 백래시의 맥락을 간과하고 있다.

젠더 백래시와 역사수정주의의 결합은 기존 리버럴 세력과 페미니스트, 재일조선인을 비롯한 소수자들을 '반일'이라는 잣대로 공격함으로써 일본 시민사회의 대항담론을 빈곤한 정치적 상상력 속에 가둬놓았다. 2002년 2채널에 생긴 '페미나치를 감시하는 게시판'은 2016년에

---

20 菊地夏野, 「慰安婦」問題を覆うネオリベラル・ジェンダー秩序:「愛国女子」とポストフェミニズム」, 앞의 책, 제6장.
21 박권일, 「여성 혐오 한국적인 너무나 한국적인」, 『나·들』 16, 2014.02.
22 ジュディス・バトラー저, 『触発する言葉: 言語・権力・行為体』, 竹村和子 옮김, 岩波書店, 2004, 제1장 참조.

"문화파괴·가족부정의 과격 페미니즘과 반일책동을 감시하고 주의를 환기한다"는 목적으로 '페미·반일책동을 감시하는 게시판'으로 명칭을 바꾸면서 오늘까지 꾸준히 이어오고 있다.[23] 역사수정주의 컨텐츠는 잡지나 만화에서만이 아니라 인터넷 미디어를 통해 광범위한 '혐오 비즈니스'로 확대되었다. 시리아 난민을 조롱하는 일러스트를 그린 만화가 하스미 도시코(はすみとしこ)는 그 후 재일조선인, 페미니스트, 오키나와 등 대상을 바꿔가면서 그가 '위장약자'로 부르는 사람들을 공격해왔다. #MeToo 이후 그가 "증거는 없어도 내 몸이 기억한다"는 문구와 함께 이토 시오리와 '위안부' 할머니의 일러스트를 나란히 배치시켜 조롱한 것은 이 흐름의 핵심을 보여준다. 역사수정주의의 대중화가 가져온 현재 상황은 역사적 전문성보다는 만화가, 유튜버, 연예인과 같은 비전문가들의 실감을 바탕으로 한 반지성주의 현상으로[24] 이는 일본사회 전체가 소수자나 피해자에 대한 백래시 과정에 있음을 보여주고 있다.

이처럼 2000년대 전후 일본의 페미니즘은 신자유주의-신보수주의(역사수정주의)라는 큰 흐름 속에서 제도화·대중화 과정을 경험했고, 그 결과 한국보다는 비교적 빠른 시기에 젠더 백래시를 겪게 되었다. 역사수정주의와 헌법개헌 등 정치적 백래시와 함께 진행된 젠더 백래시에 대해 당시 페미니즘 진영에서 그 심각성을 일찍이 포획해내지 못했을 가능성이 있다. 더 말하자면 1990년대 일본군 '위안부' 피해자들의 증언에서 시작된 역사인식 문제는 일본 페미니스트들의 아키레

23 「フェミ反日策動を監視する掲示板」, http://bbs6.sekkaku.net/bbs/seirondoku/
24 이 과정에 대해서는 倉橋耕平, 『歴史修正主義とサブカルチャー: 90年代保守言説のメディア文化』, 青弓社, 2018, 제1장 참조.

스건이었다. "페미니즘은 내셔널리즘을 넘어설 수 있는가"라는 당시 우에노 치즈코(上野千鶴子)의 문제제기는 '위안부' 문제가 내포하는 식민-젠더-계급 폭력의 복합성을 페미니즘 대 내셔널리즘이라는 이분법으로 단순화시켜 버렸다. 야마구치 토모미(山口智美)도 2000년대 초반 페미니즘운동이 "남녀공동참획에 관여하는 층"과 "'위안부' 문제에 관여하는 층"으로 나눠졌고, '위안부' 문제는 "전문가들이 있으니까 괜찮겠지"라는 생각이었다고 돌아보고 있다[25]. 1990년대 식민주의 역사인식 · 페미니즘 등 인권운동을 담당한 주체가 서로 분리되었던 것에 비해 반페미 · 역사수정주의자들은 대연합을 형성하여 백래시의 물결을 만들었다. 이와 같은 배경이 2000년대 페미니즘 운동의 후경화로 이어진 가능성은 부정할 수 없다.

3. #MeToo의 비가시화와 포스트페미니즘 상황

다시 #MeToo로 돌아가보자. 2018년 이후 영국에서 살기 시작한 이토 시오리는 BBC의 특집프로그램[26]에 등장하는 등 해외에서 인지도를 높였고, 사건을 계기로 성폭력에 대처하는 선진국의 법제도나 자원체제를 연구하는 전문가로서의 역할을 수행해왔다. 이토의 뒤를 이어 작가 하아츄가 광고회사 근무시절 상사의 성추행을 고발했고, 모델

---

25 山口智美, 「官民一体の「歴史戰」のゆくえ: 男女共同参画批判と「慰安婦」否定論」, 『海を渡る「慰安婦」問題－－右派の「歴史戰」を問う』, 岩波書店, 2016(야마구치 도모미 외, 『바다를 건너간 위안부: 우파의 '역사전'을 묻는다』, 임명수 역, 어문학사, 2017).

26 Japan's Secret Shame, BBC 2018.7.26. https://www.bbc.co.uk/programmes/b0b8cfcj

KaoRi가 사진가 아라키 노부요시의 사사진(私写真)이라는 표현방식이 모델여성에 대한 성착취를 통해 성립되어 왔음을 고발했다. 어느 여성 기자는 재무성 사무관 후쿠다 준이치(福田淳一)의 저질한 성희롱을 밝혀 그를 사임으로 몰아넣었다. 인권 저널리스트 히로카와 류이치의 자신의 권위를 활용한 상습적 성폭력과 정신적 폭력에 대해서는 8명을 넘는 제자들에 의해 적나라하게 밝혀졌다. 2018년 8월에는 도쿄의과대학이 "결혼, 출산 등으로 장시간 근무가 어려운 여성들은 의사로서의 가동력이 저하된다"는 이유로 여학생들의 입시 합격률을 조작해왔던 사실이 밝혀졌다. 너무나 시대착오적인 여성차별의 실태에 경악하고 분노한 여성들이 거리에 나오기 시작했다. 이때 매스미디어와 의료 관계자들의 냉담한 반응은 오히려 이것이 빙산에 일각이라는 현실을 널리 세상에 알렸다. 일본에서 #MeToo 고발이 없었던 것도 아니며 그 차별과 폭력의 강도가 약했던 것도 아니다. 그럼에도 불구하고 이에 대한 지지와 공감이 확산되지 못한 요인은 무엇인가. 왜 그들은 일본사회에서 비가시화되는가.

앞서 본 바같이 비교적 빠른 시기에 일어난 신자유주의와 신보주수의의 결합 양상은 백래시 세력에는 동의하지 않으면서도 페미니즘에 불온함과 피곤함을 느끼는 광범위한 층을 낳았다. 그것은 페미니즘뿐만 아니라 1990년대 일본의 인권 소수자운동의 위로부터의 제도화의 귀결이라는 점에서 성찰이 요구되는 지점이다. 소수자의 권리와 사회적 인정은 '남녀공동참획', '다문화공생', '젠더프리', '바리어프리' 등의 손쉬운 명칭으로 소비되어, 정치적 올바름의 차원에서 규범적으로 수용되었다. 2016년 미국대선에서 트럼프가 당선하자 이 현상을 정당화하듯이 일본에서도 정치적 올바름을 추구하는 사람들을 'pc경찰' 등으로 야유하는 경우가 많아졌다. 이와 같은 반정치

혹은 탈정치적 감수성이 첫 번째 특징이다.

　1989년 처음으로 직장 내 성희롱 소송을 지원한 무타 가즈에(牟田
和惠)는 일본에서 'sexual harassment'라는 개념이 '세쿠하라'로 불
려 급속히 대중화되었던 것은 그것이 보수적 도덕주의와 일치했기
때문이라고 지적했다. 여성의 임금 인상이나 고용조건 개선 등 비용
이 드는 시책보다 괴롭힘을 하면 안 된다는 도덕적 차원에서 '세쿠하
라'가 쉽게 받아들여졌다고 한다.[27] 즉 'sexual'보다는 'harassment'
에 초점이 맞춰져 있었기 때문에 남에게 폐를 끼치는 것을 피하는 일
본사회에서 비교적 쉽게 보급되었다는 것으로 풀이된다. 그런데 용
어와 개념의 보급이 반드시 성폭력의 심각성이나 피해자들의 아픔에
대한 상상력, 페미니즘에 대한 인식이나 공감으로 이어지지는 않았
다. 앞서 언급한 #MeToo 고발대상자 중 유명인사 4명은 사죄는커녕
사실을 부정하고 고발자들을 깎아내리는데 급급했다. 오히려 '세쿠
하라' 등의 손쉬운 언어가 말장난과 조롱의 대상이 될 확률이 훨씬
높아진 것처럼 보인다. 놀림·장난·조롱은 1970년대부터 페미니즘
운동을 대하는 미디어의 일관적인 태도지만[28] 현재 온라인 커뮤니티
와 SNS에서 조롱의 실천은 너무나 일상적, 반복적으로 개개인의 몸
과 마음에 작용한다. 조롱은 놀림과 놀이 사이에서 자신을 pc의 단
죄로부터 지키는 행위로 볼 수 있는데, 이와 같은 탈정치적 감수성이

27　牟田和惠·岡野八代,「フェミニストたちの歴史をつなぐ」,『現代思想 性暴力=
　　セクハラ』, 2018.7.

28　에하라 유미코(江原由美子)는 이미 1981년에 '놀림의 정치학'을 집필하여 페미니
　　즘 운동에 대한 놀림의 구조와 기능을 분석하였다. 江原由美子,「からかいの政治
　　学」,『女性解放という思想』, 勁草書房, 1985. 최근의 글로는 堀あきこ「〈からかい
　　の政治〉2018年の現在」,『現代思想 性暴力=セクハラ』, 2018.7.

#MeToo운동을 끊임없이 무력화시킨다.

둘째로, #MeToo 고발자에 대한 부정적 반응 중에서 가장 눈에 띄는 것이 피해자의 책임을 묻는 자기책임론이다. 2004년 이라크에서의 인질납치, 2015년 IS의 인질살해, 그리고 2018년 시리아에서 저널리스트가 구속되었을 때도 일본정부와 국민들에게 폐를 끼쳤다는 이유로 피해자의 책임을 추궁하는 목소리가 쏟아져 나왔다. 모든 문제의 원인을 개인의 잘못으로 귀착시키는 자기책임론은 2000년대 초 고이즈미 정권하 신자유주의적 구조개혁에서 기원을 찾는 것이 일반적이지만, 일본의 경우 과거 천황제국가에서 천황의 가해책임을 확실히 밝히지 않았던 역사적 경험에도 뿌리가 있어 보인다. 마루야마 마사오(丸山真男)가 전시기 일본의 의사결정 과정을 '무책임의 체계'로 부른 것은 유명하지만, 이와 같은 특징은 전쟁책임뿐만 아니라 원전사고 대응과정에서도 종종 거론되었다.

한국에서는 '잠재적 가해자'로 간주되는 것에 대한 남성들의 분노가 분출되었다고 한다면, 일본에서는 가해자-피해자 관계자체를 무효화하거나 희화화하는 담론을 쉽게 접할 수 있다. 이토 시오리의 기자회견 후 그의 '이국적 외모'와 '당당함'에서 허니트랩(미인계)이라는 목소리가 터져 나왔고, 셔츠의 단추를 푼 편안한 옷차림에서 피해자로서의 틈새와 실수를 찾는 반응들도 많았다. 앞서 본 것처럼 2000년대 중반에 나온 재일특권론, 2016년 시리아난민 위장론 등 자기책임론은 그동안 대상을 바꾸면서 여러 차례 반복되어 왔다. 피해자가 보호되지 않을뿐더러 더 거센 비난의 대상이 될 수 있는 상황이 #MeToo 고발과 지지의 표출을 막고 있다.

셋째로, 일본의 #MeToo운동에서 종종 지적되는 문제는 여성들의 지지와 연대의 움직임이 적다는 점이다. 즉 여성들 스스로가 집합적인 젠더 경험에서 자신을 분리하는 경향을 지적할 수 있다. 이 경향은 자기책임론과 동전의 양면을 이루는 자기결정권을 바탕으로 하고 있으며 여성의 경험을 개인화하는 포스트페미니즘의 가장 전형적인 특징이다. 예컨대 작가 아마미야 카린(雨宮処凛)은 90년대까지 여성억압적인 서브컬쳐에 빠져있던 자신을 돌아보면서 "여성의 아픔에 의도적으로 둔감해지는 방법"을 통해 정신적으로 무장하고 있었음을 고백했다.[29] 1990년대 말 소위 '원조교제'를 했던 여고생들의 자기결정권을 주장했던 것은 리버럴한 남성연구자들이었다. 여성억압적인 젠더 관계를 온존하면서 여성들이 '성의 주체'가 되기를 장려하는 신자유주의 담론 속에서 페미니즘 운동의 입지는 점점 좁아져 갔다.

고도소비사회와 포스트모던 문화로 특징지어지는 1980년대 이후 일본사회는 만화나 게임, AV 등 서브컬쳐의 이름으로 여성억압적인 문화상품을 양산해왔다. 모든 가치가 상대화되고 세계가 평평해지는 시대상황 속에서 여성들 또한 폭력이나 고통조차도 하나의 소재(ネタ)가 되는 소비시장에 '주체적으로' 참입해왔다는 쓰라린 경험과 기억이 있다. 최근 AV 강제출연 등 노골적인 인권침해가 알려지면서 90년대적 가치상대주의적 문화의 폭력성이 노정되고 있다. 그러나 여전히 성산업을 '성을 파는' 여성들의 문제로 바라보는 일본사회에서 '성적 주체'의 문제는 끝까지 남는다. 사진가 아라키의 예술성을 평가하면서 성착취를 고발한 모델에게 위화감을 드러낸 여성들이 많았던 것은 상징적이다. 자기결정권이라는 환상에 자신들의 고통을 감춰온 여성들이 스스로 젠더폭력을 웃어넘길 경우 고통의 고발은 여성들 자신에 의해 무효화되어 버린다.[30] 이와 같은 포스트페미니즘 상황을 일본

---

29 雨宮処凛, 「『女の痛み』に向き合う」, 『現代思想 性暴力=セクハラ』, 2018.7.

#MeToo운동의 배경에 광범위하게 발견할 수 있다.

　반복하자면 일본에서 #MeToo 고발이 없었던 것도 아니며 그들의 폭력의 강도가 약했던 것도 아니다. 일본에서는 언론, 방송, 광고나 문화 컨텐츠 전반에 있어서 여성들에 대한 일상적인 대상화, 상품화가 심각한 수준으로 진행되고 있음에도 불구하고 자기결정—자기책임을 이유로 젠더 폭력이 상대적으로 약하거나 적은 것처럼 인식되고 있다. 이와 같은 포스트페미니즘 상황은 결과적으로 여성들 사이의 더 미세한 분단을 낳고 있다.

4. 매개로서의 '위안부 문제'

　앞에서 본 백래시 이후 포스트페미니즘 상황은 #MeToo의 비가시화를 진단하는데 지배적인 조건이라 할 수 있다. 그런데 #MeToo의 임팩트를 보다 확장해서 볼 때 겉으로는 명확히 드러나지 않지만 일본군 '위안부' 문제와의 적극적인 접속의 시도들을 볼 수 있다.

　일본 #MeToo 운동에서 '위안부' 문제의 중요성을 두 가지의 방향성에서 접근하고자 한다. 하나는 성적 존엄성의 회복을 요구한 일본군

30　2018년 12월에는 주간지 『SPA!』가 소위 '갸라노미'(여성 참가자에게 돈을 지불하는 술자리) 특집을 꾸며 '성관계를 쉽게 할 수 있는 여대 랭킹'을 게재하였다. 이에 대해 여대생 수명이 change.org 사이트를 통해 즉각 항의서명운동을 벌렸고, 결과적으로 출판사는 "여성의 존엄에 대한 배려 없는 치졸한 기사를 게재하여 많은 여성들에게 상처를 준 것을 깊이 사죄드린다"는 사죄문과 함께 잡지 출간을 취소했다. 그런데 이 과정에서는 기사내용이 오히려 남성차별적이라는 지적과 함께 "성관계를 원하는 여성들을 존중해야 한다" "착취당하는 아저씨들의 판타지는 투쟁의 대상이 아니다"는 등의 반응들이 여성들 중에서 나오기도 했다. 鈴木涼美, 「『週刊SPA!』を謝罪させた女たちは一体何にムカついているのか」, 『iRONNA』, 2019.1.21.

'위안부' 피해자들의 증언의 임팩트를 #MeToo의 시조로 되새기고자
하는 페미니즘 운동의 맥락이다. 많은 페미니스트들은 일본군 '위안
부' 문제가 '전시성폭력'이라는 개념을 창출하고 국제적으로도 '성노예
제'라는 말을 공유하게 한 성과를 말하면서 김학순 할머니를 비롯한
피해자들의 역사를 지금 현재 일본과 적극적으로 접속시킨다. 그리고
#MeToo운동이 확산되지 않는 원인을 여전히 '위안부 문제'를 해결하
지 않는 일본정부와 사회의 체질에서 찾는다. 거꾸로 한국에서는 위안
부 운동의 경험의 축적과 새로운 세대의 감수성이 만나 #MeToo운동의
커다란 물결을 만들고 있다는 점이 강조되기도 한다.[31] 앞서 언급한
무타는 위안부 연구 프로젝트의 일환으로 〈위안부 문제는 #MeToo다!〉
라는 짧은 동영상을 제작하여 수요집회의 모습과 함께 위안부 운동을
이끌어온 활동가와 연구자들의 인터뷰를 담았고 영 페미니스트 예술
가집단인 내일소녀대(明日少女隊)도 "'위안부' 문제는 #MeToo다"를 내
세워 각지에서 '망각에 대한 저항' 퍼포먼스를 펼쳤다.[32] 이와 같은
인식의 지평은 그동안의 일본군 '위안부'연구와 운동의 축적이 있었기
때문에 가능했다.[33] '위안부' 피해의 역사와 연결시킬 뿐만 아니라 한
국의 현장을 참조대상으로 삼고 일본 #MeToo를 임파워하고자 하는
시간적, 공간적 접속은 #MeToo운동과 위안부문제 양쪽에서 국민국가
스케일을 벗어나는 동력으로 이어질 수 있다. 이것은 이토 시오리와

---

31 예컨대 2018년 8월 12일의 집회 〈日本軍「慰安婦」メモリアル・デーin東京金学順
     さんから始まった#MeToo〉. https://pbs.twimg.com/media/Di_JIszUUAEa14V.jpg

32 https://www.youtube.com/watch?v=JJU8lvIbHsc
     https://tomorrowgirlstroop.com/ianfu

33 杉田水脈・田沼たかし, 「(対談)国連で日本を貶めるリベラルな人たち」, 『Japanism』
     43, 2018.6.

서지현이라는 두 상징적 인물의 비교문화적인 소통보다도 훨씬 더 다이내믹하고 복잡한 시선의 교차를 낳고 있다.

#MeToo와 '위안부 문제'가 연결되는 또 하나의 측면은 앞서 본 역사수정주의 세력에게도 위안부 문제가 늘 중심에 있었다는 점이다. 특히 2012년 제2기 아베 정권 이후 '위안부' 문제를 비롯한 동아시아의 역사문제는 '역사전'으로서의 양상을 보이기 시작했다.[34] 일본인의 전통, 성별역할과 가족주의, 애국심을 말하는 아베 스스로가 위안부문제에 대한 일본군의 관여를 부정하고 고노담화의 재검토를 진행했다. 반복하자면 그들은 '위안부' 문제의 부정을 통해 자신들의 정치적 신념을 키웠고, 또 '위안부' 문제를 매개로 하고 젠더 백래시를 추진해왔다.

위안부 부정론과 반페미니즘 활동에는 여성들 또한 적극적으로 가담해왔다. 이미 2001년 9월에는 '일본회의' 계열의 '일본여성모임'이 결성되어 젠더 백래시의 일익을 담당하고 있었다. "위안부문제를 끝장내기 위해" 2011년에 설립된 나데시코 액션(なでしこアクション)은 '위안부' 문제와 관련해서 정부의견과 다른 결의안을 낸 지방의회에 대한 항의, 해외 위안부 소녀상 설치에 대한 항의 등 국내외 반일활동 저지를 중심으로 활동하는 시민단체. 대표 야마모토 유미코(山本優美子)는 원래 재특회에 운영진으로 참여하다가 위안부문제 해결을 위해 나데시코 액션을 결성했다. 그는 자민당 극우정치인 스기타 미오(杉田水脈)와 함께 유엔에서 '위안부'가 역사왜곡임을 주장하는 캠페인을 벌였고, "남자들이 만든 '위안부' 문제에 여성들이 나선다"는 문구와 함께 『여성이니까 해결할 수 있는 위안부문제』라는 공저도 출간했다.

---

34 이 과정에 대해서는 앞의 책, 『바다를 건너간 위안부』 제1장 참조.

소위 '아베 칠드런'으로 정치권에 들어간 스기타는 페미니즘만이
아니라 LGBT, 난민, 재일조선인 등 모든 소수자 인권문제에 대해 자
극적인 혐오발언을 통해 넷우익들의 인기를 얻은 정치인인데, 특히
유엔에서의 로비활동과 세계각지에서의 소녀상 건립반대운동 등 '위
안부' 문제를 둘러싼 국제적 '역사전'에 앞장서고 있다. 스기타는 "리
버럴은 20년, 30년 전부터 꾸준히 유엔에서 활동하고 있다. 유엔을
통해 어떻게 세계에 거짓을 뿌릴 수 있는지 NGO를 내세워 활동하고
있다"고 하면서 보수세력이 국제무대에서 발언권을 가짐으로써 소위
'잃어버린 30년'을 되찾아야 한다고 했다.

남녀평등을 '반도덕적'이라고 말하는 스기타가 #MeToo를 '현대의
마녀사냥'으로 불러 공격한 것은 포스트페미니즘의 차원을 넘어 안
티페미니즘의 극단적 사례를 보여준다. 그는 이토 시오리에게 과실
이 있음을 강조하면서 노골적으로 야마구치의 편을 들어 언론활동을
전개했다. 그런데 이토에게 고발당한 야마구치 또한 아베 신조의 인
물 평전을 낼 정도로[35] 현 정권과의 유착관계가 깊은 것으로 알려진
인물이다. 이토는 저서 『Black Box』에서 성폭행 후 야마구치의 태
도, 약물혼입의 가능성, 야마구치를 기소하는 과정에서 겪은 경찰과
검찰의 2차가해, 그리고 예정된 체포의 갑작스러운 취소 등 악몽같
은 경험들을 자세하게 적었다.

사건 직전에 야마구치가 썼던 기사가 "한국군에 베트남인 위안부
가 있었다!"는 내용이었다는 것 또한 의미심장하다.[36] 이 기사내용의

---

35 山口敬之, 『暗闘』, 幻冬舍, 2017; 『総理』, 幻冬舍, 2017.

36 「歴史的スクープ 韓国軍にベトナム人慰安婦がいた! 米機密公文書が暴く朴槿
    恵の"急所"」, 『週刊文春』, 2015.4.2.

진위여부를 둘러싸고 보수언론 내부에서도 날조와 가로채기 의혹이 제기되어 TBS 내부에서 징계처분을 받을 정도였다. 그는 결과적으로 TBS가 철회한 기사를 독자적으로 보수잡지 주간분슌(『週刊文春』)에 발표한 것을 이유로 워싱턴 지국장에서 해임되었다. 기사를 발표하는 과정에는 아베정권 측근과의 소통이 있었다는 점도 지적되고 있다.[37] 이와 같은 사실들을 전제로 할 때 일본 #MeToo운동에는 개개인의 앞을 가로막아 서는 커다란 벽이 존재한다. 충격적인 사건이었음에도 불구하고 이토 시오리를 지원하는 모임이나 세력이 활발히 나타나지 않았던 배경에 정치권과 언론과의 검은 유착관계가 존재했다는 점을 무시하기 어렵다.

그 와중에 2019년 4월 10일 '이토 시오리의 민사재판을 지원하는 모임 Open the Black Box'가 결성된 것은 특기할만하다. 원래 'Fight Together With Shiori(FTWS)'라는 명칭으로 준비모임을 가졌던 몇몇 활동가들을 중심으로 "성폭력 피해만의 문제가 아니라 이 사회에 있는 블랙박스를 하나하나 열어가는 시작"이라는 취지로 모임은 정식 발족했다. 상징적인 것은 150명이 모인 이 자리의 중심에 일본에서 일본군 '위안부' 지원운동을 이끌어온 재일조선인 2세 양징자(梁澄子)가 있었던 점이다.[38] '위안부' 운동을 이끈 재일조선인이 일본 #MeToo 지원운동의 중심에도 서야만 한다는 사실이 든든하면서도 동시에 쓸쓸하기도 하는 일본 페미니즘 운동의 현주소를 보여주고 있다.

다른 하나의 움직임은 성폭행에 대한 사법판단에 항의하는 플라워시위다.[39] 2019년 4월 이후 매월 11일 전국 대도시에서 200~400명의

---

37 『LITERA』 편집부, 2017.11. https://lite-ra.com/2017/11/post-3573.html

38 https://www.facebook.com/OpentheBlackBox/

여성들이 모여 자신들의 성폭력 경험들을 공유하는 시위를 진행 중이다. 항의행동의 계기가 되었던 것은 2019년 3월~4월에 전국의 지방법원에서 연이어 나온 성폭행에 대한 무죄판결이었다. 예컨대 3월 12일 후쿠오카 법원은 준간강죄로 고발된 남자에게 "남자는 여성이 합의했다고 착각했다"고 하여 무죄판결을 내렸고, 4월 4일 나고야 법원에서는 친딸에게 중학교 2학년 때부터 성학대를 해왔음을 인정하면서도 딸이 "저항하려면 할 수 있었다"고 아버지에게 무죄판결을 내렸다. 이 범죄적 판결에 항의하면서 여성들이 꽃을 들거나 꽃무늬 옷을 입고 피해자들에게 다가가는 마음을 담아 '플라워 시위'로 명명했다. 모임을 기획한 중심인물인 기타하라 미노리(北原みのり)는 작가로서, 사업가로서 일본의 페미니즘 운동을 이끌어왔다. 그는 한류에 열광한 여성들의 욕망을 지지하는 한 사람이고, '위안부' 운동에 개입하는 활동가이기도 한다. 그동안 한, 일, 재일 사이에서 축적된 운동 경험과 소통의 순환이 어떻게 일본 페미니즘에 힘을 부어줄 것인가. 그리고 앞을 가로막아 서는 벽에 구멍을 뚫을 수 있을 것인가. 대다수의 주류 여성들의 존재를 어떻게 가시화할 수 있는지가 주목되고 있다.

5. 한국 페미니즘이라는 새로운 통로

한국의 #MeToo를 참조틀로 삼는 것은 사회운동의 영역만은 아니다. 『82년생 김지영』을 비롯한 한국의 페미니즘 문학이 일본에 수용되는 과정은 일본 페미니즘을 자극하는 또 다른 변수가 되고 있다.

---

39 https://www.flowerdemo.org

국내에서 하나의 사회현상이 된 『82년생 김지영』은 일본에서 2018년 12월에 출간 후 나흘 만에 3쇄를 찍고, 4달 만에 13만부를 찍는 돌풍을 일으켰다. 『82년생 김지영』의 히트에 이어 조남주의 『현남 오빠에게』, 이민경의 『우리에겐 언어가 필요하다』, 정세랑의 『피프티 피플』 등 젊은 세대의 한국 페미니즘 작품들이 속속 번역되었고, 최근 "한국·페미니즘·일본"이라는 특집을 꾸민 『文藝』 2019년 가을호는 1933년 창간이래 86년 만에 이례적인 3쇄를 찍는 기록을 세웠다. '한국 페미니즘'이라는 장르가 일부의 매니아층을 넘어 하나의 대중서사가 되어가는 과정을 목격하고 있다.

물론 이 현상은 한류에 대한 관심과 연동되어 있다. Kpop 여성 아이돌이 『82년생 김지영』을 읽었다는 이유로 남성 팬들의 공격 대상이 되었다는 소식이 일본에서도 화제가 되었고, 또 BTS 멤버가 읽은 것으로 알려진 김수현의 에세이 『나는 나로 살기로 했다』는 아마존 재팬에서 1위에 올랐다. 다만 그것을 아이돌 팬들이 만들어낸 거품이라고 생각할 필요는 없다. 오히려 일본에서 Kpop 아이돌에 대한 긍정적 평가에는 그들이 페미니즘이나 섹슈얼리티의 문제에 상대적으로 민감하다는 점이 중요하게 작용한다. Kpop에 대한 동경은 미완성의 소년 소녀들을 선호하는 일본의 아이돌 문화에 대한 반감과 비판의식을 반영하는 것으로, 그 자체가 페미니즘과 일정한 친화적 관계를 갖는다.

동시에 세계 18개국에서 번역 출간된 『82년생 김지영』이 유독 일본에서 많이 읽히는 것은 무엇보다 한국과 일본 사이에 유사성과 거리감이 적당히 개재하기 때문일 것이다.[40] 관습적인 차이를 감안해도 한국과 일본은 유사한 가부장제를 기반으로 젠더 억압 구조를 재

---

40 안은별, 「82년생 김지영 ① 일본에서 '82년생 김지영'을 읽다」, 『IZE』, 2019.2.12.

생산해왔으며, 한국은 페미니즘의 신자유주의적 재편을 일본보다 더 압축적으로 경험해왔다. 자신들보다 조금만 더 부각된 젠더 억압의 현실을 나열해주는 『82년생 김지영』의 서사는 일본에서 세대를 초월한 공감대를 쉽게 형성할 수 있었다. 다만 문학적인 경험으로 공감이 성립되기 위해서는 텍스트와의 적당한 거리감도 필요하다. 고우노스 유키코(鴻巣友季子)가 번역이라는 언어조작 과정이 개입함으로써 작품이 신비성을 획득하고 독자들을 사로잡는 효과가 생긴다고 지적한 것처럼[41] 일본의 독자들이 『김지영』을 '나의 이야기'로 받아들이는데 있어 한국에 대한 거리감과 낯섦, 동경 등의 감각이 거꾸로 긍정적으로 작용한 것으로 보인다.

한편에서 소설가 가와카미 미에코(川上未映子)는 저자 조남주와의 대담에서 "이 소설의 매력은, 여성들이 느끼는 '공감'도 크지만 또 하나, 등장인물도, 내용도, 독자의 반응도, 정치적으로나 페미니즘적으로 '올바르다'는 것 역시 특징"이라고 지적하고 있다.[42] "독자와 소설의 관계가 전혀 불안하지 않은 '올바른' 소설"이라는 가와카미의 평은 얼핏 문학성의 부족을 의미하는 것처럼 읽힐 수 있지만, 반드시 부정적인 뜻은 아니다. 평범한 여성들이 겪는 젠더 억압을 담담하게 나열한 『김지영』은 여성들의 경험이 개인화되는 일본의 포스트페미니즘 상황에 '올바름'을 제공했다. 예컨대 1950년대 생 페미니스트인 사이토 미나코(斎藤美奈子)는 일본에서 앞서 본 균등법, 기본법 제정

---

41 斎藤真理子·鴻巣友季子, 「(対談)世界文学のなかの隣人: 祈りを共にするための『私たち文学』」, 『文藝』 2019 가을호.

42 구리하라 준코, 기시와라 도키코, 「일본 여성들은 왜 '82년생 김지영'에 공감할까?」, 『일다』, 2019.5.4, http://www.ildaro.com/8453

등 페미니즘의 제도화가 비교적 빨리 진행되었음에도 불구하고 『김지영』에 해당되는 페미니즘 입문서가 없다고 한다. 그러면서 다나카 미츠(田中美津)나 우에노 치즈코(上野千鶴子) 등 1970~80년대 저작들이 너무 빛이 바래버린 현실 속에서, "K페미는 "J페미의 '30년의 공백'을 매우는 역할을 다하고 있을지 모른다"고 썼다.[43]

아마존 재팬에 달린 100개 이상의 리뷰에는 "이것은 우리들의 이야기", "나도 김지영", "여성의 일상에 있는 무한한 절망", "비통한 감각", "절망 끝의 희망", "교과서에 실려야 한다"는 등 작품에 대한 공감을 열정적이고 직설적으로 드러내는 내용이 대부분이다. 그 중에는 "이 책이 베스트셀러가 되는 한국이 부럽습니다. 『82년생 김지영』에 그려진 일은 많은 여성들이 일상적으로 직면하고 타격을 입고 감각이 마비되어 이것이 보통의 일이 되어 버릴 정도의 절망입니다"[44]는 내용도 있었다. 한국의 #MeToo운동에 대해 "일본의 수준은 한국보다 낫다"고 안주하는 사람들이 존재하는 한편에서 침묵을 강요받고 있음에 몸부림치는 사람들이 확실히 존재하며, 이들에게 한국의 사회적 문화적 동력은 하나의 모델을 제공한다. 직접적 정치참여를 통해 정의를 구현하려고 하는 한국을 선망하는 장면은 그동안 촛불시위를 비롯한 사회운동 과정에서도 종종 볼 수 있었는데, #MeToo 운동을 거친 후 그 정동은 더 광범위하게 표출되고 있다.

다만 한일 간 문화적 참조관계의 역전을 강조하는 서사는 식민주의와 근대화론의 위계질서를 거꾸로 설정하는 민족주의적 욕망으로

43 斎藤美奈子, 「世の中ラボ【第106回】いま韓国フェミニズム文学が熱い」, webち
くま 2019.2.21. http://www.webchikuma.jp/articles/-/1629
44 Amazonカスタマーレビュー https://amzn.to/32wgfu5

회수될 위험성이 있다. 이러한 위계화나 '부러움'의 시선을 넘어선 문화번역의 실천이 필요한 시점이다. 한국이 민주화와 IMF를 거치면서 일본의 바로 뒤를 달리는 신자유주의 국가로 거듭났음에도 불구하고, 사회정의를 추구하는 개개인의 욕망이 집합적인 사회운동으로 승화될 수 있었던 것은 바로 압축근대를 거친 탈식민 분단국가로서의 역사적 경험과 그 족쇄에서 벗어나고자 하는 규범이 여전히 작동하고 있기 때문이다. 폭발적인 #MeToo 운동 또한 이와 같은 구조적 불균형 속에 젠더 폭력을 축적시켜온 결과라고 한다면, 그것을 일본에 그대로 적용시킬 수도, 그럴 필요도 없다. 중요한 것은 한국보다 상대적으로 평화와 번영의 자양분을 섭취해 온 일본에서, 왜 사회 전반적인 백래시의 물결에 맞서는 대항적 페미니즘이 계승 확산되지 않았는가를 가까운 과거를 통해 들여다보는 일일 것이다.

한편 기본적으로 시스젠더 이성애자를 중심으로 전개되는 이 작품에 "많은 여성들이 공감할 것"이라는 틀에 박힌 관점에 대해 거리를 두려고 하는 시선도 존재한다.[45] 『김지영』을 둘러싼 문화번역의 과정을 한일 간 주류여성들 간의 지적 교류로 축소시키지 않기 위해서도 성소수자뿐만 아니라 인종, 계급, 신체적 비주류의 존재들의 다채로운 이야기를 열어나가는 것이 중요하다. 물론 이것은 일본이든 한국이든 페미니즘 자체가 늘 안고 있는 과제다.

---

45 예컨대 鈴木みのり, 「本 :『わたし』に留まらない多様な『女性』の声を巡って」, 『新潮』, 2019.3. 한동현의 페이스북 페이지 참조.
https://www.facebook.com/search/top/?q=한동현%20キム·ジヨン&epa=SEARCH_BOX

6. 마치며

이 글에서는 1990년대 후반 이후 진행된 젠더 백래시의 흐름에 주목하여 일본의 #MeToo 운동을 검토하였다. 일본에서 젠더 백래시는 역사수정주의와 헌법개헌 등 정치적 백래시와 함께 진행되어 커다란 보수연합의 물결을 형성했고 그 중심에 위안부 문제가 있었다. 역사수정주의와 반페미니즘으로 무장한 백래시 세력에 대해 페미니즘 운동 측은 전문분야에 따라 나뉘어져 큰 대항담론을 키우지 못했다. 일본 #MeToo운동이 가시화되지 않는 현실은 이와 같은 백래시 '이후'의 대중적 보수화 혹은 탈정치화를 반영하고 있다. 피해자에 대한 조롱과 탈맥락화, 자기책임론의 프레임은 90년대 여성억압적인 서브컬쳐의 영향과도 맞닿아 있다. 이와 같은 현실은 여성들 스스로가 여성들의 집합적 경험을 자신과 분리시키는 포스트페미니즘 상황과 공명하고 있다.

한편 이 글에서는 일본의 페미니즘 운동이 시간적('위안부' 문제) 공간적(한국) 확장을 통해 소통 가능성을 모색하는 과정을 중요한 실천으로 검토하였다. 이와 같은 실천은 신자유주의-신보수주의 흐름에 대항하면서 진전되어 온 동아시아의 기억투쟁과 사회운동, 한류 등을 동력으로 삼아 일본의 포스트페미니즘 상황을 극복하려고 하는 시도로 읽을 수 있다. 이 움직임들은 대중들의 정동과 동시적으로 맞물리면서 복잡한 시선의 교차를 낳고 있다. 이것을 곧바로 한일 여성연대로 보거나, 혹은 국민주의적인 한일 비교문화론으로 정리하는 안일함은 피해야 한다. #MeToo와 '위안부' 문제의 접속, 『82년생 김지영』을 둘러싼 문화번역의 과정은 이미 대중들이 식민-냉전적 한일관계의 틀을 벗어나 날마다 관계를 갱신하고 있음을 보여주고 있

다. 이와 같은 실천들을 탈식민·탈냉전기 동아시아의 사회문화적 동
력으로 삼는 새로운 정치적 상상력이 요구되고 있다.

이 글은 『여성문학연구』 47집(한국여성문학학회, 2019)에 게재된 논문을 수정·보완
한 것이다.

2000년대 이후 일본에서 나타난 두 번의 젠더 백래시

신기영

1. 들어가며

2000년대 이후 일본에서는 두 번의 "젠더 백래시"가 발생했다.[1] 그 첫 번째가 2000년대 초중반에 "젠더프리 교육(ジェンダーフリー教育)"과 지방자치단체의 남녀공동참획사회(男女共同参画社会) 조례 제정에 대한 격렬한 공격과 반동의 움직임이고, 두 번째가 2010년대 후반부터 시작되어 현재도 진행 중인 트랜스젠더[2] 여성에 대한 차별과 혐오의 확산이다. 트랜스젠더에 대한 백래시는 국립 오차노미즈 여

---

[1] 일본에서는 전후에 젠더 백래시로 보아야 할 현상이 적어도 세 번은 있었다고 생각된다. 이 논문에서는 다루지 않지만 첫 번째 젠더 백래시는 1970년대 초반에 등장한 우먼 리브 운동에 대한 언론의 조롱과 비난이라고 할 수 있다. 보수적인 젠더 질서의 도전에 대한 반동이라는 측면에서 젠더 백래시라고 보아도 무방할 것이다.

[2] 트랜스젠더란 태어날 때 지정된 성별과 본인의 성정체성이 불일치하는 이들을 일컫는 일반적인 용어이다. 트랜스젠더 내부에도 다양한 스펙트럼이 있지만 여기에서는 구분하지 않고 일반적인 용어로 사용한다.

자대학이 트랜스젠더 여성의 입학을 허가한다고 발표한 것을 계기로[3] SNS(Social Networking Service)를 중심으로 급속히 확산되어 오늘날에 이르고 있다.

이 논문은 이 두 반동적 움직임을 개별적인 현상으로 보지 않고, 보수적인 젠더/성역할 질서가 무너질 지도 모른다는 위기감에 대한 '젠더 보수파'의 저항이라는 공통점을 가진 "젠더 백래시"로 규정하고, 두 번의 젠더 백래시 현상을 개관하여 각각의 논점 및 상이점을 비교하고자 한다. 이를 통해 일본의 젠더 백래시의 특징을 규명하고 지난 20여 년 동안 일본에서 젠더 평등 및 페미니즘에 대한 논의가 정체되다시피 했던 배경을 밝히고자 한다.[4] 또한 백래시에 대한 일본 내 페미니즘의 대항 전략과 담론도 간략히 살펴보고 그 공과를 평가해 본다.

젠더 차별과 폭력이 없는 사회를 달성하고자 하는 페미니즘에 대한 백래시는 특정 지역에 한정된 현상이 아니다. 세계 각지에서 임신 중지와 같은 여성의 재생산 권리의 제한, 젠더 연구소의 폐지, 교육 현장에서의 성교육 및 페미니즘 프로그램의 제한 등 공적인 제도의 후퇴 뿐 아니라, 인터넷이나 대중문화에서 넘쳐나는 여성혐오 발언

---

3   오차노미즈 여자대학은 여성만이 입학할 수 있는 여자대학이지만, 호적상 남성이라도 성정체성이 여성인 경우, 즉 트랜스젠더 여성의 입학이 가능하게 하였다. 이로 인해 호적상 여성이지만 성정체성이 남성인 경우도 포함하여 모든 "여성"의 입학이 가능하게 되었다. 본 대학의 학칙에는 "여성"에 대한 정의가 특별히 없었기 때문에 여성의 정의를 호적상의 여성에서 성정체성이 여성인 경우까지 확대한 것이다.
4   이 논문의 초고에 의한 발표에 대해 한국의 토론자가 지적한 대로 한국에서는 젠더 백래시라는 용어보다 "페미니즘 백래시"라는 용어가 일반적으로 쓰이고 있다. 한일 비교까지 본 논문의 논의를 넓힐 수는 없지만 그런 차이 자체가 한국과 일본의 백래시의 다른 맥락을 드러내는 것일 수도 있지만, 일본을 사례로 분석한 본 논문에서는 두 용어를 특별히 구분하지 않고 혼용해서 사용한다.

과 같은 문화 및 표상의 영역에 이르기까지, 젠더 평등의 움직임에 대한 급격한 반격이나 '흔들기'는 드문 현상이 아니다. 일찍이 수잔 팔루디는 이러한 현상을 "백래시(backlash)"로 명명하여 개념화하였고, 백래시는 역사적으로 단 한 번에 그치는 현상이 아니라 시대에 따라 반복되는 현상임을 지적했다(Faludi, 1991=2006).

　이 논문이 다루는 21세기 일본의 젠더 백래시도 구체적인 전개 과정은 다르지만, 팔루디의 지적대로 그 근저에 젠더 평등한 사회로의 진보에 대한 반발, 즉 전통적 젠더질서 위에서 가부장제가 누려온 이익을 잃을지도 모른다는 젠더 보수파의 위기감과 우려가 있음은 공통적이다. 팔루디의 지적대로 젠더 백래시 현상은 역설적으로 젠더 개념을 무기로 가부장제의 권력구조와 담론을 해체하려는 페미니즘의 성과가 가시화된 것을 의미하기도 한다. 일본에서는 1980년대 이후 새롭게 도입된 "젠더(ジェンダー)"라는 개념이 바로 그러한 가능성을 제시하였고 때문에 젠더에 대한 해석은 페미니즘과 반페미니즘 세력이 충돌하는 핵심적인 지점이 되었다. 그리고 2020년대에도 '트랜스젠더 문제'를 둘러싸고 젠더에 대한 상충적인 이해가 또 다시 백래시의 형태로 가시화되었다.

　두 번의 젠더 백래시의 경험은 백래시에 대항하고자 하는 페미니즘에도 과제를 남겼다. 페미니즘을 주장하는 이들 내부에서도 페미니즘의 주체인 '여성'이 누구를 의미하는지에 대한 서로 다른 전제가 존재했으며, 젠더와 생물학적 성별(정확히 말하면 출생 시에 부여받은 성별, 섹스)의 관계를 고정적인 관계로 인식하면서 젠더의 사회적 구성론을 비판하는 이들도 등장하였다. 이로 인해 페미니즘 내부의 분단이 더욱 첨예해졌다. 저자는 일본에서 나타난 두 번의 젠더 백래시의 현장을 가까이에서 고찰할 수 있었던 젠더 연구 당사자의 입장에서 이러한 현상들을 돌이켜 분석하고, 일본은 물론이고 현재 한국도 예외가 아닌 페미니즘 백래시라는 세계적인 현상을 이해하는데 도움이 되고자 한다.

2. 젠더 백래시 이전의 젠더 개념에 대한 수용

일본사회는 한국보다 빨리 1980년대부터 "젠더"라는 용어와 개념이 수입되어 사용되기 시작했다. 1980년대는 정책적인 측면에서 유엔의 세계여성회의와 같은 국제기구의 영향이 점차 커지던 시기이면서, 제2차 페미니즘 물결 이후 영미권의 학계에서 젠더 이론이 급격히 발전하던 시기였다. 일본의 경우, 1989년에 사회학자인 에하라 유미코가 『젠더의 사회학-여성들/남성들의 세계』를 출판하였고, 1991년에는 일본에서 일반적으로 사용되는 모든 단어가 수록되는 대사전, 고지엔(広辞苑) 제4판에 "젠더"가 수록되었다. 이후 제4차 유엔세계여성회의가 개최된 1995년 전후로는 언론에서도 젠더라는 용어가 사용되면서 젠더는 일반적인 용어로 통용되기 시작했다.

젠더 백래시가 본격화되기 이전인 1990년대 중반에 젠더의 개념이 어떻게 사용되고 있는 지를 정리한 타치 가오루는, 당시 젠더는 적어도 세 가지의 의미로 사용되고 있었다고 한다(舘, 1998). 첫째가 정부의 새로운 정책인 남녀공동참획정책의 틀 내에서 사용된 정책 용어로 "젠더에 민감한 시점"이라는 표현이고, 둘째로 지방행정 및 학교 교육 현장에서 사용되기 시작한 "젠더프리"교육, 마지막으로 학술 용어로 종종 사용되던 "인젠더링(젠더화)"이라는 표현이다. 이렇게 젠더가 일반적인 용어로 사용되기 시작한 배경에는 1995년 베이징에서 열린 유엔 세계여성회의에서 채택된 제4회 세계여성회의 보고서와 북경선언 및 행동강령(Beijing Declaration and Platform for Action)의 영향이 컸다. 이들 결의문에 젠더가 매우 빈번히 등장하고 유엔의 공식 문서에 등장하는 "gender sensitive"나 "gender perspective," "gender equality"와 같은 용어가 각각 일본어로 젠더에 민감한, 젠더 시점, 젠더평등 또는 남녀평등으로 번역되었기 때문이다.[5] 여기서 젠더라는 개념이 일본어로 번역되지 않고 가타가나의 외래어로 통용되었다는 점에 주목할 필요가 있다. 나중에 젠더 개념에 대한 (고의적) 오해가 백래시의 원인이 되자 내각부 전문조사회에서 젠더에 대한 설명과 함께 젠더를 "사회적 성별"로 번역할 것을 제안하기도 했다. 하지만 번역어는 정착되지 않고 오늘날까지 가타카나 외래어가 그대로 사용되고 있다. 북경 세계여성회의에 단일 국가로서는 미국과 중국에 이어 세 번째로 많은 약 4,000여 명이 일본에서 참여했던 것을 생각하면 북경선언과 행동강령이 일본의 단체 및 개인들에게 빠르게 전파되어 영향력을 발휘했을 것을 상상하기는 어렵지 않다.

　실제로, 젠더는 기존의 "여성해방"이나 "여권" 개념을 대체하고 고정된 성역할과 남녀의 차이를 전제로 한 성별 특성론과 이에 기반을 둔 남녀평등론에 대한 돌파구를 찾고 있던 이들에게 새로운 가능성을 제시했다. 또한 여성정책이 여성만을 대상으로 하면서 결국은 여성의 성역할을 고착화시켰다는 성찰로부터 새로운 정책 프레임으로 전환을 요구할 수 있는 이론적 틀을 제공하는 것이기도 했다. 이러한 기운에 힘입어 1990년대에는 중앙정부 및 지방자치단체에서 '여성정책'의 좁은 시각에서 벗어나 "남녀공동참획사회"를 지향하는 새로운 실천계획

5　한국에서는 성인지, 성주류화, (양)성평등과 같은 용어로 번역되었다.

들이 수립되기 시작했다. 이중에서는 전통적인 성역할의 탈피를 지향
하는 '선진적인' 내용의 계획을 수립하여 화제가 되기도 하였고, 중앙
정부도 전문가들의 의견을 수렴하여 "2000년 비전"을 정리하여 이것
을 바탕으로 "2000년 플랜"을 정책으로 수립하는 등 정책적 패러다임
전환도 시도하였다(大沢, 2002). 그 가시적인 성과물이 1999년에 제정
된 남녀공동참획사회기본법(이하 기본법)이라고 할 수 있다.[6]

　기본법은 남녀가 여성이나 남성의 성역할, 성규범에 얽매이지 않
고 한사람의 개인으로서 자기의 능력과 개성을 발휘할 수 있는 사회
를 남녀공동참획사회라고 정의하고 그런 사회를 만드는 것이 국가의
중요한 책무라고 선언하였다. 또한 기존의 제도와 관습을 젠더 중립
적으로 개선하고 개인, 사회, 지방자치단체, 국가가 각각의 책무를
수행할 것을 요청하고 있다. 특히 국가 뿐 아니라 지방자치단체도 각
각 조례를 제정하고 행동계획을 수립하도록 하였다(도도부현은 의무,
시구정촌은 권장). 그러나 이때의 공동참획은 어디까지나 남녀의 이분
법적이고 이성애적 관계를 전제로 한 젠더관에 기초하고 있다는 점
도 지적해 둘 필요가 있다. 다양한 섹슈얼리티에 대한 이해는 부재하
고 출생 시에 부여받는 성별(섹스)의 불변성은 새 정책의 암묵적인
전제였다. 또한 "평등"이라는 용어를 사용하지 않고 일상적으로는
사용되지 않던 "남녀공동참획"이라는 용어를 사용하였다.

　그런 한계점이 있음에도 불구하고, 기본법이 제정되자 지방자치단
체의 조례 제정의 움직임이 전국적으로 확산되었다. 특히 북경 세계여

6　여기서는 생략하지만 이 기본법의 제정이 의미하는 바를 젠더 평등으로의 진보가
　아닌 신자유주의 시대의 국가 중심적 젠더 정책, 또는 이성애 규범을 강화하는 것으
　로 비판하는 시각도 다수 존재한다. 예를 들어 菊地(2019).

성회의에 참석하고 북경행동강령에 자극 받은 여성들이 각자의 지역에서 조례 제정을 요구하는 운동을 펼쳐 나갔다. 지방자치단체의 정책 거점으로 지역의 여성센터의 설립도 요구하였다.[7] 누구나 한 사람의 개인으로서의 주체적 삶이 강조되면서 개개인의 다양한 삶의 방식을 억압하고 있던 전통적인 성역할 분업은 부정되었고 남성다움이나 여성다움과 같은 젠더 규범도 극복해야 할 것으로 인식되었다.

남녀공동참획사회 정책이 젠더나 평등과 같은 용어를 사용하지 않고 중앙정부 주도의 '위로부터'의 정책으로 확산된 것에 반해, 젠더 개념이 적극적으로 사용되기 시작한 것은 "젠더프리"라는 용어를 통해서였다. 젠더프리는 성별분업을 전제로 한 기존의 교육 내용에 문제제기를 하기 위해 교육현장에서 처음 고안된 것이었다(木村, 2006). 특히 젠더프리가 널리 유포되기 시작한 것은 동경도가 설립한 재단법인인 동경여성재단이 1995년에 『젊은 세대의 교사를 위해-당신의 교실은 젠더·프리?』라는 핸드북을 작성하여 배포한 것이 계기가 되었다.

이 핸드북은 젠더 바이어스를 "성별에 따른 스테레오 타입 또는 편견"으로, 젠더프리를 "성별에 집착하지 않고, 성별에 얽매이지 않고 행동하는 것"이라고 정의하였다. 그리고 교사들이 스스로 젠더 편견(젠더 바이어스)에 사로잡혀 있지는 않은지를 성찰하고, 학교 교육이 무의식적으로 젠더 편견을 재생산하는 기제인 '숨어있는 커리큘럼'을 고찰해서 타파할 것을 제안하였다. 이어 일본교직원조합도 『스타트 젠더프리(성별에 구속되지 않고 자기답게 살아가기 위해) / 스톱 섹슈얼 하라스먼트(성차별이 만들어내는 인권침해를 없애자)』라는 제목의 소책자를 제작 배포했다(木村, 2006: 82). 이 젠더프리라는 용어는 지방정부가

---

7 기본법의 용어에 따라 이후에 거의 대부분 남녀공동참획센터로 개명되었다.

일종의 슬로건으로 사용하면서 학교 교육의 새로운 젠더평등 교육 및
그 교육이 목표로 하는 사회상을 의미하는 용어로 널리 사용되게 되었
다(舘, 1998).

그런데 여기서 사용된 프리(free)라는 영어 표현의 본 뜻은 "없다"이
다. 때문에 젠더프리를 단순히 영어적 의미로 번역하면 "젠더가 없는/
젠더를 제거하는"이 된다. 젠더가 없는 인간이란 현실세계에서는 상상
하기 어렵기 때문에 젠더프리라는 표현은 그 자체가 어폐가 있는 표현
이며 비현실적인 개념이 된다. 물론 젠더프리를 고안해 낸 당사자들은
영어적인 의미가 아닌 당시 장애인이나 고령자들과의 공생을 위한 시
책으로 사용되던 "배리어 프리(장애물 제거)"라는 용어에서 힌트를 얻
었다고 한다. 배리어 프리(barrier free)는 거리나 건물에 존재하는 각
종 턱이나 장애물을 제거하여 높낮이를 평평하게 함으로써 장애인을
포함한 모두에게 접근 가능한 건물 및 커뮤니티를 만드는 의미로 사용
되고 있었다. 이 용어가 사회적인 인지도가 높았기 때문에 이에 착안
하여 성별에 의해 분리되어 있는 각종 사회적, 문화적, 제도적 장벽(배
리어)을 제거하여 모두에게 평등한 사회를 만드는 것을 의미하는 표현
으로 고안되었다는 것이다.

그러나 이 용어는 젠더를 성차별과 동일시함으로써 젠더가 가지는
긍정적인 의미나 개인의 정체성, 또는 사회적 구성물이기 때문에 변
화에 열려있는 개념임에 대한 이해가 부재한다. 그럼에도 이 표현은
대체적으로 페미니스트 내부에서 큰 반발 없이 받아들여졌다. 예를
들어 타치는 젠더프리라는 표현은 "성별 카테고리간의 불평등에 주
목하면서도 성별 카테고리라는 인식의 속박으로부터 자유로워지는
것에 역점"을 두고 있고, 현상에 대한 인식보다도 바람직한 목표를
지향하는 의미로 사용되고 있다고 평가하기도 했다. 즉 이 용어의 사

용법에 대해 모두가 반드시 동의하지는 않았다 해도 백래시가 시작되기 전 페미니즘 내에서 젠더프리를 비판하거나 오해의 소지가 있음을 적극적으로 지적하거나 하지는 않았던 것이다.[8]

이렇게 1990년대 중후반 일본의 젠더 연구자들과 현장 활동가들 사이에서는 당시 젠더 개념의 도입이 가져온 새로운 기회와 가능성에 대한 기대가 컸다. 하지만 젠더에 대한 때론 자의적인 이해 및 전략적인 사용이 이후 젠더 백래시를 불러 오는 빌미가 될 것이라는 것은 예감하기는 어려웠다. 일반인들에게는 아직 낯선 개념인 젠더를 둘러싸고 2000년대 초부터 극심한 백래시가 전국적으로 퍼져 나갔고, 그 주요 전선이 바로 젠더 개념의 도입으로 인해 가장 크게 변화하고 있던 "젠더프리 교육"과 지방자치단체의 남녀공동참획 조례 제정이었다.

3. 2000년대 초중반에 나타난 젠더 백래시

앞서 살펴본 대로 사회적으로 구성된 성별이라는 젠더 개념은 1980년대부터 일본에 도입되어 여성이라는 생물학적 성(섹스)의 운명으로부터 해방될 수 있는 이론적인 근거와 일본의 전통적인 젠더 질서와 규범을 변화시킬 수 있는 실천적 동력의 가능성을 제시했다. 특히 미래 세대를 교육하는 교육 현장 및 법제도의 개혁을 통한 정책분야에서 젠더 개념의 수용이 두드러졌다. 그러나 이러한 변화의 확산은 젠더

---

8 백래시가 점차 더 격화되자 페미니스트 연구자들이 긴급 심포지엄을 개최하고 출판물을 발표하면서 젠더프리에 대한 성찰도 이루어진다(山口 2006).

보수층을 크게 자극했다. 백래시가 나타난 것은 그만큼 이들 분야에서
의 변혁의 가능성이 위협적이었다는 방증이기도 할 것이다. 예를 들어
1990년대는 젠더평등을 추진하는 세계적인 추세에 발맞춰 선택적 부
부별성 제도를 비롯한 각종 법제도를 정비하려는 움직임이 본격화되
었으나 이에 크게 위기감을 느낀 보수집단이 집단적 행동으로 부부별
성 제도의 도입을 저지한 바 있다.[9] 1990년대 말에는 이들이 반젠더,
역사수정주의를 주창하는 보수 우파 집단으로 결집하면서 자신들의
영향력을 행사할 수 있는 보수적인 지방의회 의원들을 통해서 지방자
치단체의 조례 제정과정에 개입하기 시작했다.

　지방자치단체의 조례 제정 과정에서 조례의 내용을 왜곡하는 젠더
백래시는 2000년부터 전국적으로 나타났다. 이러한 형태의 백래시가
처음으로 전국적인 주목을 받은 사례는 2000년 가을 미에현이 준비하
고 있던 『남녀공동참획조례』였다(伊藤, 2024). 조례에 명기된 "남성다
움, 여성다움에 구속되지 않고"라는 문구에 대해 우파 지식인이 "남성
다움, 여성다움을 부정하는 것"이라고 비난한 것이다. 다행히 미에현
의 조례는 원안대로 통과되었지만 이후 비슷한 움직임이 다른 지방자
치단체에서도 나타난 것이다.

9　선택적 부부별성이란 결혼한 부부가 결혼 후에도 결혼 전의 각자의 성을 그대로
　유지하는 것을 선택할 수 있도록 하는 제도이다. 일본의 민법과 호적법은 결혼한
　부부는 혼인과 동시에 부부가 동일한 성을 사용해야 하며 혼인 신고 시에 남편
　또는 아내의 성으로 통일하여 신고하도록 하고 있다. 그러나 많은 기혼 여성들이
　혼인 전에 사용하던 자기의 성을 계속 사용하고자 하는 희망을 가지고 있고 1980년
　대부터 부부가 서로 별성을 사용할 수 있도록 제도 개선을 요구하는 운동이 존재해
　왔다. 이에 대해 1996년에 법무성은 선택적 부부별성 제도를 도입할 것을 검토했으
　나 보수파의 격렬한 반대에 부딪혀 민법 개정은 좌절되었다. 2024년 5월 현재까지
　도 이 제도는 도입되지 못했고 일본의 젠더 평등의 큰 걸림돌로 지적되고 있다.
　부부별성에 대한 자세한 내용은 신기영(2016) 참고.

　예를 들면, 오사카부에서는 2002년에 기존의 『남녀평등사회 형성의 촉진에 대한 조례』를 『남녀공동참획추진조례』로 개정했는데 그 전문에 "남녀가 서로의 차이를 인정하고"라는 문구가 포함되었다. 이 과정을 정리한 모리야 유코에 의하면, 이 문구는 본 조례의 원안에는 없었던 것으로 원안이 발표된 후 시민들의 의견을 수렴하여 수정하는 과정에서 삽입된 문안이었다(森屋, 2006). 남녀의 성별역할 분담을 긍정하는 그 수정안은 보수파 지방의원들의 압력에 의한 것이었고, 이에 반대하여 여성단체와 남녀공동참획 심의회의 일부 위원들이 반대 의견서를 제출하는 등의 운동을 벌였지만, 위의 문구가 삽입되는 것을 막지는 못했다. 이는 성별에 관계없이 누구나 한 사람의 개인으로서 자기의 능력과 개성을 스스로의 의지와 책임 하에 발휘하는 사회의 실현을 위해 국가의 법과 제도가 성중립적으로 기능할 수 있도록 시정되어야 한다고 명시하고 있는 기본법의 정신에 역행하는 내용으로 매우 문제적이었다. 같은 기간 다른 지방자치단체에서 제정된 '모범적인' 조례들이 "성별에 관계없이 개인으로서 존중받고 평등하다"는 내용이 담기는 것이 일반적이었다는 것을 생각하면 명백히 반동적인 움직임이었다.

　백래시 세력의 정치적 영향력으로 인해 이미 제정된 조례를 개정하여 후퇴시키는 경우도 있었다. 미야기현의 한 시에서는 2003년 12월에 "성별 및 성적지향에 관계없이"라는 문구를 명시하여 성소수자를 포함한 『남녀공동참획사회만들기조례』를 제정하는 데 성공했다. 하지만 이 조례에 대해서 구통일교 등의 종교우파집단 및 지방 보수 세력의 비판이 집중되면서 2006년에 "성별 및 성적지향에 관계없이"라는 문구가 삭제되고 "모든 사람"이라는 일반적인 용어로 개정되고 말았다(伊藤, 2024).

이러한 젠더 백래시는 보수 세력이 보수논단을 통해 언론에서 역사
문제나 젠더문제를 비판하는 수준을 넘어 국가의 젠더정책의 방향을
적극적으로 되돌리려는 의지를 가지고 정치적 행동에 나선 것을 의미
한다. 필자도 이 시기에 지방자치단체의 조례제정 과정을 조사하기
위해 여러 지역을 방문한 적이 있는데, 많은 지방자치단체에서 백래시
파의 지방의원들의 공세에 어떻게 대응해야 할지에 대해 고민하고 있
었다. 백래시 세력이 강한 지역에서는 전업주부의 역할을 긍정하는
내용을 일부러 조례에 명시하거나 성역할의 탈피 대신 "남녀가 서로의
특성을 인정하면서"라는 젠더 이분법적인 성역할을 긍정하는 문구를
삽입하는 경향이 두드러졌다. 지바 현에서는 백래시 세력의 영향력을
저지하기 위해 조례제정 자체를 미루다가 2024년 현재까지도 조례가
제정되지 못한 유일한 도도부현으로 남기도 하였다.

　지방자치단체의 조례와 더불어 젠더 백래시가 가장 격렬하게 나타
난 것이 "젠더프리 교육"에 대한 공격이었다. 백래시파는 "젠더프리"
를 가족을 해체하고 사회의 근본적인 질서와 조화를 파괴하는 위험
신호로 규정하고, 특정 성교육의 센세이셔널한 사건화를 통해서 젠
더프리 교육에 대한 공격을 대대적으로 전개해 나갔다.[10] 이들에 의
하면 젠더프리 교육은 남녀의 성별과 성차를 완전히 없애려고 하는
교육이며, 남녀혼합명부를 예로 들어 "혁명을 지향하는 마르크스주

10　2003년 지적 장애인 교육기관인 동경도의 나나오 양호학교에서는 성폭력과 성착
취의 대상이 되기 쉬운 지적 장애인을 대상으로 인형 등을 사용한 성교육을 실시하
고 있었다. 동경도의회의 일부 의원들이 이를 상식에서 벗어난 교육이라고 비난하
면서 동경도 교육위원회가 교재를 몰수하고 교사들을 징계하는 일이 발생했다. 이
사건을 젠더프리를 지향한 지나친 성교육의 사례로 이용되면서 젠더프리 교육을
폄훼하는 백래시 운동이 세력을 확장했다.

의 사상이다"라고 주장하였다. 또 '지나친 성교육'을 통해 프리섹스를 조장하는 '과격한 사상'이라고 비난하였다(木村, 2006).

구통일교 및 신도정치연맹과 같은 우파 종교단체 및 보수 지식인, 보수 정치인들이 연합한 백래시 세력은 이전부터 여성의 임신 중지를 제한하려는 법 개정이나, 부부별성 제도 도입의 반대, 위안부 문제 부정 등 여성 권리의 확대나 젠더 질서의 변화를 저지하기 위한 운동을 주도해 왔다. 이들이, 자기 몸을 이해하고 성적 주체성을 확립하기 위한 성교육에 특히 민감한 반응을 보이면서 극렬하게 비판한 것은 보수적인 젠더 질서를 유지하는 근간이 이성애주의와 그에 기반을 둔 성역할분담, 여성의 섹슈얼리티 및 재생산 능력의 통제에 있음을 직관적으로 이해하고 있었기 때문일 것이다.

다케노부는 이러한 백래시의 움직임이 단순히 풀뿌리 보수시민단체의 움직임이 아니라 보수 정치인들 및 언론과도 연계되어 있음을 지적하고 있다(竹信, 2006). 그러한 연계는 젠더프리 때리기의 수법이 보여주는 반복적인 패턴에서 잘 드러나고 있다고 하면서, "먼저 일부 보수 잡지가 젠더프리 교육 때문에 남녀학생들이 같은 탈의실에서 옷을 갈아입어야만 했다는 근거 없는 에피소드를 포함한 '지식인'의 말을 인용하여 기사를 게재하면, 이 잡지와 자본관계가 있는 일부 (전국지) 신문이 '지식인의 의견'으로 같은 내용의 주장을 게재하고, 지방의회 의원과 일부 국회의원들이 의회에서 '대정부 질문'을 통해 그 내용을 공개적으로 확산시키고 이들의 '대정부 질문'이 다시 일부 신문과 잡지에서 '보도'되는 과정을 통해 증폭되는 매우 잘 짜인 연계플레이"가 연출되었다고 지적한다.

이런 방식으로 평소 젠더에 대한 이해가 부족하거나 남녀공동참획 관련 문제에 별로 관심이 없던 언론인들이 해당 발언에 대한 검증이

나 조사도 없이, 젠더프리 교육을 왜곡하는 기사를 계속해서 생산해
내게 되는 것이다. 그러한 기사들 속에서 젠더프리 교육은 탈의실이
나 화장실을 남녀가 공동으로 사용하고 남녀 구분 없이 기마전을 하
는 것을 의미하며, '성'이 없는 중성 인간을 만드는 것이라는 백래시
세력의 주장이 그대로 소개되면서 그 내용이 마치 진실인 것인 양 세
력을 확대해가는 것이다(竹信, 2006: 22-23).

이렇게 젠더 백래시는 1990년대 말에 법적 토대를 마련한 남녀공동
참획사회 정책 전반에 대한 공격으로 확대되었고, 학교 현장에서는
젠더프리 교육뿐 아니라 성교육을 억제하는 중요한 요인으로 작용하
였다. 나아가 "젠더"라는 용어 자체가 비난의 대상이 되기에 이르렀다.
남녀공동참획 정책을 담당하는 행정 부처는 정책 수립과 추진이 아닌
언론, 의회 및 보수단체의 악성 민원 등에도 대응해야만 했다. 대립과
분쟁을 피하고자 하는 특성이 강한 지방자치단체의 담당공무원들은
자기 검열을 강화하고 정책 입안에서 젠더라는 용어의 사용을 기피하
게 되었다. 그 결과 젠더 관련 정책이 전반적으로 위축되었다. 나아가
지자체가 지원하는 시민 대상 강연회 등에서 "젠더" 용어의 사용을
금지시키거나, 특정인을 마녀 사냥하는 사례마저도 나타났다.[11]

백래시 세력의 정치적 목소리가 과대 대표된 배경에는 지방의원들
의 지지층 변화도 중요한 역할을 하고 있다는 지적에도 주목할 필요
가 있다. 2000년대에 들어 고이즈미 정권의 구조개혁으로 인해 중앙
에서 지방에 교부하던 공적 자금이 대폭 삭감되면서 자민당 의원들

---

[11] 대표적인 페미니스트 연구자인 우에노 치즈코의 강연이 취소되거나, 공모로 위촉
된 미츠이 마리코도 토요나카시 남녀공동참획추진 센터 관장에 대한 해임이 그
실례이다(松井·浅倉, 2012).

이 더 이상 자기 지역에 이익유도형 정치를 하기 어려워지자 이를 바라고 자민당에 투표하던 지역의 지지층이 약화되었다. 이에 따라 확실하게 표를 확보할 수 있는 특정 종교단체나 보수단체의 지지를 확보하려는 움직임이 나타났고 이것이 백래시를 지지하는 보수 의원들의 언행에 영향을 미쳤다는 것이다.[12]

그 실체가 분명히 드러난 것이 2005년에 자민당 내에 만들어진 "과격한 성교육·젠더프리 교육 실태조사 프로젝트팀"이라고 할 수 있다. 이 프로젝트팀은 보수 우파의 희망이었던 아베신조(安倍晋三) 당시 자민당 간사장 대리가 좌장을 맡았다(사무국장은 역사수정주의자인 야마타니 에리코 참의원 의원). 즉, 젠더 백래시는 아베와 같은 보수 정치인을 정점으로 전국적인 조직을 가진 우파종교단체와 신도정치연맹 그리고 일본회의 등의 보수국가주의 시민세력이 연계하면서 하나의 강력한 정치세력을 형성하는 기반이 되었다. 이후 이 프로젝트팀의 좌장이던 아베 신조가 총리로 선출되면서 그 기세가 더욱 거세졌음은 말할 필요도 없다.

이와 같은 2000년대 초중반의 젠더 백래시는 여성인권과 젠더평등을 지향하는 세계적인 추세에 역행하며 일본 내의 정책 추진을 둔화시켰고 젠더프리라는 표현을 사실상 금기어로 만들었다.[13] 젠더를 전면에 내세운 시민단체에 대한 활동도 위축되면서 백래시 세력은

---

12 이 구조는 이후 더욱 강화된 것으로 보인다. 아베 전 수상이 피격된 후에 일본의 구통일교 세력과 자민당 보수의원들이 긴밀한 협력관계를 유지해 온 것이 만천하에 드러나 충격을 주었다.

13 내각부에서는 젠더프리의 용어 사용에 대해 지방자치단체가 차별을 없애자는 의미라고 정확하게 정의한 뒤 사용하는 것은 문제가 없다고 통지하였으나 많은 자치단체에서는 내각부가 금지한 것처럼 해석하여 젠더프리라는 용어를 사용하지 않게 되었다(竹信, 2006).

사실상 '성공'을 자축하는 수준에 이르렀다. 이후 20여 년간 일본의 젠더 평등 정책과 페미니즘 운동은 사실상 정체되고 말았다는 것이 전문가들의 자조적인 견해이다.

4. 2020년대의 젠더 백래시: 트랜스젠더에 대한 입장을 중심으로

한편, 2010년대 후반부터 현재 우리가 목격하고 있는 젠더 백래시는 더 이상 20년 전처럼 성별 특성화나 전통적인 성역할 규범을 강화하려는 움직임이 그 중심이 아니다. 과거 백래시 세력의 정치적 구심점이었던 아베 전 총리 스스로가 "여성이 빛나는 사회"를 정권의 핵심 정책으로 내세우면서, 장기간 침체된 일본의 경제 발전을 위해 여성의 잠재 능력을 적극 활용하려는 정책을 추진하였기 때문이다. 이제 여성들은 일터와 가정 모두에서 적극적으로 '활약'할 것이 요구되었다. 이러한 변화 속에 21세기 두 번째 젠더 백래시는 여성의 안전을 보장한다는 명목 하에 여성에 대한 위협의 존재로 지목된 "트랜스젠더"에 대한 혐오로 바뀌었다. 주도 세력도 과거의 백래시를 주도했던 보수 세력 뿐 아니라 스스로를 '페미니스트'로 정의하는 이들이다. 트랜스젠더에 대한 공격이 처음 표면화된 것도 보수 지식인의 언론 공간이 아닌 인터넷 공간이다.

그런데 젠더프리 교육처럼 트랜스젠더에 대한 공격도 큰 틀에서 보면 학교 교육 현장에서 축적해 온 성과에 대한 반동적 움직임이라는 점에서 공통점이 있다. 또한 성소수자 당사자들의 노력의 결과로 얻어 낸 법제정이 또 하나의 계기가 된 점도 과거의 백래시를 닮았다. 젠더프리 교육에 대한 백래시로 인해 교육 현장에서는 그 용어가 폐기되다시피 되고 학교 내 성교육도 정체되었지만, 다른 한편으로는 젠더소수자의 문제가 실질적인 과제로 떠올랐다. 특히 2003년에 트랜스젠더의 호적상 성별 변경을 허용하는 "성동일성 장애자 특례법"이 제정되어 트랜스젠더를 "성동일성 장애"로 인식하는 법적 틀이 만들어지면서 트랜스젠더 학생들의 존재가 가시화되기 시작했다. 트랜스젠더 아동들이 엄격한 남녀 이분법적인 젠더 규범에 기반을 둔 학교생활에 제대로 적응하지 못하거나 학습 장애를 겪는 등의 문제가 제기되었기 때문이다.

"성동일성 장애"라는 표현은 남녀 이분법적 생물학적 성과 이성애적 젠더의 고정된 관계를 상정하고, 그로부터 벗어난 트랜스젠더의 존재를 장애화하여 정상성에서 배제하는 차별적 시선의 산물이다. 하지만 당사자들의 오랜 노력 끝에 제정된 특례법에 기반을 둔 개념이었고, 오랫동안 보이지 않는 존재였던 트랜스젠더 당사자가 처음으로 제한적인 조건하에 자신의 성정체성과 일치하는 성별로의 법적 변경을 가능하게 하는 길을 연 것도 사실이다. 그러나 성정체성에 따라 법적으로 성별을 변경하는 것은 고가의 신체적 수술을 동반하는[14] 매우 제한적인 조건에서만 가능하고 성인인 경우만 해당된다. 아직 성장 과정에 있는 트랜스젠더 청소년의 경우는 특례법의 대상이 되지 않을 뿐 아니라 모든 트랜스젠더 당사자가 신체 변경을 원하는 것도 아니다. 학교에서 남녀 혼합명부를 사용하고 여학생이 학급대표가 되는 길이 열렸지만, 학교 교육은 여전히 명백한 남녀의 이분법

---

14 이에 대한 비판은 꾸준히 제기되었고 2023년에는 생식기의 제거와 같은 성별 적합 수술 요건은 헌법위반이라는 판결이 내려지면서 법 개정이 필요하게 되었다.

적 구분을 전제로 하고 있다. 그러한 교육환경 내에서 자신의 성정체성과 다른 호적상의 성으로 학교생활을 보내야 하는 트랜스젠더 학생들은 심각한 정신적 갈등과 혼란을 겪게 된다.[15] 이런 문제가 수면 위로 드러나면서 문부성도 2010년과 2015년 '성동일성 장애 아동'에 대해 각 급 학교가 적극 대처해 줄 것을 통지하는 등 교육 현장의 문제를 인식하고 대책 마련을 논의하기 시작했다.

이후 트랜스젠더 여성의 여학교 진학 문제가 본격적으로 논의되기 시작한 것은, 호적상 남성이지만 성정체성이 여성인 초등학생의 부모가 자녀의 성정체성에 따라 일본여자대학 부설 여자중학교에 진학시킬 수 있는지를 문의한 것이 발단이 되었다. 문의를 받은 일본여자대학이 고심 끝에 '시기상조'라는 결론을 내리게 되고 이 내용이 언론에 보도된 것이다(高橋, 2018). 2010년대는 성소수자 단체들이 동성 간 결혼의 합법화를 위한 소송이나 캠페인, 그리고 레이보우 행진 등 다양한 행사나 활동을 통해 LGBT, LGBTQ+ 등의 용어가 사회적으로 널리 인식되기 시작하였고 일본사회의 전반적 분위기가 성소수자의 존재를 인식하고 포용하는 쪽으로 변하던 시기였다.[16] 그러한 시대적인 변화상을 반영해서인지 이 문제에 대한 여론은 적대적이지 않았다.

그러나 2018년 7월 국립 여자대학인 오차노미즈 여자대학이 트랜스젠더 여성의 입학을 허가한다는 기자회견을 열자 이에 반대하는 이들

---

15 예컨대 성별로 지정된 화장실 사용이나 교복 착용 등을 들 수 있다. 트랜스젠더를 포함한 성소수자 학생들이 자살을 생각하거나 시도한 경우도 매우 높은 것으로 나타났다.

16 물론 이 과정이 순탄한 것만은 아니었다. 성소수자라는 사실이 본인의 의지에 반해 주위에 발설되는 바람에 자살을 선택한 히토츠바시 대학 학생의 사건은 일본 사회에 큰 충격을 주었고 이후 각 대학들이 젠더와 다양성 문제를 심각하게 다루는 계기가 되기도 했다.

이 트랜스젠더 백래시의 포문을 연 것이다. 오차노미즈 여자대학에도 트랜스젠더 여성의 입학 및 수업 참여에 관련된 문의가 있었던 것이 계기가 되어 당시의 대학 집행부가 학내 젠더 전문가들과 함께 해외 사례들도 참고로 하면서 이 문제에 대해 다각적으로 검토하기 시작했다. 그 뒤 학생들과 교직원을 대상으로 강연회 및 설명회를 열어 구성원들의 이해를 조성하고 입학 허용을 발표하기에 이르렀다[17]. 대학은 "자신의 성 정체성에 따라 여자대학에서 공부하기를 희망하는 사람(호적상 남성이지만 성 정체성이 여성인 트랜스젠더 학생)을 받아들이기로 결정했으며" "'배움에 대한 의욕이 있는 모든 여성에게 진지한 꿈의 실현의 장으로 존재한다'는 본 대학의 미션(2004년 제정)"에 근거하여 이러한 판단을 내렸다고 발표해 일본사회를 놀라게 했다[18]. 또한, 그 결정을 "'다양성을 포용하는 여자대학과 사회'를 만들기 위한 노력으로 자리매김하고, 앞으로 고정된 성의식에 얽매이지 않고 한 사람 한 사람이 인간으로서 개성과 능력을 충분히 발휘하여 '다양한 여성'이 모든 분야에 참여할 수 있는 사회의 실현으로 이어지기를 기대한다"고 그 결정의 이유와 미래에 대한 방향성을 제시하였다. '여성'의 범주를 호적상의 여성에서 성정체성이 여성인 경우까지 넓히고 여성 내부의 다양성을 인정한 결정이었다.

이것이 트랜스젠더 백래시로 이어질 것이라는 것은 오차노미즈 여자대학 당사자들을 물론 대부분은 예상하지 못한 일이었다. 하지만 이 발표를 계기로 이미 해외에서 이미 문제가 되고 있던 트랜스젠더에 대한 혐오 및 비난이 SNS를 중심으로 일본에서도 확산되기 시작했다.

---

17 https://www.tokyo-np.co.jp/article/274460 (검색일: 2023.5.1.)

18 https://www.ao.ocha.ac.jp/menu/001/040/d006117.html (검색일: 2023.2.14.)

이들은 '여성'들(만)을 위한 공간(여자대학)이 남성 신체를 가진 이들에 의해 침탈될 것이라고 오차노미즈 여자대학의 결정을 비난하고, 인터넷상에서는 이에 동조하는 발언들이 급증해갔다. 비난 발언을 주도하는 데 중심적인 역할을 하는 계정이 여럿 등장해 구트위터(현 엑스)상에서 트랜스 혐오 발언에 동조하는 계정이 1000개를 넘는다는 주장도 있다. 여성의 범주로부터 트랜스젠더 여성을 배제하려는 이러한 현상은 비단 일본만의 현상이 아니라는 것은 잘 알려진 사실이다. 미국이나 영국과 같은 해외에서 만연한 논리가 인터넷 시대에 국경을 넘어 공유되면서 트랜스젠더 혐오와 배제에 정당성과 이론을 제공한다. 일본의 경우 여기에 일부 저명한 페미니스트들과 남성 지식인들이 가세함으로써 트랜스젠더 여성을 배제하려는 논의가 더욱 힘을 얻은 경우다. 트랜스젠더를 옹호하는 진영에서 "트랜스젠더 여성은 여성이다"라는 대항 담론으로 대항 캠페인을 벌이기도 했지만 트랜스젠더를 배제하려는 쪽도 옹호하려는 쪽도 페미니즘을 주장하면서 페미니즘 내부에서는 충돌 양상이 일어났다.

한국에서도 비슷한 형태의 트랜스젠더 차별과 혐오가 "래디컬 페미니스트"들을 중심으로 나타나고 있다는 것은 주지의 사실이다. 한국에서는 강남역 사건과 온라인 성폭력과 같은 문제를 중심으로 페미니즘의 대중화 확산되는 과정에 군대와 여대 입학과 같은 남성 또는 여성만의 공간으로 젠더화된 공적 제도로 논의가 확산되었다. 일본에서는 여대 입학 문제가 발단이 되어 성별이 구분된 공중목욕탕과 화장실이 논쟁의 중심이 되었다. 트랜스젠더 여성을 여성으로 인정하면 공중목욕탕이나 온천의 여탕에 성정체성이 여성이라고 주장하는 남성들이 들어오게 되는 것을 막을 수 없다는 것인데, 이러한 주장들은 일반인들의 혐오와 공포를 조장하기에 매우 유효한 사례들이다. 이들은 트랜스젠더 여성을 여성의 공간으로부터 배제하는 것은 진짜 '여성'을 보호하기 위해 필요할 뿐 자신들의 주장이 차별이나 배제는 아니라는 논리를 편다. 그러나 이러한 논리는 과거 젠더 백래시 세력의 주장처럼 생물학적 결정론의 다름 아니다. 여성은 생물학적 신체의 특징으로 결정되며 여성의 신체가 경험하는 성적 피해를 모든 여성들의 여성됨의 본질로 간주하고, 젠더의 불확실성이나 다양한 성의 존재를 정면으로 부정한다. 문제는 이러한 주장이 보수정치세력과 일부 페미니스트를 자칭하는 이들에게서 공통으로 발견된다는 점이다.

　이러한 현상이 두드러지게 나타난 것이 2023년 6월 LGBTQ+ 커뮤니티의 오랜 노력으로 제정된 "성적지향 및 젠더아이덴티티의 다양성에 관한 국민의 이해의 증진에 관한 법률(약칭 LGBT이해증진법)"의 제정 과정에서였다. 이 법이 만들어지기 전까지 성소수자에 대한 편견과 차별에도 불구하고 성소수자에 대한 이해도 깊어지면서, 2015년 동경도의 시부야구와 세타가야구에서는 처음으로 동성 간의 "파트너십 제도"가 도입되어 구에서 실시하는 정책의 혜택이 동성 간 커플에게도 일부 적용되기 시작했다. 국가 차원의 LGBT이해증진법이 제정되기 전까지 390개 이상의 지자체(2024년 1월 기준)에서 유사한 파트너십 또는 패밀리 제도를 도입하여 운용하고 있다. LGBT차별금지조례나 아웃팅(제3자가 본인이 원하지 않는데도 성소수자임을 알리는 것)금지조례 등을 제정한 지자체도 100여 곳에 이르렀다. 그 방식도 기존의 남녀공동참획사회추진 조례를 개정하거나 성소수자 관련해서 독자적인 조례를 제정하는 등 다양하다.

　국가차원의 LGBT이해증진법을 제정하기 위해 노력해 온 성소수자 활동가에 따르면, 이 법에 대해 신중론을 견지해 온 자민당도 초기에는 "젠더프리와는 전혀 다르다"며 법률 제정에 적극적이었다고 한다

(松岡, 2023). 그러나 동시에, 동성결혼에 대해서는 반대하는 입장은 강하게 존재하고 있었고, 파트너십 제도에 대해서도 신중한 입장이었다. 그러나 21세기 일본사회에서 동성애에 대한 적극적인 반대는 여론의 지지를 얻지 못했고, 특히 2020년 일본에서 개최 예정이었던 동경 올림픽을 앞두고 국제적으로도 성소수자의 권리 향상이 주장되고 있었기 때문에 트랜스젠더가 주요 공격 대상이 되었다고 분석한다.

그 일련의 흐름을 지면상 여기에서 설명할 수는 없지만, 2000년대에 "젠더프리"가 문제가 된 것처럼 트랜스젠더 문제와 관련해서는 "성정체성(性自認)"이라는 개념이 쟁점이 되었다.[19] 젠더프리를 악의적으로 해석했던 것처럼 백래시 세력은 성정체성도 그 의미를 왜곡하여, 마치 언제라도 당사자가 자기가 남성인지 여성인지를 마음대로 정하고 때에 따라 편리하게 성정체성을 주장할 수 있다는 의미로 해석한 것이다. 이 주장은 2010년대에 세계적으로 등장한 "반젠더"주의(또는 젠더 비판적 페미니즘)의 주장, 즉 젠더를 이데올로기로 규정하여 부정하고 생물학적 섹스만이 여성을 규정하는 기준이 되어야 한다는 논리와 상통한다(Butler, 2024). 그동안 주로 인터넷 공간에서 주장되던 논리가 법 제정 과정을 통해 정치의 영역으로까지 들어오게 된 것이다.

예를 들면 2021년 자민당 여성 의원들이 만든 연구회인 "여성 의원 도약의 모임"에서 강연한 연사가 "폭주하는 LGBT", "남성인 자신이 오늘부터 여성이라고 말하면 여탕에 들어갈 수 있다", "트랜스 여성이 여성과 여성의 활약에 위협이 된다"고 발언하는 등, 겉으로 젠

---

19 영어로는 gender identity이고 한국어로는 성정체성이지만, 일본에서는 性自認이라는 표현을 쓰고 있다. 여기서 自認이라는 표현이 자유자재로 성정체성을 바꿀 수 있다는 느낌을 준다는 것이 문제가 되었다.

더 평등을 표방하면서도 그 이면에서는 트랜스젠더 혐오를 조장하는 일도 발생했다(松岡, 2023). 또한 인터넷상에서 활동하다 이후 정식 단체를 설립하기에 이른 "여성공간을 지키는 모임"도 국회에서 로비 활동을 하는 등 활동 범위를 넓혀가고 있다(花岡, 2023).

그러한 분위기속에서 제정된 LGBT이해증진법은 논의 과정에서 자민당과 일본유신당 등의 보수의원들의 주장이 반영되어 2021년 초당파 합의안 및 2023년 정부여당안보다 훨씬 후퇴한 법률이 되었다. 성소수자의 인권 보장을 위한 법률임에도 불구하고 그러한 목적이 분명히 드러나지 않는 애매한 법률명에, "모든 국민이 안심하고 생활할 수 있도록 유의한다"(12조)라는 유의조항이 포함되어 성소수자 특히 트랜스젠더가 여성의 안전을 위협한다는 백래시파의 주장이 반영된 점, 성자인(性自認)라는 용어를 굳이 젠더 아이덴티티라는 가타카나의 외래어로 표기한 점, 그리고 기본 이념에 "부당한 차별이 있어서는 안 된다"라고 차별 앞에 "부당한"을 첨가하여 정당한 차별이라는 것이 존재하는 듯한 표현 등이 포함된 것이다. 때문에 이 법이 일본에서 최초로 LGBT 및 젠더라는 용어가 법률 조문에 포함되고 LGBT의 인권보장을 촉진하는 법적인 틀의 가능성을 제시했다는 의의에도 불구하고 많은 비판을 받았다(三成, 2024).

이 법이 교육이나 사업을 실시할 때 가족이나 지역사회의 협력을 얻도록 하고 있는 점도 실제로 LGBT 당사자들의 인권 보장이 목적인지를 염려하게 하는 지점이다. 지금도 일부에서는 성정체성의 다양성을 인정하는 지자체의 조례가 젠더 백래시 세력의 공격 대상이 되고 있어, 향후 2000년대에 나타났던 것과 비슷한 백래시가 전개될 가능성도 배제할 수 없다.

5. 나가며

앞에서 살펴본 바와 같이 21세기의 두 번의 젠더 백래시는 우파종
교단체, 우파 논단 및 보수 의원들이 중심이 되고 최근에는 이들과
대척점에 있던 '젠더 비판적' 사고를 지지하는 이들이 생물학적 여성
을 보호한다는 명목 하에 트랜스젠더 혐오에 가담하는 사태로 전개
되고 있다. 그 내용도 2000년대 초에는 남녀의 전통적인 성역할을
옹호하는 주장이 주를 이루었으나, 2010년대 말 이후에는 '여성의
권리 침해, 여성 스포츠 선수의 공정성 문제, 아동 발달에 대한 영
향, 외국의 사회적 혼란의 수입' 등의 담론으로 확장되었다. 그러나
이 두 주장은 젠더의 다양성을 인정하지 않고 생물학적 남녀의 이항
대립적인 성별의 불변성과 절대성을 신봉한다는 점에서 공통점을 가
진다. 이 논문에서는 젠더 이론의 입장에서 백래시의 주장을 반론하
는 것이 목적은 아니지만 버틀러는 80년대 말에 섹스조차도 이미 젠
더임을 주장하는 이론을 설득력 있게 전개한 바 있다. 버틀러는 젠더
를 단순한 이데올로기로 치부하면서 반젠더주의를 신봉하는 최근의
백래시의 움직임에 대해서 편협한 주장에 대한 맹목적인 믿음과 토
론에 대한 거부 등 과거 정치적 파시즘과의 유사점을 발견할 수 있다
고 경고하고 있다(Butler, 2024).

그런데 트랜스젠더 백래시에 '페미니스트'가 가담하고 있는 상황이
2000년대의 백래시에 대한 대처보다 오늘날의 백래시를 훨씬 복잡하
게 하는 요인이다. 일본적인 맥락에서 그 페미니스트들은 과거 젠더
백래시에 대항했던 이들은 물론, 위안부 문제 해결을 위해서 노력했던
연구자나 새롭게 페미니즘을 알게 된 젊은 세대도 있다. 또한 이 트랜
스 혐오 또는 배제를 주장하는 이들이 비단 비주류 페미니스트들만이

아니다. 우에노 치즈코가 이사장인 일본의 대표적인 페미니스트 단체
인 Women's Action Network(WAN)에서는 트랜스젠더 여성을 여성공
간에서 배제하려는 움직임에 동조하는 이들이 다수 활동했고, 2020년
8월에는 그러한 주장을 실은 글을 단체의 사이트에 게재하여 큰 논란
을 불러일으켰다.[20] 다양한 의견과 논쟁의 존중이라는 명목 하에 트랜
스젠더에 대한 배제의 주장을 다른 페미니즘 논의와 같이 게재함으로
써 혐오 담론에 정당성을 부여하는 결과를 가져온 것이다. 일본의 대
표적인 페미니스트 단체가 자신들을 논쟁에서 초월적인 위치에 두고
기계적인 중립을 가장하며 트랜스젠더 차별론을 페미니즘의 논쟁으로
대우한 것은 일본의 주류 페미니즘의 한계를 여지없이 드러낸 사건이
었다. WAN은 몇 년 후인 2023년에야 겨우 당시의 결정에 대한 반성의
뜻을 게재했지만[21], 단체 차원의 반성이 아닌 담당 편집자 두 사람의
책임이라는 입장문을 게재하는데 그쳤다.[22]

젠더는 성별화된 신체와 성정체성 및 섹슈얼리티가 어떻게 상호관
계 속에서 구성되는지에 대한 총체적 지식 체계를 말하지만, 그 개념
의 복잡성으로 인해 논란이 발생하는 것은 자연스러운 것이라 할 수
있다. 또한 모든 지식 체계가 그러하듯이 젠더에 대한 이론도 역시
정치적이다. 젠더라는 개념이 처음으로 일본에 도입되었을 때 많은

---

20 사이트에 게재된 石上卯乃,「トランスジェンダーを排除しているわけではない」
는 일본의 대표적인 페미니스트 단체의 사이트에 이 글이 게재된 것에 대한 비판이
제기되며 화제가 되면서 결과적으로 트랜스젠더 차별/배제론에 힘을 실어주는 역할
을 했다.

21 https://wan.or.jp/article/show/9075 (검색일: 2024.5.25.)

22 트랜스젠더에 대한 차별적 담론을 펼쳐왔던 단체의 이사들이 2023년 6월에 이사
직을 사임했다.

여성운동가와 페미니스트들은 젠더 문제를 '여성 문제'와 동일시하였다. 그러나 그 여성은 암묵적으로 이성애자 일본 여성인 경우가 많았다. 트랜스 젠더 여성은 물론, 다른 마이너리티 여성 및 성소수자들이 그 여성에 포함되었는지는 의문이며 이에 대해 한계를 느낀 소수자 여성들은 독자적인 운동을 통해 문제제기를 해왔다.[23] 페미니즘이 내부에 다양한 여성들과 마이너리티 당사자들과 함께 연대할 수 있는 이론적 기반을 마련되지 못한 상황에서 트랜스젠더 백래시를 맞았다고 볼 수 있다. 이것이 2000년대 초반에 젠더 백래시를 겪으며 대항했던 많은 페미니스트들이 2010년대 말에 나타난 트랜스젠더 여성의 문제에 대해서는 당사자적 입장을 가지지 못한 이유이다. 젠더보수 세력 뿐 아니라 젠더평등을 주장하는 이들도 "젠더" 개념과 페미니즘 이론을 자의적, 정치적으로 사용해 왔다고 볼 수 있다. 젠더 백래시가 젠더 개념이 야기할 수 있는 변혁에의 가능성에 대한 보수 세력의 저항이라면 백래시와 여성혐오(미소지니)가 넘쳐나는 오늘날, 젠더 개념이 어떤 새로운 가능성을 열어줄 수 있는지를 치열하게 논쟁하며 젠더가 차별의 빌미를 제공하지 않는 사회를 위한 넓은 연대의 길을 제시하는 것이 현재 진행 중인 (트랜스)젠더 백래시에 대해 페미니즘이 할 수 있는 "반격"일 것이다.

이 글은 『일본학보』 139집(한국일본학회, 2024)에 발표된 논문이다.

---

23 예를 들어 교차성(intersectionality)이론은 아주 최근에야 일본 학계에서 논의되기 시작했다.

III

주체

87년 이후 광장의 젠더와 계보

한국여성대회, 장애여성운동, 퀴어문화축제를 중심으로

허윤

1. 선한 아들의 광장을 훼손하는 '공간 침입자'

1987년 이후 한국사회는 강력한 아버지를 죽이고 그 권력을 나눠 갖는 아들들의 평등한 세계가 바야흐로 가능해졌다는 환희를 경험했다. 일본의 제국주의가 미국과 연합국에 의해 종결되고, 4.19 혁명의 빛나는 순간이 박정희라는 강력한 아버지로 양위되는 한국의 현대사에서, 1987년의 승리는 바야흐로 타락한 왕을 넥타이 부대로 상징되는 (남성)시민의 연대로 끌어내린 경험이었다. 린 헌트가 프랑스 혁명을 통해 지적했던 것처럼, 이 승리의 순간은 남성들 사이의 연대와 민족국가 만들기로 이어졌다.[1] 프랑스 혁명의 우애가 남성들 사이의

---

[1] 린 헌트는 프랑스혁명의 구호인 자유, 평등, 박애가 주목하는 것은 시원적 아버지의 죽음과 형제애의 탄생이라고 지적한다. 프랑스혁명 당시 공화국의 설립 과정에서 국왕이라는 정치적 아버지는 살해되었고, 평범한 아버지들은 법률의 제약에 굴복하거나 국가의 권위에 의해 대체되었다는 것이다. 아버지는 무대 중앙에서 사라졌고, 이후 이들은 공화주의적 덕성이라는 남자들 간의 형제애에 기반하여 시민이

연대를 의미하는 것처럼, 87년 체제의 민주와 평등은 공론장을 형제들의 연대와 승리로 기록했기 때문이다. 이때 광장은 민주화의 상징적인 공간이었다. 1987년은 '시민'들이 거리로 쏟아져 나와 광장을 채우고 체제를 변혁하였던 원체험을 제공하였다. 광장은 사회적 삶과 맞닿아 있는 공간성을 지닌 모든 곳으로, 평화적이고 대중적인 집회, 대의 민주주의의 한계를 극복하는 직접행동의 장소로 등장했다.[2] 민중의 힘으로 민주화를 이룩했으며, 시민들이 자유롭게 자신의 정치적 의사를 표현하는 공간이라는 공통감각이 형성됐다. 이후 2008년의 미국산 소고기 반대 시위, 2016~2017년의 박근혜 대통령 탄핵을 위한 시위 등 한국사회는 시민들이 자발적으로 참여한 대규모의 시위를 연이어 진행해왔다. 촛불 시위는 시민의 힘으로 행정부에 압력을 가해 탄핵을 가결시켰다는 역사적 분기점을 만들었다. 그러나 이 광장은 언제나 드러나지 않는 자들을 남긴다.

1987년이 '넥타이 부대'로 묘사될 때, 1970년대 민족민주운동의 제일선에 있었던 여성노동자의 존재는 주목받지 못했다. 촛불 광장이 여성 대통령의 수상한 사생활에 집중할 때, 페미니즘, 기후위기, 난민, 성소수자 문제는 부차적인 일로 취급되었다.[3] 대학생과 넥타이 부대의 것으

된다. 입법의회는 가부장의 특권을 분해하는 작업을 계속하여, 그것을 개인들 사이에 그리고 개인과 국가 사이에 계약관계를 확립시키려는 노력의 일부로 만들었다. 따라서 프랑스혁명에서 박애란 사실상 남성들 사이의 우애에 지나지 않는다는 것이 그의 주장이다. 린 헌트, 『프랑스 혁명의 가족 로망스』, 조한욱 옮김, 새물결, 1999.

2 김성일은 광장 정치의 기점을 1987년 6월 항쟁으로 잡고, 민주화 이후 2002년의 미군 장갑차 살인사건 고발 집회, 2006년의 한미 FTA 반대, 2008년의 미국산 광우병 소고기 반대, 2016년의 박근혜 전 대통령 탄핵 촛불집회 등으로 광장의 계보를 설명한다. 김성일, 「광장정치의 동학: 6월 항쟁에서 박근혜 탄핵 촛불집회까지」, 『문화과학』 2017년 봄호, 문화과학사, 2017, pp.150-157.

로 여겨졌던 광장에서 여성들이 성폭력, 가정폭력, 호주제 폐지 등 자신의 의제를 제안했을 때, 그들은 가시화되었고, 침입자로 여겨졌으며, 여성들의 구호는 '나중에' 다 자연스럽게 해결될 것들로 분류되었다.[4] 왜 어떤 의제는 광장의 중앙에 놓이지 못하고 '사이'에 있어야만 하는가. 너멀 퓨워는 여성이나 소수자들이 제도에 진입할 때, 그들은 일종의 '공간 침입자'가 된다고 설명한다. 침입자가 제도에 진입하면서 어떤 특정한 신체 유형이 암묵적으로 특정 지위의 '자연스러운' 점유자로 지정되어 있었다는 것이 드러난다. 어떤 사람들은 그 공간에 속할 권리를 가졌다고 여겨지는 반면, 어떤 이들은 무단 침입자로 표시된다.[5]

이 글에서는 1987년 이후 1990~2000년대를 가로지르며 광장의 계보를 탐색한다. 개인과 내면의 1990년대라는 해석이 비가시화하는 광장의 면모를 구체적으로 확인하고, '페미니즘 리부트'의 전사(前事)인

---

3 조국 전 법무부장관의 거취를 둘러싸고 벌어진 두 집단의 대립은 서초동에서는 검찰개혁을, 광화문에서는 문재인 정권 퇴진을 외치는 광장의 싸움으로 표상되었다. 이에 젊은 진보 정치인 고은영과 신지예의 제안으로 경향신문에 연재된 이 글은 양당이 대표재현하지 못하는 한국의 시민에 주목하였다. 2019년 10월 초 경향신문은 '광화문과 서초동 사이'라는 연재 기사를 통해 대규모 가두집회가 이어졌던 두 진영이 보지 않는/비가시화하는 문제들을 이야기했다. 탈시설과 장애인 학습관, 페미니즘, 기후위기, 난민, 밀양, 성소수자, 존엄한 노동자 등을 의제로 내세운 청년 10명의 릴레이가 이어졌고, 이는 '#나는나의깃발을들겠습니다'로 나타났다. 「광화문과 서초동 사이…"나의 깃발을 들겠다"」, 『경향신문』, 2019.10.6.~7.
     http://news.khan.co.kr/kh_news/khan_art_view.html?artid=201910061720001
4 2017년 2월 16일 당시 대통령 후보이던 문재인 대통령 측에서 개최한 '정책공간 국민성장' 포럼에서, 한 성소수자가 "저는 여성이고 동성애자인데 제 인권을 반으로 자를 수 있습니까"라며 동성애자 문제에 대한 후보자의 의견을 요구했다. 이에 문재인 후보는 "나중에 말씀드릴 기회를 드릴게요"라고 대답하였으며, 지지자들 역시 "나중에"를 외쳐 발언을 이어나가지 못하도록 했다. 이후 '나중에'는 여성, 성소수자 등 공론장에서 비가시화되는 이슈를 지칭할 때 등장하는 관용어가 되었다.
5 너멀 퓨워, 『공간 침입자』, 김미덕 옮김, 현실문화, 2017, pp.9~30.

여성 대중 운동의 계보를 살펴볼 것이다. 이는 공적 영역과 사적 영역, 개인과 사회, 정치적인 것과 비정치적인 것으로 나뉘어져 있는 광장의 문법을 탈구하고, 광장의 변화를 가시화하는 것으로 이어진다. 이를 위해 여성단체연합이 매년 개최하는 한국여성대회와 1990년대 여성 운동의 단면을 살펴볼 수 있게 해주는 장애여성운동, 광장을 축제로 전유하며 성소수자 가시화를 목표로 한 퀴어문화축제 등 세 운동의 역사를 정리하고, 광장의 역사를 젠더관점에서 비판적으로 고찰하여 그 의미를 재구성할 것이다. 1987년 이후 2016~2017년의 촛불시위로 이어지는 광장의 역사화에서 젠더는 늘 잠깐씩 나타났다 사라지는 찰나적인 것, 존재하지 않는 것이 되었다. 하지만 최근의 광장을 대표하는 것은 다수의 여성-시민의 형상이다. 1980년대부터 매년 개최되고 있는 한국여성대회와 1990년대 등장한 장애여성공감, 2000년에 출발한 퀴어문화축제 등을 중심으로 페미니즘의 문제의식이 광장에서 의제를 확장해갔던 역사를 통해 그동안 비가시화되었던 광장의 젠더를 역사화하고, 그 계보를 통해 새로운 광장을 상상해볼 수 있을 것이다.

2. 1990년대의 광장을 재사유하는 방법

한국사회에서 광장의 역사는 흔히 87년 이후 광장을 어떻게 평가할 것인가라는 질문과 연결된다. '운동'은 종결되었고 개인주의의 1990년대가 도래하였다는 진단은 얼마나 유효한가? 1987년에서 촛불광장으로 연결되는 광장의 계보에서 누락시킨 것은 무엇인가 하는 질문이다. 이러한 역사화에서 1990년대는 민주화 이후 상업주의와 자본주의가 본격적으로 시작되며, 이념의 진공 상태로 인해 지식사회의 붕괴가

일어나고 상대주의의 포스트모더니즘이 득세한 시대로 상징된다. 청년세대는 국가와 민족의 미래보다 사랑놀음에 빠져 있다는 우려가 이어졌다. 이를 혁명 뒤의 우울함과 상실이라는 감각으로 설명하기도 한다. 정종현은 1990년대 독서문화사를 정리하면서 1990년대는 잃어버린 자아 찾기를 주제로 한 문학작품들이 쏟아져 나왔다고 지적한다. 1980년대를 살아낸 청춘들이 좌절하고 절망하는 모습을 그려 낸 작품들이 등장했고, 무라카미 하루키(村上春樹)의 『상실의 시대(ノルウェイの森)』가 한국 사회에서 엄청난 인기를 누린 것은 그런 정서의 반영이었다는 것이다. 상실과 허무, 절망의 세트가 갖춰진 1990년대의 독서문화는 청년이나 운동, 광장이 끝났다는 해석과도 상통한다.[6]

1994년 창간한 계간지 『문학동네』는 1990년대 초반 한국 사회를 다음과 같이 정의한다.

> 동구와 소련에서의 현실사회주의 정권의 몰락이 초래한 이념적 진공 상태는 천민자본주의가 발호할 수 있는 절호의 토양이 되어 주고 있으며, 무분별한 상업주의의 유혹은 우리의 인내력을 시험하는 단계를 넘어 거의 고문하는 경지에 이르고 있는 것처럼 보인다는 것을 명기해 두기로 하자. 아울러 탈산업사회의 전도사들인 각종 영상 매체와 컴퓨터 등이 문학으로 대표되는 문자문화의 영역을 무서운 속도로 잠식해 들어옴에 따라 여러 심각한 부작용을 표출하고 있다는 점도 덧붙여두기로 하자.
>
> – 문학동네 창간사, 『문학동네』 1호, 1994년 겨울

---

6 정종현, 『대한민국 독서사』, 서해문집, 2018, pp.261–262; 김영찬, 「무라카미 하루키, 사라지는 매개자와 1990년대 한국문학」, 『한국학논집』 72, 계명대학교 한국학연구원, 2018, pp.7–30.

이데올로기의 붕괴와 천민자본주의의 발호를 우려하는 진지한 목소리는 문학이 처한 곤경을 노출한다. 영상 매체와 컴퓨터 등 흥미를 자극하는 말초적인 것들이 독서 대중을 타락시킬 것이라는 두려움이다. 여기서 문학의 자리를 이데올로기나 광장으로 바꾸어 읽어도 의미는 크게 달라지지 않을 것이다. 1980년대 대학생들이 민주화나 통일 등을 고민하며 국가와 민족을 위한 투사이자 사회 변화의 주체로 명명된 것과 달리, 1990년대의 대학생들은 자본주의와 상업주의의 포로가 될 '개인'으로 호명된다.

자유와 소비, 냉소주의가 1990년대 일상생활을 직조하였다고 보는 주은우는 1990년대의 특징으로 성정치의 강화를 꼽는다. "여성들의 힘이 가시화되고 정부가 적극적으로 여성정책을 입안하고 여성운동의 요구를 체제 내로 수렴한 시기"이며, 커밍아웃, 성교육 등을 비롯한 섹슈얼리티 담론 역시 공론장에 쏟아졌다는 것이다.[7] 그런데 이러한 특징은 모두 '자유'의 범위 안에서 '신세대'의 특징으로 설명된다. 이들은 '이념의 시대'를 대체한 '소비의 시대'에 가장 적절한 주체들이며, 냉소와 향유의 시대라는 1990년대에 대한 진단은 그대로 이어진다. 물론 1990년대는 '하나가 아니'며 여러 주체들이 서로 다른 시간을 살았던 복수적 시기이기도 하다.[8]

김원은 80년대와 90년대의 특징을 나누면서 '개인'의 대두를 꼽았다. 80년대의 '집단적 체험'을 개인화하면서 등장한 세대에게 있어

---

7   주은우, 「자유와 소비의 시대, 그리고 냉소주의의 시작: 대한민국, 1990년대 일상생활의 조건」, 『사회와 역사』 88, 한국사회사학회, 2010, pp.307-344.

8   김영찬, 「'90년대'는 없다: 하나의 시론, '1990년대'를 읽는 코드」, 『한국학논집』 59, 계명대학교 한국학연구원, 2015, pp.7-27.

1980년대는 아직 끝나지 않은 '장기 80년대'라는 것이다.[9] 개인화된 집단적 체험은 신경숙과 같은 작가에서도 나타난다. 미학적 노동소설의 등장을 상찬했던 문단의 목소리에는 이 1980년대와 1990년대 사이의 연속과 분절이 놓여 있다. 이러한 복수적 해석은 광장의 주체로 호명되었던 대학생이나 지식인들이 '내면적 주체'로 거듭났다는 판단으로 종합된다.[10] 1990년대를 '진정성의 레짐'으로 정의한 김홍중은 생존이 부끄러움이 되는 '마음'을 1990년대의 특징으로 지적한다. '개인'과 '내면'의 가치를 옹호했던 1990년대의 진정성이라는 키워드는 지금까지 1990년대를 설명하는 설득력 있는 진술로 남아 있다.[11] 그러나 1990년대를 개인과 내면의 시대로 정의한다면, 1990년대 광장에서 외쳐진 다양한 목소리들은 무엇으로 설명해야 하는가.

민족민주운동에서 민주화가 이루어지면 다 해결될 것이라고 미뤄두었던 문제들은 스스로의 문제의식을 바탕으로 운동을 만들어나갔다. 1980년대부터 민족민주운동에서 분리된 여성만의 독자운동을 주장하는 목소리는 여러 곳에서 터져나왔다. 이는 여성 억압의 근본 원인 혹은 우선 과제를 두고 민족민주운동 진영과 여성들이 이견을 보였기 때문이다. 계급 중심의 민족민주운동 진영과 젠더를 근본 모순으로 삼는 진영 사이의 갈등이 가시화된 것이다.

1호 좌담을 보면, 또문이 무엇을 지향하느냐에 대한 이야기가 나오

---

9 김원, 「80년대에 대한 '기억'과 '장기 80년대'」, 『한국학연구』 36, 인하대학교 한국학연구소, 2015, pp.9-49.

10 조연정, 「문학동네의 90년대와 386세대의 한국 문학」, 『한국문화』 81, 서울대학교 규장각 한국학연구원, 2018, pp.221-246.

11 김홍중, 「진정성의 기원과 구조」, 『마음의 사회학』, 문학동네, 2009, pp.17-50.

는데 권위주의, 획일성에 대한 반대로 우리가 또문 운동을 시작한다고 말하고 있지요. 우리 사회 전반에 걸쳐 모든 사람들을 억압하고 있는 구조, 특히 여성들을 옭아매고 있는 어떤 틀을 깨고자 한 것입니다. 운동 방식에 대한 논의가 나온 것은 제도 정치권은 물론이고 사회운동 권조차 흑백 논리, 획일화, 권위주의의 틀에서 벗어나지 못하고 있다는 문제의식에서였습니다. …… 구태여 대비를 해본다면 기존의 운동이 계급 일변도로 나갔다고 한다면 또문은 여성 문제를 들고 나왔고, 권위적이고 비민주적인 요소를 벗어버리지 못한 기성 운동권에 대해 쭉 거리를 두어 왔습니다. 여성운동의 독자성을 강조했다고 할 수 있겠죠. 사실상 지식인 중심, 지도자 중심의 운동을 하면서 기층을 운동의 주체로 내세우는 기존 운동의 모순적 현상을 보면서, 문제의식을 스스로 느끼는 사람들이 자기들이 자기를 변화시키는 운동이 우선되어야 한다고 생각한 것이지요.[12]

조형은 '또하나의문화'(이하 '또문')를 시작하던 1980년대 중반 기존의 운동을 계급 일변도로 지칭하면서 "자기를 변화시키는 운동"을 해야 한다고 지적한다. 이는 운동권 내 가부장적 문화를 지적한 것으로 "여성운동의 독자성"을 강조한다. 그러면서 또문이 선택한 방식은 대안적 공동체를 만드는 것이었다. 또문은 실제로 동인들을 중심으로 어린이 캠프, 예비 대학생 캠프 등을 진행하였고 다양한 소모임을 통해 세미나를 진행하였다. 시화전을 개최하거나 주부 공부방 같은 형식의 아카데미, 글쓰기 모임이나 편집 모임도 운영하였다. 이러한 대안 공동체는 '광장은 필요 없다'는 선언으로 읽을 수도 있다.

---

12 조형, 「또 하나의 문화 10주년 기념 좌담 '따로 또 같이 하는 사회운동'」, 『또하나의 문화』 10권, 1994, pp.447-448.

('또문'에 대한) 이런 질문과 빈정거림을 우리는 개의치 않았다. 우리는 더 이상 '중심'에 있는 지배 문화를 흉내내거나 '지배 집단'에 끼고 싶어하지 않았기 때문이다. 대신 자주적인 우리는 모여서 새로운 삶의 방식을 실현해 가고자 했다. 우리는 자주 이렇게 말했다. 꼭 그렇게 살아야 하는 것이 아닐지 모르지 않니? 당신을 위해, 그리고 당신이 사랑하는 사람들을 위해 그것이 최선의 방법인지 생각해봐. 작은 '폭군들'을 섬기는 생활, 숨죽임의 생활을 어쩌면 더 이상 할 필요가 없을지 몰라. 우리가 원하는 사회를 만들어 가는 것은 생각보다 쉬운 일이야.[13]

또문은 개인의 삶을 변화시키는 운동을 주창하면서, 생활의 변화가 정치적인 것이라고 설명한다. 이러한 또문의 정신은 1990년대 이후 한국의 여성운동에서 중요한 한 획을 긋기도 했다. 그러나 또문이 강력하게 비판한 것처럼 기존의 운동권이 자기를 변화시키지 못한 것은 아니다. 2018~2019년 장애여성공감 20주년, 한국여성단체연합 30주년 등 많은 여성단체의 기념식이 있었다. 1980년대부터 1990년대에 걸쳐 시민사회단체와 학계 등 여러 곳에서 페미니즘을 의제로 삼은 공동체가 설립되었기 때문이다. 민중이 떠난 광장에서 여성들은 도리어 긴 싸움을 예비했다. "여성운동은 그 자체로는 가치 있는 정당한 운동이 아니었고, 가외의 노동으로서 (남성을 중심으로 구성된) '민중적 이슈'에 얼마나 열심히 헌신하느냐에 따라 평가받았다."[14]는 문제의식은 여러 조직으로 퍼져나갔고, 자연스레 여성운동 진영은 젠더 의제

---

13 조혜정·김은실, 「또 하나의 문화, 앞으로 10년」, 『내가 살고 싶은 세상』, 또하나의 문화, 1994, p.479.
14 전희경, 『오빠는 필요없다』, 이매진, 2008, p.199.

중심으로 독자 운동을 전개해나갔다.

1983년 '여성의전화'를 시작으로, 1987년 한국여성단체연합, 1991년 한국성폭력상담소 등 1987년을 전후로 한국사회에는 젠더 의제를 중심으로 한 여성단체들이 장애여성, 여성동성애자, 일본군 '위안부' 운동, 기지촌 운동 등 다양한 여성의 삶을 중심으로 한 운동을 펼쳤다. 이는 "기존의 남성중심적인 사회운동론을 이들 여성운동의 경험으로부터 다시 배워서 재규정, 재개념화"하는 것이었으며, "우리 사회구조의 근본원리에 도전, 저항하는 것으로서 여성주의뿐만 아니라 학문영역 전반에 걸쳐 많은 이론적 이슈를 제공하는 소중한 성과"였다.[15] 아들의 광장이 끝난 후 도래한 것은 성정치의 시대인 것이다.

> 여성이 겪고 있는 고통의 뿌리는 이 사회의 반민주적, 반민중적 구조에 있으며 그 위에서 경쟁위주, 물질위주의 비인간적 사회가 독버섯처럼 번창하고 있다. 여성이 해방되기 위해서는 가정을 포함한 이 사회가 인간의 존엄을 구현하는 진정한 민주주의 사회로 바뀌어야만 한다. 오늘 우리 여성들은 분단된 조국의 통일과 민주사회를 향한 기로에 서 있다. 한편으로는 자주적 민주사회를 목마르게 갈구하는 국민들의 힘이 분출된 결과 '민주주의의 실현'이 당위적 과제로 설정되고 있으며, 한편으로는 반민주적 구조를 자기 기반으로 하는 억압세력이 여전히 자신의 온존을 꾀하고 있다. 바로 이러한 현실은 여성들에게 역사 앞으로 한 발 다가설 것을 시급히 요청하고 있다. 지금이야말로 여성들이 이제껏 억눌려온 자신의 권익을 되찾고 거대한 정치세력으로 부상, 다가올 미래를 책임져야 할 시점이기 때문이다.[16]

---

15 한국여성의전화 편, 『한국여성인권운동사』, 한울, 2015, p.8. 이 책에서는 1980~90년대에 걸쳐서 "성폭력추방운동, 아내구타추방운동, 정신대운동, 기지촌여성운동, 성매매추방운동, 장애여성운동, 여성동성애자운동" 등을 기록한다.

1987년 출범한 한국여성민우회(이하 민우회)의 창립선언문은 1980, 90년대 많은 수의 여성단체가 등장한 이유를 잘 설명한다. 진정한 민주주의 실현을 위해서 가정을 포함한 사회 전 영역이 민주화되어야 하고, 여성해방이 중요하다는 문제의식이다. 반민주적 한국사회에 대한 비판으로 삶을 개혁해야 한다는 문제의식은 또문과도 유사하다. 하지만 민우회는 "여성대중의 광범위한 참여"를 통한 광장의 정치를 실천하려고 했다. 각 분야를 전문적으로 대표하는 운동단체들이 설립된 것에 뒤이어, 한국여성단체연합(이하 '여연')의 결성이 이어졌다.

> 하루 10시간이 넘는 장시간 노동과 최저생계비에도 못 미치는 기아임금으로 여성들은 노동 현장으로 내몰리고 있다. 농촌에서는 무분별한 외국 농·축산물 수입과 저농산물 가격으로 농가 경제는 파탄에 이르고 농촌 여성은 힘겨운 농사와 가사에 허리 펼 날이 없다.
> 민족의 대제전으로 선전되는 88올림픽 개최의 이면에는 생계 대책과 잠 잘 자리조차 빼앗긴 영세 행상인, 노점상, 도시 빈민여성의 아픔이 있다. 또한 외화 획득이라는 미명 하에 정책 산업화된 기생관광은 가난한 우리의 딸들을 국제적인 매춘부로 만들고 있다.[17]

여연은 여성노동자, 여성농민, 도시빈민여성에서부터 기생관광, 일본군 '위안부' 문제에 이르기까지 한국사회의 근본 모순을 젠더로 인식하고, 젠더의 관점에서 한국사회를 변혁하고자 하였다. 특히 여연 창립에 함께 한 주체로 1970년대의 여성노동자, 지식인여성, 진보적 기

---

16 한국여성민우회 창립선언문, http://www.womenlink.or.kr/introductions/about_womenlink
17 87 여성운동 선언문, 한국여성단체연합 홈페이지. http://women21.or.kr/vision

독교운동에 참여한 교회여성들을 거론함으로써, 우파 여성운동과 스스로를 변별하며 대중운동이자 사회변혁운동으로서 여성운동의 기치를 표방하였다. 성별과 계급, 사회 구조가 중층적으로 작용한다는 여연의 문제의식은 '광장이 끝났다'는 진단과는 배치된다.[18] 즉 1987년 이후, 여성운동은 오히려 더 본격화되었다고 볼 수 있는 것이다.

3. 한국여성대회와 여성 의제의 광장 진출

여연을 중심으로 각종 여성단체들이 연대하여 거행하는 한국여성대회는 젠더 의제를 들고 광장에 진출하여 벌이는 축제이자 운동이다. 1985년 3월 8일 서울YWCA에서 제1회 한국여성대회(3.8 여성대회)가 열렸다. '세계 여성의 날'을 기념한 1회 대회의 주제 강연은 이효재의 「민족민주운동과 함께 하는 여성운동」이었다. 이뿐만 아니라 강서구 목동에 사는 여성들이 신시가지 건설로 인한 이주 문제를 고발하거나 노동자 여성들이 임금 문제를 고발하는 등 한국여성들의 현 상황을 진단하고 방향을 모색해나가는 자리로 삼았다. 초기에는 YWCA나 여성단체 회관, 대학 강당 등을 빌려서 실내 행사로 진행하던 것이 2002년부터 장소를 대학로, 여의도광장, 청계광장 등 열린 공간으로 변경하였다. 2010년대에 와서는 서울광장, 광화문광장 등이 주요 무대로 활용되었다. 실내에서 기념식을 거행하고, 거리에서

---

18 초창기 한국여성단체연합에는 여신학자협의회, 여성평우회, 여성의전화, 또 하나의 문화, 기독여민회 등 지식인 중심의 여성단체들뿐 아니라 여성노동, 성폭력, 반독재 민주화 운동과도 깊은 관련을 맺고 있었다. 특히 성고문대책위원회, 생존권대책위원회, 여성노동자생존권대책위원회 등을 공동으로 전개해나갔다.

행진을 진행하던 것에서 광장 자체로 공간이 변화한 것이다. 이는 한 국사회에서 광화문광장, 서울광장을 정치의 공간으로 본격적으로 사유하기 시작한 시점과 맞물린다. 1987년에서 2002년, 2008년으로 단절과 지속을 이어가던 광장 정치의 계보는 대중화된 여성운동이라는 한 축을 배제할 때만 가능한 방식이다. 1986년부터 현재까지 지속된 한국여성대회는 그 단절과 분절 사이에서 지속되고 있는 광장의 역사를 보여주고 있는 셈이다.

〈표 1〉 한국여성대회 표어(1985~2024)

1985	민족민주민중운동과 함께 하는 여성운동	서울 YWCA
1986	민족, 민주, 민중과 함께 하는 여성운동, 생존권 쟁취하여 여성해방 이룩하자	구세군 서대문 본당
1987	민족현실과 여성운동	여의도 여성백인회관
1988	여성이여 민족자주화의 대열로	63빌딩 컨벤션센터
1989	평등한 삶의 새날을 향하여 여성주간 설정, 올해의 인물: 강정순(경찰 성폭력 사건)	9월 22~30일 전국 각지
1990	평등한 노동, 건강한 모성 여성해방은 모성보호로부터	영등포 성문밖교회
1991	평화 군축 통일을 여성의 힘으로 지방자치제를 맞는 여성들의 각오	여의도 여성백인회관
1992	여성들의 한 표로 세상을 바꾸자 올해의 여성상: 김학순	여의도 여성백인회관
1993	전진하는 여성, 열리는 사회 문민정부 출범과 여성정책	서울 YWCA 강당
1994	지역살림의 참일꾼 여성대표를 지방의회로 여성의석 20% 확보	동국대 중강당
1995	열린 정치 생활정치, 여성대표를 지방의회로 남녀유권자 한마당, 지방의회 예비여성후보	이화여대 대강당
1996	여성이 열어갈 21세기 복지 인권의 시대로	한국여성개발원
1997	가자 21세기 여성의 시대로	연세대 백주년 기념관

1998	가자 여성이여 고용안정 인권이 보장되는 평등의 시대로 올해의 여성운동상: 서울대 조교 성희롱 사건 변호인단 박원순 이 종걸 최은순	연세대 백주년 기념관
1999	평등 평화 이루는 새로운 천년으로 여성 지도력으로 21세기 인간중심 사회 열자	여의도 KBS홀
2000	새로운 천년 빈곤과 폭력 없는 세상을 위하여	여의도 KBS홀
2001	차별 편견 깨뜨리고 남녀평등 공동참여 사회로 나아가자 올해의 여성운동상: 윤정옥	정동 이벤트홀
2002	성매매 방지법 제정 호주제 폐지 보육의 공공성 확보	대학로
2003	성매매 방지법 제정하라 여성의 힘으로 반전 평화를 양성평등 예산 확대	대학로
2004	남녀가 함께 행복한 상생의 공동체로	여의도광장
2005	행복한 나눔 평등한 가족 힘내라 여성 호주제 폐지축하	이화여대 대강당
2006	양극화 넘어 더불어 함께 여성일자리 확대 비정규직 차별철폐 한부 모지원제도 확대	이화여대 대강당
2007	양극화 넘어 대안사회로 빈곤의 여성화 해소 평등평화 문화 확산 풀뿌리 지역 공동체 확대 올해의 여성운동상: KTX 지부	홍익대 체육관
2008	여성 새로운 공동체 세상을 열자	이화여고 유관순기념관
2009	여성이 만들어요 빈곤과 폭력 없는 행복한 세상	청계광장
2010	여성의 참여로 희망을 현실로 - 성평등한 공동체 여성의 한 표로 - 함께 일하고 함께 돌보는 사회 - 빈곤 폭력 없는 안전한 세상	이화여대 대강당
2011	그녀에게 빵과 장미를	프레스센터
2012	2012 약속해 - 성평등 사회를 약속해 - 평화로운 세상을 약속해 - 99%의 행복을 약속해	서울광장
2013	2013 여성, 빈곤과 폭력 없는 세상으로 - 빈곤 없는 세상! 폭력 없는 세상! 소외와 차별 없는 세상!	서울시청 다목적홀
2014	점프, 뛰어올라 희망을 찾자!	청계광장

2015	성평등은 모두를 위한 진보다	광화문 광장
2016	희망을 연결하라 – 모이자! 행동하자! 바꾸자! 성평등 특별상 KTX 승무지부	서울시청 다목적홀
2017	성평등이 민주주의 완성이다	서울시청 다목적홀
2018	내 삶을 바꾸는 성평등 민주주의 미투 행진	광화문 광장
2019	성평등이 민주주의의 완성이다 – #미투 우리가 세상을 바꾼다	광화문 광장
2020	페미니스트 정치, 바로 지금! 올해의 여성운동상: 66년만에 낙태죄 헌법불합치 결정을 이끌어 낸 모든 여성들	코로나 19로 인해 광장 행사 취소
2021	미개최(한국여성단체연합 혁신위원회 출범)	
2022	돌봄·연대·정의–모두의 내일을 위해 오늘 페미니즘	서울 광화문
2023	성평등을 향해 전진하라 – 퇴행의 시대를 넘는 거센 연대의 파도	서울광장
2024	성평등을 향해 전진하라 – 어두울수록 빛나는 연대의 행진	서울 청계광장

한국여성대회의 구호를 보면 여성운동 의제의 흐름을 확인할 수 있다. 초창기 운동의 구호는 민족민주민중운동에 초점이 맞춰져 있었다. 2회 대회에서는 "지금까지의 여성운동은 농촌여성 근로여성빈민 여성들의 생존권 확보운동과 연계를 갖지 못한 점을 반성해야 한다"며 이전 세대의 여성운동과의 차별화를 명시한다. 이는 그동안의 여성운동이 국가의 여성 정책에 응답하는 방식으로 이루어졌다는 데 대한 비판이기도 하다.[19] 3회에서 주제강연을 맡은 서광선은 "분단으로 인한 반공이데올로기는 폐쇄성을 정당화시켜왔다. 개방사회는 폐쇄사회로부터의 해방에서 출발해야 한다."고 강조한다. 이는 여성운

---

19   허윤, 「1970년대 여성교양의 발현과 전화(轉化):『女聲』을 중심으로」, 『한국문학연구』 44, 동국대학교 한국문학연구소, 2013, pp.47-89.

동이 민족민중 통일운동과 분리될 수 없다는 것을 명시한 것이다. 이러한 1980년대의 분위기는 문민정부의 출범과 함께 조금씩 변화를 보인다. 민족민중, 통일 등의 구호 대신 대의 정치를 통한 여성 의제의 정책화를 표어로 삼는 것이다.

1990년대 문민정부가 들어서면서 한국여성대회의 표어로 여성참정권과 여성정치, 여성정책 등 '여성의 시대'를 예비하려는 목소리가 등장했다. 생활정치와 복지의 문제가 전면에 대두된 것이다. 이는 김대중, 이희호와 같은 여성인권운동에 우호적인 세력이 국가를 대표할 수 있게 되었다는 점과도 연결된다. 실제로 1997년 당시 새정치민주연합 총재였던 김대중 대통령이 한국여성대회에 참석하였고, 1998년에는 당시 영부인이었던 이희호 여사가 참석하였다. 이는 여성운동이 국가의 지원과 협조를 받을 수 있을 것이라는 분위기를 형성하였다. 1992년부터는 성매매방지법 제정, 호주제 폐지, 여성일자리 확대 등의 구체적인 목표가 제시되며, 이 의제들은 성매매특별법, 민법 개정 등의 구체적인 성과를 거두었다. 특히 '남녀가 함께' '행복한' 등의 구호가 반복되면서 가족 속의 여성 지위를 향상시키는 데 초점을 두었다. 1993년 '성폭력범죄의처벌및피해자보호등에관한법률'이 국회를 통과하였고, 서울대 신교수의 조교 성희롱 사건을 계기로 직장 내 성희롱 문제가 공론화되고 '남녀차별금지및구제에관한법률'이 제정되었다. 진보 운동권 사회에 대한 전면적 비판과 자기반성 등이 1990년대 내내 이루어졌으며 이는 2000년의 '운동사회 성폭력 뿌리뽑기 100인 위원회'의 고발 등으로 이어졌다. 이러한 반성폭력 운동의 움직임은 대학가로도 퍼져나갔다. 고려대생들의 이화여대 집단난동사건(1996) 등을 거치면서 대학 내 반성폭력운동이 성장했고, 1997년에는 18개 대학 여성운동 단위들로 구성된 '학내 성폭력 근절과 여성권 확보를 위한 여성연대회의'가 반성폭력 학칙제정 운동에 힘을 모았다.[20] 성폭력은 여성의제가 대중화되는 데 전환점을 마련했다.

2000년대 중반 이후로 강조된 것은 여성노동 정책과 관련된 이슈였다. 비정규직 차별 철폐를 구호로 포함시키거나 KTX 승무원 지부에게 올해의 여성운동상(2007)을 수여하는 등 빈곤의 여성화 문제를 해결하기 위해 노력하였다. 이는 IMF 이후 본격화된 신자유주의 정책의 결과, 여성노동의 비정규직화가 심화되었기 때문이다. 특히 정규직 전환을 약속받았던 KTX 승무원 지부의 오랜 싸움은 2000년대 한국 여성운동을 대표하게 되었다. '페미니즘 리부트' 이후에는 여성노동권이나 '미투 운동' 등을 중심으로 성평등한 사회를 만들자는 구호를 중심으로 진행된다. 코로나 19의 영향으로 광장 행사가 취소된 채 온라인으로 진행되기도 하고, 여연 혁신위원회의 출범으로 재정비의 시간을 갖기도 했지만, 현재까지도 굳건히 이어지고 있다.

이처럼 한국여성대회는 각 시기에 따라 한국 여성사회에 필요한 운동에 목소리를 내왔다. 여성안전, 노동, 정치 등 젠더 이해를 적극적으로 펼치면서, 자신의 장을 확장해온 것이다. 기독교여성단체, 여성민우회, 여성노동자회 등 각 영역의 여성단체들이 힘을 모아 준비하는 한국여성대회는 여성들이 다양한 운동 의제에 '따로 또 같이' 대처할 수 있다는 것을 보여주었다.

20 김보명, 「1990년대 대학 반성폭력 운동의 여성주의 정치학」, 『페미니즘 연구』 8(1), 한국여성연구소, 2008, pp.181-217.

4. 장애여성운동과 광장의 교차

1990년대~2000년대 여성운동은 적대와 계급이 탈각된 정체성 정
치라는 비판을 받았다. 낸시 프레이저는 민영화와 탈규제로 대표되
는 신자유주의는 공공지원과 사회적 시민권 대신 '개인적 책임'을 강
조하였고, 이후 신자유주의의 부상에 따라 페미니즘이 인정 투쟁의
단계로 넘어갔다고 지적한다. 성별 사이의 차이, 여성들 사이의 차
이 등 차이에 대한 인정을 중심으로 하는 정체성의 정치가 문화정치
의 영역을 개척하였다는 것이다. 그러나 이 과정에서 경제적, 문화
적, 정치적 차원은 서로 분리되었다고 비판한다.[21] 한국사회에서도
마찬가지다. 여성운동을 향해 정체성 정치이며 인정투쟁일 뿐, 계급
적 이해가 부족하다는 비판을 가하기도 한다. 하지만 1990년대 한국
의 여성운동은 구조/개인, 공/사, 정치경제/문화, 중요한 것/사소한
것 등의 경계를 해체하고, 경제, 정치, 문화의 삼분법을 만들어낸 기
준에 문제제기하며 "문화를 정치경제적으로 사고하자"는 문제설정을
기반으로 한 운동이었다.[22]

정체성 정치에 대한 과소해석 역시 마찬가지다. 인종, 국적, 계급,
성적 지향, 성 정체성 등이 교차된 위에 정체성이 형성되는 것이며,
그 정체성을 통해서만 중층결정된 정치경제적 심급에 대해 이야기할
수 있다. 불평등은 여러 억압이 교차하고 중첩된 결과로 생겨난다는
교차성(intersectionality) 이론은 '정체성 정치'를 단순화하는 오류를

21　낸시 프레이저, 『전진하는 페미니즘』, 임옥희 옮김, 돌베개, 2017, pp.261–313.
22　권김현영, 「차이에 대해 말하기, 기억과 치유의 정치학을 위하여: '영페미니스트'
　　가 말하는 계급과 문화정체성」, 『당대비평』 15, 생각의나무, 2001, pp.233–244.

경계하려는 태도에서 출발한다. 법학자였던 크렌쇼는 유색인종 여성들이 법률 장에서 경험하는 폭력과 불평등을 통해 교차성을 개념화한다. 이들은 강간이나 성폭력을 당했을 때 법적, 사회적 도움을 받기 어렵고, 결혼 이주 여성은 국외추방이 두렵기 때문에 학대를 견딘다는 것이다.[23] 이는 여성 억압은 성별만이 아니라 인종과 계급, 성적 지향 등이 중층적으로 작용한다는 것을 보여준다. 이러한 지점을 가장 잘 보여주는 것은 장애여성운동이다.

1998년 시작된 '장애여성공감'(이하 '공감')은 '장애인+여성'이 아니라 '장애여성' 그 자체의 억압과 차별 문제에 주목해야 한다고 선언하면서 출발한다. "여성이 먼저냐, 장애인이 먼저냐라는 질문은 필요 없습니다. 그런 질문은 우리를 조각 내는 것이니까요. 우리는 여성이고, 여성 중에서 장애를 가진 여성이고, 장애는 여성인 나를 수식해주는 것일 뿐입니다."[24] 여성장애인이냐 장애여성이냐는 용어 하나를 정하면서도 여러 각도에서 문제에 접근해왔던 장애여성운동이 장애인 권리보호 운동에서 분리된 것은 성폭력에 대한 문제제기를 통해서다. 집단생활시설에서 벌어진 성폭력 문제를 해결하는 과정에서 '장애여

---

23 Crenshaw, Kimberle, "Mapping the margins: Intersectionality, identity politics, and violence against women of color", *Stanford Law Review*, 1991; 한우리, 「교차로에 선 여자들, 1968년, 미국」, 『교차성X페미니즘』, 여이연, 2018.

24 장애여성공감 회원, 「장애여성, 우리는 이렇게 생각하고 이렇게 말한다」, 『공감』 6, 장애여성공감, 2003, p.84.
"우리는 장애를 본질적인 범주로 나뉘는 기준으로 보거나, 불변하고 영속적인 특성으로 보는 것이 아니라, 한 상태에서 제한점인 '장애'를 가지고 있다는 점에서 '장애를 가진 여성'으로 불리기를 원한다. 이러한 제한점은 상대적으로 환경에 따라 다르게 평가될 수 있는 것이다.
이에 장애를 가지고 있지 않은 여성은 비장애여성이라 불리고, 장애를 가지고 있는 여성을 장애여성이라 지칭하는 것이 옳다고 생각한다."

성'이라는 문제의식이 주요하게 대두되었다. 이후 장애여성들의 운동
을 선언하고 나선 '공감'은 매년 한 차례 잡지를 발간하면서 한 해의
활동을 기록하고, 새로운 의제를 발굴하였다.[25]

<표 2> 잡지 『공감』, 『마침,』 주제 일람(1998~2023)

1호(1998)	몸	2호(1999)	독립
3호(2000)	폭력	4호(2001)	문화 매체 속의 장애여성
5호(2002)	노동	6호(2003)	장애여성의 성
7호(2004)	장애여성에게 가해지는 폭력	8호(2005)	장애여성 생애사
9호(2006)	장애여성의 말하는 성	10호(2013)	가족
11호(2013)	장애여성운동 15년	12호(2014)	장애여성과 안전
13호(2014)	장애여성 관점에서 재생산권 논의를 시작하며	14호(2015)	몸
15호(2015)	몸2	16호(2016)	장애인 성교육
17호(2016)	피플퍼스트	18호(2017)	탈시설
19호(2017)	장애인 혐오	20호(2018)	20주년, 『마침,』
21호(2018)	장애여성문화예술운동	22호(2019)	2019년 IL과 젠더 포럼 <공동행동과 도전행동>
23호(2020)	탈시설	24호(2021)	시설사회
25호(2022)	탈시설 그리고 성과재생산권리	26호(2023)	상호돌봄

---

25 "1999년부터 연 1회 제작한 잡지는 그렇게 초창기 공감이 총력을 기울였던 활동이
    었다. 많은 활동가와 회원, 연대하는 이들이 참여했다. 몸, 노동, 폭력, 생애사,
    가족, 교육, 섹슈얼리티 등 잡지에는 수많은 경험과 정치적 의견들이 새겨졌고,
    이 언어는 장애여성 운동의 기록이자 이정표가 되어주었다." 『마침,』 2018 상반기호
    (통권 20호), 장애여성공감 부설 장애여성독립생활센터[숨], 2018, p.11. 『공감』으
    로 출발하였던 잡지명은 20주년을 맞아 『마침,』으로 변경되었다. '마침,'은 "끝을
    말하지만 시작을 예고한다. 마침내 시작될 새로운 영감이나 도전을 상징한다. 끝과
    시작은 연결되어 있고 장애여성운동은 언제나 새로운 시작, 끝나지 않을 도전이다"
    라고 설명되어 있다.

『공감』의 20주년 기념호는 공감의 20년을 4단계로 나누어 설명한
다. 1998~2000년까지의 초창기는 운동의 정체성에 집중하는 단계
로, 장애여성운동이 무엇인지를 논의하는 데 초점을 두었다. 2단계인
2001~2005년 사이에는 비판적 관점의 연대를 중심으로, 장애인 이
동권 연대 운동에 결합하였으며, 이성애/비장애/기혼여성 중심의 기
존 여성운동에서 배제되는 소수자 여성들의 경험을 알렸다. 2000년
대 중후반에 이르러서는 차별금지법제정연대로까지 확장되었으며,
가족구성권 보장 문제, 장애여성 주거권 문제 등의 연대활동을 진행
하였다. 2015년 이후로는 장애여성 재생산권의 패러다임을 바꾸면
서, 장애여성/소수자 관점으로 이슈를 고민하고 실천하는 방향으로
의 전환이 이루어졌다.[26] 실제로 공감은 IL 운동과 HIV/AIDS운동,
재생산권 운동 등으로 연대를 넓혀가고 있다.

　1999년 잡지 『공감』은 1호의 주제를 '몸'으로 선정한다. 이후로도
14호, 15호에서 장애여성의 몸을 다루고, 이와 연계되어 섹슈얼리티의
문제에도 집중한다. 6호, 9호에서 계속되는 섹슈얼리티 문제는 장애
여성의 몸, 주체성 문제와 깊이 연결되어 있다. 장애여성의 몸은 정상
성과 비정상성, 할 수 있음과 할 수 없음을 넘나드는 문턱이 된다.
이후 공감은 장애여성의 삶을 중심에 두고 의제를 개발한다. 장애여성
의 섹슈얼리티, 독립 등 장애여성들의 목소리는 정체성 정치가 왜 필
요한지를 잘 보여준다. 공감은 장애여성성폭력상담소를 운영하고 있
으며 성폭력 피해 장애여성을 위한 상담 및 직접 지원 활동, 장애여성
인권향상을 위한 조사 연구 및 정책제안 활동, 성폭력 예방을 위한

26　진경, 「독자성에서 시작해 연대의 새로운 패러다임으로」, 『마침,』, 장애여성공감
　　부설 장애여성독립생활센터[숨], 2018, pp.26-32.

당사자 및 주변인 교육과 사회인식 개선 활동 등을 실시한다. 2000년 상반기에는 장애여성에 대한 성폭력 사건이 연이어 언론에 보도되었다. 7년간 정신지체여성을 성폭행한 사건, 지체장애여성이 남편을 살해한 사건 등 장애여성들에 대한 성적, 물리적 착취를 고발하는 목소리가 높아졌다. 또한 언론에서도 장애여성에 대한 시설 내 폭력, 학대, 강제피임수술 등이 지면에 등장하였다. 그런데 성폭력 문제뿐 아니라 결혼과 가족 문제에 있어서도 장애여성의 섹슈얼리티가 영향을 미친다. 재생산할 수 있는 신체인가 아닌가에 따라서 '여성임'이 달라지기 때문이다. 지적 장애 여성은 결혼, 출산, 양육 등 여성으로서의 역할을 제대로 할 수 없기 때문에 신고를 하더라도 소용이 없다.[27] 이는 뒤집어 말하면, 성폭력에 대한 처벌은 제대로 된 아내, 어머니가 되지 못하게 만든 데 대한 처벌인 셈이 된다. 신고를 하는 가족들도, 장애여성의 의견을 존중하지 않고, '아무것도 모르는 순진한 아이에게 이런 짓을 한 사람을 처벌해야 한다'는 분노를 표현한다.

　　저 어렸을 때 동네에서나 가족들은 절 여성으로 생각 안 했어요. 시집을 못 갈 거라 생각했고, 시집을 못 가기 때문에 여자가 아닌 것처럼 생각을 하고 그런 생각을 저한테 많이 보였고요. 그래서 어렸을 때 저에게 어머니나 할머니나 결혼은 할 필요 없고 혼자 살라고 많이 이야기했었고, 결혼하면 남의 집에 가서 애도 낳아야 하는데 그럴 수 없고 가사 일을 못하니까 형제들도 가사 일의 걱정을 했어요.[28]

27　배복주, 「장애인 성폭력 사건해결과정에서 가족의 역할」, 『공감』 10, 장애여성공감, 2013, p.14.
28　영희, 「대담 '장애여성의 성'」, 『공감』 6, 2003, p.61.

한국사회에서 여성의 섹슈얼리티는 재생산 노동과 직결된다. 출산과 가사를 담당할 수 없으면, 결혼을 할 수 없고 섹슈얼리티도 이야기할 수 없는 것이다. 장애여성은 비장애인을 출산함으로써 자신의 '정상성'을 입증해야 했다. "남성에게 성서비스를 제공할 수 있다면 서슴없이 독립보단 결혼을 택하길 권하기도 한다."[29] 반면, 재생산 노동(출산이나 가사)이 불가능하다고 여겨지는 장애여성에게는 섹슈얼리티가 허용되지 않았고, '순결한 천사'의 이미지만이 가능했다. 즉 재생산과 섹슈얼리티가 장애여성의 삶을 결정하는 기준이 된다. 성적 자율성을 회복하고자 하는 장애여성들의 목소리는 낙태죄 폐지 운동으로 이어진다. 낙태죄폐지운동을 주도한 성과재생산포럼은 '장애 여성의 재생산권을 어떻게 확보할 것인가'라는 고민으로부터 시작되었다고 밝힌 바 있다. 장애여성의 재생산권은 장애여성의 삶에서 출현하는 다양한 문제들을 고려해야 하며, 생명권 대 선택권이라는 구도를 넘어서 생명의 위계와 정상성 개념을 비판하고 비장애/이성애/기혼 여성의 출산 중심으로 진행된 재생산권 담론의 관점을 전환해야 한다는 문제의식을 일깨웠다는 것이다.[30]

> 대부분의 비장애인들은 장애인을 의존적인 사람이라고 생각한다. 하지만 비장애인들도 마찬가지가 아닐까? 어려서는 부모에게 의존하여 생계를 유지하고, 교육비도 부모에게 의존해서 공부를 한다. 그리고 취직을 해서도 부모의 집에서 살고, 어머님이 해주시는 모든 것(식

---

29 「장애여성의 독립생활운동: [숨]센터 활동역사 중심으로」, 『장애여성공감 10년 활동사』, 한울아카데미, 2010, p.62.

30 백영경, 「낙태죄 폐지가 시대의 상식이 되기까지」, 『배틀 그라운드』, 후마니타스, 2018, pp.8-11.

사, 청소, 빨래 등)에 의존해서 살다가 결혼을 해야만 부모 곁을 떠나는 경우가 대부분이다. 또한 결혼을 해서도 마찬가지다. 비장애남성은 아내가 해주는 모든 것에 의존하며 생활하고, 비장애여성은 남편에게 경제적으로 의존하며 살아간다.[31]

　몸과 섹슈얼리티 문제와 더불어 장애여성운동에서 중요하게 생각하는 것은 '자립'이다. 장애여성이 가족과 함께 살거나 시설에 거주하는 것이 아니라 독립해서 살아갈 수 있느냐는 질문은 능력주의(ableism)와 연결된다. 위의 글이 지적하는 것처럼 비장애인은 장애인을 의존적인 사람이라고 생각한다. 이는 의존과 비의존의 개념이 능력주의에 달려 있기 때문이다. 능력주의는 계급이나 집단이 아니라 개인을 호명한다. 자본주의 사회에서 능력은 교환가치가 될 수 있는 개인의 자질이고, 능력주의는 개인의 능력에 따라 똑같은 게임을 같은 장에서 같은 규칙의 공정한 통용 아래 하여 결과로서의 승패를 정당하게 받아들여야 한다는 것을 설파한다.[32] 공동체의 적극적 시정조치(affirmative action)에 대한 가치 논의는 실패로 돌아간다. 능력주의의 관점에서 보면, 장애여성의 교환가치는 섹슈얼리티와 재생산능력에 있다. 이러한 지점은 장애여성운동이 장애, 여성, 섹슈얼리티, 능력주의 등 다양한 사회의 억압들을 살펴볼 수 있다는 점을 보여준다. 이러한 지점을 보더라도 몸과 섹슈얼리티, 재생산, 독립은 서로 분리할 수 없이 얽혀 있다는 것을 알 수 있다.
　공감은 초기부터 '장애여성독립생활센터 [숨]'을 운영하는 등 장애

31　정영란, 「독립」, 『공감』 2, 장애여성공감, 1999, p.9.
32　김미영, 「능력주의에 대한 공동체주의의 해체: 능력 공과 필요의 복합평등론」, 『경제와 사회』 84, 비판사회학회, 2009, pp.256-277.

인자립생활(Independent Living) 운동을 적극적으로 개진하고 있다. 잡지『공감』에서는 2호, 10호, 18호, 22호 등에서 장애여성의 자립과 가족, 시설생활에 대해서 이야기한다. 이는 장애여성공감이 창립멤버들의 독립과 함께 시작하였으며, 장애여성 독립 문제가 활동의 화두였기 때문이다. 2009년부터 2012년까지는『숨은 독립찾기』라는 잡지를 총 8호 발간하였다. IL 정보지를 선언한『숨은 독립찾기』는 장애여성의 '독립'을 키워드로 하여 몸, 이동권, 주거권, 모성권, 활동보조 제도, 국민기초생활보장법 개정 등의 다양한 이슈를 의제화하였다. 장애여성이 자립해서 살아가기 위해서 필요한 삶의 전 영역을 '독립'으로 묶어낸 것이다. 특히 활동보조인과의 관계에 대한 가이드라인을 만든다든가 활동보조인의 돌봄노동과 젠더 문제를 고찰하는 등 장애인의 선택과 결정권 문제를 젠더의 눈으로 바라보았다. 2023년의『마침,』26호에서는 상호돌봄을 주제로 특집을 전개한다. 함께 돌보며 살아가는 관계를 모색하는 것이다.

이처럼 장애여성 운동은 '장애여성'이라는 정체성에 기반하여, 장애여성이 직접 의제를 만들고, 실천하는 운동을 지향하고 있다. 결성 초기부터 계속된 공감의 고민은 20년간 지속적으로 확장되고 있다. 낙태죄 폐지를 이끌어내는 데 큰 역할을 수행한 성과재생산포럼의 출발에 '장애여성의 재생산권을 어떻게 확보할 것인가'라는 고민이 들어 있었다는 것은, 장애여성공감이 그동안 강제 불임시술이나 모자보건법 등의 문제를 고민해온 역사가 장애여성 당사자뿐 아니라 여성 '일반'의 역사에 포함된다는 것을 보여준다. 돌봄 전환 역시 마찬가지다. 최근 한국사회의 화두이기도 한 돌봄 문제의 사회화는 장애여성운동에서 오랫동안 고민하고 실천해온 의제다. 장애여성운동을 협소한 의미의 정체성 운동으로 환원하려는 시도는 성정치에 대한 비가시화 흐름과 맞물리는 것이다.

5. 퀴어문화축제와 광장의 전유

1987년 이후 광장의 성정치에서 가장 큰 변화 지점은 성소수자 운동이 가시화되었다는 점을 꼽을 수 있다. 2000년 시작한 퀴어문화축제는 대학로에서 서울시청 광장 등 다양한 장소에서 진행되고 있으며, 퀴어퍼레이드에 참여하는 사람도 증가하고 있다. 퀴어문화축제는 광장이나 공원과 같은 장소에 무대를 설치하고 문화공연을 진행하고 홍보 및 판매 부스를 운영한다. 이어서 차도를 점용하는 퍼레이드는 축제의 이름을 한 정치 집회이기도 하다. 퀴어퍼레이드는 "공공 공간과 성적 반체제자의 관계를 둘러싼 한국사회의 갈등 양상을 복합적으로 드러내고 재구축하는 장"이며, 반동성애세력과의 대치가 벌어졌던 2014년 신촌 퀴어퍼레이드에서는 공공 공간을 점유하는 것의 의미를 둘러싸고 투쟁이 발생하기도 했다.[33] 이때 퀴어문화축제는 성소수자의 존재를 대중에게 드러내어 알리고, 축제의 형식을 통해 비성소수자 집단과도 대면하는 방식으로 사회적 파급력을 획득한다. 축제가 가진 특수성으로 진입 장벽이 낮아 즉흥적이고 개방적으로 참여할 수 있기 때문이다.[34] 특히 비규범적인 실천을 공적 영역에서 드러내는 퀴어문화축제의 정치성은 시스젠더 이성애 중심의 사

---

33 김현철, 「성적 반체제자와 공공 공간: 2014 신촌/대구 퀴어퍼레이드를 중심으로」, 서울대 석사학위논문, 2015.
34 한윤애, 「'축제적 전유'를 통한 공공공간의 재구성: 핀란드 '레스토랑 데이'를 사례로」, 『공간과 사회』 25(1), 한국공간환경학회, 2015, pp.63-94.

회에 질문을 던진다. 'Don't Ask Don't Tell' 정책처럼, 네가 성소수
자인 것은 상관없지만, 그것을 공개적으로 밝히지 말라는 요구는 이
성애규범성을 기반으로 한 사회적 차별이며, 퀴어문화축제는 이러한
차별에 대항하여 광장의 의미를 전유하였다. 가장 사적인 것으로 일
컬어지는 섹슈얼리티야말로 가장 공적인 것이라는 의미다.

〈표 3〉 서울퀴어문화축제 표어(2000~2023)

2000.9.8.~9.	제1회 퀴어문화축제(무지개 2000)	대학로 거리 퍼레이드 (2000.9.9.)
2001.9.14.~9.16.	한 걸음만 나와봐, 놀자~!	홍대앞 거리 퍼레이드 (2001.9.15.)
2002.6.5.~6.11.	멈추지마, 지금부터야! 두근두근!	이태원(2002.6.8.)
2003.6.20.~29.	움직여_우리, 손과 손을 맞잡고 함께 움직이자!	종로3가 파고다 공원 (2003.6.21.)
2004.6.17.~24.	모두를 위한 자유와 평등	종로 4가 종묘공원 (2004.6.19.)
2005.5.7.~6.1.	퀴어 절정 Queer Up	종로 4가 종묘공원 (2005.6.5.)
2006.5.30.~6.11.	위풍당당 퀴어행복!!	종로 4가 종묘공원 (2006.6.10.)
2007.6.2.~6.10.	This is QUEER! 이것이 퀴어다!	청계천 베를린광장 (2007.6.2.)
2008.5.31.~6.8.	작렬! 퀴어 스캔들	청계천 베를린광장 (2008.5.31.)
2009.5.30.~6.13.	십년감수	청계천 베를린광장 (2009.6.13.)
2010.6.2.~12.	Outing: 지금 나가는 중입니다.	청계천 베를린광장 (2010.6.12.)
2011.5.28.~6.8.	퀴어예찬	한빛미디어파크 (2011.5.28.)
2012.5.24.~6.2.	퀴어연가[가족, 연을 맺다]	한빛미디어파크 (2012.6.2.)

2013.6.1.~16.	더 퀴어(THE QUEER), 우리가 있다	홍대 걷고싶은거리 어울마당 (2013.6.1.)
2014.6.3.~15.	사랑은 혐오보다 강하다(Love Conquers Hate)	신촌 연세로 (2014.6.7.)
2015.6.9.~28.	사랑하라, 저항하라, 퀴어레볼루션	서울광장 (2015.6.9.)
2016.5.23.~6.19.	Queer I am: 우리 존재 파이팅!	서울광장 (2016.6.11.)
2017.7.14.~23.	나중은 없다, 지금 우리가 바꾼다!	서울광장 (2017.7.14.)
2018.7.13.~22.	QUEEROUND	서울광장 (2018.7.14.)
2019.5.31.~6.9.	스무 번째 도약, 평등을 향한 도전!	서울광장 (2019.6.1.)
2020.9.18.~29.	축제하라, 변화를 향해	코로나19로 인한 온라인-비대면 축제
2021.6.26.~7.18.	차별의 시대를 불태워라!	코로나19로 인한 온라인-비대면 축제
2022.7.15.~31.	살자, 함께하자, 나아가자	서울광장 (2022.7.16.)
2023.6.22.~7.9.	피어나라 퀴어나라	을지로 2가 일대 (2023.7.1.) 서울광장 사용 불허가

초창기 퀴어문화축제는 토요일에 진행되는 퍼레이드를 포함하여, 댄스파티, 전시회, 영화제 등의 이벤트를 진행하였다. 2000년부터 2019년까지 퀴어문화축제의 슬로건을 살펴보면, '축제'의 성격이 잘 드러난다. 초창기 퀴어문화축제의 '놀자'는 권유는 성소수자의 비가시성을 의식한 슬로건이었다. 이후 자부심(queer pride)을 강조하는 '위풍당당' '우리가 있다' '예찬' 등의 단어는 성소수자들의 존재를 긍

정하고, 가시화한다는 축제의 목표를 잘 보여준다.

> "'지금 사람들이 나를 보고 있어. 게이라고 생각할지도 몰라. 그런데 내가 그 시선을 견디고 있어.' 이런 마음이 들면서 동시에 그런 불안을 견디고 나온 게 자랑스럽기도 해요. 또 다들 별 신경 안 쓰고 함께 걷는 것 같거든요. '아무도 두려워하지 않고 있어. 나도 그럴 수 있을 거야.' 복잡한 감정들이 점점 가슴 벅참으로 바뀌죠. 한번 해본 것과 안 해본 것의 차이는 엄청 커요."[35]

　서울퀴어문화축제 활동가인 한채윤은 인터뷰에서 위와 같이 말하면서, 퀴어문화축제의 퍼레이드가 자신을 긍정하고 자랑스럽게 하는 활동이라고 강조한다. 이러한 퀴어문화축제의 운동방식은 축제 역시 운동이 될 수 있다는 것을 보여준다. 구호를 외치고, 대오를 짜는 형식을 취하지 않아도 공공장소에서 '커밍아웃'을 수행함으로써 정치를 전유하는 것이다. 그 결과 2000년 대학로에서 약 70명의 인원으로 진행되었던 퀴어퍼레이드는 2019년의 20회에 이르러 참여 인원이 15만 명을 기록하는 대규모 축제가 되었다. 게다가 서울뿐 아니라 2009년 대구를 시작으로, 2017년에는 제주와 부산, 2018년 광주와 전주, 인천에서도 개최되었다. 퀴어문화축제를 준비하는 조직위는 각 지역의 특색에 맞는 의제를 제시하면서 연대한다. 2018년의 제주 퀴어문화축제는 제주생명평화대행진, 강정 해군기지 관함식 반대 문화제, 난민인권네트워크 제주 난민인권을 위한 범도민 위원회 등과 함께 활동했다. 부산

35　이주영, 「'기사 0건' 굴욕적 축제, 지금은 이렇게 변했습니다: 70명에서 15만 명으로… 퀴어축제의 변화와 과제」, 『오마이뉴스』, 2020.2.21.
　http://www.ohmynews.com/NWS_Web/Event/Premium/at_pg.aspx?CNTN_CD=A0002609689

역시 지역의 활동가들을 중심으로 연대체가 구성되었으며, 차별금지
법제정 부산연대와 함께 지방자치단체의 인권조례 개정에 대응하고,
장애인 차별철폐를 위해서 노력했다.[36] 각 지역 도시로 전파된 퀴어문
화축제는 성소수자의 가시화라는 문제의식이 여러 의제와 만나서 다
양성을 획득하는 광장의 작동방식을 보여준다. 퀴어는 계급이나 계층
으로 통일되지 않는, 그야말로 2000년대 이후에 등장한 광장의 주체
인 것이다. 퀴어는 자신의 존재를 광장에 드러냄으로써 이성애가 사회
를 지배하는 '제도'라는 사실을 폭로했다.

　퀴어문화축제와 같은 프라이드 운동은 국가를 대상으로 하는 사회
운동과 달리 주류 사회의 문화를 변화시키는 것을 주 목적으로 하는
새로운 형태의 사회운동으로 일컬어졌다.[37] 그런데 한국사회에서 퀴
어문화축제는 국가를 대상으로 하는 운동이기도 하다. 매년 퀴어문
화축제의 공간사용 허가를 둘러싸고 갈등이 빚어진다. 서울시는 고
의적으로 퀴어문화축제의 시청광장 사용 허가 신청을 지연시켰으며,
시민들의 '동의'라는 형태를 기록하기 위해 열린의회의 안건으로 상
정하였다.[38] 사용허가를 내주지 말 것을 요구하는 혐오세력의 목소

36　홍예륜, 「지방도시의 퀴어 축제를 통해 형성된 다양성 레짐: 대구, 제주, 부산을
　　사례로」, 서울대 지리학과 석사논문, 2019, pp.46-55.
37　Bruce, Katherine McFarland, 2016, Pride Parades: How a Parade Changed
　　the World, New York: NYU Press; 조수미, 「퀴어문화추구제 공간의 상징과 의
　　례」, 『한국문화인류학』 52(3), 한국문화인류학회, 2019, p.219 재인용.
38　「서울시, 퀴어축제 광장 사용신고 처리 5년간 부당하게 늦췄다」, 『경향신문』,
　　2019.10.23.
　　http://news.khan.co.kr/kh_news/khan_art_view.html?artid=2019102308480
　　01&fbclid=IwAR0TvecVI7nU0Xbr3sYv7BpRL_0EwkxTU4TiQN0rgocmpKOHGG
　　Lk0R0ag4s

리가 커지고 있는 탓이다. 동시에 반동성애 세력이 퍼레이드를 방해하고, 참가자들을 공격함에 따라 경찰이 퀴어문화축제와 퍼레이드의 안전을 담당하는 경우도 늘어났다. 이러한 양가성은 한국의 퀴어문화축제가 가진 특수성을 드러내기도 한다.

2010년대 이후 퀴어문화축제는 반동성애 세력의 활동으로 인해 '혐오'와 저항의 키워드가 등장하였다. 신촌 연세로에서 반동성애 세력의 퍼레이드 저지로 행진 중단을 경험한 이듬해인 2015년에는 도리어 퀴어문화축제에 참여하는 사람들이 증가하였으며, 퍼레이드 구간도 넓어졌다. 서울광장에 대한 허가신청을 불허하라는 압박이 커지고, 공간사용 신청을 둘러싸고 반동성애 세력과의 갈등이 가시화될수록, SNS를 통해 모인 사람들은 서로 이어서 줄을 서며 자리를 맡거나 모금을 진행하는 등 퀴어문화축제의 운동성을 오히려 강화하였다.

6. 나가며

1996년 '연대 사태' 직후, 당시 국회의원이던 추미애는 대규모 검거 과정에서 전경이나 경찰에 의한 성추행과 성폭력이 빈번했음을 고발했다. 그러나 그 고발은 "국회에서는 말해선 안 되는 어떤 것"으로 여겨졌다.[39] 당사자들이 나서서 국가에 손해배상 청구 소송을 진행하였지만, 대상 특정이 불가능하고 증거가 불충분하다는 이유로 무혐의 처분을 내렸다. 언제나 특정한 문제들은 보이지 않는 것으로, '나중에' 해결해도 되는 것으로 여겨지는 것이다. 이처럼 아이러니하게도 민주

---

[39] 「한총련 여대생 성추행 주장, 추미애 의원 폭로」, 『경향신문』, 1996.10.10.

주의를 외치는 광장에는 언제나 본질적인 것과 부차적인 것, '우선'과 '나중'이 존재한다. 그리고 자주 그 '나중에'는 성화된(sexed) 존재에서 기인한다.

이 글은 왜 1990년대의 성정치는 '자유'의 맥락에서만 소환되는가 라는 질문에서 출발했다. 군사정권이 끝나고 민주사회가 도래하였으며, 이념의 시대가 끝나 개인과 자유의 시대가 되었다는 1990년대에 대한 해석은 성정치를 자유주의라는 협소한 틀에서 해석한다. 하지만 이는 1980년대부터 대중운동으로 성장해온 여성운동의 역량을 비가시화하는 해석 방식이다. 최근 대규모의 민주노총 집회에서는 이색적인 풍경이 등장한다. 핫핑크색 조끼를 입은 학교 비정규직 노조, 학습지 교사 노조 등 여성이 다수를 차지하는 단위가 늘어난 것이다. 계급이냐 성이냐는 오래된 질문이 우문임을 보여주는 이들의 존재는 다시금 한국사회에서 성과 계급의 대결은 무엇이었는가를 질문하게 한다. 성정치로 인해 계급운동이 분화되는 것이 아니라 성정치를 제대로 사유하지 못해 계급이 대중운동으로서 힘을 잃어갔던 것으로 설명해야 하는 것이다.

1987년 이후 광장에는 젠더화된 시민의 형상이 증가했다. 한국여성대회는 매년 보편적 여성 의제를 발굴하고, 여성 시민의 형상을 광장에 기록하였다. 장애여성운동은 '장애'와 '여성'이라는 이중적 비정상성을 설명한 언어를 찾아 광장에 나섰다. 퀴어문화축제는 집단운동의 성격을 축제로 전유하고, 한국사회의 대중운동에 새로운 방향을 가져왔다. 이들은 비정상화, 비가시화된 젠더 하위주체들의 계보를 복원함으로써 '광장'의 역사적, 정치적 의미를 '남성 시민 주체의 정치적 공간'이라는 영토로부터 탈구축하였다. 1990년대와 2000년대를 걸쳐서 이루어진 정체성 정치에 대한 판단 중지 혹은 비판은 오히려 정체성 정치를 협소하게 해석하는 결과를 낳았고, 그 결과 '페미니즘 리부트' 이후의 여성 정치를 마치 진공상태에서 등장한 것처럼 축소했다. 하지만 여성들은 '따로 또 같이'라는 차이를 바탕에 둔 연대를 이룩하였으며, 그 운동역량을 축적하고 있었다.

주디스 버틀러는 "여성, 퀴어, 트랜스젠더, 빈민, 장애인, 무국적자, 종교적 인종적 마이너리티"는 자신의 취약성 때문에 모일 수 있다고 지적한다. 그들은 공공 장에 모습을 드러내는 것만으로도 정치적 의지를 가시화할 수 있다.[40] 광장에 여성이, 퀴어가, 장애인이 등장한 것만으로도 충분히 정치적이다. 이는 하나의 깃발이나 하나의 거대 이념이 종합하던 1980년대 광장에서 점차 여러 주체가, 여러 의제가 등장하는 광장으로 이동하였다는 것을, 이 광장의 주체로 여성, 퀴어 등 비남성 주체들이 호명되었다는 것을 의미한다. 그런 점에서 2015년 이후 광장에서 가시화된 여성 시민 대중의 표상을 다시 살펴보자. '페미니즘 리부트'가 강력하게 자신의 존재를 공론장에 드러낸 이래, 광장에 선 여성은 자연스러운 현상이 되었다. 페미니즘은 시민과 비시민을, 광장의 주체와 비주체를 가르는 것이 아니라 늘 그곳에 존재하는 자들을 가시화하는 흐름을 만들어가는 성정치를 주장한다. 우리는 여기에 있고, 그렇기에 또 한번 앞으로 나아갈 것이다.

이 글은 『여성문학연구』 49집(한국여성문학학회, 2020)에 게재된 논문을 수정·보완한 것이다.

---

40   주디스 버틀러, 『연대하는 신체들과 거리의 정치』, 김응산 외 옮김, 창비, 2020.

'페미니즘 대중화' 시대,
페미니스트 독서/출판의 향방

'여성 에세이'를 중심으로

정고은

1. 들어가며

'페미니즘 리부트'의 시간으로부터 몇 년이 지나 이제 많은 사람들
이 페미니즘이 '대중화'되었다고 말한다. 2015~2016년 '#나는페미니
스트입니다' 선언, '메갈리아'의 탄생, '강남역 여성 살인사건', #○○
계_내_성폭력' 폭로 등 일련의 사건을 경험하면서 페미니스트로 각
성한 여성들의 집단적 등장과 온·오프라인을 넘나드는 새로운 페미
니즘 운동의 흐름은 사회, 정치, 문화 전 영역에서 페미니즘을 핵심
적인 의제로 확산시키는 데 성공했다.[1] 그리고 2018년 1월, 서지현

---

1 손희정, 「페미니즘 리부트: 한국영화를 통해 본 포스트페미니즘과 그 이후」, 『페
미니즘 리부트』, 나무연필, 2017, p.47. 이 글에서는 2015~2016년 페미니즘 운동
의 새로운 국면을 강조하는 맥락에서는 '페미니즘 리부트'라는 용어를, 페미니스트
선언 '이후'의 실천 양상 및 페미니즘 담론이 대중적 차원에서 전유되는 문화적
양상을 다루는 맥락에서는 '페미니즘 대중화'라는 표현을 사용했다. 이 시기 페미

검사의 검찰 내 성폭력 공론화로부터 본격화된 '미투운동'은 '성폭력 피해경험 말하기(Speak out)'라는 여성주의 운동의 오랜 방법과 더불어, 피해자의 목소리를 진정으로 '들을 수 있는' 여성 집단이 존재하는 가운데 확산될 수 있었다.[2] '여성으로 겪은 모든 것을 말하자, 그러면 세상이 변할 것이다.'라는 믿음과 실천은 페미니즘을 '대중화'할 수 있었던 강력한 동력을 제공하였으며, 이는 현재진행형이다.

'메갈리아'의 여성들이 '한남'의 언어를 되돌려주는 '미러링'을 주요한 전략으로 내세우고, 각종 '오빠'들에 의한 원치 않는 자랑과 간섭을 '맨스플레인'(『남자들은 자꾸 나를 가르치려 든다』)이라는 한 단어로 명료하게 쳐내면서 성차별 현장에서 사용할 수 있는 '실전' 언어를 갈구(『입이 트이는 페미니즘』)하는 한편, '여성이기에 죽었다', '우연히 살아남았다'라는 의식 속에서 거리로 나선 여성들의 외침에 대한 아카이빙(『강남역 10번 출구, 1004개의 포스트잇』, 『거리에 선 페미니즘』)이 이루어진 2015~2016년을 떠올려 보면, '페미니즘 리부트'를 대표하는 문화적 현상이 바로 여성들의 목소리를 쓰고 함께 읽는 흐름이었음은 필연적

니즘 운동의 전개와 특징을 설명하기 위한 학술적 용어로는 주로 '페미니즘 리부트', '디지털(온라인) 페미니즘', '페미니즘 대중화', '포스트페미니즘' 등이 쓰이고 있는데, 관련하여 오혜진은 2015년 이후 '페미니즘적 전회'에 관한 논의들이 페미니즘의 기획과 신자유주의적 주체성이 결합하는 '포스트페미니즘'적 측면에 주목한다는 점에서 공통점을 갖는다고 보았다. 오혜진, 「포스트페미니즘 시대 한국 여성문학·퀴어문학 연구: 2010년대 이후 시민권 담론과 소수자정치」, 성균관대학교 박사학위논문, 2024, pp.2-6 참조.

2   김보화, 「성폭력 상담일지를 통해 본 2018년 한국 미투운동의 의미」, 『페미니즘연구』 19(2), 한국여성연구소, 2019, pp.4-5. 김보화는 '미투운동' 시기에 성폭력 피해 경험을 상담했던 여성들이 미디어에 보도된 미투 사례를 통해 차마 말하지 못했거나 주변인들에게 외면당했던 피해 경험을 '성폭력'으로 구성할 수 있는 언어를 얻게 되었으며, 이는 성폭력 공론화의 사례가 성폭력 피해가 사적인 것이 아니라 공적이고 사회적인 문제임을 환기했기 때문이라고 말한다.

이고도 필사적인 일이었다고도 할 수 있다.

필자는 2017년 발표한 「2015~2016년 페미니즘 출판/독서의 양상과 의미」에서 20~30대 여성 독자들이 형성한 페미니즘 도서 베스트셀러화 현상과 페미니즘 독서문화가 한국사회의 성차별적 구조와 여성혐오를 고발하고자 하는 여성들의 목소리, 스스로를 페미니스트로 선언하는 움직임('#나는페미니스트입니다')과 긴밀하게 연결되어 있음을 밝혔다.[3] 2017년 발표된 논문의 후속 연구로서, 이 글의 관심은 그러한 흐름을 주도했던 20~30대 페미니스트들이 형성한 독서/출판문화가 어떻게 지속되거나 변화하였는지를 살펴보는 것이다.

2010년대 중반 이후, 한 해의 출판 키워드에 '페미니즘'은 빠지지 않고 등장했으며, 여러 통계수치는 20~30대 여성들이 여전히 출판계에서 유의미한 흐름을 만들어 나가는 독서 주체임을 증명하고 있다. 2017년 여성학 분야 서적은 매년 평균 30종이 발간되던 것에 비해 두 배 이상 늘어난 78종이 출간되었으며, 온라인 서점 예스24의 전체 판매 도서 중 37.5%를 30대 여성이, 36.0%를 40대 여성이 구매했다.[4] 또한 문학작품을 포함하면 페미니즘 관련 도서의 판매권수가 전년도인 2016년에 비해 무려 751.1% 증가했다고 한다.(예스24)[5] 교보문고의

---

3 정고은, 「2015~2016년 페미니즘 출판/독서의 양상과 의미」, 『사이間SAI』 22, 국제한국문학문화학회, 2017 참조.

4 「2017년 도서시장 키워드는 역주행·소설·정치·페미니즘」, 『한국경제』, 2017. 12.4. (https://www.hankyung.com/life/article/201712046495Y) (최종접속일: 2024.5.31.)

5 「올해 출판시장, 정치·페미니즘 책 약진」, 『노컷뉴스』, 2017.12.5. (https://www.nocutnews.co.kr/news/4887920) (최종접속일: 2024.5.31.) 이러한 수치는 2017년 당시 50만 부 이상이 팔린 조남주 작가의 『82년생 김지영』 (민음사, 2016)을 비롯하여, 이른바 '여성서사', '페미니즘 소설'로 불리는 문학작

경우 2013년 8,000여 권이었던 페미니즘 관련 도서 판매량이 2014년 1만 1,143권, 2015년 1만 1,628권, 2016년 3만 1,484권, 2017년 6만 3,196권으로 늘었다.[6] 2018년 미투운동이 시작되자 잠시 주춤하던 페미니즘 도서 구입이 다시 늘어나는 양상도 나타났다.[7]

그러나 표면적으로는 양적 증가만 있을 뿐 비슷한 양상이 지속되는 듯하지만, 페미니스트 독서/출판의 세부적인 내용과 맥락은 달라졌다. 2017년 이후 페미니즘 운동은 내부 분화를 거치면서 다각화되었으며, '리부트' 초기와는 또 다른 양상으로 전개되고 있다. 페미니스트 독서/출판이 동시대 페미니즘 운동의 전개와 밀접하게 연동되어 움직인다고 할 때, 독서/출판의 구체적 양상과 지향을 읽어내는 작업은 오늘날 여성 주체들의 정치적 실천의 성격을 확인하고 이들이 어떠한 언어와 실천을 페미니즘 지식문화로 구축하고자 하는지를 들여다볼 수 있는 중요한 연구 주제라고 할 수 있다.

페미니즘 베스트셀러를 함께 구입하고 읽음으로써 페미니스트임을 선언하고 페미니즘 의식을 고취하는 여성들은 동질적인 존재로 상상되었다.[8] 하지만 성소수자·게이 혐오를 둘러싼 갈등과 '메갈리아'의 분화 이후, 트랜스젠더를 배제하고 '여성의 권리를 최우선으로' 주장하는 담론이 페미니즘 운동 내부에서 부상하면서 '래디컬 페미니스트'

품들이 여성 독자들에게 호응을 얻게 된 상황이 반영된 것이라 할 수 있다.

6 「서점가는 페미니즘 열풍 … 2018년을 달군 페미니즘 도서는?」, 『여성신문』, 2018.12.8. (https://www.womennews.co.kr/news/articleView.html?idxno=182463) (최종접속일: 2024.5.31.)

7 「'미투운동' 확산에 '82년생'·'현남오빠' 등 페미니즘 책 판매 증가」, 『뉴스1』, 2018.3.22. (https://m.news1.kr/articles/?3268516#_enliple) (최종접속일: 2024.5.31.)

8 정고은, 앞의 글 참조.

또는 '터프(Trans-Exclusionary Radical Feminist, TERF)'라 불리는 페미니스트들의 동일성의 정치가 이루어지고 있는 맥락을 염두에 둔다면,[9] 페미니스트 독서/출판은 더 이상 '페미니스트 되기'라는 단일한 목표 의식만으로는 설명할 수 없는 복합적인 장으로 이해될 필요가 있다.[10]

이러한 문제의식 속에서, 이 글은 '리부트' 초기와 구별되는 2010년대 후반 '페미니즘 대중화' 시기의 중요한 문화현상으로서 '여성 에세이'가 부상한 맥락을 살펴보고, '여성 에세이'가 다루고 있는 핵심적인 주제들을 분석함으로써 오늘날 여성들의 독서/출판 실천의 지향성이 갖는 의미를 밝히고자 한다. 이를 위해 주요 온라인 서점 중 '여성 에세이' 분야를 따로 두고 있는 예스24의 베스트셀러 목록을 참고하였으며, 베스트셀러 외에도 SNS에서 입소문을 타고 반향을 일으킨 에세이, 페미니즘 서적의 주요한 유통 경로인 펀딩 플랫폼 '텀블벅'에 올라

---

9 이효민은 한국의 '터프'에 대한 비판적 논의에서, 이들이 공유하고 있는 핵심적 주장과 내러티브를 크게 네 가지(젠더는 허상이다, 트랜스젠더는 '생물학적 여성'을 위협하는 잠재적 범죄자이다, '생물학적 여성'은 가부장제 사회의 가장 큰 피해자이다, 여성과 남성이라는 오로지 두 개의 성별만이 존재한다)로 정리하고 있다. 이효민, 「페미니즘 정치학의 급진적 재구성: 한국 'TERF'에 대한 비판적 분석을 중심으로」, 『미디어, 젠더&문화』 34(3), 한국여성커뮤니케이션학회, 2019, pp.177–198.

10 트위터처럼 실시간으로 논쟁이 번지는 온라인 공간에서 논쟁에 '참전'하여 '승리'하기 위한 언어를 구하고자 하는 '터프' 입장의 10~20대 페미니스트들이 트위터에 뜨는 정보만으로 트랜스젠더와 페미니즘에 대한 지식을 습득하고, 논쟁의 피로감 속에서 '알기(knowing)'의 과정을 멈추게 되는 조건을 보여주고 있는 연구로는 송지수, 「페미니즘 알기의 의미: 10–20대 여성들의 'TERF' 지지 입장을 중심으로」, 서울대학교 석사학위논문, 2021을 참조할 수 있다. 이 글에서 저자는 이들 페미니스트들이 온라인에서는 조리돌림의 위험을 우려하여 자신의 모순과 혼란을 고백할 수 없지만, 오프라인에서 여러 입장을 가진 페미니스트를 직접 만나고 페미니즘 수업을 들으면서 '생물학적 여성'에 대한 '스탠스'를 조정하고 페미니즘 지식 습득의 범위를 확장해 나가고 있음을 밝히고 있다.

온 에세이 등 다양한 텍스트를 분석 대상으로 삼았다. 2장에서는 '여성 에세이'의 독자와 글쓰기 주체, 출판 방식, 소재에 주목하였으며, 3장에서는 2장의 논의를 바탕으로 '여성 에세이'의 지배적 경향을 크게 두 가지로 분류하고 각각의 주제가 갖는 의미를 논하였다.

2. 2010년대 에세이 열풍과 '여성 에세이': 에세이의 전유 주체, 여성-대중

저자의 직접적 경험을 글로 풀어낸 양식을 지칭할 때 우리는 주로 '수필'이나 '에세이'와 같은 말을 사용한다. 대체로 '수필'이라는 단어에는 '문인'들에 의해 쓰인 자전적 글을 떠올리게 하는 뉘앙스가 있고 최근에는 다양한 형식의 글을 아울러서 '에세이'라고 지칭하는 추세지만, 그것을 수필이라고 부르든 산문, 에세이, 생활글, 잡문이라고 부르든 간에 문학사에서 이러한 '직접성'의 양식은 시나 소설과 달리 문학사의 서술 대상으로 여겨지진 않았다. 그러나 에세이 양식은 시기마다 교양서, 실용서, 지침서, 자기계발서 등 다양한 형태로 수용되면서 당대의 주류적 감정 구조를 반영하고 또 형성하는 역할을 해왔다.

사실 2010년대 에세이의 약진은 특정한 분야에만 국한된 것이 아니라 출판계 전체를 아우르는 현상이었다. "멘토에서 단독자로"[11]라는 기사 제목이 알려주듯 김난도의 『아프니까 청춘이다』(2011), 혜민스님

---

11 「"멘토에서 단독자로" 40·50 → 20·40 젊어진 에세이 독자」, '뉴스와이어' 사이트의 알라딘 보도자료 〈1999~2021년 에세이 분야 도서 구매 경향 분석〉, 2021.7.8. 참조. (https://www.newswire.co.kr/newsRead.php?no=926747) (최종접속일: 2024.5.31.)

의 『멈추면 비로소 보이는 것들』(2012)과 같은 '어른 멘토'들의 에세이가 베스트셀러에 이름을 올리다가, 2010년대 후반, 2020년에 들어서는 비슷한 계열의 '(힐링) 에세이' 중에서도 『곰돌이 푸, 행복한 일은 매일 있어』(2018)처럼 귀여운 캐릭터와 따뜻한 글귀를 모아놓은 캐릭터 에세이 시리즈나, 김수현의 『나는 나로 살기로 했다』(2016), 백세희의 『죽고 싶지만 떡볶이는 먹고 싶어』(2018), 하완의 『하마터면 열심히 살 뻔했다』(2018)처럼 개인, 단독자로서의 '나'에 집중하는 책들이 몇십만 부, 많게는 백만 부 이상 팔리며 베스트셀러가 되었다.

이러한 2010년대 후반 에세이의 인기는 과거 에세이 장르가 '누구나 쓸 수 있는' 양식으로 받아들여지면서도 실질적으로는 주로 교수·지식인이나 전문직 종사자들에 의해 쓰이면서 '사색', '지식', '지성', '교양', '앎'과 같은 키워드와 접속하던 양상과는 뚜렷하게 구별된다.[12] 이제 독자들은 삶에 대한 '깊은 통찰'을 가진 스승·조언자를 구하는 것이 아니라, 아프면 정신과에서 상담을 받고 약을 먹으며 힘들면 일을 그만두는, '나'와 같은 고민을 하는 동시대·동세대의 글을 찾아 읽는다.[13]

---

12 가령 '수필의 시대'라 불리는 1960년대의 수필(에세이) 붐을 분석한 오혜진은 이 시기 에세이의 인기가 올바른 지성과 교양의 형성이라는 목적하에 공산주의나 저항적 실존주의와 같은 앎의 성격을 배제하고, 순수하고 사색적인 앎을 긍정하는 전후 문화정치의 산물임을 밝혔다. 주로 판·검사, 의사, 교수, 목사처럼 특정 분야의 전문가로서의 지식을 드러내면서도, 지나치게 전문화된 내용보다는 생활인으로서의 면모와 인문교양 전반에 대한 폭넓은 지혜를 제공하는 이들의 에세이는 "근대 아카데미즘의 제도적·전문적 앎과 독서대중이 지닌 보편적 앎의 간극을 보충하는 가교 역할"을 담당했다. 오혜진, 「카뮈, 마르크스, 이어령: 1960년대 에세이즘을 통해 본 교양의 문화정치」, 『한국학논집』 51, 계명대학교 한국학연구원, 2013, p.160.

13 치유와 힐링을 내건 2017~2018 베스트셀러 장에서 또 하나의 축을 차지하고 있는 것은 정신질환과 우울증에 대한 서사이다. 『죽고 싶지만 떡볶이는 먹고 싶어』의 대대적인 성공에서도 알 수 있듯, '정병러('정신병'과 접미사 '-er'의 합성어)'들은 정신질환 이력이 절대 알려지면 안 된다는 사회적 낙인이 강한 한국사회에서

물론 이러한 수많은 '나'들의 돌출로 만들어지고 있는 '에세이 제국'에 대하여, '행복한 이기주의자'로서의 '나', 타인의 말을 경청하기보다 '나'를 지키는 것에 집중하는 '나'를 강조한 결과, 타자와 공동체의 자리는 사라지고 자기보존과 자본의 논리만이 강화된다는 비판적 논의도 존재한다.[14] 그러나 이른바 '일인칭 글쓰기의 전성시대'가 청년 세대에게 모범적인 삶의 표준에 도달하기 위해 '노오력'할 것을 강요하던 '헬조선' 시대를 거쳐, 더 이상 기성세대가 만들어놓은 틀 안에 갇혀 살지 않겠다는 선택들이 하나둘 늘어나고 있는 시점에서 도래하였음을 떠올린다면,[15] 에세이의 인기가 갖는 사회적 의미를 단순히 출판자본 기획에의 포섭으로 해석할 수는 없을 것이다.

이때 중요한 것은 "이 자유로운 글쓰기 방식은 그것을 전유하는 주체가 누구이냐에 따라 사회의 지배적 담론의 성격을 드러내는 지표가 되어 왔다. 오늘날 여성 에세이가 범람하고 있는 현상은 그것을 권력 이동의 징후로까지 해석하기는 어렵지만, 우리는 그러한 여성의 글쓰기를 통해 사회 문화적 구조의 변화를 기대해 볼 수 있다."[16] 라는 말처럼, 에세이 현상과 글쓰기 주체의 젠더적 측면을 읽어내는

상담 경험, 약 복용, 일상, 고통 등에 대해 적극적으로 발화하고 정보를 나누기 시작했다. 그중에서도 우울증 서사와 페미니즘 운동의 교차에 주목하는 연구로는 장윤원, 「20-30대 여성 우울증과 페미니스트 대항서사의 가능성」, 연세대학교 석사학위논문, 2020을 참조할 수 있다.

14 장은수, 「에세이 열풍을 어떻게 볼 것인가」, 『황해문화』 102, 새얼문화재단, 2019 봄 참조.

15 정주아, 「1인칭 글쓰기 시대의 소설」, 『창작과비평』 192, 창비, 2021 여름, pp.53-56.

16 이주미, 「여성 에세이를 통해 본 여성적 글쓰기의 특징: 『말의 귀환』과 『여성이 글을 쓴다는 것은』을 중심으로」, 『여성문학연구』 22, 한국여성문학학회, 2002, p.111.

것이다. 예컨대 최근 20~30대 여성들이 우울증을 고백하는 자기서사 쓰기를 수행함으로써 자신의 '소수적 감정(마이너 필링스)'을 공적이고 정치적인 것으로 의미화하고, 이를 다른 '미친 여자'들과의 연대 자원으로 확장하고 있다는 데 주목한 김은하의 논의[17]나, 에세이와 여성주의·성소수자 소설에서 나타나는 일인칭 글쓰기 형식의 출발점을 "누군가에 의해 대상화되지 않은 자신의 모습을 그려내고 싶다는 욕망, '나'를 중심으로 세상을 다시 보고 싶다는 욕망"[18]으로 읽어내는 정주아의 논의는 페미니스트 시각에서 본 에세이 양식의 의미를 밝힌 글이라 할 수 있다.

즉 오늘날 '여성 에세이'는 단지 '나'가 어떠한 상태여도 '괜찮다'는 메시지를 전달하는 데에서 나아가, 동시대 페미니즘 운동과 직·간접적으로 접속하면서 여성으로서 겪는 일상적 차별을 보여주고, 더 나은 미래를 현실화할 방법을 고민하는 장으로서의 역할을 하고 있다는 점에서 앞서 살펴본 '힐링 에세이'류와는 분명한 차이가 있다. 그렇다면 이제 '여성 에세이'를 읽고 쓰는 주체의 특징을 구체적으로 살펴보자.

2015~2016년 '리부트' 초기에 베스트셀러가 된 페미니즘 서적은 주로 자기고백적인 에세이나 강연록으로, 리베카 솔닛의 『남자들은 자꾸 나를 가르치려 든다』(2015), 치마만다 응고지 아디치에의 『우리는 모두 페미니스트가 되어야 합니다』(2016), 록산 게이의 『나쁜 페미니스트』(2016)와 같은 대중서, 입문서 역할을 하는 책이 많았다. 그런 점에서 에세이는 계속해서 여성 독자의 선택을 받고 있다. 알라

17　김은하, 「여성 정병러의 소수적 감정 쓰기」, 임옥희·김미연·김은하, 『실격의 페다고지』, 도서출판 여이연, 2022, pp.182-183, pp.190-191 참조.
18　정주아, 앞의 글, p.60.

딘이 제시한 자료에 따르면 2019~2020년에 20대 독자들의 에세이 구매율이 급증하여 2000년대에 1%에 불과했던 수치가 전체의 25%로 증가했으며, 여성 에세이 작가들이 새롭게 주목받았을 뿐만 아니라 전체 에세이 독자층에 있어서도 여성 독자가 전체의 75.4%를 차지했다고 한다.[19] 유사하게 예스24 역시 2020년 여성 작가 에세이의 판매량은 10년 전에 비해 134% 증가했으며, 구매자의 81.7%가 여성으로 30~40대 여성의 비율이 높았다고 밝혔다.[20] 이렇게 '여성 에세이' 독자층이 20대부터 30, 40대까지를 아우르게 된 것은 '여성 에세이'가 다루는 페미니즘 이슈가 '탈코르셋'과 같은 10~20대 '영영페미니스트'들의 관심사뿐만 아니라, 임신, 출산, 육아와 같은 소재, '엄마'로서의 위치에 대한 자기고백 등 더 많은 세대의 여성들을 포괄할 수 있는 쪽으로 확장되었기 때문이다.

여기서 중요한 차이점이 있다면 이제 많은 에세이가 번역서가 아니라 국내저자에 의해 쓰이고 있으며 그 수가 폭발적으로 증가하고 있다는 사실이다. 국내저자의 성장은 '페미니즘 대중화'를 거치고 있는 출판 시장에서 가장 눈에 띄는 변화라고 할 수 있으며, 이러한 변화는 특히 에세이 분야에서 두드러진다. 예스24의 월간 베스트셀러 목록을 살펴보면, 은수연의 『눈물도 빛을 만나면 반짝인다』(2012), 이영미의 『마녀체력』(2018), 박은지의 『제가 알아서 할게요』(2018), 김혼비의 『우아하고 호쾌한 여자축구』(2018), 김진아의 『나는 내 파이를 구할

---

19   각주 11의 알라딘 보도자료 참조.

20   「2020 여성 에세이 늘어, 주요 구매층도 3040으로 변화」, 『채널예스』, 2020.12.10.
      (http://ch.yes24.com/Article/View/43548?Ccode=000_008_001) (최종접속일:
      2024.5.31.)

뿐 인류를 구하러 온 게 아니라고』(2019), 송해나의『나는 아기 캐리어
가 아닙니다』(2019), 민서영의『쌍년의 미학』(2018), 우아영의『아기
말고 내 몸이 궁금해서』(2020), 전지민의『육아가 한 편의 시라면 좋겠
지만』(2020), 하말넘많의『따님이 기가 세요』(2021), 김하나·황선우의
『여자 둘이 살고 있습니다』(2019) 등 대부분의 에세이가 국내저자에
의해 쓰였음을 확인할 수 있다.[21]

　또한 여성 문인이나 지식인 필자뿐만 아니라 평범한 직장인이나 학
생처럼 '일반인'들이 출판 시장에 적극적으로 진입하는 양상이 나타
난 것은 주목을 요한다. "베스트셀러 목록에 첫 책을 낸 저자의 이름
이 이렇게까지 자주 보인 한 해가 있을까 싶다"[22]는 말처럼, 이제 여성
-대중은 독자의 위치에 머무르지 않고 자신의 이야기를 직접 쓰는
저자로 언제든지 전환될 수 있는 존재로 부상했다. 여기에는 카카오
브런치북[23]이나 텀블벅의 출판 펀딩, '일간 이슬아'와 같은 메일링 서
비스 등 유명한 작가가 아니더라도 누구나 쉽게 글을 쓰고 출판·홍보
할 수 있는 플랫폼이 생긴 것도 크게 작용했다. 그중에서도 페미니즘
을 주제로 한 출판물이 가장 활발하게 올라오는 텀블벅의 경우를 살

21　예스24의 '여성 에세이' 베스트셀러 목록은 홈페이지에서 2018년 2월(전월 판매량
　　기준)부터 확인할 수 있다.
22　이다혜, 「책 읽기는 싫지만 에세이는 읽고 싶어」, 『자음과모음』 40, 자음과모음,
　　2019 봄, p.274.
23　카카오의 보도자료에 따르면 2022년까지 브런치에 등록된 작가의 수가 5만 명이
　　넘었으며, 이 중 책을 출간한 작가는 2천 9백여 명, 출간 도서는 4천 6백여 권에
　　달한다고 한다. 이 중에서 『어서오세요, 휴남동 서점입니다』(황보름, 2022), 『젊은
　　ADHD의 슬픔』(정지음, 2021), 『90년생이 온다』(임홍택, 2018), 『무례한 사람에게
　　웃으며 대처하는 법』(정문정, 2018), 『하마터면 열심히 살 뻔했다』(하완, 2018),
　　『공부머리 독서법』(최승필, 2018)과 같은 베스트셀러가 브런치를 통해 탄생했다.
　　(https://www.kakaocorp.co.kr/page/detail/9670) (최종접속일: 2024.5.31.)

펴보자.

〈2021~2022 텀블벅 '에세이' 카테고리 중 여성, 페미니즘, 퀴어 관련 서적 목록〉[24]

* **1인 가구, 비혼, 여성 공동체 등** :『이 결혼은 아이를 데리고 탈출합니다』(탈혼 가이드), 『여자 넷이 사는 집은 조용할 날이 없다』(여성 동거 기록), 『희망을 버려 그리고 힘내』(여성 1인가구), 『이토록 다정한 세계』(여성 8인 일주일 마을살이 기록)

* **임신, 출산, 육아** :『결혼부터 아이까지』(가족을 만드는 일에 대한 자기계발서), 『거기까지 가서 그렇게까지』(결혼으로 이주한 여성들의 이야기), 『엄마도 계속 클게』(열두 살 엄마의 그림일기), 『인생 초보인데 아기도 있어요』(엄마가 된 여성청년 이야기), 『육아, 겁내지 말자』(직장인 여성의 육아), 『소란스러운 로망 영양제 열두 알』(워킹맘), 『내 일을 지키고 싶은 엄마를 위한 안내서-확장판 인터뷰집』(일vs육아 인터뷰)

* **일상 등** :『싫싫한 하루 보내세요』(다섯 여자의 욕망 에세이), 『92년생 K-장녀』(92년생 장녀들의 에세이), 『마침표를 찍는 데에만 한 시간이 걸렸습니다』(밀레니얼 여성들의 편지), 『순자씨의 1일 1행』(여든아홉 순자씨의 일기), 『계란 깨는 여자들』(1990~1991년생 여성 에세이)

* **퀴어** :『유학생』(지역 퀴어의 목소리), 『트랜스젠더도 마라탕을 좋아하나요』(트랜스젠더 인터뷰집), 『행복이 더 멀어지기 전에』(서울대 레즈비언 학생회장 김보미와 열 명의 성소수자 이야기)

---

24 2021년 1월 1일부터 2022년 11월 10일까지 업데이트된 프로젝트를 기준으로 한 것으로, 필자가 주제별로 분류하였으며 괄호 안의 설명은 프로젝트 설명을 참조하였다. 다만 표면적으로 여성·페미니즘 관련 주제임이 잘 드러나지 않아 목록에 포함되지 않은 에세이들이 더 있을 것으로 예상된다.

* **성폭력 :**『오빠, 범인』(남매성폭력 생존자 에세이·전시),『허들을 넘는 여자들』(성범죄 대응 매뉴얼),『부름받아 나선 이년』(교회 내 성차별·성폭력)
* **생리 :**『나는 오늘도 좋은 느낌』(서울예대 학생들의 독립출판물), 『월경은 마라톤을 닮아서』(세대별 월경 에세이)
* **건강, 운동 :**『외인구단 리부팅』(여자 야구 이야기, 인터뷰집), 『헬스장 사람들』(헬스하는 여성 에세이)
* **그 외 :**『나의 삶이 당신에게 이야기가 될 때』(여성 글쓰기),『가시화』(숙명여대 재학생 페미니즘 독서 소모임, 리더십/탈코르셋/운동/연대/사랑),『이제야, 나답게』(경력단절 여성),『기울어진 무대 위 여성들』(무용 칼럼니스트의 여성주의 무대 비평),『정일당 유고』(조선시대 여성 성리학자 기록),『스키터』(엄마의 갱년기),『이제서야』(숨겨진 한국 여성위인 이야기),『여신은 칭찬일까?』(여성 아이돌)
* **기타 인터뷰집 :**『엄마의 브랜드 1』(강원도 원주에서 브랜드를 운영하는 엄마들 인터뷰),『우리는 넘어지며 언니가 된다』(4050 여성 인터뷰),『엄마예술가의 시간』(다자녀여성예술가 인터뷰집),『예술가의 초상』(여성예술가 25인 인터뷰/사진집),『여성, 사장님 인터뷰』(20~50대 동네 여성 사장님 인터뷰),『여성 청년 정치』(페미니스트 정치인 인터뷰)

펀딩 기간 2021년 1월부터 2022년 11월 초 기준, 텀블벅에 올라와 있는 에세이 출판 프로젝트 중, 메인 화면을 통해 표면적으로 주제가 여성, 페미니즘, 퀴어와 관련된 것이거나 여성 작가의 에세이 프로젝트로 확인되는 펀딩은 2022년 20건 이상, 2021년의 경우에는 30건이 넘는다. 기성 출판사에서 펀딩을 하는 경우도 있지만 '일반인' 저자들의 독립출판도 많은 비중을 차지하고 있으며, 에세이의 내용 역시 '나'

의 경험과 주변의 평범한 여성들의 이야기를 담고 있는 경우가 많다.

특히 페미니즘과 관련한 출판 펀딩에 참여함으로써 책이 다루고 있는 이슈나 저자의 주장에 대한 지지를 보여주고 이를 하나의 페미니스트 실천으로 여기는 독서문화가 정착하면서, 독자들은 등단과 같은 이력이 없다고 할지라도 콘텐츠가 다루고 있는 주제와 자신의 관심사나 신념이 일치한다면 저자가 이름이 알려진 사람이든 아니든 얼마든지 책을 구입하는 것이다. 아래의 표는 텀블벅 사이트에서 펀딩이 성사된 출판물 중 페미니즘 이슈를 주제로 한 출판물을 펀딩금액 순으로 정렬한 것이다.(분류: 텀블벅 기준) 이 서적들은 모두 지난 몇 년간 페미니즘 운동이 핵심적인 이슈로 다룬 주제들이 무엇이었는지를 뚜렷하게 보여준다.

저자	제목	펀딩 기간	후원자(명)	펀딩금액(원)	키워드	분류
작가1	탈코일기 1,2	2018.11.28.~ 2019.01.01.	8,780	193,481,760	탈코르셋	에세이
경제 프로젝트팀 B코노미	BECONOMY (비코노미)	2020.11.04.~ 2020.11.30.	2,873	78,599,000	비혼여성, 경제지침서	실용·취미
추적단 불꽃	우리, 다음	2021.03.18.~ 2021.04.30.	1,969	62,960,777	디지털성범죄, N번방	저널리즘
참고문헌 없음 준비팀	참고문헌 없음	2017.02.20.~ 2017.03.19.	2,321	61,831,507	문단 내 성폭력	저널리즘
닷페이스	세탁소의 여자들	2018.08.27.~ 2018.09.27.	1,865	49,422,160	낙태죄 폐지	저널리즘

상위 다섯 개의 출판물 중에서 압도적으로 펀딩 금액과 후원자 수가 높은 『탈코일기』는 2018년 다음 카페 '올뺨'에 익명의 작가가 만화

연재를 시작한 후 입소문을 타면서 펀딩, 정식 출간으로까지 이어졌다. 『탈코일기』의 저자는 '강남역 살인사건' 때 처음으로 페미니즘을 접했지만 2018년 초 탈코르셋을 인증하는 여성들을 보며 충격을 받고, 머리를 자르고 탈코를 실천하며 '진짜 페미니스트'가 되었다고 말한다.[25] 텀블벅 커뮤니티에는 '친구들과 함께 읽고자 여러 권을 샀다'거나, '오탈자가 많고 파본이 왔지만 여자가 큰일을 하다보면 그럴 수도 있다', '정상에서 보자', '주체적 꾸밈을 하고 있었는데 이 책을 읽고 깨달음을 얻었다', '작가님 덕분에 탈코를 하게 됐다' 등 이미 탈코했거나 하고자 하는 후원자들의 간증과 열띤 지지를 확인할 수 있다.

두 번째로 많은 펀딩금액을 모은 『BECONOMY』 역시 광주·전라 지역의 비혼 공동체인 '비컴트루'의 회원 중에서 경제에 관심 있는 '평범한 비혼여성' 일곱 명이 모여서 쓴 경제 지침서이다. 20대부터 30대 중후반의 여성 독자를 타깃으로 삼은 이 책은, 대학생~취준생 시기의 소비와 절약 팁, 사회 초년생의 돈 모으는 방법, 자산형성기 여성의 내 집 마련에 이르기까지의 경제 지침을 통해 수도권 중심의 담론에서 벗어난 지방 비혼여성 중심의 경제 담론과 콘텐츠를 제공하면서 주목을 받았다.[26]

정리하자면 '나'의 모든 경험이 글쓰기의 자원이 될 수 있고 인스타그램, 유튜브, 트위터, 페이스북, 블로그, 브런치 등 일상을 기록하는 매체들이 넘쳐나는 시대에, 에세이라는 자유로운 형식이 성차별,

25 작가1, 『탈코일기 2』, 북로그컴퍼니, 2019, 책날개 및 250쪽의 '작가와의 인터뷰' 참조.
26 「돈 모아서 결혼하라? 아니, 우린 1인가구 '비코노미'!」, 『한겨레』, 2021.1.5. (https://www.hani.co.kr/arti/society/women/977323.html) (최종접속일: 2024. 5.31.)

성폭력, 임신, 출산, 육아와 같은 여성·페미니즘의 문제와 접속하면서 '여성 에세이' 전성시대를 만들어 낼 수 있었던 것이다. 다음으로 검토할 것은 '여성 에세이'가 열어젖힌 무수한 개별성의 세계가, 어떤 지향성을 갖고 우리에게 이야기를 들려주고 있느냐이다.

3. 페미니스트 '되기'에서 '살기'로

3.1. 비혼, 혹은 새로운 '가족' 만들기

'페미니즘 대중화' 시기 '여성 에세이'에서 빈번하게 다뤄지는 주제의 경향성을 파악하기 위해서는 '래디컬 페미니스트'들이 온라인 공간을 중심으로 주도하고 있는 '4B(비섹스, 비연애, 비혼, 비출산)'와 탈코르셋[27] 운동을 살펴볼 필요가 있다. 2010년대 중반 '강남역 살인사건', '미투운동', '홍대몰카 편향수사', '혜화역 시위', '버닝썬 게이트', 'N번방' 등 연이은 사건들로 인해, 운동의 영역에서는 물론이고 일상의 영역에서 여성의 안전을 위협하는 모든 잠재적 요소를 배제

---

27 '탈코르셋'이란 여성에게 가해지는 사회적인 억압, 강요된 꾸밈과 '여성다움'에서 벗어나자는 의미로 사용되는 용어이다. 2018년 초 인스타그램과 트위터 등 SNS에 자신이 가지고 있는 화장품을 부수고 머리를 짧게 자른 모습을 인증하면서('#탈코르셋_인증') 일상의 변화로부터 출발하는 페미니즘 운동의 일환으로 수행되고 있다. 김애라는 10~20대 여성들에게 탈코르셋은 단지 외모와 관련한 이슈일 뿐만 아니라 비용의 측면에서 남성과의 '평등한 경쟁'을 저해하는 요소를 제거하는 실천이기에 중대한 이슈로 부상할 수 있었으며, 이 운동이 SNS에 인증·전시하는 전략을 통해 온라인 공간에서 탈코르셋을 성공적으로 가시화하고 다른 여성들에게 동참을 요구하여 널리 확산될 수 있는 계기를 마련했다고 보았다. 김애라, 「'탈코르셋', 겟레디위드미(#getreadywithme): 디지털경제의 대중화된 페미니즘」, 『한국여성학』 35(3), 한국여성학회, 2019 참조.

하고자 하는 움직임이 부상하게 된다. 또한 가스라이팅, 스토킹, 불법촬영, '데이트폭력'으로 인해 여성이 죽거나 심하게 다치는 피해사례가 계속해서 알려지면서, '안전이별'이라는 말이 일상화될 정도로 여성에게 남성과의 로맨스가 말 그대로 목숨을 위협할 수도 있다는 불안과 공포마저 커지게 되었다.

> 독립 이전에 살던 동네는 아파트가 밀집한 주거 지역이었고 밤에 가로등이 켜져 있어 거리를 돌아다닐 수 있는 곳이었다. 밤길 속 환하게 빛나는 경비실은 이곳이 안전한 곳이라는 표지판과도 같았다. '강남역 여성혐오 살인 사건'때 친구들이 '밤에 집에 들어가는 길이 너무 무섭다'고 이야기하면 '그렇지' 하면서도 그 공포를 온전히 이해하지 못했다. 이사한 선화동의 빌라는 어둑한 원룸촌에 있었고, 이때부터 밤길의 공포도 내 언어가 됐다. 인터넷 설치 기사가 왔을 때, 정수기 설치 기사가 왔을 때, 도배 기사가 왔을 때도 그랬다. 지현이 출근한 사이 대부분의 기사들이 왔고 나는 그들과 단둘이 집에 있었다. 무슨 일이 생기지는 않겠지, 하면서도 휴대폰을 꼭 잡고 있거나 방문을 잠갔다. 그러면서 생각했다. 만약 이 집에 나 혼자 살고 있었으면 어땠을까. 전화 한 번에 달려와줄 사람들이 나에겐 있었다. 공포의 크기는 거기서 달라진다.[28]

비혼 여성 간의 공동주거에 대한 경험의 서술에서 드러나는 "강남역 여성혐오 살인 사건"과 "밤길의 공포", 남성 설치 기사와 단둘이 남겨지는 것에 대한 불안은 '여성'으로 이루어진 비혼 공동체를 꾸림으로써 비로소 해소되는 것으로 나타난다. 안전에 대한 불안과 공포

---

28 권사랑, 「소리가 나는 곳을 따라」, 권사랑·서한나·이민경, 『피리 부는 여자들: 여성 간의 생활·섹슈얼리티·친밀성』, 보슈, 2020, pp.35-36.

는 오늘날 '영영페미니스트'의 자기서사에서 페미니스트가 될 수밖에 없는 이유, '여성'만을 위해 싸워야만 하는 이유, 여성들로만 이루어진 '안전한 공동체'에 대한 열망을 이루고 있는 가장 강력한 정동이라고 할 수 있다.[29]

이에 더하여 한국사회에서 '공정'과 '능력주의'가 성평등의 목적이나 성차별 구조를 의도적으로 배제한 채 한정된 자원의 분배 결과만을 문제 삼으면서 여성과 소수자의 성적 차이를 이익을 얻을 수 있는 '자원'으로서 여기는 반동적 담론으로 전개되고,[30] 경제적 위기 속에서 중산층 가족주의와 세습이 한층 더 강화되는 흐름과 맞물려, 여성들은 연애와 결혼, 임신, 출산, 육아라는 선택지를 성차별적 노동시장에서 자신의 생존을 더욱 위협하는 걸림돌로 인식하게 되었다.

---

29 추지현과 이현재는 2010년대 후반 '피해자 중심주의'를 둘러싼 페미니즘의 논의가 피해를 발생시키는 구조와 맥락을 고려하는 방향이 아닌 광범위한 '피해자 정체성'의 강화라는 형태로 전개되면서, '생물학적 성별'이나 인종 등 몸의 경계를 중심으로 타자를 배제하는 동일시의 정치가 이루어지고 있음을 비판적으로 분석한다. 추지현·이현재, 「'피해자' 의미의 교란: 안전, 고통, 권리 담론이 페미니즘에 미친 효과와 과제」, 『한국여성철학』 36, 한국여성철학회, 2021 참조. 이와 관련하여 '생물학적 여성'의 안전과 권리를 위해 트랜스젠더, 난민과 같은 소수자를 배제하고, 이들과 연대하고자 하는 페미니즘 운동을 여성의 권리를 빼앗는 행위로 인식하는 '터프'의 논리를 뒷받침하는 강력한 근거 역시 '생물학적 여성'에 대한 트랜스젠더의 '폭력'이다. 또한 트랜스젠더는 여자로 태어나지 않았기에 여성이 겪는 차별과 혐오의 경험을 진정으로 이해할 수 없다는 논리도 사용된다. 그렇기에 '생물학적 여성'의 안전과 권리를 최우선으로 하는 '급진 페미니즘'의 주장은 여자 화장실, 여자대학, 여성 스포츠 경기 등을 중심으로 전개되고 있다. 김보명, 「'여성 공간'과 페미니즘: 트랜스젠더 여성에 대한 배제를 중심으로」, 『현대문학의 연구』 71, 한국문학연구학회, 2020 참조.

30 군가산점제와 징병제를 둘러싼 논쟁, 여성가족부 폐지 수순, 여성할당제와 블라인드 채용에 대한 남성들의 불만, '역차별'과 같은 예를 떠올려볼 수 있다. 엄혜진, 「성차별은 어떻게 '공정'이 되는가?: 페미니즘의 능력주의 비판 기획」, 『경제와사회』 132, 비판사회학회, 2021.

'4B'를 실천하고 있는 20대 '래디컬 페미니스트'를 대상으로 한 연구에서, 그녀들은 '4B'란 무엇인가라는 물음에 "탄탄대로", "가부장제 타파", "클린한 삶", "여성의 삶에 붙어있는 불순물을 버리는 가치관", "나답게 사는 것, 나에게 온전히 집중하는 삶"[31]이라고 답한다. 결혼, 임신, 출산을 없애는 것이 바로 불순물이 없는 클린한 삶, 온전한 '나'로 사는 방법으로 제시되는 것이다. 그리고 이러한 삶은 추후 살펴볼 여성의 경제력과 밀접하게 연결되어 있다.[32]

그러나 여성의 몸과 사적 영역, 친밀성의 형식에 관한 문제의식이 불안과 공포의 정동과 연결되어 표출되는 것만은 아니다. 김하나·황선우의 『여자 둘이 살고 있습니다』는 여전히 "세상에 괜찮은 여자가 싱글로 남아 있는 경우는 없다는 것이 그의 요지였다. "정말 값진 보석은 사막 한복판에 숨겨져 있어도 세상에 나오는 법이에요. 상인들이 어떻게든 찾아내서 값을 지불하고 손에 넣거든.""[33]과 같은 어느

---

31 강미선·김성희·정인혜, 「내 뜻대로 삶 쓰기: 20대 여성의 4B 가치관 형성 과정 연구」, 『여성학논집』 37(1), 이화여자대학교 한국여성연구원, 2020, p.163. 이 논문의 분석 내용에서 한 가지 흥미로운 사실은, 이들 '래디컬 페미니스트'가 비규범적 삶의 양식을 실천하고 있음에도 결혼과 출산에 있어서는 결혼 후 출산이라는 순차성을 수용하고 비혼과 비출산이 자연스레 동반되는 것으로 인식함으로써 대체로 한국사회에서 통용되는 정상성의 규범을 내재하고 있는 것으로 나타났다는 점이다.(p.168)

32 '4B' 여성을 인터뷰한 또 다른 연구에서는 이들 여성이 새로운 가족 구성에 대한 상상을 펼치는 가운데 대안 가족을 형성하는 하나의 방법으로서 입양을 생각하기도 하며, 입양을 통한 양육을 미래세대 여자아이에 대한 후원의 개념으로까지 인식하고 있음이 드러난다. 하지만 아이에 대한 '돌봄'의 차원은 의식적/비의식적으로 회피되고 있었는데, 이는 '여성성'에 대한 거부와 함께 여성의 경제적 문제에 원인이 있는 것으로 나타났다. 박진솔, 「페미니즘 리부트 이후 4B 여성의 정치적 의미에 대한 연구」, 이화여자대학교 석사학위논문, 2022, pp.132-136.

33 김하나·황선우, 『여자 둘이 살고 있습니다』, 위즈덤하우스, 2019, p.80.

남성의 '보석이론'이 여전히 입 밖으로 나오는 한국사회에서, 여성 동거인(그리고 고양이)과 살아가는 평화롭고 유쾌한 일상의 기록을 통해 대안적인 가족 공동체를 열망하는 독자들에게 하나의 참고 사례를 제시한다.

태아에게만 초점이 맞춰져 있던 기존의 임신·출산 이야기의 틀에서 벗어나, 임산부의 몸과 임신 증상, 비출산에 대한 고민을 다루는 글도 연이어 출간되고 있다. '과학 에세이'『아기 말고 내 몸이 궁금해서』(2019), '열 받아서 매일매일 써내려간 임신일기'라는 부제를 가진 『나는 아기 캐리어가 아닙니다』(2019), 결혼은 했지만 아이는 낳지 않기로 결심한 여성들의 목소리를 들려주는 『엄마는 되지 않기로 했습니다』(2020)처럼, 최근 '여성 에세이'는 '엄마'라는 여성의 위치에 대한 고민을 나누는 것과 더불어, 임신을 숭고한 일로 포장하면서도 정작 임신과 출산에 대한 정보가 제대로 공유되지 않는 현실을 비판한다. 이러한 양상은 과거 여성의 자전적 에세이가 직업적 성취를 강조하든 전통적 성역할을 강조하든 결국 여성의 행복이 남편의 적극적 후원과 지지, 자녀에 대한 모성과 같은 가정적 요소에 달려 있음을 보여주던 것에서 탈피한 지점이다.[34]

---

34 1990년대 중반에 들어 고학력 여성이 증가하고 여성이 노동시장에 활발하게 진출하기 시작했지만, 여전히 전통적이고 가부장적인 성역할이 강조되고 전문직보다는 노동시장의 하층부에 머무르게 되는 모순적인 상황 속에서, 성공한 여성들의 자전 에세이가 출판시장에서 엄청난 인기를 끌게 된다. 이 시기 여성 자전 에세이 베스트셀러를 분석한 백창화에 따르면 조안 리의 『스물 셋의 사랑 마흔 아홉의 성공』(1994), 이정순의 『강한 여자는 수채화처럼 산다』(1994), 엄앵란의 『뜨거운 가슴에 좌절은 없다』(1996), 서진규의 『나는 희망의 증거가 되고 싶다』(1999)와 같은 여성 자전 에세이가 20만 부, 많게는 180만 부 이상 팔리면서 흥행을 이어 나갔다. 백창화, 「여성 자전 에세이에 나타난 여성의 성공과 정체성: 1990년대 베스트셀러를 중심으로」, 서강대학교 석사학위논문, 2000 참조.

송해나의 『나는 아기 캐리어가 아닙니다』는 트위터 계정 '임신일기 (@pregdiary_ND)'에 임신과 관련한 경험을 쓴 트윗과 멘션을 모아 출간한 책이다. 짧은 일기 형태의 임신 기록은 집, 일터, 지하철 등 다양한 생활 공간에서 겪는 소소한 일에서 출발하여 노키즈존이나 낙태죄 문제와 같은 사회 문제로 확장되고, 정상성 규범에 대한 질문, '기혼 유자녀 페미니스트'로서의 삶에 대한 다짐으로까지 이어진다.

> 그동안 사회는 임신한 여성 개인의 각기 다른 경험을 하나의 경험으로 치부하고 임신한 여성을 '기혼 유(有)자녀 여성'이라는 그룹 안에 가두며 임신·출산에 대한 논의를 축소시키고 사적인 이야기로 한정시켰다. 그러나 분명히 말해둔다. 임신 경험은 저마다 다르고 여성들의 서사는 납작하지 않다. 임신한 여성을 혼인 여부에 따라 구분 지어서도 안 될 것이며, '자발적으로, 비자발적으로 임신하지 않은 여성'이 소외되어서도 안 된다.[35]

> 2019년 4월, '낙태죄'의 헌법불합치 판결에서 낙태죄 존치를 주장한 헌법재판관은 "우리는 모두 태어났다"라는 '명문'을 남겼다. 우리가 모두 태아였고 아기였고 어린이였다면 어째서 우리나라엔 노키즈존No kids zone이 범람하는지 모르겠다. 영유아를 반기지 않고 적대하는 사회는, 실은 영유아를 통제하지 못하는 '엄마'를 혐오하는 것이라 생각한다.[36]

한국의 출산율은 2021년 0.81명, 2022년 0.78명, 2023년 0.72명으로, 앞으로도 계속 감소 추세가 예상된다고 한다. 이렇게 기록적으로

---

35 송해나, 『나는 아기 캐리어가 아닙니다』, 문예출판사, 2019.(전자자료)
36 위와 같음.

낮은 출산율을 매번 경신하는 사회지만, '사람들이 나보고 맘충이래' 라는 '82년생 김지영'의 말처럼 엄마로서의 여성의 지위는 '벌레'만도 못한 것으로 손쉬운 비난의 대상이 된다. 2016년 '대한민국 출산지 도'[37] 논란에서처럼 여성의 몸은 '아기 캐리어'로 여겨지지만 어떤 출 산, 예컨대 방송인 사유리씨의 정자기증을 통한 출산처럼 '남자 없는 출산'은 가족 개념을 위협하고 '정상적'이지 않다는 이유로 배척되고 있다. 여전히 이성애 가족 중심주의가 강하게 작동하고 있는 한국사회 에서, '혼자 살기로 했다', '여자랑 살기로 했다', '나는 아기 캐리어가 아니다', '엄마는 되지 않기로 했다'고 선언하는 '여성 에세이'의 목소 리는, 전통적인 모성 담론이나 현모양처론에서 벗어나 비슷한 고민을 가지고 있는 여성들에게 새로운 삶의 형태의 가능성을 보여준다.

3.2. 여성이여 '돈'과 '야망'을 가져라

"여성이 픽션을 쓰기 위해서는 돈과 자기만의 방이 있어야 한다"[38] 라는 『자기만의 방』의 유명한 구절은 최근 일군의 여성들에게 '돈'과 '야망'에 대한 모토로 번역된다. '(비혼)여성이 살아남기 위해서는 근 로소득만으로는 부족하며, 주식·코인투자를 통해서 돈을 모아 집 한 채라도 마련해야 한다.' 이는 부동산 투기, 주식과 코인 열풍이 불면 서 여성들 역시 투자주체로서 '영끌' 대열에 합류하게 되는 흐름과

---

37 '대한민국 출산지도'는 전국의 가임기 여성 현황을 확인할 수 있는 자료로서 행정 자치부에서 지자체별로 출산장려정책을 확인하고 '경쟁'을 유도한다는 목적에서 배포되었으나, 저출산의 탓을 여성에게 전가하고 여성을 출산을 위한 도구로만 여 긴다는 항의가 쏟아지자 철회되었다.
38 버지니아 울프, 『자기만의 방』, 이미애 역, 민음사, 2006, p.10.

맞닿아 있다.

무엇보다 여성들의 금융 투자는 여성의 독립이라는 페미니즘의 목표에 도달하기 위한 수단으로서 긍정되기 시작했다. 과거 주식이 남성들이 가산을 탕진하는 부정적이고 위험한 영역으로 인식되었다면, 2010년대 후반부터 왜 주식은 남성의 전유물인가에 대한 의문이 제기되면서 점차 여성의 주식투자에 대한 긍정적인 가치 평가가 늘어나고 오히려 남성보다 더 많은 수익을 낼 수 있는 경제행위로 의미화된 것이다.[39] '신라호텔 망고빙수'[40]로 촉발된 여성의 주식투자와 페미니즘 가치의 공존이라는 문제는 여성의 다양한 소비활동을 '무개념'으로 여기는 것은 '김치녀' 낙인과 다를 바 없다는 비판과, '젠더화된 소비'를 줄임으로써 합리적인 경제주체가 될 수 있다는 주장의 경합으로 드러나고 있다.[41]

투자/투기를 독려하는 사회적 분위기와 담론이 확산되면서, 적극

---

39 김수정·조명아·이정윤, 「페미니즘 관점에서 본 20-30대 여성의 주식 담론: 온라인 여성 커뮤니티 사례를 중심으로」, 『사회과학연구』 33(2), 충남대학교 사회과학연구소, 2022, pp.267-272. 이 논문의 저자들은 20~30대 여성의 주식 투자에 대해 신자유주의적 주체로의 포섭이라는 측면을 인정하면서도 절박한 청년 여성들의 실천으로서 해석하고 있다.

40 여성들에게 신라호텔의 비싼 망고빙수를 사 먹을 바에는 그 돈으로 호텔신라우주식을 사라고 조언하는 2019년의 트윗이 2020년에 회자되면서, 온라인 공간에서 많은 사람들이 이 주장에 대한 의견을 개진했다. 한편 '망빙' 밈은 '여성의당'이 총선 준비를 위한 기부금 모금 과정에서 "이부진 사장님! 신라호텔 애플망빙을 더 사먹을 수 있도록 딱 1억만 돌려주세요. 한국 여성의 미래에 투자하세요"라는 표현을 사용한 데에서 다시 논란의 대상이 되었다. 여성이 주된 소비자로서 막대한 이익을 얻는 기업에 발신하는 의도였다는 해명이 있었으나 이후 당 차원의 사과문이 게시되었다. 그러나 '#애플망빙'은 '#엄마와_딸이_함께' '#주식_사자'라는 해시태그와 함께 홍보물에 재차 사용되었다.

41 김수정·조명아·이정윤, 앞의 글, pp.272-278.

적인 금융 공부를 통해 부자가 되자고 외치는 에세이들도 속속 늘어
났다. 『21세기 버지니아 울프를 위한 금융 공부』의 저자는 워킹맘으
로서 월 500만 원의 '비'근로소득과 자기 명의의 집을 목표로 금융에
대한 긍정적인 인식과 학습 방법을 제안하고 있다.

> 곰곰이 생각해봅시다. 지금 우리가 버는 돈이 진짜 '내 돈'일지를요.
> '나의 시간과 노동력을 들여서 얻은 돈'은 반대로 말하면 '시간을 들이
> 지 않거나 노동력을 제공하지 않았더라면 내게 주어지지 않았을 돈'이
> 됩니다. 조건이 붙기 때문에 완전한 '내 돈'이라고는 말할 수 없습니
> 다. 저는 21세기 버지니아 울프가 되고자 하는 우리에게는 내 시간과
> 노동력을 들이지 않아도 되는 정기적인 소득 시스템이 필요하다고 말
> 하고 싶습니다. 그것이 진짜 '내 돈'이라고 생각합니다.[42]

저자는 이 '금융 에세이'에서 소득을 '시바소득(근로 소득)', '재능소
득(플랫폼 소득)', '자본소득(투자 소득)'으로 구분하고, 시간을 빼앗는
'시바소득'의 비율을 점차 줄일 것을 조언한다. '금융언니'와 '금융 생
활 서사' 나누기를 장려하고 '경제적 자유 선언문' 쓰기와 '금융 유언
장' 쓰기를 실천하는 이 에세이는, '시바소득'이라는 멸칭에서처럼
노동의 위상과 가치가 땅에 떨어진 한국의 현실과 함께 노동이 서사
를 잃어가는 반면, 경제와 금융의 영역이 서사를 얻어 여성의 삶에서
강력하게 작용하는 장면을 상징적으로 보여준다.

노동보다는 투자를 통해 자유로운 여성이 되자는 목소리는 최근
몇 년간 '래디컬 페미니스트'들이 자기만의 '파이'를 확보하고 유리천

---

42 불리, 『21세기 버지니아 울프를 위한 금융 공부』, 들녘, 2021, p.18.

장을 부수어 '정상에서 만나자'라고 독려하는 흐름과 공명한다. 그
한 가지 예로서 '#야망보지_힘주기_프로젝트'는 여성들이 불필요한
소비를 줄이고, 공부하고, 스펙을 쌓고, 성공을 위해 노력하는 모습
을 공유함으로써 서로를 북돋는 행동이다. 물론 성공을 위해서는 '출
산불매'와 '결혼불매'도 필수적이다.[43]

> 여자라고 더 착하거나 도덕적인 존재일까? 아니다. 혹시 그렇게 느
> 껴진다면 그건 여성이 사회적, 육체적 약자로서 권력에 더 잘 순응했
> 기 때문이다. 여자도 얼마든지 부도덕해질 수 있다. 남자만큼 혹은 남
> 자보다 잔인해질 수 있다. 무엇보다 페미니즘은 평화주의가 아니며
> 도덕성 투쟁이 아니다. 남자들에게 빼앗긴 여자 몫의 파이를 되찾는
> 투쟁이다. 한마디로 밥그릇 싸움이다.[44]

김진아의 '야망 에세이'는 소수자의 권리나 정치적 올바름에 취한
'주체적 쿨걸'의 환상에서 벗어나서 여성들이 각자의 파이를 찾고 권

---

43 1990년대 후반부터 2000년대까지의 여성 자기계발서 베스트셀러를 분석한 엄혜
진은 여성의 자아실현과 성공, 더 나은 삶이라는 가치를 자극하는 소비 담론이 페미
니즘 담론과 중첩되거나 긴장관계를 형성하는 장면에 주목한다. 이때 여성 자기계
발서는 '남성적 자질'과는 구별되는 '여성적 자질'을 통해 남성처럼 '1인 기업가',
'CEO'가 되라는 이중적인 메시지를 발신하는 한편, 재테크뿐만 아니라 '혼테크'를
통해 위기를 관리할 것을 주문한다. '혼테크'라는 용어의 등장은 결혼이 여성에게
더 이상 매력적인 선택지가 아니며 불안정하고 위험한 선택이 될 수 있기에, 결혼을
'투자'의 관점에서 바라보게 된 2000년대의 상황을 보여주는 것이라 할 수 있다.
엄혜진, 「신자유주의 시대 여성 자아 기획의 이중성과 '속물'의 탄생: 베스트셀러
여성 자기계발서 분석을 중심으로」, 『한국여성학』 32(2), 한국여성학회, 2016,
pp.57-60. 그런 점에서 오늘날 '4B'의 실천은 결혼을 관리의 대상으로 보지 않고
아예 삶의 선택지에서 제거함으로써 위험을 차단하려는 시도이다.
44 김진아, 『나는 내 파이를 구할 뿐 인류를 구하러 온 게 아니라고』, 바다출판사,
2019, p.33.

력자가 되자고 외친다. 이러한 '야망 에세이'에서 여성노조의 존재를
언급하고 있는 것은 아이러니하다.[45] 노동조합이 권리를 '빼앗는' 조
직도 아닐뿐더러, 이들의 '파이론'은 애초에 천장과 지붕이 없는 곳
에 내던져진 하층 노동계급 여성을 포함한 적도, 연대의 대상으로 삼
은 적도 없기 때문이다. 자유주의 페미니즘의 파산을 선언하는 '99%
페미니즘'은 다음과 같이 말한다. "우리는 유리 천장을 부수고, 그래
서 대다수가 바닥에 쏟아진 유리 조각들을 치우게끔 만드는 일에 관
심이 없다. 전망 좋은 사무실을 차지한 여성 CEO들에게 박수를 보내
는 게 아니라 CEO와 전망 좋은 사무실이란 것을 없애 버리길 원한
다."[46] '임금의 연대'[47]라는 용어를 통해 여성들의 집단적 소비 행동에
대한 낙관적인 전망을 펼칠 수 있었던 '리부트' 초기의 모습과 달리,
다른 성별, 계급, 인종, 성소수자와의 연대란 '나'의 '안전한' 공간을
위협하는 것으로 판단될 경우 언제든지 '환불'을 요구할 수 있는 소

---

45 "라인을 만들고 세력을 키우자. 나부터 끌어주는 선배, 받쳐주는 후배가 되자.
여성 노조를 만들자. 우리는 서로의 편이다." 위의 글, p.150.

46 낸시 프레이저·친지아 아루짜·티티 바타차리야, 『99% 페미니즘 선언』, 박지니
역, 움직씨 출판사, 2020, p.48.

47 이 용어는 '페미니즘 리부트' 당시 여성들이 여성단체나 페미니즘 이슈를 지지하는
정치인에게 기부를 한다거나 페미니즘과 관련한 책과 굿즈 등을 구매함으로써, 소
비자-페미니스트의 저력을 보여주는 방식으로 페미니즘을 실천하고자 했던 움직임
을 일컫는 표현이며, 필자 역시 2017년에 발표한 논문에서 이러한 '임금의 연대'
방식을 20~30대 페미니스트들의 유력한 실천 방식으로서 의미화한 바 있다.
한우리는 '덕질'이라는 키워드를 통해 이러한 페미니스트들의 소비 행위를 설명하
고자 하는데, "페미 굿즈를 구매하고 페미니스트 셀럽의 강좌를 들으며 저서를 구매
하는, 마치 페미니즘을 덕질하듯 하는 일부 영영페미니스트들은 이러한 팬덤의 지
갑부심과 권리를 행사할 줄 아는 소비자라는 정서에서 자유롭지 못하다."고 지적하
고 있다. 한우리, 「'이생망' '헬조선' 여성청년들의 페미니스트 되기」, 『여/성이론』
37, 도서출판여이연, 2017, p.74.

비 행위처럼, '나'의 권리를 또다시 희생할 것을 요구하는 '도덕 코르셋'으로 받아들여지고 있다.

4. 나오며

이 글은 여성들이 페미니스트가 되겠다고 선언하는 데에서 나아가 페미니스트로서 살아가기 위한 구체적 방법들을 평범한 동시대 여성들의 삶 속에서 모색하고 있는 장면을 '여성 에세이' 양식을 통해 드러내고자 했다. 이를 통해 여성들의 에세이 읽기·쓰기를 여성의 일상적 경험을 경유하여 한국사회의 성차별적 구조를 드러내고, 기존의 가부장적 질서가 정해 놓은 생애적 각본과 역할을 거부하는 실천으로 의미화하고자 했다. 하지만 한편으로 차별적 구조 자체를 변화시키기보다는 위기를 관리하고 적절한 투자 전략을 조언하면서 개별적 노력을 통해 각자도생하라는 신자유주의적 각본 또한 '여성 에세이'를 통해 전달되고 있다는 점을 비판적인 시각에서 검토하였다.

'신자유주의적 민주주의'에 대항하는 가치로서 '목소리'의 중요성을 역설한 닉 콜드리는 "목소리는 증식할 수 있지만 민주주의는 여전히 실패할 수 있다"[48]고 말한 바 있다. 사회의 모든 영역이 시장화되어 경쟁과 효율성의 원리가 삶을 잠식할 때, 목소리(이야기)의 세계는 그러한 신자유주의적 논리로부터 한 발 떨어져 어떤 가치를 추구해야 하는가를 숙고하는 장으로서 존재해왔다. 그런 점에서 '야망 있는 여성', '혼자 잘 살기', '자매들(만)의 서사'가 누락하고 있는 목소

---

[48] 닉 콜드리, 『왜 목소리가 중요한가』, 이정엽 역, 글항아리, 2015, p.263.

리에 대한 성찰과 재현의 시도는 앞으로의 페미니스트 독서/출판의 향방을 결정하는 중요한 과제라 할 수 있다.

'페미니즘 대중화' 시대의 '여성 에세이'가 페미니스트로서의 분투가 삶의 세목마다 이루어지고 있음을 증명하는 자기 기록임은 분명하다. 성차별과 가부장제에 대한 그녀들의 싸움이 계속될 것이므로, '여성 에세이' 역시 끊임없이 쓰이고 읽힐 것이다. 그러므로 우리에게 필요한 것은 페미니스트 독서/출판문화의 변화 양상을 지속적으로 추적함으로써, '여성 에세이'가 새로운 미래에 도달하기 위한 페미니즘의 언어와 지식을 재발명하는 장이 될 수 있도록 개입하는 일이 될 것이다.

이 글은 『여성문학연구』 57집(한국여성문학학회, 2022)에 게재된 논문을 수정·보완한 것이다.

중국 개혁개방기 80년대생(80後) 여성의 '욕망' 재현

장소성과 젠더관점을 중심으로

김미란

1. 들어가며

2018년 4월에 방영된 〈베이징여자도감〉[1]은 중국 드라마사에서 주목할만한 작품이다. 12억이 넘는 뷰[2]라는 기록적인 조회 수 외에 원작인 일본의 〈도쿄여자도감〉(2016)[3]을 성공적으로 번안하여 아류작

1   중국 동영상 플랫폼인 유쿠(優酷)에서 제작한 드라마로 리즈(黎誌)가 감독을 맡고 치웨이(戚薇)가 주인공역을 한 20부작이다. 2018년 4월 10일에 유튜브에서 단독 방영되고 2019년 1월 12일에 제3회 金骨朵인터넷 영상페스티발(網絡影視盛典)에서 올해의 10대 명작으로 선정되었다. 쓰촨성 소도시 출신 여성의 삶과 사랑을 그린 것으로 베이징이 주요 배경이다.
    https://baike.baidu.com/item/%E5%8C%97%E4%BA%AC%E5%A5%B3%E5%AD %90%E5%9B%BE%E9%89%B4/22199929?fr=aladdin(검색일: 2020.1.5.)
2   〈한 달 만에 조회 수 12억 뷰, 중드 '베이징여자도감'〉: https://blog.naver.com/ wolf42b/221302365515. 원 출처는 중앙일보, 2018.5.24. (검색일: 2019.2.1.) 기사는 조회 수만이 아니라 댓글이 수백만 개에 달하는 성공작이었다고 보도하였다.
3   아마존닷컴 재팬이 제작하고 타나다 유키(タナダユキ)가 감독한 일본 드라마로,

시리즈를 탄생시킬 만큼 하나의 전형을 창출하였기 때문이다.[4] 일과 사랑 모두를 성공적으로 이루고자 하는 여성을 그린 이 두 작품은 최근 한국사회에서는 물론 중, 일 양국에까지 적지 않은 반향을 일으킨 『82년생 김지영』[5]과 문제의식을 공유한다. 한 인간으로서 여성이 사회적 성취 욕구와 결혼 사이에서 겪는 딜레마가 그것이다.

'연애'와 '결혼'은 여성 당사자는 물론, 20세기 초 민족주의적 지식인과 자유주의적 지식인 모두에게 공통된 관심사였으며[6] 사회개혁이 가족개혁으로부터 시작되어야 한다고 보는 관점은 사회주의 건국 이후도 예외가 아니었다.[7]

만화인 '도쿄 캘린더(東京カレンダー)' 〈도쿄여자도감(東京女子図鑑)〉이 원작이며 주인공 사사키 아야(佐々木綾)의 삶을 20세부터 40세까지 그린 11부작 드라마이다. 시간적 배경은 1990년대 후반부터 2020년대 중반까지이며, 공간적 배경은 주로 도쿄도이다. https://namu.wiki/w/%EB%8F%84%EC%BF%

4 대표적인 후속작이 『上海女子圖鑒』(20집, 감독: 程亮, 2018)이다. 중국 사회에서는 〈환락송(歡樂頌)〉부터 〈두라라 승진기(杜拉拉升職記)〉, 〈베이징여자도감〉부터 〈상하이여자도감〉까지를 직장여성의 일과 사랑을 그린 '신시대 여자도감'이라고 묶어서 통칭한다. 「新時代女子圖鑒」, 『界面新聞』, 2018.6.1.
    https://baijiahao.baidu.com/s?id=1602037576456904407&wfr=spider&for=pc(검색일: 2020.4.1.)

5 조남주, 『82년생, 김지영』, 민음사, 2016.

6 안재연, 「"리엔아이"(戀愛), 신여성, 근대성의 이데올로기: 중국 1920-30년대를 중심으로」, 『중국어문학논집』 38, 중국어문학연구회, 2006.

7 1949년 건국 직후 결혼 당사자의 의사를 중시하고 부모의 '제3자 개입' 금지를 명문화한 〈혼인법〉(1950년)과 개혁개방 시기에 반포된 〈수정혼인법〉(1980년)이 각각 청년과 여성을 국가건설에 동원하고 또 '효'의 복원과 아내의 역할강조를 통해 사회주의 복지 공백을 가정으로 이전시키고자 하였음은 주지의 사실이다. 김미란, 「중국 1953년 혼인 자유 캠페인의 안과 밖: 관철방식과 냉전하 문화적 재구성」, 『한국여성학』 22(3), 한국여성학회, 2006; Cui JinYing, 「중국의 '핵심가정' 구성에 대한 담론 연구: 개혁개방 초기(1978~1992년)를 중심으로」, 이화여자대학교 여성학과 석사논문, 2012를 참조할 것.

연애와 결혼에 대한 국가의 간여는 근대국가 통치성의 핵심인 '생명 정치'의 주요 내용이다. 영토 내 인구학적 조절을 목표로 하는 생명 정치는 저출산 시기에 진입한 동아시아 각국에서 여성을 '출산의 도구' 로 간주하는 관점으로부터 자유롭지 않아 독립적인 미혼(비혼)여성을 '이기적이며' '성적 매력이 없는' 집단으로 낙인찍는다. 결혼이 '정상' 적인 삶의 과정이며 여성은 결혼을 해야 비로소 '안정감'을 느낄 수 있다는 담론과 문화에 의해 낙인은 공고해지며 〈도쿄여자도감〉과 〈베 이징여자도감〉은 이러한 문화적 분위기 속에서 산생되었다.

흥미로운 점은 양자가 공통적으로 지방 출신 여성을 주인공으로 하여 사회적으로 성공한 여성이 '결혼 시장'에서 겪는 좌절과 딜레마 를 그리고 있음에도 불구하고 이들의 최종 선택과 그 재현방식에 뚜 렷한 차이가 존재한다는 점이다. 즉, 〈도쿄여자도감〉은 남성 중심적 인 사회에서 여성에게 요구되는 '여성다움, 매력'이 일을 통한 성공 을 추구하는 여성에게 얼마나 억압적인가를 드러내며 섹슈얼리티의 위계성을 고발한다. 이와 달리 〈베이징여자도감〉은 기존의 남성다 움과 여성다움에 내포된 권력의 위계에 의문을 제기하지 않고 오히 려 여성의 성적 매력까지를 포함한 모든 자원을 성공을 위해 동원하 는 여성상을 재현한다.

속칭 '노처녀(성뉘, '剩女')'[8]가 될까 두려워하며 두 주인공이 겪는 심 적 갈등은 '결혼적령기'에 대한 압박감에서 비롯되며 이는 여성이 겪는 '시간과 젠더'와의 특수한 관계로 인해 발생한다. 특정한 연령대의 여

---

8 '혼기를 넘겨 남겨진 여성'이라는 의미의 '성뉘'라는 용어는 중국에서 2008년 이후 로 빈번하게 사용되기 시작하였고 '먹다 남긴 밥'이라는 부정적 의미로까지 사용되 었다. 이 글에서는 그에 상응하는 한국어로 '노처녀'를 택하여 성뉘와 혼용하였다

성에게 요구되는 생물학적 역할과 문화적 억압은 동일연령의 남성들
에 대한 요구와 다른데 전희경은 이를 '젠더-나이체제(gender-age
regime)'라 호칭하고 '나이(시간성, temporality)'가 남녀에 따라 다르게
구성되는 사회문화적인 구성물임을 보여주었다. 그는 1960-80년까
지 20년 동안 한국사회의 정책과 담론분석을 통하여[9] 여성이 노동자임
에도 불구하고 '어린 여성'이란 이미지가 부가되어 '보호의 대상'으로
간주되거나 '결혼퇴직제'처럼 나이 각본에 따라 적령기에 결혼을 하고
아이를 낳고 가족을 보살피는 것이 요구되어 왔다고 지적하고 여성들
이 '정상각본'과 다르게 사는 경우에는 '낙오, 퇴행, 뒤처짐' 등 일탈적
존재로 설명되었다고 분석한다.[10] 그렇다면 동일하게 '시간'의 압박을
받는 직장여성이 두 드라마에서 상이한 선택을 한 이유는 어떻게 이해
해야 하는가?

중국 사회에서 '80년대생'에 대한 연구는 이 집단의 독특한 성격으로
인해 사회학과 미디어, 문화연구 영역에서 주요한 분석주제로 다루어
진다. 현재 30세 전후인 이 집단은 집체 시대와 시장화 시대의 전환기에
성장하여 물질적 성취 욕구가 강할 뿐만 아니라 중추적인 엘리트 집단
을 형성하였고 이들의 결혼관에 따라 오늘날 중국사회의 가족 형성의
양상이 달라지기 때문에 90년대생과 2000년대생이 사회로 진입하고
있음에도 불구하고 80년대생은 여전히 주요한 관심의 대상이 된다.

도시화로 인해 급증한 외지출신의 도시 거주 청년에 대한 기존 연구
는 주로 생존 환경에 대한 연구와 조사가 다수를 차지하며 이들은 도시

9 전희경, 「1960~80년대 젠더: 나이체제와 '여성' 범주의 생산」, 『한국여성학』 29(3),
  한국여성학회, 2013.
10 전희경, 위의 논문, pp.50-55.

선주민의 외지인에 대한 제도적 배제와 차별에 초점을 맞추고 있다.[11]
그리고 2000년 이후 급증한 '도시멜로물(都市情感片)' 장르에는 직장여
성이 주요 재현대상으로 다루어져 대표작이라 할 수 있는 〈환락송(歡樂
頌, Song of Joy)〉(2018)[12]이 산생되었는데 이를 분석한 「드라마 〈환락
송〉의 여성형상분석」[13]은 시장화 이후 중국 사회를 '다양화'라는 관점
에서 읽어 냈다. 계층분화가 뚜렷해진 중국사회를 배경으로 가정환경
이 다른 5명의 지방 출신 여성의 성장기를 통해 자립적인 여성상, 부모
의 부가 자녀에게 세습되는 재벌 2세(富二代), 가난을 벗어나기 위해
결혼을 전략으로 택하는 여성 등 지역, 성별, 계급의 관점에서 분석하
였다. 이에 앞서 대졸 엘리트 여성이 도시 생활의 압박에 스스로 기생적
인 '샤오싼(小三)'[14]의 삶을 선택한 드라마 〈단칸 방(蝸居, Dwelling
Narrowness)〉(2007)[15]을 기억할 필요가 있는데[16] 연구물들은 지방출신
여주인공의 '가치관 타락'이란 관점에서 비판한 경우가 많았다.[17]

---

11 張羽, 「80後"北漂"的生存狀態探析」, 中國馬克思主義學院碩士論文, 2008.
12 賈苗渺李誌方, 「都市劇中的女性人物形象分析——以《歡樂頌》為例」, 『西部廣
    播電視』 2018年24期, p.116. 또한 2016년 방송되던 해에 〈欢乐颂〉은 113억이라는
    기록적인 시청자 클릭 수를 기록했다고 한다. 丁戀, 「試論電視劇《歡樂頌》中的人
    物形象塑造」, 『今傳媒』, 西安石油大學, 2019年5期, p.99.
13 杜洪曉, 「電視劇《歡樂頌》中的女性形象分析」, 『視聽』 2019年4期.
14 샤오싼이란 제3자(第三者)를 약칭하여 부르는 호칭으로, 혼외관계에 있는 정부
    (情夫), 내연녀를 가리킨다.
15 소설가 六六의 장편소설 『蝸居』(2007)를 드라마로 만든 것으로 1998년 상하이의
    부동산 폭등시기를 배경으로 하였으며 이 드라마의 영향으로 2008년 인터넷 올해의
    검색어 1위에 샤오싼이 올랐다. 이 외에 『蝸居』를 분석한 탁월한 논문으로 丁小鶯,
    「《蝸居》和"中國夢"」, 北京大學中國現當代文學碩士論文, 2011이 있다.
16 張權生, 「《蝸居》的女性主義批評」, 『貴州大學學報(藝術版)』, 2011年1期.
17 連佳慧, 「中國電視劇中的"剩女"形象研究」, 山東師範大學戲劇與影視學碩士論文,
    2015, p.47.

위의 분석들이 시사하는 바와 같이 시장화로 인해 여성이 결혼에
대한 인식을 변화를 겪었다고 한다면 이러한 '다양'해진 여성상이 전
제로 하고 있는 '자립'과 '의존'의 기준이자 대상인 남성상, 즉 이원
화된 남녀의 섹슈얼리티와 그에 기반한 위계적인 젠더 질서에 대한
성찰은 이루어지고 있는가? 이 글은 이러한 질문에서 출발하여 개별
환경의 차이나 성도덕의 문제가 아니라 시장화 진입 시점부터 현재
에 이르는 중국사회의 현실적 조건의 변화지점들을 원작과 번안본의
차이를 참조함으로써 중국사회 시장화 개혁이 지닌 '토착적' 특성이
란 측면에서 읽어 내고자 한다.

〈베이징여자도감〉은 장르상 도시 멜로물에 속하지만 종종 분투형
드라마(励志片)로 소개되기도 한다. 다수의 수용자들은 〈베이징여자
도감〉의 주인공이 기존의 도시 멜로물에 흔하게 등장하던 남주인공이
여성에게 첫눈에 반한다거나 '백치미를 띠고 애교를 부리는(傻白甜)'
여성상이 아니라[18] 독립적이고 강인한 여성이란 점에 호응하고 있으며
그런 점에서 이 드라마는 분투형 드라마로 분류될 수 있다. 자립적

---

[18] 火星이란 아이디를 쓰는 수용자의 댓글을 인용하면 다음과 같다. "好看, 故事緊
湊, 習慣了快進的我居然沒快進過, 比那些傻白甜卻有個癡情百倍的男主鐘情
的劇真實多了, 女主演得好, 看到現在能看到她一直的成長和每一經歷給人的
反思。優酷用戶2018年04月18日. 이하 수용자 댓글들의 출처는 〈베이징여자도
감〉를 방영한 유쿠 홈페이지(https://v.youku.com/v_show/id_XMzUyMDMxMjgzNg
==.html?spm=a2h0k.11417342.soresults.dtitle&s=e18089efbfbdefbfbd48(검색
일: 2020.1.5.)에서 검색 가능하므로 별도 표기하지 않는다. 흥미로운 점은 도시
멜로물의 신데렐라형 여성상이 주로 한류 드라마의 영향 탓이라고 간주하여 중국
내 한류 연구물들은 종종 현실을 낭만화하는 한류의 '신데렐라'형 드라마의 비현실
성을 지적한다. 한편, 1980~90년대에 포스트 사회주의 시기에 중국의 젊은 여성들
에게 몸에 대한 자각과 꾸미기, 화장, 복장 등 여성성을 드러내는 방식에 대한 눈뜨
기에 영향을 미친 것은 일본 학원물(교복에 짧은 스타킹을 신은 여학생 등)의 영향이
컸다고 설명한다.

여성상이라는 점 외에 드라마가 성공할 수 있었던 또 하나의 요인은 주인공의 '외지인' 신분에 있다. 화려한 대도시를 무대로 야망을 실현하고자 하는 불굴의 지방 출신 주인공에게 지방 출신자들은 깊이 공감하고 경험을 토로하는데 이들 가운데 다수가 80~90년대생들이다.

그러므로 〈베이징여자도감〉을 분석하는 데는 대도시와 지방이 주인공과 맺는 관계, 즉 '장소성'과 '젠더'라는 관점에서 읽을 필요가 있다. 특히 장소성이라는 면에서 볼 때 원작 〈도쿄여자도감〉도 지방 출신 여성의 상경 분투기를 그리고 있기는 하나 일본에는 도시주민과 지방출신(非도시호구 소지자)자의 시민권을 제도적으로 차별[19]하는 '호구제'(戶口制, household registration system)가 존재하지 않아 번안작과 장소에 대한 인식의 차이를 보여준다. 반면 중국에서는 지방 출신, 즉, 비도시 호구 소지자는 '국민'과 '시민' 신분 사이에서 균열을 겪고 있으며 이런 현실은 이주자들의 행위와 인식에 깊이 영향을 끼친다. 이에 이 글은 〈베이징여자도감〉에 대한 분석을 원작과 비교하는 우회적 방법을 통해 시장화 시대 중국사회의 토착적 특성을 젠더와 장소성의 관점에서 분석하고자 한다.

2. '성공한 여성'의 삶

2.1. 베이징이라는 '턱'-떠돌이 '베이퍄오(北漂)'

2016년에 〈도쿄여자도감〉이 중국에서 성황리에 방영되자 중국의 동영상 플랫폼인 유쿠(優酷)는 이 포맷을 차용하여 2018년에 〈베이징

---

19 호적취득, 주택구입과 교육권에 있어서 겪는 차별을 의미한다.

여자도감〉을 제작하였으며 드라마는 2008년부터 2017년까지 10년 동안 주인공의 대학 졸업부터 베이징에서의 일과 사랑을 그렸다.

중국 드라마사에서 개혁개방 시기에 태어나 대도시에 거주하는 지방 출신 청년들의 감성과 경험을 그린 작품으로는 〈분투(奮斗)〉[20], 〈개미족의 분투(蟻族的奮斗)〉[21], 〈베이징 러브스토리(北京愛情故事)〉[22] 정도가 대표작이라 할 수 있는데 그 중 청펑(程锋), 우디(吳狄)와 스샤오멍(石小猛) 세 대학 동창 남성을 주인공으로 한 〈베이징 러브스토리〉는 각기 다른 가정환경에서 살고 있는 세 청년의 분투하는 모습을 그린 작품이다. 주인공 가운데 편벽한 윈난(雲南)성의 농촌 출신인 스샤오멍은 결혼을 위해 11평짜리 변두리 아파트를 장만하려다 그 꿈이 좌절되자 사업가 집안인 친구인 청펑에게 자기 애인을 '양보'하고 댓가로 출세에 유리한 조건을 받아들여 성공을 향해 매진한다.

이들 드라마에 재현된 외지인 청년들의 정서는 '분투(奮)'라는 한 단어로 집약될 수 있다. 지방 청년들이 공통적으로 지니고 있는 '떠돌이 정서(漂情緒)'[23]라고 하는 것은 가난과 뿌리내릴 '장소 없음'에 대한 저항이자 분노인데 이 정서는 강한 물질적 성취를 특징으로 한

---

20   베이징의 신바오위앤영상유한회사(鑫寶源影視投資有限公司)가 제작하고 자오바오강(趙寶剛)이 감독한 32부작으로 80년대생의 꿈과 삶을 그린 작품으로 2007년 5월 6일 상하이 텔레비전(上海電視劇)에서 방영하였다.

21   2010년에 제작하여 2011년에 저쟝(浙江) 지상파에서 첫 방송을 하였으며 인룬미디어(銀潤傳媒)가 제작하고 따이빙(戴冰)이 감독한 33부작 작품이다. 80년대생이 졸업 후 도시변두리에 개미족으로 살면서 고난을 극복하여 결국에는 사랑하는 애인과 결혼에 성공한다는 내용이다.

22   2012년에 제작되어 저쟝위성텔레비전(浙江衛視)에서 방영된 39부작 드라마로 천쓰청(陳思誠)이 감독, 주연한 작품이다.

23   "〈北京女子圖鑒〉: "漂"時代的"漂"情緒_蒲公英獎", 2019.6.21. https://www.sohu.com/a/322293289_443957(검색일: 2020.3.4.)

다.[24] 특히 청춘 멜로물에는 '집의 노예(房奴)'가 되는 삶이 통상적으로 등장하고 이는 1950, 60년대에 태어나 분배제도 하에서 주택을 분배받았던 부모세대와 80년대생들 사이의 가장 뚜렷한 생존환경의 차이이다.

지방 출신 청년들이 지니고 있는 '도시에서 성공해야 한다'는 강박은 〈분투〉의 졸업식 장면에 전형적으로 드러나 있는데 졸업식 날 선생님을 찾아간 이들은 "리 선생님, …… 저희는 반드시 선생님을 떠나서 취직하러 가야 하고 연애를 해야 하고 분투해야 한다고 말씀드리지 않을 수 없습니다. 이것은 너무나도 다급한 일이라 하루도 더 늦출 수가 없습니다. 떠나기 전에 드리는 저희의 마지막 인사를 받아 주십시요."[25]라고 장엄하기까지 한 고별인사를 한다. 집단적으로 탈고향 선언을 하는 이러한 모습은 그 이전의 드라마에서는 없던 장면으로 미련 없이 고향을 떠나는 모습은 〈베이징여자도감〉의 주인공 천커(陳可)도 예외가 아니었다.

1985년에 태어난 천커는 쓰촨성의 중소도시에서 나고 자라 그곳에서 중급수준의 대학을 졸업한 여성이다. 모친은 딸이 자신처럼 고향에서 연봉 2,000위안 정도를 받으며 안정적인 세무공무원을 하며 평탄한 가정을 이루기를 바라지만 천커는 고향에서 산다는 것이 엇비슷한 동향 남자를 만나 아이를 낳고 마작이나 하고 담배를 피우는 남편 시중을 들며 늙어가는 '그저 그런 삶'이라고 생각한다.[26] 그래서 그녀는

---

24 위의 글, p.2.
25 廉明靜, 「都市題材電視劇中的"北漂"形象研究」, 『傳播力研究』, 2017, p.1.
26 제1집에 그녀는 어머니의 강권에 못 이겨 세무서 직원인 남자와 맞선을 보는데 양가가 함께 식사하는 자리에서 맞선 남성은 담배를 피우면서 다리를 떨고 자신이 밤새 마작을 했다는 것을 아무렇지도 않게 늘어놓고 천커는 이를 어이없다는 듯이

졸업과 함께 단돈 100위안을 들고 무작정 상경하여 베이징 변두리에
친구지하방에 얹혀살며 일자리를 구한다. 그녀의 목표는 '베이징 사람
이 되는 것(北京人)'이며 "나는 집을 사고 차를 사서 베이징 사람이
될거야!"라고 선언을 한다. 이 외침에서 알 수 있듯이 그녀가 베이징
사람이 된다는 것은 "집을 사고 차를 사는" 것을 의미한다.

　무릇 사람과 장소는 근원적으로 연관된 개념이다. 우리가 특정한
사회 안에 들어가 사람이 된다는 것은 '자리', 즉 장소를 갖는다는 것
을 의미하는데, 사회학자 고프만(Erving Goffman)은 현대 사회에서
우리는 잘 살건 못 살건, 배웠든 못 배웠든 상관없이 모두 사람으로
서 평등하다고 말한다.[27] 그러나 우리를 사회적 존재인 '사람'(자연과
연관된 '인간'이 아닌)으로 만들어주는 것은 추상적인 관념이 아니라
우리가 매일매일 다른 사람들로부터 받는 '대접'이다. 그렇기 때문에
김현경은 "사람행세를 하고 사람대접을 받는 데 물질적인 조건들은
중요하지만 조건이 충족된다고 장소의 주인이 되는 것은 아니"라는
점을 강조한다.[28] 필요한 것은 이방인에 대한 선주민의 '환대'이기 때
문에 외지인이 선주민으로부터 환대를 이끌어 내는가 여부가 귀속감
형성에 중요하며 이런 관점에서 볼 때 천커가 '베이징사람이 되는
것'은 그녀 자신이 아닌 '베이징사람들'에게 달려있는 것이었다.[29]

　개혁개방 이래 중국 사회는 크게 두 차례의 외지인의 유입을 경험하

바라본다.
27 김현경, 『사람, 장소, 환대』, 문학과지성사, 2015, p.26.
28 김현경, 앞의 책, p.27.
29 김현경은 사회 안에서 행위자로서 목표지향적인 활동을 수행하는 것 외에 사람으
　　로서 서로를 인정하는 의례인 '상호작용질서(inter action order)'가 바로 '성원권'
　　의 인정과 직결되어 있다고 주장한다.

였는데 이 두 집단은 시기나 구성면에서 구별되고 받는 대접 또한 달랐다. 시장화 개혁으로 인해 1979년 17%에 불과하던 중국의 도시화율이 2017년에 50%로 높아지고 느슨해진 호적정책에 의해 도시로 온 외지인들은 2.4억 명(2018년)에 달하였다.[30] 그런데 넓은 의미에서 보면 외지출신의 도시 이주집단에 포함되지만 사회 문화적으로 독자적인 의미를 부여받은 외지인집단이 있는데 이들이 '퍄오족(漂族)'이다. '떠돌고 있는 집단'이라는 의미의 광의의 퍄오족은 베이징(北京), 상하이(上海), 광조우(廣州) 같은 대도시에 머물고 있는 외지인들을 가리키지만 좁게 정의하면 '도시에 거주하고 직장을 갖고 있으면서 상대적으로 문화적 수준이 높거나 기술을 지닌 청년층으로 어느 정도의 학력을 갖춘 집단'이다.[31] 육체노동자인 농민공들이 도시를 위협하는 잠재적 범죄자를 연상시키는 '流'[32]자를 포함한 유동인구(流動人口, floating population)[33]로 통칭되는 것과 달리, 협의의 퍄오족은 '장차 도시의 발전을 이끌어 갈 차세대'라는 기대를 받는다.[34]

---

30 유동인구는 1982년에 657만 명이었다가 2015년에 2.47억 명으로 증가하였으나 '뉴 노멀(저성장)'시기에 들어 다소 감소하여 2018년에 2.41억 명으로 인구 6명 가운데 1명이 유동인구인 셈이다. '2.4億流動人口, 妳們為什麼不留下來?', 『每日經濟新聞』, 2019.1.30.
    출처: https://www.sohu.com/a/292500916_115362(검색일: 2020.4.2.)
31 "一般指那些在北京工作、生活卻沒有北京戶口的人群, 通常以靑年為主體, 他們大多數具有一定的學歷或較高的文化素養和知識技能。"範麗娜, 「"北漂"群體生存狀況探析」, 『北京市工會幹部學院學報』32(4), 2014, pp.34-35.
32 流浪 혹은 流民, 부랑아를 뜻하는 '리우망(流氓)'과 상통한다.
33 王俊祥·王洪春, 『中國流民史』, 安徽人民出版社, 2001, pp.271-288.
34 範麗娜는 「"北漂"群體生存狀況探析」, 『北京市工會幹部學院學報』32(4), 2014 에서 "베이퍄오, 후퍄오(沪는 상하이 옛 지명)는 줄곧 사회적인 관심의 대상이 되어 오고 있고 마찬가지로 여성의 성장 분투기를 그린 〈베이징여자도감〉과 〈상하이여자도감〉이 이런 이야기를 어떻게 재현하는지 사람들은 주목하고 있다"(北漂、滬漂

그러나 베이퍄오(北漂)인 천커는 고향을 떠나올 때와 달리 시간이 흐를수록 자신의 '외지인 신분'의 한계를 깨달아 가며 그 과정은 총 20집 가운데 12집부터 15집에 집중적으로 묘사되어 있다. 직장에서 승승장구하던 하던 천커는 월급이 7,000위안으로 오르자 어머니에게 돈을 빌려 '겁 없이' 베이징에 집 계약을 추진하지만 이내 자신이 집을 장만한다는 것이 불가능하다는 것을 깨닫는다. 베이징 호적 소지자만이 주택가격의 30%를 착수금(首付)으로 내고 70%를 은행대출을 받아 집 장만을 하는 제도적 혜택을 누릴 수 있고 자동차 역시 도시호적이 없으면 구입제한이 있어 불가능한 현실을 알았기 때문이다.[35]

그즈음 돈에 쪼들린 천커는 애인 사이인 재벌 2세 남성에게 용기를 내어 돈을 빌려 달라고 부탁을 하는데 재벌 2세 애인은 '소장가치가 있는 그림을 한점'을 주겠다고 답한다. 당장 월세가 급하다는 것을 알면서도 예술품 소장을 제안하는 애인 앞에서 수치와 모욕을 삼키는 천커의 모습에는 몸 하나밖에 없는 외지인과 베이징사람 사이의 '격차'가 드러나 있다.

애인에게 신세를 지려는 천커의 이러한 태도는 수용자들에게 '남자를 통해 신분 상승'을 하려 한다는 도덕적 비난을 받는 원인이 된다. 그러나 퍄오족에 대한 선행연구는 공통적으로 이 '격차'가 개인의 능력이나 도덕의 문제가 아닌 제도의 결과라는 점을 강조한다.

壹直是社會關註話題, 同樣是講女性成長奮鬥的〈北京女子圖鑒〉、〈上海女子圖鑒〉會如何來呈現故事令人關註)"고 기술하였다.

35 김종현, 「농민공 도시정착의 문제와 한계」, 『중국학연구』 62, 중국학연구회, 2012, pp.331-335.
   김종현 역시 이러한 진입 문턱은 계급 분리를 허용하는 것이라고 보며 이러한 중국의 정책은 한국사회가 '의무교육 확대' '보금자리주택' '서민층 무상교육' 등을 통해 도시 저소득층의 생활안정을 배려하고 있는 것과 구별된다고 평한다.

2013년의 조사에 따르면, 베이징의 외지인들은 2011년 기준으로 평균 급여의 40%를 내는 월세살이를 하고 있고 공동 주거 임대의 경우엔 월세가 60% 이상을 차지하기도 하며 베이징시 내 월세 거주자의 85%가 외지인이다.[36] 논문 「80년대생 "베이퍄오"의 생존상태분석」[37]에 따르면, 중국 정부는 주택 구입은 물론 호적신청을 할 수 있는 자격을 정할 때 계층적인 분리를 용인하는 정책을 취하고 있다. 외지인에게 도시정착의 조건으로 일정한 투자액과 납세기준 중 하나를 요구하여 광조우시의 경우엔 500만 위안 이상의 투자자에게, 베이징시는 3년 이상 연간 납세총액이 80만 위안인 자에게, 상하이시는 연간 납세총액이 100만 위안인 대상에게 호구신청을 허용하고 있다.[38] 논문은 이러한 제도적 차별이 '외지인을 위협으로 보고 주택과 노동력 시장에 통제를 가하는 것이며 이로 인해 베이퍄오의 삶의 불안정성은 더욱 심화 되며 이는 장차 경제, 정치, 사회적으로 잠재적인 충격요인이 될 것'이라고 지적한다.

외지인에 대한 제도적인 배제는 흔히 일상영역에서 외지인에 대한 경멸과 모욕으로 나타난다. 베이징 살이 6년째 되던 해인 2013년(11집~12집), 주차난이 극심한 베이징 시내에 불법주차해 놓은 차량을 누군가 긁어버린 일이 발생하자 주민들은 웅성대다가 '여기가 800위안 짜리(한화 14만원) 주차지역'이라고 소리를 지르며 '불법주차 차주는

---

36   조사분석 자료의 출처는 北京工業大學, 中共北京市委社會工作委員會(北京市社會建設辦公室)와 社會科學文獻出版社가 연합하여 배포한『社會建設藍皮書』(2013)이다. 範麗娜,「"北漂"群體生存狀況探析」,『北京市工會幹部學院學報』32(4), 2014年12月, p.35에서 재인용.
37   張羽,「80後"北漂"的生存狀態探析」, 中國馬克思主義學院碩士論文, 2008.
38   張羽, 위의 논문, p.1.

다 외지인이야. 촌놈들이 마구잡이로 주차를 한 거라고.'라며 외지인에 대한 집단적인 폄하를 거리낌 없이 드러낸다.

"서른 살이 되어 침대에서 잠자리할 남자가 없으면 부끄러운 일이다"라는 부제가 달린 12집은 연애에 실패한 후의 천커의 모습이 그려진다. 결혼을 기대했던 재벌 2세로부터 내연녀로 살 것을 요구받자 천커는 과감하게 관계를 정리하지만 어느 순간부터 주변 친구들이 결혼하고 애를 낳는 것을 보며 혼자 먹고 자고 일만 하며 나이가 들어가는 자신을 초라하다고 느끼기 시작한다. 점점 말수가 줄어 혼자의 삶으로 빠져들던 그녀에게 집주인은 방을 비워달라고 하고 천커는 혼자 수레로 밤이사를 하면서 '고독이 수치스럽다'고 독백을 한다. 사회적 성공이 그녀의 자존감 형성에 어떠한 영향도 미치지 못한채, 미혼의 자신을 스스로 '노처녀(성뉘)'로 규정하는 이 대목은 극 초반에 "신데렐라의 구두는 내가 돈을 모아서 사는 것이 더 빠르다"며 호기롭게 외치던 자립적인 모습과 대비된다. 베이징에 자신의 '장소'를 가질 수 없는 외지인의 고립감은 '미혼의 나이 든 여성'이라는 시선에 의해 증폭되어 '주체'라는 인식마저 위협하고 있는 것이다.

2.2. 수퍼우먼과 '결혼적령기'

〈베이징여자도감〉은 장회소설처럼 매 회 소제목이 달린 에피소드식의 이야기 구성방식으로 1, 2집은 갓 상경하여 성공에 대한 욕망만 가득한 주인공의 평범성과 가난이 부각되어 있다.[39] 첫 직장으로 직원들의 도시락 심부름과 손님을 맞는 안내 데스크 자리를 구한 천커

---

39 옥수수 하나를 사 먹는 것도 부담스러워 반쪽을 사서 길가에 쪼그리고 먹는 천커의 모습이 그러하다.

는 착실한 사내동료와 동거 생활을 하는데 그런 형편에도 그녀는 월급으로는 꿈도 꿀 수 없는 루이비통 백을 카드로 구입한다. 이 일로 애인과 다툰 뒤 '월세살이에 라면을 먹으면서도 행복을 느끼는' 애인에게 '야망이 없다'며 결별을 선언한다. 그 후 우연히 인터넷 관련 홍보사업을 하는 여성인 까오 사장(高經理)과 인연이 닿아 재벌 2세(富二代) 남성 고객을 소개받고 천커는 젊음과 미모, 열정을 자산으로 계약을 성사시키고 또 그와 연인관계가 된다. 단신인 까오 사장의 제안으로 사장의 호화주택에 들어가 살게 된 천커는 순식간에 세련된 '도시의 직장여성'으로 변모한다.

한편, 순조로운 직장생활과 달리 그녀의 연애는 실패를 거듭한다. 첫사랑인 고향 친구, 직장동료, 재벌 2세, 얼치기 아티스트, 베이징 호구 남자, 헬스 트레이너 등 그녀의 연애 상대는 열 손가락도 모자라지만 이 모든 연애는 그녀가 원하는 '성공적인' 결혼으로 귀결되지 못한다. 그녀의 화려한 연애사는 비난의 대상이 되어 수용자들은 천커가 "베이징에 있는 남자를 '우표를 수집하듯'"[40] 입맛대로 사귀며 미모를 이용해 남자를 통해 신분 상승을 하려 한다고 비난한다.[41]

---

40 ID: 舞舞力全開嘿, 2018年04月12日, "才出6集, 戚薇就經歷6個男人了 …… 初戀男友, diao 絲同學, 已婚老板, 中層小開, 色欲高管, 富家公子。而且每個都對她有意思! 這是北京男子集郵冊吧……"

41 천커의 허영심을 비판하는 가장 신랄한 견해로 다음과 같은 댓글이 있다.
梅子1480479551493826, 2018年04月12日, "我本以為這個電視劇會是勵誌片, 結果一看讓人失望。女主愛慕虛榮, 嫌棄張超沒錢覺得跟他在一起丟臉就拋棄他。靠美色誘惑靠說謊話博取富二代的同情獲得合同, 根本就不是用真誠打動客戶。…… 讓人感覺女主好不矜持, 面對富二代追求, 看著有錢就答應做女朋友, 這答應的也太快了吧, 讓人覺得只要是個有錢的男人追求都會貼上去, 讓人感覺女主把自己給賣了。這一路走來女主都很順利, 根本就沒有什麼困境, 並且工作也不是靠自己的本事得到的。這部劇會把剛畢業的大學生給帶壞的, 讓人覺得女

실제로 천커의 결혼을 향한 노력에는 비난을 받을 만한 '기획'적인 측면이 농후했다. 고객인 재벌 2세와 연인관계를 만든 것도 그러하지만 결혼소개소에 남편감으로 베이징 호구를 가진 남자이기만 하면 된다고 요구한 것이 그러하다. 14집의 부제인 "나는 베이징 남자에게 시집갔다"처럼 그녀는 "기적처럼" 서른 살에 베이징 남자와 결혼을 하지만 "남편은 주택 등기 권리증이 아니다"라는 15집의 부제가 암시하듯, 도박중독에 마마보이인 남편과 집의 소유권을 쥔 시부모와의 갈등으로 결혼은 파탄에 이르고 그녀는 다시 월세방으로 돌아온다.

통상적으로 결혼에 있어서 '집' 마련은 남자의 몫으로 인식된다.[42] 그런데 천커는 처음부터 '집'을 마련하겠다고 선언을 하였다. 그러나 자력으로 집 장만이 어려워져 결혼을 통해 집을 마련하는 것으로 전략을 바꾸었으나 애초의 집 장만 시도는 결혼 시장의 남녀 간의 성역할에서 '벗어난 것'이라 할 수 있다. 〈도쿄여자도감〉을 모방하여 만든 일본의 드라마 〈도쿄남자도감〉[43]의 남주인공은 자신의 목표를 '5년 안에 연봉 1천만 엔(1억 원)이 되는 것'이라고 선언한다. 이는 성공하면 자연스럽게 집 장만도 연애도 가능하다는 의미이며, 〈베이징 러브스토리〉에서 애인을 배신한 스샤오밍 역시 옛 애인에게 "넌 여자니까 달라, 난 남자니까 성공해야 돼."라고 다시 돌아오라며 회유

人只要有美貌, 找個有錢的男人作為跳板就可以了。哎."

42 뤼투(呂途) 지음, 『중국 신노동자의 형성』, 정규식·연광석·정성조·박다짐 옮김, 나름북스, 2017, p.216.

43 〈東京男子圖鑒〉은 도쿄카렌다(東京カレンダ)의 공식사이트에 2019年 9月 14日부터 11月 16日까지 11회에 걸쳐 연재된 일본의 소설로, 2019년 12월에 일중 합작으로 제작되어 중국에서 먼저 방영된 후 2020년 5월부터 일본에서 방영될 예정인 드라마이다. https://www.ktv.jp/danshi-zukan/(검색일: 2020.3.1.)

하는 대목은 성공한 남자가 여자를 자신의 집에 '들이는' 방식을 취하고 있다는 것을 보여 준다.

　일찍이 기든스는 성공을 꿈꾸는 여성들의 등장이 남성들의 '분노'를 촉발시켰으며 이러한 분노의 근원이 근대적 '성별 분업'시스템에 있음을 상기시킨 바 있다. '근대'와 젠더 억압의 상관성을 '감정'이란 영역을 통해 문제 제기한 그는 근대의 남성들이 일을 통해 자신의 정체성을 찾으려고 노력하면서 감정의 영역은 방치하고 이를 여성에게 맡기는 방식을 허용하여 왔다고 지적한다. 그 결과 근대부르주아의 '낭만적 사랑'은 상대를 서로 다른 존재임을 인정하고 유동적인 감정의 대등한 교류로 보는 '합류적(confluent)' 관계가 아니라, 둘 사이의 친밀성이 '유일하고 하나뿐인 것'이라고 강조하면서 여성을 가정 안에 가두는 결과를 초래하였다고 비판한다.[44] 이처럼 남성 가장을 전제로 한 근대의 '낭만적 사랑'은 '소유'개념이기 때문에 양성 간의 대등한 교류 자체가 불가능하며 일단 여성을 '감정' 영역에 배치하고 나면 여성은 남성들 사이에서 거래의 대상이 된다. 성별 이분화된 시스템하에서 여성은 애초부터 일을 통해 남성과 경쟁할 '의무'(권리)가 없기 때문인데 애초에 천커는 이러한 젠더화된 성 역할을 거부하고 자신이 집을 사겠다는 야심찬 꿈을 꾸었다. 그렇기 때문에 남자 또한 '골라 가며' 사귈 수 있었던 것인데 이러한 '성 역할의 전도'라는 관점에서 천커를 본다면 수용자들이 천커를 '베이징의 남성들을 우표 수집 하듯이' 사귀는 것과 남자를 통해 신분 상승을 꿈꾸는 것을 동일시하여 남성 의존적이라고 도덕적 비난을 가하는 것은 타당하지 않

44　앤소니 기든스, 『현대사회의 성 사랑 에로티시즘: 친밀성의 구조변동』, 황정미 외 옮김, 새물결, 2003, p.107.

다. 성도덕을 논하며 천커에게 불쾌함을 표하는 견해들은 기든스가 비판했던 '낭만적 사랑'의 '소유'적 속성의 연장선상에서 천커에게 분노하고 있으며 사랑에 있어서 여성이 '주도권'을 행사하는 것을 용납하지 않으려 하기 때문이다. 이처럼 일에 있어서는 주도적이어도 되지만 성에 있어서는 '쾌락'을 용납하지 않는 이분화된 태도는 일과 사랑 모두에 있어서 성공하고자 하는 천커의 지향과 충돌한다. 따라서 만약 '수집하듯' 남자를 사귀는 것을 비판하고자 한다면 그토록 많은 남성을 '사귈' 수 있는 물리적, 금전적, 정신적 여유가 허락되지 않는 베이퍄오의 현실, 즉 드라마의 리얼리티 부족을 지적하는 편이 더 타당할 것이다.

2.3. 수용자들: '성도덕비판'에서 '욕망옹호'까지

이원화된 성 역할을 거부하다 타협적 방식으로 선회한 천커에 대하여 수용자들은 어떻게 반응하였는지 댓글을 통해 살펴보면 대략 세 범주로 구분할 수 있다.

첫째, 외지인 정체성에 공감하면서도 드라마의 리얼리티 부족을 비판하는 견해이다.[45] 수용자들은 이 드라마가 훌륭한 '국산 드라마'로 천커라는 인물에 자신들의 경험이 압축되어 있다고 보고[46] 시련에

---

45 微信用戶1461630434869986, 2018年04月18日, "來北京7年了, 從一個設計師助理一個月550的工資, 給設計師提包, 到現在主任設計師, 經歷了種種困難面對了各式各樣的人和事, 天天跟工長, 工地打交道, 我覺得我眼中的北京不是這樣的。我眼中的北漂女孩也不是這樣的。"

46 微信用戶1500577707039810, 2018年04月12日, "首先, 我覺得這是一部非常好的國產良心劇。編劇肯定是一個很用心在生活在感受的人。從女主的身上看到了我的很多縮影, 不一樣的是, 我09年才到北京。"

도 불구하고 노력하는 천커에게 공감을 표한다. 또한 동시에 천커가
도처에서 '귀인'을 만나는 우연이 남용될 뿐만 아니라 고단한 대도시
생활을 너무나 쉽게 묘사하여 도저히 계속 볼 수가 없는 비현실적인
내용이라고 비판하기도 한다.[47] 한 걸음 나아가 이들은 천커가 누리
는 '행운'이 '젊고 예쁜 얼굴' 덕분이지 결코 실력과 노력의 결과가
아니라고 보고[48] 월급이 7,000위안밖에 안 되는 상황에서 집 계약을
하는 것은 베이징 살이를 너무 쉽게 보는 비현실적 재현의 대표적 양
상이라고 지적한다.

둘째는 여주인공의 '가치관', 특히 성 도덕을 둘러싼 견해들이다.
천커가 '6집까지 벌써 6명의 남자를 사귀었다'고 지적한 한 수용자는
주인공이 빈번하게 남자를 바꾸는 것이 남자 덕을 보려고 하는 의도
라고 비판하는데[49] 이와 달리 천커가 재벌 2세의 내연녀 제안을 거절

---

47 微信用戶1509206062591228, 2018年04月11日, "其實真正在大城市, 北上廣工
作的人知道, 生活沒有那麼順心的, 在深圳呆了四年教會了我太多東西了。"; 支
付寶用戶5293941001, 2018年04月11日, "前兩集還可以後面的就扯淡了哪能遇
到這麼多貴人狗血社會是殘酷小編這樣加劇這個社會浮躁!!!!", 成成10680, 2018
年04月11日, "這太不現實了, 在北京生活一個人那有這麼容易啊, 而且還這麼
順, 太假了, 看了三集就看不下去了, 演戲終究是演戲一點真實性的都沒有, 胡
編亂造。"

48 芋頭是帥哥, 2018年04月19日, "看了這幾集, 總感覺哪裏怪怪的。毫無疑問, 女
主是有野心的, 這不是壞事。想要憑自己的能力, 獲得更好的生活, 這也沒錯。
但我還是覺得哪裏不對。emmmmmm女主一路開掛, 靠換男朋友和曖昧對象上
位。妳他媽還憑自己能力? 哪次不是靠自己的臉蛋? 所以那麼怕老, 畢竟是自己
唯一的資本。欲望, 得配得上自己的能力。而女主, 顯然的能力只能是當小三。"

49 梅子1480479551493826, 2018年04月12日, "我本以為這個電視劇會是勵誌片,
結果一看讓人失望。女主愛慕虛榮, 嫌棄張超沒錢覺得跟他一起丟臉就拋棄他。
靠美色誘惑靠說謊話博取富二代的同情獲得合同, 根本就不是用真誠打動客戶。……
讓人感覺女主好不矜持, 面對富二代追求, 看著有錢就答應做女朋友, 這答應的
也太快了吧, 讓人覺得只要是個有錢的男人追求都會貼上去, 讓人感覺女主把

하고 다시 자신의 업무에 몰두하는 대목은 그녀가 성을 팔지 않는 '건
전한 가치관'을 지닌 독립적인 여성이라고 주장하는 유력한 근거로
제시된다.[50]

드라마 여주인공들의 성도덕을 문제 삼는 두 번째 관점은 결코 새
로운 문제가 아니라 시장화 개혁 이후에 사회적인 이슈로 대두된 이
른바 '샤오싼 논쟁'의 연장선상에 있다. 성공한 남성에게 기대어 소
비적이고 기생적인 삶을 누리고자 하는 샤오싼에 대하여 여론은 줄
곧 '배금주의'라는 말로 비판하였으나 남성을 '기회'로 삼아 활용하려
는 여성상의 계보들은 끊이지 않고 출현하였다. 샤오싼 문제를 사회
적 이슈로 만든 드라마인 〈단칸 방〉은 명문대 졸업생인 하이자오(海
藻)가 상하이의 폭등하는 집값과 생활비를 견디지 못해 스스로 시장
비서의 내연녀가 된다는 내용이나 놀라운 것은 젊은 여성들이 '기회
만 주어진다면 자신도 하이자오처럼 되고 싶다'는 당시의 반응이었
다. 그리고 중국판 '섹스 앤 더 시티(Sex and the City)'라 불리는 여성
성장드라마인 〈환락송〉의 주인공인 판성메이(樊勝美) 역시 유능함에
도 지독한 가난에서 벗어나기 위해 남자친구에게 희망을 걸고 그가
장만할 집에서 누릴 풍요를 꿈꾼다.[51] 이처럼 시장 경제 하의 도시
청춘물은 다양한 여성상을 재현하면서도 '남자'를 통한 성공, 보다

自己給賣了。這一路走來女主都很順利, 根本就沒有什麼困境, 並且工作也不是
靠自己的本事得到的。這部劇會把剛畢業的大學生給帶壞的, 讓人覺得女人只
要有美貌, 找個有錢的男人作為跳板就可以了。哎。"

50   微信用戶150920606259122, 2018年04月11日, "喜歡這部劇, 女人想要什麼樣的
生活, 就要努力上進, 努力提升自己, 我覺得沒什麼錯, 女主都是靠自己能力得到俄,
又不是去當別人的小三, 又沒偷沒槍, 我覺得沒錯。"

51   丁恋, 앞의 논문, p.100.

정확히 말하면 '결혼제도'(안과 밖)를 이용하려는 여성상을 부단히 그
려 왔는데 〈베이징여자도감〉의 천커는 그런 여성상과 비교할 때 베
이징에 재도전을 선언하고 스스로 집을 마련하려는 노력 등을 통해
'자립'에의 메시지를 던지는 측면이 분명히 있다. 이런 관점에서 천
커를 긍정적으로 바라보는 수용자의 견해는 아래와 같다.

> "내가 본 것은 주저함 없이 사랑하고 미련 없이 헤어지며 열심히
> 노력해서 성공하려는 여성이었다. 남자에 기대 먹고 살거나 내연녀
> 가 되지 않았고 난잡하게 교제하거나 양다리를 걸치지도 않았으며 남
> 자에게 돈을 쓰도록 요구하지도 않았는데 왜 남자에게 기댄다고 말하
> 는가?"[52]

이 수용자는 한 걸음 나아가 그녀가 남성들과 헤어진 것을 모두 인
생관의 차이 때문이라고 본다. 첫사랑과 사내 애인은 원래 화목한 가
정을 꾸리는 데 적합한 여자를 원하는 사람들이기 때문에 야망이 큰
천커와는 언제 헤어져도 헤어질 사이였다고 설명하는데 이처럼 도덕
주의와 선을 긋고 여성의 성적 쾌락은 물론 야망 자체를 긍정하는 것
이 수용자들의 세 번째 입장이다.

이처럼 수용자들은 여성에 대한 이중의 도덕 기준을 비판하며 개
인의 욕망을 긍정하는가 하면 도덕적 관점에서 천커를 남성 의존적
이고 배금주의적이라고 비판하기도 한다. 이러한 풍부한 독해와 달

---

[52] 微信用戶1509206062591228, 2018年4月11日, "喜歡這部劇, 女人想要什麽樣的
生活, 就要努力上進, 努力提升自己, 我覺得沒什麽錯, 女主都是靠自己能力得
到俄, 又不是去當別人的小三, 又沒偷沒槍, 我覺得沒錯。自己變優秀了找個優
秀的另一半也沒什麽錯。"

리, 드라마는 천커가 일과 사랑을 둘러싼 남성 중심적 젠더 질서에 대해 근본적인 성찰을 하기보다는 이혼 후에 혼자된 자신을 '수치스런 고독'을 느끼는 것으로 묘사하고 있다. 그렇다면 〈도쿄여자도감〉의 주인공인 사사키 아야(佐々木綾)는 어떠한가?

3. 〈도쿄여자도감〉의 여성상

천커가 상경한 것이 '그저 그런 삶'에 대한 거부에서 출발했던 것처럼 〈도쿄여자도감〉의 주인공 아야도 일본 동북지역의 소도시인 아키타(秋田)현의 생활이 너무나 '시시'해서 도쿄로 상경한다. 그녀의 꿈은 "남들이 부러워하는 사람"이 되는 것으로 도쿄에서 길거리 캐스팅을 시도할 만큼 아야는 허영에 가까운 '도시적'인 것에 대한 욕망을 품고 있다. 그러나 욕망의 대상은 남성에 한정되지 않아 퇴근 후의 술 한잔을 즐기는 직장문화, 길거리의 간식, 명품, 향수, 야경, 일, 연애 모든 것을 포괄하며 포스터에 두 다리를 쩍 벌리고 누워 있는 모습처럼 욕망을 향해 입을 벌리고 있다.

〈그림 1〉〈도쿄여자도감〉의 메인 포스터

한편 〈베이징여자도감〉의 천커는 여주인공을 가운데 두고 10여 명의 남성이 에워싸고 있어 이성애적 연애와 결혼에 서사의 중심이 놓여 있음을 감지할 수 있다. 아야가 누리고자 한 욕망의 대상은 우열보다는 '취향', 혹은 '선택'에 가깝다. 〈도쿄여자도감〉의 서사 방식은 〈베이징여자도감〉의 서사 방식과 달리 다양한 삶을 선택한 여성들이 각각 카메라를 응시하며 자기 삶을 '합리화'하는 방백식 서사를 취하고 있다. 유모차를 끄는 전업주부가

〈그림 2〉 〈베이징여자도감〉의 메인 포스터

카메라를 향해 '저는 너무나 행복해요~, 아이가 있어서!'라고 만면에 미소를 짓는가 하면, 브런치를 즐기는 고소득 비혼여성들은 시끄럽게 민폐를 끼치는 아이 딸린 주부들을 폄하하면서 '저 여자들은 내숭을 떨고 있답니다! 우생학적으로 보면 인류를 위해서는 저런 아이들은 ……'이라고 독신주의의 우아한 일상을 자랑한다. 하지만 이들은 뒤에서 젊은 남자 하나를 두고 쟁탈전을 벌인다. 각자가 유쾌하게 자신의 삶을 설명하는 기법은 보는 이에게 시선의 평등함을 느끼게 하는데 이러한 서사의 수평 감각은 도쿄와 지방, 그리고 부모와 자녀 관계를 재현하는 방식에서도 일관되게 드러난다.

졸업 직후 '남들이 부러워하는 사람'이 되겠다고 선언했던 아야는 놀랍게도 10년 후 '남들이 알아보는' 명사가 되어 귀향한다. 그러나 대견해 하는 선생님 앞에서 아야는 울음을 터뜨리며 '선생님, 그게 아니예요! 그게 아니라고요.'라며 절망하듯 엎어지며 명품 구찌 사업

장의 고위직이라는 명성과 달리 손상되고 황폐해진 내면을 그대로
드러낸다.

도쿄에 입성한 아야는 값싼 서민주택가인 산겐자야(三軒茶屋)에 방
을 얻어 애인과 퇴근 후의 선술집과 길거리 꼬치를 즐기며 행복감을
느낀다. 그러나 뭔가 부족하다고 느껴 '여기서 멈출 수는 없다'며 소
박한 애인과 헤어진 뒤 한 단계 '수준'을 높여 홍대 앞과 같은 젊은이
들의 거리로 진출하고 최종적으로는 청담동과 같은 '상류 사교 사회'
를 상징하는 에비스(惠比壽)광장으로 진출한다. 그러나 300만 원짜리
명품 원피스를 카드로 사 입고 에비스로 나간 그녀는 '도쿄 출신에
고액연봉의 대기업직원' 애인에게 바람을 맞는다. 애인은 '가정주부
가 꿈'이라고 하는 명문가의 규수와 이미 결혼을 준비하고 있었으며
이를 안 아야는 찾아가 격하게 항의를 하지만 결국 '혼기'에 대한 압박
감에 결혼소개소로 향한다. 단체 맞선에서 아무도 자신에게 데이트신
청을 하지 않아 혼자 남겨져 당혹해하는 아야에게 커플 매니저는 조
용히 다가와 드라마의 백미에 해당하는 '조언'을 한다.

> "매니저: 가정을 가지고 싶어하는 남자들은 외모나 사회적 능력보
> 다는 생식능력을 중요하게 생각해요. 열심히 캐리어를 쌓아 오
> 신 분에게는 억울할지 모르겠지만 그것이 현실입니다. 조건을
> 좀 낮춰보시는 게 어떨까요?
> 아야: 제가 원하는 건 연봉 1000만 엔, 키 175이상, 30대, 3가지
> 뿐이예요.
> 매니저: 그런 조건의 남자분들은 갓 졸업한 여자분들이 노리고 계
> 세요, 대학생도 있구요.
> 아야: 무슨 취업준비도 아니고….
> 매니저: 아뇨, 맞아요. 여기 오는 여자분들은 취직하는 것처럼 준비

를 하고 와요. 당신은 아내를 구하러 온 남자들이 어떤 여자를 좋아한다고 생각하세요? 지금 복장은 좀 생각해 보시는 게 좋을 것 같아요. 입고 계신 옷이 비싼 명품들이라는 것은 딱 봐도 알겠어요. 그렇게 되면 사치를 좋아하는 돈이 많이 드는 여자라고, 대놓고 나다니는 여자로 보이게 돼요. 여기 온 여자들은 보이지 않는 곳에 돈을 쓰고 계세요. 윤기가 흐르는 머릿결이라든지 피부, 손톱은 …… 당신은 조금 더 베이지나 청결감 있는 쪽이 좋을 것 같네요. 그리고 머리카락은 …… 좀 더 여성스럽게 화려한 쪽이 좋을 것 같아요. 뭐랄까요, 전체적으로 여자들한테 인기 있을 패션이세요. 빠릿빠릿하게 일할 것 같은 …… 좀 더 남자들한테 인기가 있을 만한 쪽으로 바꾸시는 게 …….″[53]

바쁜 전문가 직장인답게 꾸미고 정돈된 자신의 몸차림이 아내로서 실격이라는 말을 듣고 아야는 감정적인 교류를 포기하고 조건에 맞는 남자를 골라 서둘러 결혼을 한다. 그러나 성취감도 순간, 신랑은 '떨어진 와이셔츠 단추'를 달아준 어린 계약직 여직원과 불륜에 빠지고 아야의 신혼생활은 종지부를 찍는다.

이혼 후 고향에 내려간 아야를 재현하는 방식은 주목할 만한데 그녀는 도시에서의 '가면'을 벗고 선생님 앞에서 통곡을 하며 맨 '얼굴'[54]을 드러낸다. 아버지는 귀향한 딸에게 '너 재혼 안 할거야?'라고 묻는가 하면 엄마는 눈을 흘기며 '너 도시에서 좀 살았다고 아키타를 무시하는 거야?'라고 농 섞인 핀잔을 준다. 그리고 동네 아줌마들과

53 〈도쿄여자도감〉 제7회, https://www.youtube.com/watch?v=lJ8-69H_RpU (검색일: 2020.1.15.)

54 김현경, 앞의 책, pp.88-90. '가면'은 역할과 성격을 연기하는 것이며 '얼굴'은 그 이면에 있는 자아, 존엄, 신성함, 명예 같은 개념이다.

모여 수다를 떨던 엄마는 남편이 선물해 준 귀걸이를 자랑하다가 실은 '가짜'라며 좌중을 폭소케 한다. 이처럼 고향 아키타는 삶의 잔잔한 일상이 흐르고 유쾌하게 그것을 즐기는 사람들이 존재하는 곳으로 재현된다. 이와 비교할 때 〈베이징여자도감〉의 장소성은 위계적이고 계몽적이다.

출국용 비자를 발급받기 위해 귀향한 천커는 담당 직원의 태만으로 기간 내 비자발급을 받지 못하여 홍콩여행을 포기하게 되고 이 일을 계기로 '다시는 고향에 돌아오지 않겠다'고 결심을 한다. 그리고 '낡아서 구멍이 난 폴라'를 아무렇지도 않게 입고 다니는 모친은 온라인 구매는 '눈으로 직접 보지 않고 사기 때문에 사기당하기 십상'이라며 천커의 권고에 귀를 닫고 애플 폰을 구경도 못해 본 고향 친구들이 천커의 애플폰의 카메라 렌즈가 2구라서 짝퉁이라고 우기며 극장에는 가래를 뱉고 떠드는 중년 남자들이 있다. 이처럼 고향은 '낙후하고 무지하며 교양 없는 사람들로 가득 찬' 떠나고 싶은 곳이다.

이혼 후 귀향한 천커는 어머니의 권유를 받아들여 아이가 딸린 사별한 안과의사와 결혼을 결심한다. 결심 후 베이징으로 다시 돌아온 그녀는 남편의 경제적 후원을 받으며 "내 사랑, 베이징!(我愛北京!)"이라고 외치며 최종회에서 당차게 재도전을 선언한다. "베이징은 정말 무한한 가능성을 갖고 있는 도시야, 우리는 다들 여기서 무한한 가능성을 발휘할 수 있는 사람들이고.(北京, 真是個拥有无限可能的城市, 我們都是這其間擁有无限可能的人)"라는 평소의 확신에는 변함이 없었으며 베이징은 '있어야 할 것이 다 있고 합리적이며 기회로 가득한 곳'이라는 믿음은 견고하였다.

반면, 이혼 후 아야가 택한 두 번째 동반자는 직장에서 존재감이 약하고 남성성도 강하지 않아 늘 여자 동료들 모임에 끼던 남성이었다.

그와 도쿄 외곽의 허름한 연립주택에 살림을 차린 아야는 웃는 듯 마는 듯 "적어도 고독사할 걱정에선 해방됐습니다."라고 카메라를 보며 말한다. 그리고 최종회에 "굿 바이, 도쿄!"라고 하며 다음과 같이 긴 나레이션을 한다. "도쿄를 게임의 무대로 선택한 여자들은 롤플레잉 게임의 주인공이 되어 그 게임을 완수하기 위한 아이템들을 모아왔습니다."라고 운을 뗀 뒤, 산겐자야에서의 연애를 떠올리며 "그 행복의 작음이 슬퍼서 손 놓아 버렸지만 지금은 그 작은 행복의 고마움을 알겠어요. 지금까지의 일들은 그것들을 위해 돌아오는 길이었던 걸까요?"라고 회상한다.[55] 그리고 화면은 그녀와 다른 삶을 택한 전업주부, 상간녀, 직장 여상사의 '그 후'의 삶들이 하나씩 소개되고 그녀는 바벨탑처럼 욕망을 향해 위로만 올라가려던 꿈이 '이룰 수 없는 것'이었다고 고백한다. 그 꿈은 욕망을 부추기는 화려한 도시가 만들어내는 환상이며 '작은 행복의 고마움'이 진짜 행복이기 때문이다.

이러한 원작의 재현방식은 베이징과 고향을 '낙후 vs 문명'이라는 계몽주의적 방식으로 재현하고 '행복'이 아닌 '성공'을 향해 질주하는 번안작의 서사 방식과 뚜렷하게 구별된다. 즉 '여성스러운' 외모를 활용하고 젠더 롤 위에 구축된 남성 중심적인 문화에 대한 거리감이 없으며 일관되게 흐트러짐 없이 몸과 마음을 단련하여 성공을 지향한다. 그렇다면 이것은 천커 개인의 성향인가, 아니면 80년대생들이 지니고 있는 집단적인 특성인가? 아래에서는 세대론과 역사감이라는 관점에서 살펴보고자 한다.

---

55 https://www.youtube.com/watch?v=Vor9xBdvuKw(검색일: 2020.4.1.)

4. 80년대생 여성 욕망의 특징과 구성

4.1. '정책-자본-미디어'의 삼각동맹과 '노처녀'

2000년대 이후 미혼의 직장여성은 드라마에서 만이 아니라 국가 기관과 미디어에 의해 급작스럽게 관심의 대상으로 떠올랐다. 드라마의 수용자들은 〈베이징여자도감〉의 주인공을 도전과 성장드라마의 주인공으로 받아 들이기도 하지만 동시에 성공 스토리가 현실과 괴리된 '우연'과 '행운'의 과잉으로 퍄오족을 대표할 만한 보편성을 담보하지 못한다고 비판하기도 한다. 그러나 국가 기관과 미디어가 적극 개입하는 양상을 보면 드라마를 현실과 재현의 간극이 두드러진 리얼리티의 부족이라고만 인식하는 것이 불충분하며, 과연 '노처녀' 담론에서 전제하는 것처럼 '결혼'이 현 중국 사회에서 여성에게 신분 상승과 안정을 보장할 만한 프리미엄을 갖고 있기는 한 것일까라는 의문을 품게 된다.

저출산 고령화 사회에 접어든 현 중국 사회는 두 자리 고도성장이 불가능한 '뉴 노멀(저성장)'시대로 누구나 노력한다고 해서 성공할 수 있는 것이 아니라 '격차' 속에서 경쟁하고 살아남아야 하는 구조이다. 오늘날 폭등한 부동산과 장소에 기반한 제도적 차별이 1990년대 이후에 조성된 퍄오족의 생존환경임에도 불구하고 드라마는 선재자본(先在資本)[56]이 없는 80년대생 동세대 남성과의 '결혼'이 마치 80년대생 여성들에게 대안적 선택지가 될 수 있는 것처럼 묘사하고 있다.

---

56 선재자본은 '개인적 노력 이전에 축적되어 있는 자본'이란 의미이다. 양칭샹(揚慶翔) 지음, 『바링허우(80后), 사회주의국가에서 태어나 자본주의를 살아가다』, 김태성 옮김, 미래의 창, 2017, p.25.

이러한 '실현 불가능한' 상승혼(upper marriage)을 유포하는 미디어[57]
와 사회현상은 어떻게 발생한 것일까? 이 점을 이해하기 위해서는
먼저 인구정책의 성비 불균형 문제, 그리고 1980년 이후 성공을 경
제적 성공과 동일시하고 인생의 '가치'에 대한 성찰 자체가 부재한
'역사의 단절'을 상기해야 할 것이다.

2007년 교육부 산하기관인 국가 언어문자위원회(國家語言文字委員
會)는 매년 미디어에 배포하는 『중국 언어생활 상황 보고(2006)』[58]에
올해의 신조어로 '성뉘'를 등록하고 이를 "고학력, 고수입, 높은 연령
들 가운데 이상적인 배우자를 만나지 못한 나이 많은 여청년"[59]이라고
정의하였다. 교육부가 성뉘를 상용 중국어로 인정 한 그 해 중화전국
부녀연합회(中華全國婦女聯合會, 이하 '부련')는 3월 8일 여성의 날에
〈정말 우리의 동정을 받을 만한 가치가 있는 '노처녀'들은 얼마나 될
까?〉 라는 문장에 아래와 같은 내용을 실었다.

  "얼굴이 예쁜 여자들은 공부를 많이 하지 않아도 항상 부잣집으로
  시집을 갈 수 있지만 외모가 별로인 여자들은 몹시 어렵다. 그래서

---

57 양칭샹은 위 책에서 드라마 〈분투〉를 완전히 허구라고 비판한다. 주인공들의 배후
    에는 엄청난 선재자본이 있기 때문에 분투가 가능하며 그들의 출발점은 현실 속
    바링허우가 평생을 달려도 도달할 수 없는 종착지이기 때문에 비현실적이라고 설명
    한다. p.25.

58 원문 제목은 『中國語言生活狀況報告』(2016), 羅愛萍 · 王蜂 · 江宇著, 『中國剩
    女調查-關於剩女我們需要壹個真相』, 廣東省出版集團, 廣東人民出版社, 2014,
    p.6.

59 "高學歷 高收入 高年齡的一群在婚姻上得不到理想歸宿的大齡女青年。" 羅愛
    萍, 王蜂, 江宇, 위의 책, p.7. 이 책에 따르면, '성뉘'라는 단어가 처음 사용된
    것은 2004년으로 인터넷 플랫폼인 新浪網이 2004년 1월 1일부터 7월 31일까지
    3,341건의 성뉘 관련 기사를 보도하였다.

이런 여자들이 학력을 높여 자기경쟁력을 강화시키려고 하는데 애통하게도 이 여자들은 나이를 먹을수록 가치가 떨어져 석사를 받고 박사졸업장을 딸 때가 되면 뜻밖에도 나이가 들어 얼굴이 누렇게 되어 버린다."[60]

여성의 이익을 대변하는 정부 기구인 부련이 여성을 '나이'로 구분하고 고학력 여성이 결혼 시장에서 경쟁력이 없다는 것을 공식화한 이 내용은 '일찌감치 결혼을 서두르라'는 취지로 쓰인 글이다. 실제로 2007년 이후로 사람들은 대략 27세가 넘은 여성들을 '성뉘'라 부르기 시작하였고 2011년 전국인민대표대회에서는 '성뉘'가 뜨거운 이슈로 떠올라 정치협상회의(이하 정협)에서는 '성뉘'가 '먹다 남은 밥(剩飯)'과 같다는 발언이 나오기에 이르렀다.[61] 미디어는 이를 신속하게 보도하여 성뉘를 대중적으로 확산, 유통시키는 데 결정적인 역할을 하였다. 즉, 고학력의 고소득 여성들이 결혼하지 않는 이유를 여성들이 "잘생긴 외모에 벤츠, 호화주택으로 머리가 꽉 차 있어 노력하고 분투하지 않으면서 혜택을 누리려는 돈을 숭배하는 여자(拜金女)"[62]들이기 때문이라고 설명하고 이러한 보도는 빈번하게 반복되었다. 이런 분위기를 고려할 때 〈베이징여자도감〉에서 천커가 상경한 첫 해에 길거리

---

60 "長相靚麗的女孩子不需要太高的學歷照樣可以嫁入豪門, 但相貌平平的女孩子則很難, 所以, 這樣的女孩子就希望能夠通過提高學歷來增強自己的競爭力悲哀的是, 她們不知道女人是越老越不置錢, 等拿到碩士。博士畢業證的時候, 不料自己已經人老珠黃。" [美]洪理達著, 『剩女時代(Leftover Women)』, 李雪順譯, 廈門: 海峽出版發行集團鷺江出版社, 2016, p.7.

61 2011년 3월 3일부터 14일까지 열린 전국정협 11기 4차 회의와 전국인민대표대회 11기 4차 회의 기간에 발생한 일이다. 중국에서는 이 두 회의가 가장 중요하고도 상징적인 회의로 '兩會'라고 부른다. 羅愛萍·王蜂·江宇著, 앞의 책, p.37.

62 羅愛萍·王蜂·江宇著, 위의 책, p.32.

〈그림 3〉〈베이징여자도감〉의 한 장면
(출처: https://movie.douban.com/subject/27176635/)

에서 "여자가 스물다섯 살이 넘으면⋯⋯"이라는 행인의 얘기를 듣고 흠칫 놀라 위축된다거나 자신의 인생사를 논의하는 동향의 남자 절친이 그녀에게 "여자한테 뭐가 중요하니? 시집을 잘 가는 게 중요하지." 라고 대놓고 말할 때 묵묵히 듣고 있는 장면이 결코 맥락 없이 배치된 것이 아니었음을 이해하게 된다. 가장 놀라운 것은 천커의 인생 롤모델인 까오 사장이 천커에게 들려준 자신의 성공비결이다.

> "사실, 그건 내 자신이 노력해서 얻은 것은 아니었어. 두 번의 이혼을 하면서 유책사유가 있는 상대로부터 적지 않은 보상금을 받았거든. 열심히 일을 잘 해야 하지만 결혼도 잘 해야 되는 거야. 만약 결혼을 하려고 한다면 여자에게 결혼이란 게 (태어나는 것 다음으로: 인용자 첨가) 두 번째로 배팅할 수 있는 기회라는 것을 분명하게 알아야 되는 거지."

결혼이 '배팅할 수 있는 기회'라고 말하는 롤모델로부터 천커는 성공이 결혼을 통해서도 가능하다는 것을 알게 된다. 극 말미에 천커가 고향의 모친(세대)을 시대에 뒤떨어졌다고 무시하다가 후원자로서 믿음직한 '의사 남편'을 권유하는 모친의 제안을 받아들이는 것도 이런 맥락에서 이해하면 납득이 된다. 아야의 부모가 '개인'의 선택으로 남겨 둔 연애와 결혼이 천커에게는 '성공전략'이었다고 판단하게 되는 지점이다.

한편, 여성에게 결혼을 강요하는 2007년 이후의 사회 분위기는 이미 1980년의 한 자녀 정책 공표 당시부터 예견되었던 것으로 고령화, 성비 불균형문제와 직접적 관련이 있다. 중국 정부는 1980년에 발표한 〈중공 중앙이 우리나라 인구증가를 통제하는 문제에 관하여 전체 공산당원과 공청단원에게 보내는 공개서신(中共中央關於控制我國人口增長問題致全體共産黨員、共靑團員的公開信)〉[63]에서 한 자녀 정책의 결과로 고령화와 성비 불균형문제가 발생할 것이라고 이미 언급하였으며 이 문제는 문제가 발생한 시점에 이르러 해결이 가능하다고 명시되어 있다. 그러나 정부가 저출산에 대해서는 2015년에 한 자녀정책의 폐지로 대응을 할 수 있었던 것과 달리 남초 성비 불균형문제는 20대 여성 인구의 절대적인 부족과 함께 점증하는 여성들의 만혼과 비혼으로 인해 해결방법을 찾기가 어려웠다. 통계수치를 보면 1990년에 25세 이상의 미혼여성이 2,887,771명이던 것이 2010년에는 14,654,420으로 늘어 20년 만에 5배가 증가하였고 25~29세 여성 가운데 미혼자가 21.6%였다. 30~34세의 미혼여성도 2000년에 1.35%이던 것이 2010년에 5.35%로 4배 이상 증가하였다.

본래 여성의 만혼과 비혼증가는 여성의 교육기회확대와 근대화의

---

63 출처: http://news.xinhuanet.com/ziliao/2005-02/04/content_2547034.htm
    (검색일: 2019.5.1.)

보편적 결과이다. 중국사회는 이런 결과에 직면하여 미혼여성을 '사회
문제'로 지목하고 이에 대한 해결방안으로 정부와 결혼 정보 회사들에
의한 결혼촉진을 위한 맞선 행사(相親會)추진으로 대응하였다.[64] 즉,
부련은 결혼 정보 회사와 계약을 맺어 맞선 프로그램을 추진하여 TV에
는 맞선프로그램이 급증하고 영리를 목적으로 한 대형 맞선 행사가
베이징과 상하이, 광조우에서 열렸다. 부련과 미디어는 '혼인적령기'
라는 담론을 통해 여성을 타겟으로 '영리'를 목적으로 한 행사를 확대
해 나갔으며 대표적인 결혼정보업체인 세기가연(世紀佳緣)은 2010년
에 회원 수가 2,200만 명에 달하는 성과를 올렸다.[65] 미디어가 '성난(剩
男, 남아도는 남자)'이 아닌 '성뉘'만을 집중적으로 보도한 결과 마치
미혼 여성이 미혼 남성보다 많은 것 같은 착시를 불러일으키기도 하였
는데 실제 혼인 연령대의 남성 숫자는 여성보다 3,000만 명이 많은
것(2021년)으로 추산되었다.[66]

　25세를 여성의 혼인적령기라고 규정하고 남녀 성비 불균형을 정부
와 자본이 결혼 시장 확대를 통해 '조정'하려고 하는 이러한 시도는
일을 통해 사회의 발전에 기여하고 있는 고학력 여성 인재들을 생물학
적인 '나이-젠더 시스템'으로 환원시키는 퇴행적인 것이다. 1980년
계획생육입안 당시에 정부가 제시했던 해결방법은 이러한 '혼인적령
기' 강조가 아니라 아래와 같은 것이었기 때문이다.

64　[美]洪理達著, 앞의 책, p.6.

65　羅愛萍·王蜂·江宇, 앞의 책, p.24.

66　顧寶昌, 「實行生育限制的理由已不復存在」, 『人口與社會』31(2), 2015, pp.10-
　　11.

"한 쌍의 부부가 한 명의 자녀를 낳도록 제창한 후 관련기관이 일부
지역에서 첫 신생아의 성비를 조사해본 결과 남아가 여아보다 다소
많다는 결과가 나왔다. 여아가 자라 (남아와: 인용자 첨가) 똑같이 노
동을 하고 일부 전문적 노동은 아주 훌륭하게 해 낼 수 있고 가사노동
도 더 잘 할 수 있을 것이며 또한 남편을 처갓집에서 살게 할 수도
있을 것이다.(밑줄은 인용자 강조) 신중국의 인민, 특히 청년세대는
남존여비의 낡은 사상을 극복하여 딸 하나만을 낳았을 경우에 그 아기
를 (남아와: 인용자 첨가) 똑같이 훌륭하게 길러야 할 것이다."[67]

당초에 제시한 대응방안은 오늘날 관철되지 않고 있으며 이런 정책
의 대응문제와 함께 지적해야 할 것이 의도적으로 정보를 왜곡하는
미디어의 보도방식이다. 미디어는 '성뉘' 가운데 학력이 대졸 이상자
가 95%라고 보도하였으나 2010년 인구센서스는 해당 집단이 17%라고
보고하였다. 또 미디어가 28~31세의 미혼여성비율이 48.1%라고 보도
한 것과 달리 2010년 인구센서스는 그 비율이 26.7%라고 발표하였는
데[68] 이처럼 학력과 숫자를 부풀린 결과 '여박사(女博士)'는 대표적인
'성뉘'집단으로 비난의 타깃이 되었다.[69] 결혼정보업체와 미디어는 미

---

67 "提倡一對夫婦只生育一個孩子以來, 有關部門在一些地區對頭胎生育的孩子的
性別比例作了調查, 結果也是男孩比女孩稍為多一點。女孩長大一樣勞動, 有些
專業勞動可以幹得很好, 更會做家務勞動, 還可以讓丈夫住在女方家裏。新中國
的人民, 特別是青年一代, 一定要克服重男輕女的舊思想, 如果只生了一個女孩,
同樣要把她撫養好。"'中共中央關於控制我國人口增長問題致全體共產黨員、共青
團員的公開信', http://news.xinhuanet.com/ziliao/2005-02/04/content_2547034.
htm(검색일: 2020.4.1.)

68 羅愛萍·王蜂·江宇, 앞의 책, pp.12-13.

69 인터넷 매체에서는 "女博士=滅絶師太,嫁不出去(독하고 억세서 시집을 못 간다)"
라는 표현을 몹시 빈번하게 사용함으로써 고학력 '성뉘'를 집중 조명하였고 상대적
으로 중저학력 가운데는 나이 많은 성뉘가 적다고 보도하였다. 羅愛萍·王蜂·江

혼 집단을 연령에 따라 분류하여 28~31세의 여성을 '중급 성뉘'로 부르며 '기회가 별로 많지 않은 성뉘(必剩客) 집단'이라 설명하고 25~27세는 '배우자를 찾기 위해 계속 분투할 용기가 있는 자(剩斗士)'인 '초급 성뉘'라 불렀다. 그리고 36세 이상은 아예 기회가 없는 집단으로 '특급 성뉘'라고 칭하였으며 이런 용어는 인터넷과 일상에 상용되고 있다.[70]

'성뉘'는 이와 같이 정부와 자본, 미디어 이 세 권력이 만든 산물로 여성들에게 가정(인구 재생산)을 중심으로 삶을 설계하라고 압박하는 취지에서 만들어진 것이다. 흥미로운 점은 이처럼 '밀봉'된 중국 내 담론에 한 줄기 숨통을 틔워준 것이 21세기 동시대 한국사회의 비혼여성의 상황이었다는 설명이다. 작가이자 방송인인 쑤친(蘇芩)[71]은 2012년 한국을 방문하여 강남구에서 30세가 넘은 여성 가운데 40%가 미혼여성이며 이 여성들이 중국의 미혼여성들처럼 '고학력, 고수입, 그리고 일정 수준을 갖춘 남성'을 원한다는 것을 보고는 양국의 공통된 이 현상이 '여성의 사회적 지위가 향상되고 있'다는 것을 보여주는 현상이라며 '감탄'하였다고 전한다.[72]

宇, 앞의 책, p.12. '滅絶師太'는 진용(金庸)의 무협소설 『의천도룡기』에 나오는 여자 무협고수로 성격이 독하고 냉혈하여 자신의 뜻에 어긋나면 상대를 죽여버리는 성격의 소지자이다.

70 洪理达著, 앞의 책, p.24. 1등급 연령 구분은 중국의 新華社가 보도한 것이다. 상세 분류에 대해서는 https://baike.baidu.com/item/%E5%BF%85%E5%89%A9%E5%AE%A2/9954031?fr=aladdin를 참조할 것.

71 작가이자 미디어 편집자이며 대표작으로 〈男人那點心思, 女人那點心計〉, 〈官場紅學〉이 있다. 삼성 경제 연구원의 초청으로 한국에서 홍루몽학(紅學)에 대한 강연을 한 바 있으며 여성의 입장에서 목소리를 내고 있으며 그녀가 운영하는 "蘇芩女學館"은 중국에서 가장 유명한 블로그로 방문객이 6억 이상이다.

https://baike.baidu.com/item/%E8%8B%8F%E8%8A%A9/10690783?fr=aladdin (검색일: 2020.2.2.)

그러나 '성뉘'담론이 부상하게 된 직접적인 배경은 경제적인 데 있어 2008년 금융위기 직후 중국에서는 '성뉘'보도가 도표와 같이 급증하였다. 경기가 위축되자 한 정협 위원은 2010년에 국가가 여성의 권익을 보호하여 '가사노동에 임금을 지급할' 것을 제안하였으며 2011년에 개최된 양회(兩回)기간 중에는 "여성은 가정으로 돌아가라("讓女人回家")"며 "국가에 대한 여성의 책임을 다하고 출산황금기에 정상적으로 출산을 할 것"을 권하였다.[73]

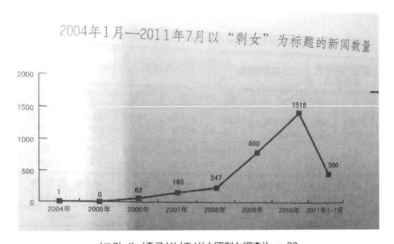

〈그림 4〉 〈중국성뉘조사(中國剩女調査)〉, p.20.

2.2. 일체의 '도구화' – 역사의 단절과 성찰부재

결혼에 과도하게 의미가 부여되고 여성을 향한 압박의 증가가

---

72 羅愛萍·王蜂·江宇, 앞의 책, pp.32–33.

73 이 주장을 한 인물은 인기스타급 정협 위원인 張曉梅이다. 羅愛萍·王蜂·江宇, 앞의 책, p.38.

2008년 세계금융위기에 대한 중국 사회 내 오피니언 리더들의 대응책이었다고 한다면, 이러한 대응을 단지 현실 문제 해결을 위한 '조정'이라 설명하고 끝내도 될 것인지, 이 지점에 대해서는 좀 더 논의가 필요하다고 사료된다.

천커의 두 번째 결혼대상은 감정적 소통은 불충분하지만 안정성과 신뢰라는 점에서 선택되었고 이 선택은 천커의 재도전에 실질적인 도움이 되었다.[74] 이것을 베이징드림 실현을 위한 일체의 도구화라고 이해하는 것이 필자의 해석이며 이러한 도구화는 '경제적 성취'가 '성공'과 동일시되는 문화의 결과이다.

『바링허우(80후), 사회주의 국가에서 태어나 자본주의를 살아가다』[75]의 저자 양칭샹은 자신을 포함한 80년대생들의 삶을 세대론적 관점에서 분석하여 그 특성을 읽어 내었다. 그는 80년대생을 '내 아버지는 ○○○다'라고 말할 수 있는 선재 자본이 없는 세대라고 정의한다. 즉, 80년대생들은 베이징 내 아파트 평균 가격이 2003년 1㎡당 4,000위안에서 60,000위안으로 15배나 수직 상승 한 현실 속에서 '정처 없이 떠돌아다니는 나, 버려진 느낌'을 갖고 살고 있으며 이러한 정신구조는 향후 '실패자로서의 자각'으로 나아가야 한다고 강조한다. 양칭샹은 개혁개방이 시작될 무렵 '건강한 몸'은 개혁자들이 갖춰야 할 자랑스러운 자본이었으나 오늘날 모든 것은 돈으로만 평가되고 몸은 상상과 창조가 아니라 소비와 교환의 대상으로 전락하였다고 보고 자신들

---

[74] 의사 남편은 자신의 저축통장을 주며 사무실을 얻는 데 쓰라고 천커에게 건네주고 천커는 받으면서 그에게 기대어 안긴다.

[75] 양칭샹(楊慶祥) 지음, 『바링허우: 사회주의 국가에서 태어나 자본주의를 살아가다』, 김태성 옮김, 미래의창, 2017. 원제는 『80后, 怎么辦?』이다.

의 부모세대인 1950년대생이 80년대생들과 달리 문화대혁명이라는
경험을 갖고 있어 작금의 현실을 성찰할 '거울', 즉 '전통'을 갖고 있다
는 점을 강조한다.[76] 다시 말하면, 80년대생은 '거울', 혹은 '전통'이라
고 표현되는 '역사'와 대면하지 못하고 성장하였다는 점이 '문제'이며
이러한 문제의 뿌리는 1980년대에 일어났던 '인생의 가치' 논쟁-'판샤
오(潘曉)토론'[77]을 급격하게 종식시킨 데 있다고 지적한다.

　2010년대의 문제를 해결하기 위해서 1980년대 초로 소급해 올라
가야 한다는 양칭샹의 주장은 허자오티엔(賀照田)이 던진 중국 사회
에 대한 근본적인 질문과 만난다. 허자오티엔은 중국이 전통적으로
윤리를 중시하고 사회주의 정권도 강력한 이상주의 교육을 실시했음
에도 불구하고 어떻게 개혁개방 이후 20년도 안 되는 시간 동안에
일상의 삶이 모두 상업 논리에 의해 지배되고 일상적 언어와 감각이
시장 논리와 소비주의로 물들어 버렸는가라고 질문하고[78] 그 답을
1980년대로 돌아감으로써 찾을 수 있다고 답한다. 문혁이 종결될 무
렵 그는 혁명의 내적 완결성과 설득력이 점점 바닥을 드러내었음에
도 여전히 이상주의적이고 숭고한 혁명적 언사를 벗어나지 못한 채
공허한 이상주의가 존재하던 당시 세태에 사람들이 반감을 느꼈으며
그런 말들보다는 실재적 삶에서 물질적 이익이 얼마나 중요한가를

76　사회주의시기를 거친 북한의 중년 세대와 시장화 시대에 각자도생하고 있는 중국
　　의 80년대생은 '참조체계 없음'이라는 점에서 상통하며, 중국 사회주의의 50년대생
　　과 80년대생의 사유구조와 유사하다. '511회 SBS 스페셜 84년생 김정은과 장마당
　　세대', https://programs.sbs.co.kr/culture/sbsspecial/vod/53591/22000275698
　　(검색일: 2020.5.30.)
77　김미란, 「'판샤오潘曉'토론(1980)에 나타난 문화대혁명의 극복서사: 공사 公私관
　　념을 중심으로」, 『외국문학연구』 35, 한국외국어대학교 외국문학연구소, 2009.
78　허자오톈 저, 『현대 중국의 사상적 곤경』, 임우경 옮김, 2018, 창비, p.27.

강조하기 시작하였다는 사실을 상기시킨다.[79] 그리고 이런 (혁명) 허무주의가 1989년, 천안문사태 이후로 급격하게 확산되었으며 그 결과 시장이데올로기와 소비주의에 균형을 부여하기 위해 이상주의를 가장 필요로 하던 90년대에 정작 과거의 이상주의는 이미 무너진 채 힘을 쓰지 못하였다고 애통해한다. 그 결과 시장화 개혁이 "협애한 경제적 감각을 전 사회에 급속하게 확산시켰으며 정치와 문화, 일상생활에 있어서 사람들의 감각과 상상은 '경제 감각'에 의해 좌우되게 되었다"고 분석한다.[80] 그의 이 분석은 양칭샹이 고민했던 내용, 즉 80년대생들 스스로 자기 세대가 "오로지 일의 성공만을 추구하고 숭고한 이상을 품는 데는 도무지 관심이 없으며 눈앞의 물질적 삶이 풍요롭고 몸이 편안하면 된"[81]다고 생각하고 행동하는 세태에 일말의 희망을 제시한다. 역사로부터 '거울'을 찾아올 수 있는 방법을 제안하기 때문이다.

천커는 부모세대에 대한 존중이나 역사에 대한 감각이 없이 오로지 성공을 위해 일체를 '도구화'한다. 이는 80년대생이 지닌 '발전주의에 대한 맹신'에 다름 아니며 그녀의 인식은 1985년에 제정된 일본의 '남녀 고용 기회 균등법'을 역설하는 〈도쿄여자도감〉의 서사 방식과 대비된다. 아야를 채용한 구찌 매장의 여상사는 면접을 보러 온 아야에게 '남녀 고용 균등법을 아느냐'고 질문한 뒤 아야가 모른다고 답하자 카메라를 향해 격앙된 톤으로 아래와 같이 쏘아 붙인다.

79 허자오톈, 앞의 책, p.64.
80 허자오톈, 위의 책, p.129.
81 "處在這個時代的80後女性形象, 只有這對工作的追求, 卻沒有樹立什麼崇高的理想, 她們眼中理想就是物質生活上能過得比較好, 比較舒適。"肖穎, 「新世紀國産都市劇中的80後女性形象」, 湖南科技大學碩士學位論文, 2011, p.21.

"1985년에 남녀고용기회균등법이 제정되었는데, 이 법이 있다는 사실조차 모르는 여자를 내가 뽑을 수는 없지. 법이 제정되기 전까지 여자들은 차를 따르고 복사 같은 잡일을 하고 남자들만 승진을 해서 여자는 남자들이 손가락으로 시키는 대로 움직였었는데. 왜 너는 아직도 결혼을 안 하느냐는 성적인 괴롭힘을 당하고 서른 살이 넘으면 뒤에서 수퍼우먼(女强人)이라고 수군거리지를 않나, 씁쓸한 기억들이 얼마나 많았는데," …… "얼굴이 반반한 것들은 눈에 뵈는 게 없어 일도 열심히 안 하면서 야근하라고 하면 인상이나 찌푸리고 …… 승진보다 결혼이 하고 싶다고 하질 않나, 퇴근하면 튀어나가 연애사업을 하러 달려가고. 우리 윗세대들이 얼마나 노력해서 남녀평등을 쟁취했는지도 모르고."

비록 여상사가 아야에게 직접적으로 설교나 설득을 하지는 않았으나 위와 같이 〈도쿄여자도감〉은 개인과 역사를 마주 보게 하는 '점'들을 배치하고 있다. 이러한 서사 방식은 파편화된 각각의 인물들을

〈그림 5〉〈도쿄여자도감〉 중 한 장면
(출처: https://www.youtube.com/watch?v=BZhiuwMR6Fw&t=1123s)

'선'으로 연결하는 역할을 하며 결혼을 둘러싼 젠더 이분법적 태도에 균열 효과를 낸다.

5. 나가며

2018년에 방영된 〈베이징여자도감〉은 시장화 이후 결혼과 사회적 성공에 대한 '배운' 80년대생 여성의 인식을 재현한 작품이다. 주인공은 대도시에 호적이 없는 '지방 출신'이라는 '베이퍄오' 정체성과 결혼적령기로 인한 딜레마를 겪지만 결국 '분투하는' 퍄오족 정체성이 젠더적 자각을 압도하는 '발전주의에 대한 맹신'으로 기운다.

그 결과 도시를 떠도는 불안하고 차별적 대우를 받는 퍄오족임에도 주인공에게는 우연과 행운이 뒤따르고 수용자들로부터 리얼리티 부족이라는 비판을 받기도 하였으나 이 글은 결혼을 둘러싼 성 역할보다는 독립적인 한 인간으로 서고자 했던 주인공의 자립에 대한 '욕망'을 긍정하는 입장에서 읽었다. 즉, 기존의 성도덕비판이나 주인공의 개별적 특성이 아닌 역사적 환경과 80년대생이라는 세대론적인 관점에서 드라마를 이해하고자 하였다.

〈베이징여자도감〉에서는 시련에도 불구하고 대도시에 대한 주인공의 칭송과 성공에 대한 낙관은 도전받지 않으며 고향과 기성세대는 대도시를 부각시키기 위한 장치로 기능한다. 즉 '문명화'되고 발전된 도시와 달리 고향 쓰촨의 소도시는 '낙후'하고 '식견과 교양이 없는' 사람들로 가득하며 어머니를 포함한 기성세대는 시대에 적응하지 못하는 '안일한' 존재로 그려진다. 이는 〈도쿄여자도감〉이 도쿄와 지방 소도시를 수평적으로 묘사하고 '일상'의 소중함을 환기시킴으로써 각각의 삶들에 의미를 부여해주는 것과 구별되는 지점이며 이러한 차이는 두 주인공의 롤 모델격인 여성상사의 인생관에서 명징하게 드러난다. 결혼을 전략으로 활용하는 까오 사장과 80년대 남녀 고용 기회 균등법 제정의 의미를 역설하는 구찌 업장 상사의 대조적 양상이 그것이다.

2008년 이후 중국에서 여성을 능력이 아닌 재생산을 위한 '나이'로 평가하는 '성뉘(노처녀)' 담론이 확산된 것은 성비 불균형과 저출산 문제를 여성의 출산 능력을 통해 해결하고자 한 정부의 생명 정치이었다. 직접적으로는 금융위기, 부녀연합과 결혼정보업체의 제휴, 미디어의 부정확하고 과장된 보도, 그리고 정협의 지지가 담론생산과 확산의 연료역할을 하였다. 〈베이징여자도감〉의 주인공이 자신의 사회적 성취를 자존감으로 연결시키지 못하고 연애와 결혼의 실패를 겪고 '고독한 수치감'을 느낀다고 고백한 것은 이러한 관방의 생명 정치담론과 무관치 않다.

'발전주의'에 대한 신념이 '성맹(gender-blind)'적 태도 위에서 공고해지고 일체를 도구화하는 방식은 역사 경험에 대한 성찰, 혹은 참조체계를 접해 보지 못한 80년대생들의 집단적 비극이다. 마오쩌둥의 사회주의가 종식되던 1980년, 시대의 전환기에 중국의 청년들이 '어떻게 살아야 하는가'라고 고민하며 판샤오토론에 뛰어들었을 때 애초에 논쟁을 고무했던 당은 급작스레 논쟁을 중단시켰고 그 자리는 발전주의로 채워지기 시작하였다. 이러한 세대 간의 단절은 80년대생으로 하여금 물질적 부를 성공과 동일시하는 편협한 시각으로 이끌었다. 전환기에 발생한 이러한 단절과 편향은 오늘날 사회주의에서 시장화로 들어선 현 북한 사회의 중년과 80년대생 사이의 단절 양상과 유사하며 신세대의 '참조체계의 부재'란 점에서 양자는 겹쳐진다. 역사와의 만남, 성찰의 계기가 절실하다 하겠다.

이 글은 『중국학논총』 68집(한국중국문화학회, 2020)에 게재된 논문이다.

IV

섹슈얼리티

타이완 동성애 문학에 있어서 '일본'

츄마오진(邱妙津)과 리 고토미(李琴峰)를 중심으로

장웬쉰

1. 서론

동아시아에서 섹슈얼 마이너리티의 인권문제를 생각할 때, 타이완에서 2019년에 동성애자 결혼의 합법성을 인정한 '동성혼법'이 입법된 일이 자주 주목받는다. 일본 사회에서는 동성애자의 결혼문제나 LGBTQ의 법적 권리를 논할 때 '아시아 최초, 세계에서 27번째'라고 함으로써 타이완이 비교 대상으로 자주 거론된다. 지금까지 '선택적 부부 별성(성씨)'이 인정되지 못하고, 동성 커플에게는 '파트너쉽 선서 제도'(지방자치체 레벨)에 의해서 일부 권리밖에 보장되지 않는 일본에서는 과거에 식민지였기 때문에 후진적이라고 여겨지기 쉬운 타이완이 여성이나 섹슈얼 마이너리티 등 인권에서는 일본을 훨씬 앞서고 있는 현실이 충격적일지도 모른다. 그러나 타이완에서 젠더 평등 및 섹슈얼 마이너리티의 해방운동이 활발하게 일어난 1990년대에는 그 해방운동을 담당했던 문학자들의 시야에서 '일본'은 아이덴티티 형성 및 창작 욕망을 도발하는 자극적인 존재였다.

타이완의 문학사에서 동성애자의 고뇌를 테마로 묘사한 소설은 1970년대에 주목받기 시작했으며, 1990년대에 들어와서는 에스닉 그룹이나 중노동자 등 모든 마이너리티 그룹을 해방하는 운동의 일원으로서 게이·레즈비언 문학은 훌륭한 작품을 세상에 많이 선보였다. 게다가 게이·레즈비언 연구를 토대로 퀴어론이 비약적으로 발전하고 훌륭한 논리성을 갖춘 퀴어가 짧은 시간 안에 마이너리티 해방운동과 문학창작을 이끄는 자리에 섰다.

1990년대 타이완의 퀴어 문학은 작자의 경험을 리얼하게 반영하는 '사소설'적 작품과 완전하게 가공된 근미래 세계를 무대로 하는 퀴어 SF로 크게 분류할 수 있다. 양쪽 모두에 '일본'이 강하게 투영되어 있다. 그 중 퀴어 SF의 대표작인 지다웨이(紀大偉)의 『막(膜)』에는 시로 마사무네(士郎正宗), 이토 준지(伊藤潤二) 등의 일본 만화가의 작품을 연상시키는 요소가 있다.[1] 한편, 본고는 스스로의 경험을 다자이 오사무(太宰治), 무라카미 하루키(村上春樹)의 소설 내용에 유사한 것으로 의미 부여를 하는 수법을 다용하고, 1990년대 타이완의 퀴어 문학의 대표 작가 츄마오진(邱妙津) 및 츄마오진의 궤적을 따르려는 방향에서 집필을 개시한 아쿠타가와상 작가 리 고토미(李琴峰)를 중심으로 살펴볼 것이다.

---

1 紀大偉,「日本語版の読者に寄せて」, 紀大偉作, 白水紀子訳, 『台湾セクシュアル·マイノリティ文学[2] 紀大偉作品集 膜』, 東京: 株式会社作品社, 2008年.

2. 리 고토미

먼저 일본 사회가 타이완 LGBTQ 인권문제에 주목한 상징적인 사건, 즉 타이완 출신 리 고토미가 2021년 165회 아쿠타가와상(芥川賞)을 수상한 시점부터 이야기를 시작하겠다. 타이완 지방 도시에서 출생한 리 코토미는 일본어가 모국어인 작가도 아니며 타이완대학에서 일문학과를 졸업한 후에 2013년에 일본에 유학한 이후 소설가로 데뷔했다. 당시에는 타이완과 일본 양국에서 알려지지 않은 무명작가였다.

아쿠타가와상 수상작인 『꽃무릇 피는 섬(彼岸花が咲く島)』은 기억상실에 걸린 소녀가 어느 〈섬〉에 당도해서 섬 소녀 요나(游娜)에게 구원을 받고 '우미(宇実)'라는 이름을 가지면서 이야기가 시작된다. 우미는 동성인 요나와 연애 감정이 생겨나며 그와 동시에 소년인 다쓰(拓慈)와 함께 사이좋게 지내고, 〈섬〉 사람들이 그녀를 받아들인 후에 〈섬〉의 전통을 바꿔 간다는 소녀의 성장 이야기로도 읽을 수 있는 픽션이다. '히노모토어(ひのもとことば)'밖에 말할 수 없는 우미는 〈섬의 일상회화〉 '니혼어(ニホン語)'와 문장어인 '여자어(女語)'를 드디어 습득하게 되고 '니라이카나이(ニライカナイ)' 신앙의 '마치리(マチリ)' 의식 등으로 구성된 〈섬〉의 문화를 몸에 익힌다. 그리고 그녀 자신의 유래가 섬 주민들 모두와 마찬가지로 남성 중심 사회인 '일본', '중국', '타이완'에서 박해를 받고 쫓겨난 자들임을 알게 된다. 이 소설은 타이완, 류큐, 중국의 문화를 융합하여 가공의 언어와 환상적인 섬을 만들어 낸 유토피아 이야기이며, 가족관과 아이덴티티, 언어의 구조와 서로 다른 문화 간의 단절이나 교류 등 동아시아를 교차하는 역사와 마이너리티의 주체성을 모티브로 한 결작이다.

소녀들이 동성애에 눈뜨는 이야기 『꽃무릇 피는 섬』이 발표될 때까

지 리 고토미의 작품 대부분은 타이완 출신의 레즈비언이나 트렌스젠더의 도쿄 생활이나 인간관계를 테마로 했다. 2017년 데뷔작인 『독무 (独り舞)』를 비롯해서[2] 2019년에 『다섯을 세면 초승달이(五つを数えば 三日月が)』, 2020년에는 『성월야(星月夜)』, 2021년에는 『꽃무릇 피는 섬』, 2022년 『폴라리스가 쏟아져 내리는 밤(ポラリスが降り注ぐ夜)』 등의 작품을 열정적으로 출판하고 바로 자신이 중국어로 번역해서 타이완에서도 출판했다. 이러한 작품들은 각각 군조신인문학상(君像新人文学賞) 우수작품, 아쿠타가와상 후보작, 또한 아쿠타가와상 수상, 예술선장문부과학장관신인상(芸術選奨文部科学大臣新人賞) 등 일본의 주요 문학상을 수상했으며 지금도 가장 주목받고 있는 소설가 중 한 사람이다. 또한 자신의 홈페이지, 트위터 등 SNS를 이용하여 사회현상에 대한 비판 등의 정보를 사회에 지속적으로 내보내고 있다. 2021년 아쿠타가와상을 수상한 후에 아베(安部)정권을 비판하는 내용을 발표한 글은 일본과 타이완 양국의 네트워크에서 화제를 일으켰으며 이후에도 댓글이 자주 논란이 되고 있다. 고향상실이나 성적 마이너리티의 삶 등 『꽃무릇 피는 섬』의 테마는 데뷔작 『독무』에 거의 포함되어 있고, 그 내용은 아래와 같다.

　　죽다.
　　죽는 일.
　　고층 오피스 빌딩 23층에서 유리로 된 벽 너머로 선명한 색의 네온사인이 반짝이는 거리를 바라보면서 그녀는 이 말을 몇 번이나 음미

2　2017년, 제60회 군조신인문학상 우수작. 2018年 3月, 講談社, 2022年 7月, 光文社文庫. 2017년 6월호 『군조』에 처음 게재 시 제목은 『独舞(독무)』였으나 단행본으로 나오면서 『独り舞(독무)』로 바뀌었다.

했다.[3]

'죽음'을 늘 염두에 두고 있는 것은 『독무』 주인공인 초 노리에(趙紀恵)이다. 초 노리에는 타이완의 지방 출신으로 유학을 거쳐 지금은 도쿄의 대기업에 근무하고 있다. 낮에는 일본인 동료와 함께 일하고, 밤에는 신주쿠 2초메에 있는 레즈비언 바 '리리스'에서 일본인과 타이완인을 포함한 각국에서 온 레즈비언과 깊은 교우관계를 맺고 있다. 일본은 섹슈얼 마이너리티에 대해서 차별의식이 심한 '성소수자의 사막(同士砂漠)'[4]임을 알면서도 노리에와 리리스에서 만난 타이완 친구가 굳이 일본으로 온 것은 평범한 생활과 괴로운 과거로부터 탈출을 원했기 때문이다.

> 만일 단첸(丹辰)을 사랑하고 있지 않다면 글을 쓰는 일도 없었을 것이다. 문학에 인연이 없다면 츄마오진을 언급하는 일도 없었을 것이다. 그렇다면 츄마오진이 애독하던 무라카미 하루키나 다자이 오사무를 통해서 일본어에 흥미를 갖는 일도 없고 일본에 건너와서 생활하는 일 역시 없었을지도 모른다.[5]

초 노리에가 버리고 싶은 과거란[6] 초등학교 친구인 단첸의 죽음, 이지메, 동성애 혐오자에게 당한 성폭력, 그리고 그 성폭력 사건 때문에 고등학교 시절의 연인인 샤오슈에(小雪)와 이별하고 대학교 친구인

---

3 李琴峰, 『独り舞』, 東京 : 光文社文庫, 2022年7月, p.5.
4 李琴峰, 위의 책, p.19.
5 李琴峰, 위의 책, p.29.
6 李琴峰, 위의 책, p.40.

샤오주(小竹)와도 소원해졌던 괴로운 사건의 연속을 말한다. 그리고 '일본' 생활을 선택지로 제시했던 것은 같은 지방 출신인 작가 츄마오진과 무라카미 하루키, 다자이 오사무 문학의 존재이다. 작가 리 고토미는 소설의 인물인 초 노리에와 작가인 츄마오진은 함께 짱후와현(彰化縣)에서 태어났고 타이베이에서 대학 생활을 보냈다는 동일한 경력을 지닌 것을 소설 안에서 자주 강조하고 있다. 실제로 리 고토미 자신도 짱후와 출신이기 때문에 지방에서 상경하는 과정에서 살아가는 의미를 모색한다는 '고향상실'의 복선을 소설에 사용한 것은 리 고토미가 츄마오진을 『독무』의 전면에 내세운 이유의 하나라고 생각된다.

또한 "싼마오(三毛), 츄마오진, 아쿠타가와 류노스케, 다자이 오사무, 미시마 유키오의 작품에서도 동질의 고독감을 느꼈다. 이들 작가가 모두 자신의 의지로 목숨을 끊었다는 것을 알았다"[7]며 '고독감'과 '자살'이라는 두 가지 키워드를 노리에는 덧붙였다. 관련해서 '싼마오'는 타이완의 에세이스트이며 그가 쓴 사하라사막과 스페인을 제재로 한 여행기는 지금도 타이완 문학의 베스트 셀러인데, 스페인 연인을 잃고 난 후에 우울증으로 고생하다 싼마오 역시 자살했다.

그러나 노리에는 본명인 '샤오잉메이(趙迎梅)'를 일본 이름으로 변경하면서까지 받아들이려고 했던 일본 생활도 제대로 적응하지 못하고 일본 동료와 연인에게 일찍이 성폭력을 당했다는 것을 발각당해 일본 생활도 힘들어졌음을 느낀다. 다시 '고독감'에 괴로워하던 노리에는 호주에 가서 자살을 시도했지만 우연히 그곳에 온 샤오슈에와 그의 연인인 샤오주(노리에의 대학교 친구)가 구해준다. 타이완에 돌아와서 함께 살자는 샤오슈에의 제안을 거절하고 노리에는 당시(唐詩) "부상

---

7 李琴峰, 앞의 책, p.36.

은 이미 한없이 먼 곳에 있고 집은 부상의 동쪽 더욱 동쪽에 있다(扶桑 已在渺茫中, 家在扶桑東更東)"를 읊조리며 '자신이 구축한 장소'인 일본 으로 다시 한번 향하면서 소설은 끝난다.

노리에는 본명인 '잉메이', 레즈비언 바의 닉네임인 '사에(小惠)'(에짱 惠ちゃん) 등의 여러 개의 이름을 가지고 있다. 일본 유학을 계기로 초(趙)는 새로운 이름 '노리에'를 스스로 명명했다. 이는 트라우마로 가득 찬 자신과 고향을 떨쳐버리는 상징적인 '자살'로 해석할 수 있을 것이다. 그러나 과거는 버릴 수 있어도 '고독감'은 불식시키지 못했다. '잉메이'는 타이완에서 도쿄, 그리고 호주까지 현재의 '노리에'와 대면 하려고 계속 추구했다. 노리에가 도쿄로 돌아가려고 하는 최종적 결단 은 '고독감'이나 '자살'이라는 과제에 대처하기 위해서 츄마오진이나 다자이 오사무, 무라카미 하루키의 문학을 통해서 실천해 온 지금까지 의 방법을 멈추었다는 것을 의미한다. 그리고 당시를 읊조린 것은 츄 마오진, 무라카미 하루키, 다자이 오사무와는 다른 '한문맥'의 세계 안에서 자기 삶의 방식을 정했다는 것을 의미한다.

추종하던 모델로부터의 탈피를 도모한 참신함은 평가할 수 있으나 『독무』에는 기이한 인연이나 우연이 너무나도 많으며 그것이 역으로 통속적인 인상을 주고 있다. 그렇기 때문에 다자이 오사무, 무라카 미 하루키, 츄마오진의 작품을 인용해서 비극적인 분위기를 자아내 는 것은 무리가 있다. 실제로 군조신인문학상의 심사위원인 아오야 마 나나에(青山七惠)는 "시작 부분에서부터 일인칭에 가까운 삼인칭 으로 자기도취적인 이야기가 계속되어서 읽고 있자니 힘들다"라고 말하며 "연속되는 말은 그녀의 절망을 보다 드라마틱하게 시종 연출 하고 있다"고 평했다. 다카하시 겐이치로(高橋源一郎)도 마찬가지로 "언어적 망명, 성폭력, 스토커, 자살, 사고사 등에서 강하게 압박해

오는 힘을 느끼기보다는 유형적인 것으로 보인다"고 말하고 작품 전체의 의도성, 약삭빠른 계산에 대하여 비판했다.[8]

노리에에게 츄마오진은 일본어와 일본 생활을 이어주는 계기를 만들었을 뿐만 아니라 노리에가 샤오슈에와 신주쿠 2초메에서 만났던 타이완인 소피아와의 레즈비언 동료의식이 싹텄을 때에도 츄마오진은 항상 공통 암호와 같은 역할을 하였다. 샤오슈에가 "그리고 보니 잉메이는 츄마오진과 같은 고장 출신이네"라고 말했을 때나 소피아가 나카야마 가호(中山可穂)의 작품을 권했을 때도 츄마오진이 상기되는 순간이 있고, 그렇기 때문에 노리에는 샤오슈에나 소피아와 친밀감이 생겨났다. 파리에서 자살한 츄마오진이 역으로 노리에를 '고독감'에서 해방시키는 암호가 되었을 것이다.

이국땅에서 동료의식을 환기시킨 암호로 작용한 츄마오진이 타이완의 LGBTQ 커뮤니티나 문학 독자들 사이에서 매우 높은 지명도를 가졌기 때문이다. 인기가 높다는 증거로 다른 한 권의 소설을 예를 들어 보자. 한국어 번역으로도 출판된 『팡쓰치의 첫사랑 낙원(房思琪的初戀樂園)』은 타이완 신인 작가인 린이한(林奕含)의 데뷔작으로 주인공은 고등학교 때부터 선생님에게 성폭행을 당한 소녀이며 출판된 직후 "팡쓰치는 나다"라며 작가가 자기 경력과 정신병을 앓고 있음을 고백하고 2개월 후에 돌연 자살했다.[9] 그러자 한 남성 작가가 바로 "츄마오진에게: 동료가 한 사람 늘었다"라고 인터넷에 올렸다. 이 기

---

8 青山七恵, 高橋源一郎, 多和田葉子, 辻原登, 野崎歓, 「第60回群像新人文学賞 発表 選評」, 『群像』 72(6), 講談社: 2017年6月, pp.224-231.

9 林奕含, 『房思琪的初戀樂園』, 台北: 游撃文化, 2017年2月. 작가가 4월에 자살. 허유영 역, 『팡쓰치의 첫사랑 낙원』, 비채, 2018. 일본어 번역본은 『房思琪の初恋の楽園』, 日本: 白水社, 泉京鹿訳, 2019年10月.

사는 커다란 비판을 초래했으나 츄마오진이 타이완 사회와 문학에서
얼마만큼 커다란 존재인지도 말해주고 있다.

3. 츄마오진

　츄마오진(1969~1995)은 타이완 LGBTQ 해방운동의 전설적인 인물
이다. 그녀는 타이완 중부 도시 짱후와현 출신으로 고등학교부터 타이
베이제일여자고등학교, 그리고 타이완대학 심리학과를 졸업하는 등
타이완을 대표하는 엘리트 코스를 거쳤다. 대학 재학 중에 문학상을
연이어 수상하고 단편집 『귀적광환(鬼的狂歡)』(1991), 장편소설 『악어
수기(鱷魚手記)(어느 악어의 수기(ある鰐の手記))』(1994)[10]를 출판하면서
영화제작에도 힘을 쏟아서 「귀적광환」이라는 숏필름을 촬영하며 다재
한 면모를 발휘했다. 그러나 『어느 악어의 수기』가 다시 문학상을 획득
한 1995년에 츄마오진은 유학하던 파리에서 갑자기 자살했다. 톱 클라
스의 학력과 재능이 넘치는 창작자라는 배경과 타향에서의 극적인 자
살이 상승작용을 해서 '츄마오진'과 그의 작품은 LGBTQ 해방운동의
상징이 되었다. 그 후에 『어느 악어의 수기』의 주인공인 '나'의 닉네임
인 '라즈(拉子)'가 레즈비언을 지칭했던 일이 대유행했다. 이것은 츄마
오진의 영향력이 대단함을 이야기하고 있다. 츄마오진이 죽은 후에
『몽마르트 유서(蒙馬特遺書)』,[11] 『츄마오진 일기 상, 하(1989~1995)』[12]

10　邱妙津, 『鱷魚手記』(台北 : 聯合文學, 1994年. 台北: 印刻, 2006年). 방철환 역,
　　『악어 노트』, 움직씨, 2019.
11　邱妙津, 『蒙馬特遺書』(台北: 聯合文學, 1996年。台北: 印刻, 2006年). 방철환
　　역, 『몽마르트르 유서』, 움직씨, 2021.

는 절친한 친구인 중국 작가 라이샹인(賴香吟)이 편집, 출판하였고 후
에 몇 번이나 중판되는 베스트셀러가 되었다.

3.1. 『어느 악어의 수기』

출판 당시, 『어느 악어의 수기』는 다른 많은 문학 작품집이 그러하
듯 신인 작가의 작품으로 서점의 책장에 조용히 비치되어 있는 것에
불과했다. 그러나 작가가 파리에서 자살했다는 사건이 보도되자 갑
자기 주목을 받아 그 가운데에 묘사된 시대의 테마인 동성애와 독자
적인 구성에 관한 관심이 높아졌다.

> "올 때에 어떤 장난감이라도 갖고 와주지 않을래?"하고 악어가 말
> 한다.
> "좋아. 내가 손으로 누벼 만든 속옷을 갖고 가 주지."라는 다자이
> 오사무.
> "세계에서 가장 아름다운 서가라는 것은 어떠할까." 이것은 미시마
> 유키오.
> "내 와세다(早稲田) 졸업증서 복사본 100장을 그대의 화장실에 붙
> 이는 것은 어떨까."라는 무라카미 하루키.[13]

『어느 악어의 수기』의 줄거리는 화자인 '나'가 대학 졸업식 날에
졸업증서를 없애려고 하는 지점에서 4년간의 대학 생활에 대한 회상
이 시작된다. 약간 얼빠진 '나'에게 위와 같은 네 개의 목소리가 들려

---

12 邱妙津, 『邱妙津日記上下(1989~1995)』, 台北: 印刻, 2007年.

13 邱妙津作, 垂水千恵訳, 『台湾セクシュアル・マイノリティ文学[1] 邱妙津 ある
鰐の手記』, 東京: 株式会社作品社, 2008年, p.7.

왔다. '악어' 이외의 세 사람 모두 실제로 존재한 일본의 유명 작가이 며 특히 다자이와 미시마는 극적인 자살로 인해 사망한 일도 상징적 이다. 츄마오진의 문학은 언제나 '창작'과 '사랑'으로 뒤얽혀 있고 주 인공을 생과 사의 양극단으로 오가게 하면서 마이너리티적인 자신의 존재가치를 끊임없이 묻고 있다.

『어느 악어의 수기』의 구조는 생과 사의 상징으로 '나'와 '악어'라 는 두 개의 캐릭터를 설정하여 병행되는 이야기로 진행해 간다. 고등 학교 때부터 동성에 대한 욕망에 눈을 떴고 타이완대학 학생인 '나' 와, 색다른 정체가 발각되지 않도록 인간 수트를 입고 빵집에서 아르 바이트를 하는 '악어', 나와 악어 둘 다 도시 속 인간관계에 정열과 공포를 품으면서 아이덴티티를 모색한 끝에 죽음을 향해 자기를 파 멸시켜 간다. '사랑과 죽음'이라는 중대한 테마를 다루면서도『어느 악어의 수기』에서 '악어' 부분은 특히 유머러스한 어투를 사용하여 가벼움과 중압감의 균형을 이루고 있다.

『어느 악어의 수기』라는 타이틀 그대로, 소설이「제1의 수기」에서 「제8의 수기」로 구성되어 있다. 수기의 형식으로 소설을 구성한 것 은 다자이 오사무의『인간실격』을 바로 연상시킨다.「제1의 수기」는 1991년 7월 20일에 주인공인 '나'의 대학 졸업 일자가 적혀있고 '나' 의 회상이라는 형식을 취하고 있다. '악어'는「제3의 수기」부터 등장 하고「제5의 수기」에서 줄에 묶여있게 된 상황을 '나'가 구출함으로 써 줄거리의 평행선이 교차한다. 또한「제8의 수기」에서는 불연속적 인 일기 4편이 첨부되어 있다. 일본 작가의 이름이 거론되는 것은 주 로 '나'의 부분이지만 모두에 등장한 무라카미 하루키, 다자이 오사 무, 미시마 유키오 외에 아베 고보(安部公房)도『상자 사나이(箱男)』, 『타인의 얼굴(他人の顔)』과 함께 '악어'의 애독서로 등장했다.

주인공인 '나'는 타이완 중부 지방 출신으로 성적이 우수해서 타이베이제일여자고등학교라는 타이완 톱클래스의 고등학교, 그리고 톱클래스인 타이완대학으로 진학한다. 가족과 떨어져서 타이베이에서 살며 "이 도시에서 사람은 시험과 돈벌이를 통조림처럼 **빡빡하게** 살아가고 있다"라며 불안감을 품으면서도 개성 넘치는 사람들과 만난다. 처음에는 고등학교 시절에 호의를 가진 선배인 수령(水伶)과의 재회로 동성애자가 되어 험난한 길을 걷게 된다. 사람들의 이목을 두려워하지 않은 수령도 '나'에게 구애를 하지만 '나'는 오히려 수령을 차 버린다. 심리적인 이유는 동성애 행위 자체에 죄악감을 강하게 느끼기 때문이다.

> 그녀는 나에게 죄를 저질렀다. 옛날 식으로 표현하자면 '죽어 마땅한 죄', 더욱 지금 식으로 말하면 나에게 '구조적 혁명'을 일으켰다는 뜻이란 것일까. 수령. 나는 조금 남아있던 삶의 가능성을 바쳤다. 그렇지만 이제는 더 견딜 수 없다.
> 그녀는 내게 외부 세계로 통하는 유일한 환기구 같은 것이었다. 나는 범죄와도 같은 비밀 데이트를 하고 있다. 당연히 약속 상대는 그것이 데이트인지 알지 못한다. 나는 그녀가 나의 생활에 실제로 존재한다는 것을 스스로 인정하려고 하지 않았다. 우리를 잇는 것은 범죄와도 같은 관계임을 나의 특수한 눈은 간파하고 있었기 때문에.

이렇게 말한 '나'의 해석은 다자이 오사무의 『인간실격』의 주인공인 오바 요조(大庭葉蔵)가 사랑하지도 않는 '약국 부인'과 성적 관계를 가진 직후의 장면을 상기시킨다.

죽고 싶다, 차라리 죽고 싶다, 이젠 돌이킬 수가 없다, 어떻게 해도, 무엇을 해도 허망할 뿐이다. 수치심만 늘어날 뿐이다. 자전거로 아오바의 폭포에 가는 일 등 자신에게는 바랄 수도 없는 일이다. 단지 추잡한 죄에 비열한 죄가 더해져서 고뇌가 늘어나서 강렬해질 뿐이다. 죽고 싶다, 죽어야만 한다, 살아 있다는 것이 죄악의 종자인 것이다. 라고 골똘히 생각해도 역시 아파트와 약국 사이를 반미치광이의 모습으로 오고 가고 할 뿐이다. (밑줄 인용자, 이하 같음)

『인간실격』의 '죄의식'을 둘러싼 논리는 주인공인 요조가 카페의 여종업원인 쓰네코와 죽을 결심을 계획하고 자신만이 살아났을 때부터 복선이 깔려 있었다. 요조는 죄악감을 가지면서도 그것이 법으로 재단되는 '죄'와는 다른 무엇인가에 대해서 끊임없이 고뇌하며 괴로워하고 있었다.

감옥에 들어가는 것만이 죄는 아니다. 죄의 대의어를 알게 되면 죄의 실체도 알아차릴 수 있을 것 같다. …… 죄라며 기도하고, 죄라고 후회하고, 죄라고 고백하고, 죄라고, …… 오호라, 모두 동의어이다. 죄의 반대어는 무엇이란 말인가.[14]

요조가 대의어를 맞추는 유희를 하던 중에, 죄의 대의어는 '법률'이나 '선'이라며 자신을 단죄하려 한 친구인 호리키 마사오(堀木正雄)에게 자신의 고뇌를 털어놓는 장면이다. 기도, 후회 그리고 고백 등 기독교 교리와 관련된 단어들을 적어 놓고 다자이 오사무는 '죄'를 인간의 존재 의의를 밝히는 불가결한 자기의식이라고 문학에서 설명

---

14 太宰治, 『人間失格』, 新潮社, 新潮文庫, 平成14年 5月 144刷, p.114.

할 것이다. 그리고 『어느 악어의 수기』 또한 동성애자로서 죄악감과
갈등으로 '살아간다'는 것을 '나'가 결의하게 한다. 예를 들면 '여성과
살을 섞는다'는 것을 "큰 죄를 범한다"(p.55)라는 생각을 가진 '나'는
수령과의 관계를 포기하고 스무 살의 생일 전에 '죽음의 욕망이' 강
해져서 타이완의 남부 도시 가오슝(高雄)으로 향하고 그곳에서 자살
을 시도한다. 짐 안에는 자신의 일기와 수령의 편지, 아버지 명의의
신용카드와 무라카미 하루키의 『노르웨이의 숲(ノルウェイの森)』이
있다. 도중에 통과하는 고향 역을 보고 '나'는 눈물을 흘리고 고향 상
실감을 느낀다. 그리고 종착지로 선택한 가오슝의 호텔에서 '나'는
수령의 사랑 고백 편지를 읽는다.

　　『노르웨이의 숲』 ─ "나는 나오코를 잃었다! 그토록 아름다운 육체
　　가 이 세상에서 사라져 버린 것이다!"[15]

　이와 같은 소설의 한 구절을 인용하며 자살을 중단한다. '나'가 자
신의 상황을 『노르웨이의 숲』과 같은 것으로 여기며 행위와 결과를
연결시켜 의미를 찾으려 했지만 '나'가 동일시한 것은 젠더의 측면에
서는 '나'에게 가까운 '나(俺) = 와타나베'가 아니라 마찬가지로 자살
을 실행한 '나오코(直子)'였다. 연인에게 고하지도 않고 죽음을 선택
한 것은 상대에게 '아름다운 육체'를 상실하는 고통을 확실히 부여한
다는 것을, 『노르웨이의 숲』에서 '나'가 찾아낸 계시이며, 죄의식을
뛰어넘으며 '살아간다'는 의욕도 촉구했다.

15　邱妙津作, 垂水千恵訳, 『台湾セクシュアル·マイノリティ文学[1] 邱妙津 ある
　　鰐の手記』, 東京: 株式会社作品社, 2008年, p.122.

그러나 죄의식을 불식하고 살 것을 결의한 '나'이지만 수령과의 연애는 원만하지 못하고 두 사람 모두 광란의 상태에 빠져 버리고, '나'는 '1990년 1월 3일' 일기에 이렇게 기록한다.[16]

> 고통은 밑 터진 자루 같은 것. 그저 내용물이 쉼 없이 빠져나간다. 그렇지만 어떻게 그 구멍을 메꾸면 좋을지 모르겠다. 어떻게 하면 무라카미 하루키가 말하는 "6년 동안 세 마리의 고양이를 묻었다. 얼마간의 희망을 태워 버리고, 얼마간의 괴로움을 두터운 스웨터에 둘둘 감아 땅에 묻었다. 모든 것은 예측할 수 없는 거대한 도시 한 가운데에서 행해졌다."라는 심경에 다다를 수 있을까?[17]

수령과 결별하려고 할 때 '나'는 항상 무라카미 하루키의 문장을 복창하듯이 끄집어낸다. 이번에는 『노르웨이의 숲』이 아닌 「중국행 슬로보트(中国行きのスロウ·ボート)」의 한 구절이었다.[18] 「중국행 슬로보트」의 화자인 '나'—이혼한 중년의 남자—와 '나' 사이에서 유사한 경력을 찾기 어렵다. 더욱이 '나'가 괴로워하는 이유는 이혼이 아니라 소설 안에서도 설명되어 있지는 않지만 무라카미 하루키 문학을 관통하는 선험적인 '상실감'이라고 생각된다. 이 추상적인 '상실감'을 무라카미 하루키는 "희망을 태워 버린다", "괴로움을 땅에 묻었다", 그리고 "예측

---

16 『어느 악어의 수기』 작품 안의 「일기」이며, 『츄마오진의 일기』는 아니다.

17 邱妙津作, 垂水千恵訳, 『台湾セクシュアル·マイノリティ文学[1] 邱妙津 ある鰐の手記』, 東京: 株式会社作品社, 2008年, p.228.

18 原文:「僕は二十八になっていた。結婚以来六年の歳月が流れていた。六年のあいだに三匹の猫を埋葬した。幾つかの希望を焼き捨て、幾つかの苦しみを分厚いセーターにくるんで土に埋めた。 全てはこのつかみどころのない巨大な都会の中で行われた。」村上春樹, 「中国行きのスロウ. ボート」, 『中国行きのスロウ. ボート』中公文庫, 1983年 5月 初刊, 2010年 6月 改版 22刷에서 인용, p.39.

이 불가능한 거대한 도시"를 살아간다. 더욱이 "6년 동안 세 마리의 고양이를 묻"거나 "괴로움을 두터운 스웨터에 둘둘 감아"와 같이 정교한 비교 방식과 표현 방법으로 구상화해 보였다. 바로 이것이 츄마오진이 「중국행 슬로보트」에서 찾아낸 키포인트일 것이다. 『노르웨이의 숲』에서는 자살한 사람과 살아가는 사람과의 인간관계를 자신의 신변에 투영한 것에 비해서, 「중국행 슬로보트」에서 오직 이 단락만 인용된 것은 '상실감'을 재현한 문장력에 츄마오진이 주목한 것이라고 생각된다. 이상의 분석에서 알 수 있듯이 리 고토미가 '고독감'과 '자살'이라는 테마를 츄마오진, 다자이 오사무, 무라카미 하루키의 문학에서 찾아낸 것이라면, 츄마오진은 '자살'을 한 번 극복하고 나서 살아가는 일에 부수되는 '상실감'에 중점을 두었다. 그러나 츄마오진은 이 단락에 마음을 깊이 기울여 자기 일기에도 몇 번 인용한다.

3.2. 『츄마오진 일기 1989~1995』

일기는 작가 연구에 있어서 불가결한 자료이면서도 픽션성이 높은 작품과 구별해야 하는 일은 문학 연구자에게 중요한 소양이다. 그러나 츄마오진의 일기는 소설을 창작했을 시기와 거의 겹친다. 또한 주인공에게 작가 자신의 경험을 그대로 투영하고 독자에게 제1인칭인 '나'의 시선을 따라오게 하고 '나'의 세계로 끌어들이는 효과를 노리는 '사소설'의 기법을 많이 사용한 츄마오진 문학에서는 일기와 대조하여 소설을 읽는 일이 필요하다.

츄마오진은 일기를 쓰는 습관이 있었고 자살한 후에는 작가인 절친한 친구가 장편소설 『몽마르트 유서』와 함께 정리해서 출판했다. 『츄마오진 일기 1989~1995』(이하 『일기』라고 함)의 시작 시기는 『어느 악어의 수기』의 '나'가 대학에 입학한 1987년보다 2년 늦은 1989년이다. 『일기』에 의하면 1989년 당시, 츄마오진은 자신이 동성에게 느끼는 욕망을 알아채고 성과 사랑, 동성인가 이성인가 하는 번뇌를 끌어안고 C와 L의 두 사람의 여성과 연애 관계를 경험했다. 1994년에 타이완을 떠나서 선택한 유학처는 프랑스이고 F, X라는 여성과 연애 관계로 발전한다. 『일기』에서 츄마오진이 사랑에 고뇌할 때는 항상 무라카미 하루키와 다자이 오사무의 소설 내용을 모사하며 자신의 심경을 설명 하고 괴로움을 적고 있다.

　『일기』에는 무라카미 하루키의 단편 「중국행 슬로보트」가 빈번하 게 인용되고 또한 다자이 오사무와 미시마 유키오의 등장 빈도도 『어느 악어의 수기』보다 훨씬 많다. 『일기』를 적는 방법은 항상 누군 가를 향해서 호소하듯이 말을 거는 방식이며 때로는 선언하는 듯이 보이기도 한다.

　예를 들면 1990년 1월 3일 일기에는 무라카미 하루키를 이야기 상 대로 상상해서 고통을 뛰어넘으려는 방법을 배우려고 하고 있다.

> 　무라카미 씨여, 나는 정말로 괴로워하고 있다. <u>고통은 밑 터진 자루 같은 것으로 그저 내용물이 쉼 없이 빠져 나간다.</u> 가르쳐 줘. "6년 동 안 세 마리의 고양이를 묻었다. 얼마간의 희망을 태워 버리고, 얼마간 의 괴로움을 두터운 스웨터에 둘둘 감아 땅에 묻었다. 모든 것은 예측 할 수 없는 거대한 도시 한 가운데에서 행해졌다."처럼 되고 싶다. 그 러나 어떻게 터진 자루를 메꾸면 좋은지 알 수가 없다.

　이 단락은 소설 『어느 악어의 수기』의 내용인 「일기 1990년 1월 3일」 과 상당히 비슷하다는 것을 보면 알 수 있을 것이다. 상세하게 비교하 기 위해서 한 번 더 문장을 적어 보겠다.

고통은 밑 터진 자루 같은 것. 그저 내용물이 쉼 없이 빠져 나간다. 그렇지만 어떻게 그 구멍을 메꾸면 좋을지 모르겠다. 어떻게 하면 무라카미 하루키가 말하는 "6년 동안 세 마리의 고양이를 묻었다. 얼마간의 희망을 태워 버리고, 얼마간의 괴로움을 두터운 스웨터에 둘둘 감아 땅에 묻었다. 모든 것은 예측할 수 없는 거대한 도시 한 가운데에서 행해졌다."라는 심경에 다다를 수 있을까?[19]

이와 함께 「중국행 슬로보트」의 내용 일부를 인용해서 자신의 필력도 무라카미 하루키가 묘사한 것과 같은 '심경'에 도달하기를 강력하게 원하고 있다. 그러나 소설 『어느 악어의 수기』에서는 다시 "그렇지만 어떻게 터진 구멍을 메꾸면 좋을지 모르겠다"며 덧붙이고, 묘사하는 힘이 좋아졌다고 해도 주인공이 품고 있는 상실감을, 도저히 불식시키지 못하는 불안을 『어느 악어의 수기』의 서사 구조를 통해서 승화해 보인 것이다.

또한 1990년 4월 13일의 『일기』에는 『노르웨이의 숲』과 『1973년의 핀볼』의 내용을 언급했다.

슬픔은 멈추지 않는다. 무라카미 하루키를 기억한다. 그는 매일 면도할 때마다 눈물 흘린 일, 『핀볼』 가운데에서 "슬퍼서 어쩔 수가 없어"라고 말한 일, 모래사장의 침낭에서 "나는 나오코를 잃었다!"고 소리 높여 울었던 일, 무라카미 하루키 씨여, 어떻게 해서 그토록 슬픈 것인지 알려 줘. 슬프다.

이 『일기』의 내용에서 보면 츄마오진은 실연에 의한 고통과 특정한

---

19 邱妙津作, 垂水千恵訳, 『台湾セクシュアル・マイノリティ文学[1] 邱妙津 ある鰐の手記』, 東京: 株式会社作品社, 2008年, p.228.

원인이 없는 일상생활의 우울을, 무라카미 하루키 문학을 지침서로 삼아 고독감과 상실감이 일어나는 근본적인 원인을 탐구했던 것이 확실하다. 스스로가 체험한 '괴로움'이나 '슬픔'이라는 살아가는 고통을 문자로 구상화할 수 있는 무라카미 하루키의 문장력을 모델로 한다. 구체적으로 말하면 그것은 "해변의 침낭에서 남모르게" 소리높여 운다는 개인행동의 비극성이나 "세 마리 고양이의 매장", "괴로움을 스웨터에 둘둘 감아"라는 타인과 공유할 수 없는 고독감에 관한 심경을 소설의 주제로 하는 일이다. 또한 지방 출신인 자가 "종잡을 수 없는 대도시" 타이베이에서 살아가는 불안감과 공포를 지방에서 상경한 무라카미 하루키 월드의 제1인칭 주인공의 행동 패턴과 인간관계에 중첩해서 묘사해 보인 점도 신예 작가인 츄마오진이 1990년대에 달성한 성취이다.

실제로 츄마오진이 무라카미 하루키와 만났던 계기는 소설 내용을 알고 있어서가 아니라, 문학서로 많은 부수를 판매한 성공 비결을 알고 싶었기 때문이다. 『츄마오진 일기』를 쓴 첫날, 1989년 5월 18일에는 "무라카미 하루키 『노르웨이의 숲』을 구매했다. 600만 권이나 팔렸다는 화제의 책"이라는 기사로 시작된다. 문학서의 기적 같은 매상과 화제성에 이끌려 무라카미 세계에 들어온 것이 확실하다. 그러나 『노르웨이의 숲』을 비롯해 서서히 무라카미 하루키 세계의 중심 테마인 '고독감'에 관한 묘사에 끌리기 시작했다. 『일기』 1989년 6월 22일에는 이와 같은 고백이 기록되어 있다.

무라카미 하루키는 내가 20살에 만난, 마음으로부터 경애하는 친구이다. 그를 알 수 있어서 정말 행복했다. 살아 있는 한 그와 같이 귀중한 인간을 나의 벗으로 삼아야 하지만 현실 세계에서는 찾을 수가 없다. 그래서 문학의 세계로 들어와서 찾기로 했지만 좀처럼 찾기가 어렵다. 나에게는 이렇게 귀중한 일본인 친구가 세 사람 있었다. ……
미시마 유키오, 다자이 오사무 그리고 무라카미 하루키. 그들이 있는한, 나의 고독감이 조금이라도 경감될 것이라고 생각한다.

세 사람 가운데 이미 죽은 자가 있음에도 불구하고 츄마오진은 성적 지향이나 국적, 언어조차도 다른 그들을 '귀중한 친구'라고 부르고, 자기 아이덴티티의 기반을 그들에 대한 친근감으로 설정한다. 다자이 오사무에 대해서도 같은 현상이 지적된다. 예를 들면 1989년 6월 18일 『일기』에는 연인인 C의 곁에서 멀어지려는 의향을 적고 "다시 좋아하는 사람 곁에서 도망쳤다. 별일 아닐 거야. 다자이 오사무는 쓰네코, 시즈코, 요시코라는 세 사람이나 경험하지 않았나"라고 쓰고 있다. 다자이 오사무도 경험했기 때문에 자신도 반드시 이 괴로움을 넘길 수 있다는 기대가 담겨 있다. 이렇게 무라카미 하루키와 다자이 오사무를 '문학 세계'의 스승으로 삼아 지향한 것은 츄마오진 『일기』의 특징이지만, 흥미로운 것은 실제로 쓰네코, 시즈코, 요시코 세 사람의 연인과 헤어진 것은 『인간실격』의 주인공인 요조의 경험이고 다자이 오사무 자신의 연애 경험은 아니라는 점이다.
또한 미시마 유키오에 관해서는 주로 문학자로서의 자율성과 기법에 초점을 맞추고 있다. 예를 들면 1989년 6월 10일에는 "미시마 씨여, 문학의 한계는 어디에 있는 것인지 가르쳐 주세요. 지도(地圖)를 주세요."라고 부르짖고, 1989년 7월 8일에 "앞으로 50년, 독서와 창작만 하며 매일 지낸다면 미시마 정도의 창작량과 예술성까지 좇을 수 있을 것이다."라고 희망을 말하기도 하였다. 가장 상징적인 것은 1990년 1월 19일의 『일기』 내용이다.

최고의 아티스트를 지향하기 위해서는 먼저 미시마와 같이 대학 졸업과 동시에 자신이 소설가로서의 재능이 있음을 증명할 수 있는 장편을 사회에 발표할 것. 나는『가면의 고백(仮面の告白)』을 쓰는 거다.

『가면의 고백』은 미시마 유키오의 초기 걸작일 뿐 아니라, 동성애와 성의 충동 등의 금기를 '고백'이라는 메커니즘을 통해서 '가면'=허구성의 방법적 가치를 최대한으로 표현한 매우 복잡한 소설이다. 그러나 츄마오진이 착목한 것은 자신의 과제이기도 했던 동성애와 자살의 문제가 아니라 '자신은 소설가의 재능을 증명할 수 있는' 걸작을 쓸 수 있는, '문자의 한계'를 아는 최고의 소설가라는 점이다. 『어느 악어의 수기』의 모두에 있는 "세계에서 가장 아름다운 서가라는 것은 어떠할까."라는 미시마 유키오의 말은 실제로 지금부터의 쓰게 될 작품에 대해서 자신에게 주는 축복의 언어라고 해석할 수 있을 것이다.

1991년 7월 17일『일기』에는 "소설의 기능과 가치에 대해서 생각했을 때, 무라카미 하루키가 가르쳐 주었다. 문학은 평론가나 문학사를 위해서 존재하는 것이 아니다"라고 적고, 1993년 8월 20일에는 "무라카미 하루키의 최신작『국경의 남쪽, 태양의 서쪽(国境の南、太陽の西)』을 다 읽었다. 그 안의 인물과 사건, 장면, 태도 등의 관계성과 배치 등을 겨우 이해할 수 있었다. … 어느 중년 남성이 진실을 좇는 이야기다"라고 말했다.『국경의 남쪽, 태양의 서쪽』은 무라카미 하루키의 전기 문학 가운데 인물의 성격과 경력이 명료하게 그려져 있으며 행동과 감정의 인과관계가 완결되는 구조성이 높은 작품이다. 츄마오진은 무라카미 하루키에 대해서도 미시마 유키오와 마찬가지로 작품을 이야기하는 기법이나 문학자의 자율성 등을 배우며, 같은 문학자로서 존경하고 있었음이 확실하다.『일기』와 대조하여 읽음으로써『어느

악어의 수기』에 내포된 테마는 『독무』의 주인공이 착목한 '고독감'과 '자살'을 훨씬 뛰어넘었음을 알 수 있다. 1990년대의 타이완 문학은 일본 문학을 추종한 것처럼 보이지만 실제로는 그것을 넘어서는 에너지가 축적되어 있다.

4. 맺음말

이상으로 『독무』와 『어느 악어의 수기』라는 여성끼리의 동성애 감정을 그린 타이완 소설을 중심으로 논했다. 마찬가지로 타이완 지방 출신인 츄마오진은 일본문학의 상실감과 자살 충동을 상대화시킨 문학의 기법을 찾아내는 한편, 리 고토미는 일본을 새로운 고향으로 선택하고 두 사람 모두 세계문학을 향한 길을 개척했다. 마지막으로는 아마도 근래에 가장 주목받고 있는 타이완 문학을 소개하며 본고를 맺겠다. 현재 베를린에 있는 작가인 천스훙(陳思宏)의 장편소설인 『귀신들의 땅(鬼地方, 일본어판 亡靈の地)』은[20] 2024년 2월 한국에서 『귀신들의 땅』이라는 제목으로 번역, 출판되었으며 3월에는 핀란드어판이 출판되었고, 합계 12개국 언어로 번역권이 팔렸다고 한다.

제목 『귀신들의 땅』의 '귀신'은 망령이나 Ghost를 의미하지만 '귀신들의 땅'이라는 말에는 중국 속어로 '이유를 알 수 없는 장소'라는 장소에 대한 애정도 포함해서 약간 깊은 의미가 배어 있다. 이 소설도 또한 타이완 중부 지방 도시 짱후와현을 무대로 설정했다. 일곱

---

20 陳思宏, 『鬼地方』, 台北: 鏡文學, 2019年. 김태성 역, 『귀신들의 땅』, 민음사, 2023.

형제의 막내로 태어난 주인공 천텐홍(陳天宏)은 게이인 탓에 따돌림을 당한다. 후진적이고 폐쇄적인 고향을 떠나고 싶어서 타이베이를 거쳐서 베를린으로 이주하여 독일인 파트너와 결혼했다. 그러나 독일에서 외국인 차별, 동성애자 차별과 마주하고 파트너의 DV(가정폭력)에 반항한 결과 그를 살해하고 만다. 소설의 마지막은 출소한 주인공이 고향으로 돌아와서 여러 가지 트라우마를 안고 있는 자신을 받아준 형제들과 함께 살아가는 모습이 그려져 있다.

주인공인 '천텐홍'은 작자인 천스홍과 이름이 한 글자밖에 다르지 않다. 또한 천텐홍도 천스홍 자신도 지방에서 타이베이로 고향을 떠난 경력을 갖고 있다. 소설의 인물을 작가 자신으로 연상하고 싶어하는 '사소설'의 트릭을 사용하면서 현실의 천스홍은 베를린에서 사람을 살해하는 등의 범죄는 저지르지 않고 독일인 파트너와 살고 있다. 『귀신들의 땅』은 성적소수자로서의 경험과 갈등을 고백하면서 소설의 픽션성을 더욱 중시한 창작이다. 또한 고향에서 천텐홍은 학교 내 괴롭힘과 가정 내에서의 갈등을 경험하지만, 고향을 버리려고 한 『어느 악어의 수기』와 『독무』의 주인공과는 달리 『귀신들의 땅』에서는 고향으로 돌아와서 세상에서 받은 상처를 고향의 포용력으로 치료받는다. 동성애 문학으로 고향상실은 취하지 않는다. 이것은 1990년대의 해방운동을 거쳐서 다원화 사회로의 변신을 이룬 타이완이 세계로 보내는 선물이다.

(번역: 이한정)

이 글은 『일본학보』 139집(한국일본학회, 2024)에 게재된 논문을 번역한 것이다.

일본의 〈퉁즈문학〉

리 고토미와 일본의 타이완 LGBT문학 수용

유수정

1. A Taiwan Woman in Japan

2019년 상반기 제161회 아쿠타가와상(芥川賞) 후보에 리 고토미(李琴峰)라는 이름이 올랐다.[1] 리 고토미는 일본어를 모어로 하지 않는 타이완 출신 여성으로, 이에 앞서 그의 첫 소설 『독무(独り舞)』가 2017년 제60회 군조신인상(群像新人賞) 우수작에 선정[2]된 신인 작가이다. 1958년 군조신인상이 창설된 이래 재일코리언 작가[3] 이외의 외국인이 수상한 것은 처음으로, 1935년에 창설된 아쿠타가와상 조차 식민지

---

1 제161회 아쿠타가와상 후보작은 리 고토미의 「다섯 세면 초승달이(五つ数えれば 三日月が)」(『文學界』, 2019.6.) 외에 3편, 수상작은 이마무라 나쓰코(今村夏子) 「보라색 스커트의 여인(むらさきのスカートの女)」(『小説トリッパー』, 2019.3.).

2 제60회 군조신인상은 당선작 없이 우수작만 두 편으로, 리 고토미 『독무』와 우에하라 도모미(上原智美) 『다락장(天袋)』, 『群像』 2017年 6月号.

3 군조신인상: 제12회(1969) 이회성(李恢成 「またふたたびの道」), 제28회(1985) 이기승(李起昇 「ゼロはん」), 제59회(2016) 최실(崔実 「ジニのパズル」) 수상.

조선 출신 작가와 일본에서 태어나거나 유년기부터 일본에서 성장한 재일코리언, 재일타이완인 이외에 수상하거나 후보에 오른 예는 없었다.[4] 이는 신초신인상(新潮新人賞)이나 문학계신인상(文学界新人賞)도 마찬가지로, 말하자면 외국어로서의 일본어로 창작된 소설이 일본 유수의 문학상을 수상한 것은 전후 일본 순문학계에서는 처음 있는 일이었다.

최근에 군조신인상을 수상하고 아쿠타가와상 후보에도 오른 최실은 재일코리언 3세로 일본어가 모어에 가깝고, 리 고토미에 앞서 타이완 출신으로 아쿠타가와상 후보에 오른 원요우로우(温又柔)는 타이베이에서 태어났지만 이미 3살 때 일본으로 건너가 일본어 구사에 문제가 없는 이중언어화자이다. 그에 비해 리 고토미는 타이완에서 대학까지 졸업하고, 2013년 일본 와세다대학 대학원 일본어교육 석사과정에 진학하면서 일본 생활을 시작했다. 그리고 불과 4년 뒤인 2017년, 처음으로 쓴 일본어소설 「독무」(『군조』, 2017.6)로 군조신인상을 받는 이례적이고 놀라운 경력을 쌓는다. 리 고토미의 일본어소설 창작은 그 후로도 이어져, 『미타문학(三田文学)』 2017년 가을호에 「아시아의 디아스포라(ディアスポラ・オブ・アジア)」, 『군조』 2017년 11월호에 「유광(流光)」, 2019년 4월호에 「성야(セイナイト)」, 6월호에 「다섯 세면 초승달이(五つ数えれば三日月が)」를 잇따라 발표하며 왕성하게 활동했고, 『문

---

4 아쿠타가와상: 제10회(1939) 후보 이은직(李殷直, 「ながれ」), 제11회(1940) 당선 김사량(金史良, 「光の中に」), 제15회(1942) 후보 김일선(金逸善, 「断層」), 제67회(1971) 후보 정승박(鄭承博, 「裸の捕虜」), 제70회(1973) 후보 김학영(金鶴泳, 「石の道」), 제71회(1974) 후보 김학영(「夏の亀裂」), 제76회(1976) 후보 김학영(「冬の光」), 제79회(1978) 후보 김학영(「鑿」), 제93회(1985) 후보 이기승(李起昇, 「ゼロはん」), 제155회(2016) 후보 최실(崔実, 「ジニのパズル」), 157회(2017) 후보 원요우로우(温又柔, 「真ん中の子どもたち」).

학계(文學界)』 2021년 3월 호에 발표한 「꽃무릇 피는 섬(彼岸花が咲く島)」으로 그해 아쿠타가와상을 수상한다. 그렇다면 리 고토미가 지금의 일본문단에서 주목 받는 이유는 과연 무엇이고, 어떠한 의미가 있을까.

2. 유리, 레즈비언 소설

리 고토미의 소설이 2019년 아쿠타가와상 후보에 오른 것은 외국인의 일본어소설이라는 의미 이상으로 레즈비언 소설이 수상 후보에 올랐다는 사실이 획기적이라 할 수 있다. 지금까지 성소수자(LGBT)를 다룬 작품이 아쿠타가와상 후보에 오르거나 수상을 하는 일이 적지는 않았지만[5], 레즈비언이 주인공인 소설은 처음이다. 리 고토미의 소설에는 항상 타이완에서 일본으로 이주한 2~30대 초반의 '타이완 레즈비언 여성'이 주인공으로 등장한다. 소설 속 주인공도 작가와 마찬가지로 중국어와 일본어 이중언어[6]의 환경 속에 있고, 성소수자에 위치한다.[7]

도쿄 레인보우 퍼레이드 사무국에서 LGBT가 등장하는 소설을 응원

---

5 福島次郎, 『バスタオル』, 1996; 吉田修一, 『最後の息子』, 1997; 藤野千夜, 『夏の約束』, 1999; 沼田真佑, 『影裏』, 2017.

6 엄밀하게는 중국어, 타이완어, 일본어의 삼중언어환경.

7 리 고토미는 구체적인 커밍아웃을 하지는 않았지만, 스스로 "언어나 국적뿐 아니라 성별과 성적지향까지 오랜 동안 흔들려 온" "규범적인 젠더로부터의 이탈자"라고 규정하고 있다. 李琴峰, 〈言語や国籍、性別や性的指向だって長い間揺らいでいた。思索の末、私がたどり着いた「真ん中」の風景〉, 《HUFFPOST》 2018.10.29. https://www.huffingtonpost.jp/ri-kotomi/verious-marginal_a_23574593/ (검색일: 2019. 11.19.)

〈사진 1〉 후루카와 서점에서 발매하는
『SF 매거진』 2019년 2월 유리특집 표지

하는 모임 '독서 살롱'을 운영하는 활동가 티누(ティーヌ)는 〈2018년을 LGBT로 돌아보는 서적편〉[8]에서 2018년을 대표하는 키워드로 'PRIDE 총서', '타이완', '유리'[9]를 들고 있다. 클라우드펀딩으로 자금을 모아 해외의 LGBT책을 번역하는 《PRIDE 총서》[10] 시리즈를 사운드북스 출판사가 기획했고 그에 대한 기대를 보이고 있다. 이는 그만큼 일본 국내의 LGBT문학에 대한 수요보다 공급이 부족함을 반증하는 바이기도 하다. 두 번째 키워드 '유리(百合)'는 여성

의 동성애를 소재로 한 각종 작품의 장르를 말하며, 여성들 간의 연애뿐 아니라 연애에 가까운 우정과 파트너 관계를 포함한다. 1990년대 이후 일본의 만화, 라이트노벨, 애니메이션, 동인지 등의 장르를 가리키며, 넓게는 전전의 소녀소설이나 일반 레즈비언문학과 실사영화까지 포함되기도 한다. 2018년과 2019년 유리 붐을 보여주는 예로 『SF

---

8 https://tokyorainbowpride.com/magazine/book/12110/ (검색일: 2019.11.19.)
9 '유리'의 최신 경향은 《百合が俺を人間にしてくれた－宮澤伊織インタビュー》에서 확인할 수 있다. https://www.hayakawabooks.com/n/n0b70a085dfe0 (검색일: 2019.11.19.)
10 현재까지 번역·출판된 《PRIDE 총서》 시리즈는 스페인의 인기 블로거가 LGBT의 목소리를 바탕으로 쓴 게이소설 『나를 태우는 불꽃(ぼくを燃やす炎)』(2018), 레즈비언 커플과 아이들의 이야기를 그린 『두 엄마의 집에서(ふたりのママの家で)』(2018), LGBT 권리회복 운동의 역사를 설명한 『LGBT 히스토리북(LGBTヒストリーブック)』(2019) 총 3권이 있다.

매거진』(早川書房)「유리 특집」(2019.2)을 들 수 있다. 하야카와쇼보는 SF와 유리를 접목한 5편의 단편과 함께 작가 인터뷰, 작품소개, '유리 SF 가이드' 등으로 구성하였는데, 잡지 발매 전인 2018년 연말부터 예약판매로 중판이 결정될 정도로 인기를 끌었다.[11]

세 번째 키워드인 '타이완'은 2017년 제60회 군조신인문학상 우수작으로 선정된 리 고토미의『독무』단행본 출판 및 새롭게 일본에 번역 소개되는 타이완의 LGBT문학, 즉 퉁즈문학의 번역 출판에 대한 기대이다. 앞서 살펴보았듯이 일본 순문학 문단에서 외국인이 쓴 문학이 수상하는 일은 없었고, 더구나 그 작품이 레즈비언이 주인공인 소설이라는 점은 일본 LGBT문학 씬에서는 획기적인 일이 아닐 수 없었다. 바로 이 '유리'와 '타이완'의 교차지점이자 첨단에 리 고토미가 있었고, 그녀는 활동가 티누의 기대 이상으로 활발한 활동을 이어갔다.

본 연구는 이러한 움직임에 주목하여, 일본의 최근 LGBT 담론에 큰 영향을 주고 있는 타이완 LGBT문학의 수용과 그 배경에 대해 고찰해 보고자 한다.

3. 타이완의 퉁즈문학, 퉁즈문화

3.1. 1990년대, 퉁즈의 등장

'퉁즈(同志)'라는 말이 동성애자, 넓은 의미로 성소수자(LGBT)를 의

---

11 『SF 매거진』 중판은 2011년 8월 「하쓰네 미쿠(初音ミク)」 특집 이래로 두 번째이다. 문예잡지의 이례적 증판은 순문학에서도 있었는데, 계간지『문예』 2019년 가을호가 「한국·페미니즘·일본」을 특집으로 전국 서점에서 완판이 속출하고 17년 만에 중판, 이후로도 증판을 계속하여 기록적인 판매고를 올리고 있다.

미하는 어휘로서 타이완과 홍콩을 중심으로 유통되기 시작한 것은
1990년대 이후이다. 타이완에서 '퉁즈'는 계엄령해제[12] 이후의 사회
적·문화적 제도의 재편 속에서 인지되기 시작하여, '퉁즈문학(同志文
學)'이라는 카테고리가 탄생하고 「퉁즈문학사」[13]가 등장하기에 이르
렀다.[14]

---

12 1947년 2월 27일, 타이베이 시에서 전매국 직원과 경찰이 담배 노점을 단속하는
과정에서 폭행하는 사건이 발생했는데, 이에 항의하는 시민과 경찰 사이에 충돌이
일어난다. 그 과정에서 한 학생이 경찰이 쏜 총에 맞아 사망하여 일이 더 커지기
시작했다. 이 사건을 2.28사건이라고 하는데, 이를 계기로 타이베이에 계엄령이
선포되었다. 이 사건의 영향으로 3월 1일에는 타이완의 대부분 지역으로 시위가
확대되었다. 중국국민당(KMT)은 중국대륙에서 국공내전 중이었음에도 3월 8일에
증원군을 중국대륙에서 타이완으로 보내고 이후 3월 21일까지 타이완 전역에서
대대적인 유혈진압이 시작되었다. 이 계엄령은 5월 16일에 해제된다.
　1949년 5월에 국민당 정부가 타이완에서 총 호구조사 실시 후 천청(陳誠)의 명의
로 타이완 전역에 다시 계엄령을 선포했고, 이후 국민당이 보기에는 위험분자로
간주되는 이들이 체포되었다. 그 해 12월에 중국 국민당의 중화민국 정부가 국공내
전에서 패배하면서 중국대륙에서 타이완으로 옮겼고, 계엄령 선포 이후 내전을 반
대하거나, 국공평화회담을 주장하거나, 평화건설, 민생문제개선, 민주화 등을 요구
하면 공산당 간첩이나 용공분자, 혹은 친일-독립분자로 몰렸으며 중국과 마찬가지
로 중국 국민당의 일당독재가 시행되었다.
　타이완섬의 계엄령은 장징궈(蔣經國)가 총통으로 있던 1987년 7월에 해제되었고,
중국대륙과 가까운 지역(金門 등)은 1992년 11월에 계엄령이 해제되었다. 계엄령
해제 이후에는 국가안전법이 새로이 공포되었다. 허영섭, 『대만 어디에 있는가』,
채륜, 2011 참조.
13 대표적인 것으로 紀大偉, 『正面與背影-台灣同志文學簡史』(國立台灣大學館, 2012)
가 있다. 지다웨이는 '퉁즈문학'이라 해도 어떤 관점에서 보느냐에 따라 전혀 다른
모습일 수 있다고 주장하며, 정면과 뒷면(背影)만이 아니라, 네거티브한 負面이나
측면, 어두운 면 등도 키워드로 하여, 텍스트에 등장하는 '퉁즈'(성소수자)의 형상을
분석하고 있다. 지다웨이는 1990년대 전반기를 대표하는 문화잡지 『島嶼邊緣』의
주요 집필자 중 한 명이었고, 「퉁즈문학사」 구상 그 자체가 그가 지향한 타이완문화
재편제 시도와 불가분의 관계였다는 사실은 말할 필요도 없다. 三木直大, 「阮慶岳
短編小說の構造と「台湾同志文学史」の政治学-「広島の恋」を巡って」, 『アジア
社会文化研究』 16, 아시아사회문화연구회, 2015, p.48. 참조.

애초에 성소수자를 '同'志라 부르게 된 데에는 '정상=노멀'한 사회에서 소외된 다종다양한 '다른(異)' 성적 양태나 지향을 어울러서 지칭하자는 의도에서 시작되었을 것으로 볼 수 있다. '퉁즈(同志)'나 '퉁즈문학(同志文學)'의 '同'을 '같다'는 좁은 의미에 가두기보다는, 소외된 사람들을 문학으로 인식하고 또 어떻게 문학작품에서 기호화되었는가 재생산의 과정에 주목해야 할 것이다.[15]

타이완문학에서 게이나 레즈비언은 1960년대 바이시엔융(白先勇)과 린화이민(林懷民)의 작품에서 처음으로 등장했다. 1987년 타이완에서 38년에 걸쳐 지속됐던 고압적인 계엄령이 해제되면서, 정치적 담론이나 성적 담론이 터부에서 벗어나고, 다양한 사상과 사회운동이 아카데미즘을 경유해 서구에서 타이완으로 들어왔는데, 페미니즘, 게이 리브, 퀴어이론 등이 이러한 흐름을 타고 더해졌다. 민주화한 타이완에서 인권문제가 중요 과제로 떠오르고, 1993년 타이완대학에 게이서클이 성립, 이듬해 레즈비언서클도 결성되었다. 1990년대 중반에 들어서면서 동성애자를 위한 잡지 발간, 인터넷 게시판에서의 퉁즈문학 창작도 활발해지면서 성소수자를 제재로 한 소설이 주요 문학상을 받게 된다.[16] 1990년대 퀴어이론을 타이완에 도입한 지다웨이(紀大偉)가 이 시기를 '퉁즈문학의 발전기'로 보는 것은 동성애자에 관한 작품이 이 시기에 대량으로 발표되었기 때문이다.

그 대표작이자 이후의 퉁즈문학·퉁즈문화에 큰 영향을 미친 작품으

14　三木直大, 앞의 책, p.49.
15　劉霊均, 「日台における性的マイノリティ文化の相互交渉 – 台湾「同志文学」を手がかりに」, 『アジア遊学』 204, 勉誠社, 2019, p.98.
16　위의 논문, p.98.

로 츄먀오진(邱妙津) 『악어노트(鱷魚手記)』[17]를 꼽을 수 있다. 이 소설 주인공의 별명인 라즈(拉子, Lazi)는 '레즈비언'이라는 뜻의 중국어 은어의 기원이 될 정도로 1994년 소설이 출간된 이후 현재에 이르기까지 중국어 문화권에 강력한 영향을 끼쳤다. 당시 타이완 방송국 기자가 레즈비언 바의 손님들을 동의 없이 비밀리에 촬영하여 보도한 사건 등으로 레즈비언에 대한 언론의 관심이 커지면서 수 건의 자살 사건이 발생했고, 그중 레즈비언 커플인 두 명문대학교 여학생이 동반자살하는 사건도 있었다. 이 학교는 소설 속 인물들이 다니는 학교였을 뿐 아니라 츄먀오진 자신도 졸업한 모교이다. 남과 다른 젠더와 섹슈얼리티를 문제시하며 차별적인 보도를 앞다투어 하는 폭력적인 사회상을 배경으로 이러한 반항적인 작품이 탄생한 것이다. 같은 성별인 여성을 사랑하는 사람으로 스스로를 밝히는 라즈는 레즈비언 당사자인 작가 자신의 페르소나이다. 알에서 부화할 때 물의 온도에 따라 성별이 바뀌는 악어의 특성을 성소수자 정체성에 빗대어 평등하지 않은 혼인법을 문제 삼고 있어, 이후 25년간 벌어지는 LGBT 인권 운동과 이성애 중심적인 혼인법 개정의 움직임에 큰 기여를 한 작품이다. 또한 성별 이분법에 저항하는 논바이너리(Non-binary) 문학의 효시로 읽히기도 한다.[18]

그리고 이 작가와 작품이 중요한 이유는 본 연구의 주요 대상이기

---

17 한국에서는 2019년 2월 말 퀴어 페미니즘 전문 출판사인 움직씨출판사가 텀블벅에 『악어노트』 초역판 출판을 위한 클라우드펀딩을 오픈하여 5일 만에 목표액을 달성하고, 4월 8일 300% 달성으로 프로젝트를 종료하여 5월 24일 『악어노트』를 출간했다. https://tumblbug.com/queernote (검색일: 2019.11.19.)

18 움직씨출판사의 텀블벅 프로젝트 스토리 〈아시안 퀴어 컬트 쇼크, 대만 구묘진(邱妙津)의 악어 노트〉 참조. https://tumblbug.com/queernote (검색일: 2019.11.19.)

도 한 리 고토미의 『독무』에도 츄먀오진과 『악어노트』가 수차례 언급되면서 직접적인 영향력을 보여줌과 동시에 일본에서 쓰여진 퉁즈문학과 타이완 퉁즈문학의 컨텍스트를 형성하기 때문이다.

3.2. 퉁즈와 일본

타이베이시 완화구(萬華區)에 있는 역사적인 건축물 시먼훙러우(西門紅樓) 남쪽 광장과 그 주변은 타이완에서 가장 번화한 게이타운이다. 이곳에는 게이손님을 대상으로 하는 일본풍 바, 펍 등과 일본 레인보우 프라이드 굿즈, 관련 의류용품 등을 쉽게 볼 수 있다. 일본의 게이 잡지 『G-Men』의 사진이나 일본 발 게이용 포르노 영상, '숑쭈(熊族)'[19] 등 타이완의 게이문화와 취향, 나아가 일종의 아이덴티티에 나타나는 일본의 영향은 지대하다. 비교적 개방적인 일본의 성문화가 타이완의 성문화에 영향을 준 것은 말 할 것도 없다. 이는 이성애자의 세계뿐 아니라 성소수자도 마찬가지다.[20]

동성애문화에 있어서 일본의 영향은 최근에 한정된 일이 아니다. 1983년에 출판된 타이완 동성애문학의 대표작인 바이시엔융(白先勇)

---

19 '숑쭈(熊族)'는 체모나 수염이 짙은 동성애·양성애 남성을 가리킨다. 통통한 체형의 남성적 외형으로 게이가 좋아하는 남성상의 전형이다. Bear Community의 기원은 1980년대 샌프란시스코 게이 문화에서 출발한다. 도시의 게이 라이프와는 거리가 먼 시골 출신 게이에게 친근감을 느끼며 블루칼라 미국 남성의 이미지를 추구한다. 『Bear Magazine』을 통해 우상화되었다. 타이완의 '숑쭈(熊族)' 문화는 미국의 'bear' 문화와 일본의 '구마케이(熊系)' 문화로부터 영향을 받았지만, 미국 베어 문화의 특징인 레더 플레이나 대형 바이크에 대한 기호는 나타나지 않는다. 타이완 숑쭈 문화는 熊가 무리지어 있다거나 체형에서 패션에 이르기까지 일본과 유사성을 강하게 보여준다. 劉靈均, 앞의 논문, pp.154-155 참조.

20 劉靈均, 앞의 논문, p.155.

〈사진 2〉 일본 게이 월간잡지
『G-Men』 2006년 2월호 표지

의 『불효(孽子)』에도 작중 인물들의 대화중
에 『호색일대남(好色一代男)』 영화나 배우
의 이야기를 자연스럽게 하거나, 일본 가
요 커버곡이 연주되는 술집이 나오는 등
1960년대 타이베이의 게이 신을 그리는 묘
사에 이미 일본의 문화적 영향이 다수 보
인다.

이후의 퉁즈문학에서도 일본의 문화적
영향은 지속적으로 보인다. 앞서 언급한
츄먀오진의 『악어노트』에도 도입부부터 다
자이 오사무, 미시마 유키오, 무라카미 하
루키 등의 이름이 등장한다. 엄혹한 계엄령 시기를 보낸 이들은 제한
된 정보 속에서 순문학으로 소개된 미시마 유키오의 작품에서 동성애
를 읽고 이후 자신들의 창작에 그 요소들을 녹여내기도 했다. 그 외에
도 요시모토 바나나(吉本ばなな), 스가 아사히코(須永朝彦) 등 일본작
가의 영향을 받은 타이완 퉁즈문학 작가의 작품이 다수 있다.

타이완이 일본식민지였던 시기에 일본에는 이미 요시야 노부코(吉
屋信子)의 『다락방의 두 처녀(屋根裏の二処女)』 같은 동성애 코드 소설
이 발표되었고, 마쓰우라 리에코(松浦理恵子)나 나카야마 가호(中山可
穂)가 문단에 등장한 것도, 타이완에서 퉁즈문학이 붐을 일으키기 이
전의 일이었다. 일찍부터 신주쿠 니초메(新宿二丁目)가 있고, 게이타
운이 조성된 일본을 동경한 타이완의 성소수자들은 실제로도, 그리고
작품 속에서도 일본을 지향하고 일본으로 이동한다.²¹ 그러나 일본의

---

21 일본이 이야기의 배경이거나 주요 요소로 등장하는 것은 타이완 퉁즈문학의 선구

이러한 문화는 결국 운동으로 연결되지 않았고, 문학은 항상 정치와 거리를 둬 왔다고 리 고토미는 지적한다.[22]

4. 일본의 퉁즈문학

4.1. 일본에 소개된 타이완 LGBT문학

계엄해제 이전, 국민당 독재정치의 정치적 폐색상태에서 급격한 민주화를 거쳐 폭발한 타이완의 인권의식과 퉁즈문화의 에너지는 지금의 타이완의 문화·문단적 환경을 만들었고 아시아의 LGBT문학을 선도하게 했다. 그 현상이 2018년 일본의 성소수자 운동을 정리하는 키워드 중 하나가 '타이완'인 것이다.

보다 구체적으로 살펴보면, 2019년 현재까지 일본에 번역 소개된 타이완 퉁즈문학은 〈표 1〉과 같다. 소설 7권(작품 수 15편), 평론 1권(작품 수 7편, 표 14~20)으로, 이중 소설은 장편 단행본이 4권(표 1~3, 22), 중단편 앤설러지가 3권(표 4~13, 21)이다. 국립타이완문학관 홈페이지[23]에서 공개하고 있는 타이완문학 관련 일본 번역 출판물 총 95종

인 바이시앤융(白先勇)의 『불효(孽子)』(1983)나 주톈원(朱天文)의 『황인수기(荒人手記)』(1995)에서 이미 확인된다. 『불효』에서는 주인공의 지인 샤오유(小玉)는 일본에 간다는 '사쿠라 드림'을 꿈꾸다가 이야기의 종반에 이르러 드디어 꿈을 이루어 일본의 화교 '하야시상'을 찾아 요코하마로 간다. 『황인수기』는 이야기의 무대 일부가 도쿄이다. 이 외에도 지다웨이(紀大偉)나 훙링(洪凌)이 창작한 퀴어SF소설에서도 무대를 일본으로 설정하여, 일본 만화나 애니메이션의 세계관의 영향을 선명하게 보여주는 작품이 많다. 우지원(吳継文)의 『천하요란(天河撩乱)』(1998)의 주요 무대는 도쿄이다.

22 李琴峰, 「虹がはためくのはいつか―日本と台湾のLGBT問題を考える社会」, 『ジェンダー・性』, 2019.4.

중 퉁즈문학이 8종이며, 소설에 한정해 보면 출판된 전체 61종 중 7종
이 퉁즈문학인 것으로 확인된다. 이는 11%를 넘는 비율로 타이완 근현
대문학의 다양성을 고려했을 때 일본에서의 타이완문학에 대한 관심
이 퉁즈문학으로 무게가 기울어 있음을 알 수 있다. 특기할 사항은
시리즈로 번역 출판된 기획이 4번 있었는데[24] 그중 3개의 시리즈에
퉁즈문학이 포함되어 있다는 사실이 이를 더욱 입증한다.

2006년『타이완 섹슈얼 마이널리티 문학』시리즈의 번역과 편집
에 참가한 다루미 지에는 2000년대 이전 타이완 현대문학은 정치적
이념을 중심으로 한 것이 많았다면, 2000년대 들어와서는 섹슈얼 아
이덴티티의 동요를 그리는 수준 높은 작품이 많이 배출되면서 전문

---

23 https://tln.nmtl.gov.tw/ (검색일: 2019.11.19.)

24 『새로운 타이완 문학(新しい台湾の文学)』시리즈 전12권(国書刊行会, 1999~2008),
『타이완 원주민 문학(台湾原住民文学)』시리즈 전8권(草風館, 2002~2008), 『타
이완 섹슈얼 마이널리티 문학(台湾セクシュアル·マイノリティ文学)』시리즈 전4
권(作品社, 2006~2009),『타이완문학 셀렉션(台湾文学セレクション)』시리즈 전
4권(2013~2018). 각 시리즈의 기획 의도는 다음과 같다.
『새로운 타이완 문학』1970년대 이후 '타이완 의식'의 부흥과 함께 중국 대륙에서
분리하여 독자적인 발전을 이루고 있는 이 나라의 문학은 특히 1987년 계엄령 해제
이후 공전의 상황을 나타내고 있다. 도시, 섹슈얼리티, 포스트콜로니얼리즘 등 다양
한 문제를 내포하며 세계적으로 주목 받는 작품들을 본격적으로 소개하는 첫 시리
즈. https://www.kokusho.co.jp/
『타이완 원주민 문학』타이완의 선주민족의 정신세계—타이완 섬 선주민의 시와
사실! 1980년대 민주화를 거치며 타이완 선주민의 권리촉진운동이 추진됐다. 나아
가 1993년 국제선주민의 해가 제창된 이래 다양한 선주민의 주장이 인정되었다.
일본열도의 아이누민족과 함께 가까운 이웃의 생생한 목소리에 귀를 기울이자. 타
이완 국내에서도 아직 체계적으로 정리되지 않은 타이완 선주민의 언어세계를 집대
성한 획기적인 기획이다. http://www.sofukan.co.jp/
『타이완문학 셀렉션』중층적인 공동체의 기억 속에서 다양한 아이덴티티를 수용
하는 타이완에서 세계를 향해 열린 현대문학작품을 소개하는 시리즈. http://www.
arm-p.co.jp/

서점이나 출판사, 학술잡지 특집 등이 눈에 띄게 된 점을 지적하며
시리즈 간행의 경위를 설명한다.[25]

〈표 1〉 일본에 번역 출판된 타이완 퉁즈문학

	이름	작품명	수록집	출판사	출판일	비고
1	白先勇	『孽子』		国書刊行会	2006.4.1	新 9
	Pai Hsien-yung	『孽子』		台湾远景	1983	
2	朱天文	『荒人手記』		国書刊行会	2006.12.20	新10
	Chu Tien-wen	『荒人手記』		由時報文化	1994	
3	邱妙津	『ある鰐の手記』		作品社	2008.12.25	マ1
	Qiu Miao-jin	『鱷魚手記』		時報文化	1994	
4	紀大偉	「膜」	『紀大偉作品集』	作品社	2008.12.25	マ2
	Ji Da-wei	「膜」	『膜』	聯經	1994	
5	紀大偉	「赤い薔薇が咲くとき」	『紀大偉作品集』	作品社	2008.12.25	マ2
	Ji Da-wei	「他的眼底，你的掌心，即將綻放一朵紅玫瑰」			1994	
6	紀大偉	「儀式」	『紀大偉作品集』	作品社	2008.12.25	マ2
	Ji Da-wei	「儀式」	『感官世界』	皇冠叢書	1995	
7	紀大偉	「朝食」	『紀大偉作品集』	作品社	2008.12.25	マ2
	Ji Da-wei	「早餐」			1999	
8	許佑生	「新郎新"夫"」	『小説集』	作品社	2009.3.28	マ3
	Shu Yu-Shen	『男婚男嫁』		開心陽光	1996.5.1	
9	吳繼文	「天河撩乱：薔薇は復活の過去形」	『小説集』	作品社	2009.3.28	マ3
	Wu Ji-wen	『天河撩亂』		時報出版	1998.10.20	
10	阮慶岳	「ハノイのハンサムボーイ」	『小説集』	作品社	2009.3.28	マ3
	Roan Ching-yueh	「河內美麗男」	『台灣新文學』15	台灣新文學雜誌社	2000.6	

25　垂水千恵，「酷児と怪胎のあいだで－「台湾セクシュアル・マイノリティ文学シリーズ」刊行をめぐる経緯」，『新潮』，2007.4.

11	曹麗娟	「童女の舞」	『小説集』	作品社	2009.3.28	マ3
	Cao Li-juan	『童女之舞』		田出版社	1998.12.16	
12	洪凌	「受難」	『小説集』	作品社	2009.3.28	マ3
	Hong Ling	「獸難」	『異端吸血鬼列傳』	平安文化	1995.9.19	
13	陳雪	「天使が失くした翼をさがして」	『小説集』	作品社	2009.3.28	マ3
	Cheng Xue	「尋找天使遺失的翅膀」	『惡女書』	平安文化	1995.9	
14	朱偉誠	「父なる中国、母(クィア)なる台湾?:同志白先勇のファミリー・ロマンスと国家想像」	『クィア評論集』	作品社	2009.3.28	マ4
	Chu Wei-cheng	「父親中國・母親(怪胎)台灣?白先勇同志的家庭羅曼史與國族想像」	『中外文學』30-2	台大外文系	2001.7	
15	張小虹	「クィア・ファミリー・ロマンス:『河』の欲望シーンをめぐって」	『クィア評論集』	作品社	2009.3.28	マ4
	Chang Hsiao-hung	『怪胎家族羅曼史:《河流》中的慾望場景』		時報出版	2000.4.6	
16	劉亮雅	「愛欲、ジェンダー及びエクリチュール:邱妙津のレズビアン小説」	『クィア評論集』	作品社	2009.3.28	マ4
	Liou Liang-ya	「愛慾、性別與書寫:邱妙津的女同性戀小說」	『性別論述與臺灣小說』	麥田出版	2000.10.1	
17	廖勇超	「アイデンティティを求め、幻想を横断する:『荒人手記』における(同性愛欲望の)トラウマ空間とアイデンティティ・ポリティックスとの対話」	『クィア評論集』	作品社	2009.3.28	マ4
	Liao Yong-chao	「尋求認同・洞穿幻見:《荒人手記》中(同性情欲)創傷空間與認同政治的對話」	『中外文學』32-3	台大外文系	2003.8	

18	張志維	「「仮声借題」から「仮身借体」へ：紀大偉のクィアSF小説」	『クィア評論集』	作品社	2009.3.28	マ4
	Chang Chih-wei	「從假聲借題到假身借體：紀大偉的酷兒科幻故事」	『中外文學』32-3	台大外文系	2003.8	
19	紀大偉	「台湾小説中の男性同性愛の性と放逐」	『クィア評論集』	作品社	2009.3.28	マ4
	Ji Da-wei	「台灣小說中男同性戀的性與流放」	『當代台灣情色文學論:蕾絲與鞭子的交歡』	時報文化	1997.3	
20	洪凌	「蕾絲と鞭子の交歡：現代台湾小説から読み解くレズビアンの欲望」	『クィア評論集』	作品社	2009.3.28	マ4
	Hong Ling	「蕾絲與鞭子的交歡：從當代台灣小說註釋女同性戀小說的慾望流動」	『當代台灣情色文學論:蕾絲與鞭子的交歡』	時報文化	1997.3	
21	洪凌	『フーガ 黒い太陽』		あゆむ	2013.2	セ1
	Hong Ling	『黑太陽賦格』		蓋亞文化	2013.4.3	
22	胡淑雯	『太陽の血は黒い』		あゆむ	2015.5.25	セ2
	Hu Shu-wen	『太陽的血是黑的』		INK印刻	2011.11.1	

* 비고 新은 『새로운 타이완문학(新しい台湾の文学)』, マ는 『타이완 섹슈얼 마이널리티 문학(台湾セクシュアル·マイノリティ文学)』, セ는 『타이완문학 셀렉션(台湾文学セレクション)』 시리즈.

4.2. 일본 퉁즈문학, 리 고토미

1990년대부터 2000년대에 걸친 이러한 타이완 현대문학계의 눈에 띄는 변화는 타이완의 퉁즈문학이 아시아 LGBT문학을 선도하는 배경이 되었고, 급기야 일본에서 타이완 퉁즈문학의 흐름을 잇는 리 고토미의 소설이 일본어로 발표되어 일본문단의 중심에 접근하기에 이른다. 리 고토미의 소설이 '타이완 퉁즈문학'의 맥락 위에 있다는 사실은 구체적인 작품을 통해서 확인하면 보다 명료하다.

『독무』의 작중 내레이터 '그녀' 초잉메이(趙迎梅)는 타이완의 짱후 아현(彰化縣)에서 태어나 시골의 극히 보통의 가정에서 평범하게 자랐다. 그러나 어린 시절부터 주위와의 괴리와 위화감을 느끼다가 초등학교 4학년 때 같은 반 여학생인 시단첸(施丹辰)에게 호감을 갖고, 그녀의 갑작스러운 사고사로 상실감을 느끼면서 위화감은 확실한 것이 되어, 자신이 동성을 좋아한다는 사실을 깨닫는다. 사회 안에 있으면서도 언제나 소외된 느낌으로 시단첸에 대한 상실감과 죽음에 대한 상념을 시로 쓰기 시작한다.

타이중(台中)의 명문 여학교에 진학한 잉메이는 양하우슈에(楊皓雪)를 만나 샤오슈에(小雪)라는 애칭으로 부르며 연인이 되었고, 함께 시를 짓고 소설을 읽으며 내면을 알아간다. 그녀들의 대화에는 츄먀오진(邱妙津)이 자주 등장한다.

> 어쩌면 자신은 행운일지도 모른다고 그녀는 생각했다. 츄먀오진을 힘들게 했던 90년대가 아니라 새로운 세기에 청춘을 보내고 있으니. '라즈'는 츄마오진의 『악어노트(鰐魚手記)』 주인공이면서, 동성을 향한 애욕으로 괴로워하는 츄마오진 자신의 화신이기도 하다. 츄먀오진이 죽은 후 『악어노트(ある鰐の手記)』는 베스트셀러가 되었고, '라즈'는 타이완에서 레즈비언의 대명사가 되었다.
>
> 츄먀오진은 둘 사이에서 자주 화제에 올랐다. 어느 날 샤오슈에가 갑자기 생각났다는 듯이 그녀에게 물었다.
>
> "그러고 보니 잉메이는 츄먀오진이랑 출신이 같지 않나?"
>
> 츄먀오진도 그녀와 같은 짱후아 출신이었다. (pp.34-35)[26]

---

26 본문 중 『독무』 인용은 『独り舞』(講談社, 2018). 이후 인용 마지막에 페이지만 표시.

　위 인용은 잉메이와 샤오슈에가 사귀기 시작한지 얼마 안 되어 "라즈의 시대는 상당히 지나갔으니까"라고 말하는 샤오슈에의 말을 듣고 떠올린 잉메이의 생각이자 내레이터의 보충 설명과 둘의 대화이다. 작가의 페르소나이자 소설의 주인공인 잉메이는 고향이 같고, 성적 지향이 같다는 이유로 스스로 츄먀오진에 자기투영하고, 샤오슈에와 함께 타이완대학에 진학해 츄먀오진의『악어노트』를 비극이 아닌 이야기로 다시 쓰자는 약속을 한다. 실제로 소설 속 주인공뿐 아니라 작가 리 고토미는 1990년대부터 타이완 LGBT운동의 중심이었던 타이완대학을 나왔다. 이렇게 타이완 레즈비언문학/퉁즈문학/LGBT문학의 기념비적인 작품인 츄먀오진의『악어노트』가 갖고 있는 영향력이 날것의 상태로 기술된다.

　츄마오진의 소설은 레즈비언을 주제와 주체로 90년대 타이완의 레즈비언 에크리튀르의 이정표를 만들었다.[27]『악어노트』의 주인공 라즈(拉子)는 강렬한 남성 아이덴티티를 보여주면서 계몽가, 작가, 예술가의 입장에서 정욕과 생명, 그리고 문학적 텍스트를 조종하려 하고, 독단적으로 절대적 사랑을 추구한다. 동시에 라즈는 사회적 차별을 내면화하여 자신을 부정하고, 스스로 사회의 이단자가 됨으로써 레즈비언의 욕망을 실현불가능한 사랑으로 만들어 버렸다. 츄마오진이 그린 슬픔에 가득 찬 레즈비언의 이야기는 반자전적으로 굴절된 본인의 개성을 표현하고 있는 것인지(이러한 굴절은 어느 정도 사회에 의해 만들어진 것이다) 또는 고의로 채용한 에크리츄르 전략인지 어느 한쪽으로

27　劉亮雅, 和泉司訳,「愛欲、ジェンダー及びエクリチュール―邱妙津のレスビアン小説」,『台湾セクシュアル・マイノリティ文学4クィア/酷児評論集』, 作品社, 2008, p.71.

단정하기 어렵다. 리우리앙야(劉亮雅)가 지적한 바와 같이 레드클리프
홀(Radclyffe Hall)의 『고독의 우물(The Well of Loneliness)』(1928)에서
여주인공이 사회적 멸시를 고발하면서도 성과학 이론을 근거로 자신
을 "선천적인 기형"으로 해석하고, 고통 속에서 실연과 고독을 묘사하
며 사회에 용인과 승인을 갈구하는 모습은 70년이 지난 츄마오진 소설
의 주인공에서도 보인다.[28] 또 한편으로는 작중에 극도로 "신화처럼
남성적인 레즈비언" 조형을 통해 레즈비언의 강렬한 성욕을 강조함으
로써, 플라토닉한 우정으로 보이는 낭만적 묘사가 되지 않도록 하기
위한 역할 또한 한다.

굳이 내용적으로 소설에 국적을 부여하자면 『독무』의 스토리 중반
까지는 타이완문학이라 해도 좋을 것이다. 그러나 작품 속 현재 시간
이 흐르는 공간은 일본이고, 등장인물들은 중국어와 동시에 일본어
를 구사한다. 타이완대학 진학 직전에 모르는 남자에게서 '교정강간'
을 당한 주인공은 대학에 진학한 후에도 주변 소문에 시달리며 우울
증을 앓고 자신을 자책하며 힘겹게 4년의 대학생활을 보낸다. 졸업
후에는 급기야 이름을 '노리에(紀恵)'로 바꿔 도망치듯 일본으로 간
다. 일본으로 건너간 후에는 대학원 생활, 취업 이후의 회사생활과
직장 동료들, 사생활에서의 애인 등 그녀 주변은 온통 일본이었다.
그녀의 친구들도 그녀와 마찬가지로 타이완과 일본을 왕복하며, 또
는 그 중간을 걸으며 흔들린다. 그녀의 '흔들림'은 비단 민족/국가/
문화적 정체성에만 국한된 것이 아니라 젠더 정체성이나 섹슈얼리티
도 마찬가지이고, 이러한 공중에 붕 뜬 상태의 동요는 그녀에게 끊임
없이 죽음에 대한 상념을 일으켰다.

---

28 劉亮雅, 위의 글, p.72.

　왜일까. 그녀도 확실히 알 수 없었다. 분명 시단첸과 무관하지는 않을 것이다. 그렇다면 레즈비언이라는 사실과 관계가 있을까. 사회적인 분위기는 이미 90년대와는 다르다 하더라도 지금까지도 동성애자는 사회제도에서 배제된다. 보통의 인간처럼 자라서 결혼하고 아이를 낳을 수 없기 때문에, 미래에 대한 이미지를 그릴 수 없고, 바로 그 부분이 죽음에 대한 상상으로 이어지는 것이다. 그러나 샤오슈에와 함께 한 1년 반으로 그녀는 이제 충분히 성소수자로서의 아이덴티티를 확립했다. 동성애는 병이 아니라는 사실을 분명히 알게 되었고, 타이베이에서 매년 아시아 최대 규모의 프라이드 퍼레이드가 개최된다는 것도 알았다. 대학에 가면 같이 퍼레이드에 가자고 샤오슈에와 약속을 나누기도 했다. 그런데 만약 아직 레즈비언이라는 사실에 불안을 느끼고 있다면 샤오슈에에게 미안한 일이다. (pp.50-51)

　샤오슈에와의 교제도 깊어지고, 고등학교 졸업을 눈앞에 둔 시점에 샤오슈에는 잉메이에게 아직도 죽고 싶은 마음이 드는지 물었고, 그에 대해 잉메이는 위 인용과 같은 생각을 한다. 앞에서 언급했듯이 잉메이의 인물 조형은 츄마오진의 소설에서 볼 수 있는 '라즈'와 흡사하다. 어린 시절부터 자신의 섹슈얼리티에 위화감을 느끼며, '교정 강간' 이후 죄책감에 빠지고, '보통의 인간'이 될 수 없다는 데에 우울과 죽음에의 욕망을 느끼는, '슬픔에 가득 찬 여주인공'이다. 게다가 이야기의 후반부까지 잉메이는 레즈비언으로서 육체적인 교섭이 없음에도 불구하고, '여자를 사랑하는' 성적 욕망은 소설의 초반부터 마지막까지 반복적으로 강조되고 있다. 절대적 사랑의 추구, 사회적 차별의 내면화, 실현 불가능한 사랑, 강렬한 성욕, 죽음으로 치닫는 욕망. 이는 『독무』 속에 츄마오진의 이름이 반복적으로 등장하는 만큼이나 리 고토미의 소설이 츄마오진의 지대한 영향을 받았음을 그대로 보여주고 있다고 할 수 있다. 그렇지만 리 고토미는 츄마오진과 다른 시대를 살고 있고, 초잉메이는 라즈와 달랐다.

프랑스문학 전공의 비교문학자 쇼샤나 펠만은 『여자가 읽을 때, 여자가 쓸 때-자전적 신페미니즘 비평』에서 다음과 같이 지적한다.

> 여성의 자전이 성립할 수 있는 유일한 형태는 증언이고, 그것은 어떻게 살아남았는지에 대한 증언이다. 살아남았음을 전하는 다른 증언들과 마찬가지로 자전에서 이야기되는 것은 생과 사 양쪽 모두에 대한 경험과 증언이고, 그 중에도 죽음에 대한 증언이다. 살아남기 위해서는 반드시 죽음을 경험하지 않으면 안 되기 때문이다.[29]

일본에서의 생활조차 궁지에 몰린 잉메이는 자살을 결심하고, 마지막으로 뉴욕, 중국, 호주를 여행한다. 그 여행에서 다양한 사람들이 대열에 끼어 행진하는 세계 최대 규모의 시드니 프라이드 퍼레이드를 보고, 자신이 어린 시절부터 느끼던 위화감과 괴리감에서 벗어나게 된다. 그럼에도 불구하고 자살 결심을 실행하기 위해 링컨즈락에 오르는데, 절벽으로 뛰어내리려는 순간 자신의 이름을 부르는 샤오슈에를 만나 구조받고 살아남게 된다. 페르만의 말처럼 여성들의 경험은 언어화되지 못하거나 끊기고 머뭇거리는 목소리로밖에 표현되지 못한다. 이 사회에는 여성들의 목소리를 듣기 위한 틀이 존재하지 않고, 목소리는 언제나 지워진다. 그녀들의 목소리는 죽음에서 가까스로 살아남은 것을 증언할 때에 비로소 들을 수 있다. 『독무』 역시 죽음을 마주하고도 살아남은 그녀의 이야기이다.

---

29 ショシャナ・フェルマン, 『女が読むとき 女が書くとき-自伝的新フェミニズム批評』, 勁草書房, 1998, p.28.

타이완에서 일본으로 건너온 성소수자(레즈비언)라는 설정은 이후 리고토미의 모든 소설에서 반복된다. 그렇지만 2년 후 「다섯 세면 초승달이」의 주인공 '나'는 『독무』의 잉메이와는 달라져 있었다. 소설의 시작은 '나' 린유메이(林妤梅)와 아사바 미오(浅羽実桜)가 5년 만에 일본에서 재회해 이케부쿠로의 중국 무슬림요리점에 가는 장면에서 시작된다. '나'는 타이완 태생으로 2011년에 일본 W대 대학원으로 유학을 왔고, 당시 지진의 여파로 입학식이 연기되면서 학생증 문의를 위해 방문한 연구과 사무실에서 미오를 처음 만났다. 중국 시안(西安)에 교환학생을 다녀와 중국어가 능숙한 미오와 '나'는 금세 친해지지만, 2년간의 석사과정을 마친 후 '나'는 일본에 남아 취직하고 미오는 일본어교사가 되어 타이완으로 간다. 하지만 '나'의 뇌리에는 화려한 후리소데를 갖춰 입고 졸업식에 참석한 미오의 모습이 박혀 잊을 수 없다.

5년 만에 이케부쿠로에서 만난 둘은 그동안의 안부를 묻고, 미오의 타이완 생활을 들으며 '나'는 어린 시절의 기억을 떠올린다. 한가롭고 지루한 시골에서 지낸 '나'는 15살 방과 후 교실에서 처음으로 여자와 키스를 했고, 이를 들켜 아버지에게 맞다가 집을 나와 절에서 하룻밤을 지냈었다. 어른이 된 이후 '나'는 직장 상사가 결혼 이야기를 꺼낼 때마다 본인이 결혼한다 해도 좋아하는 상대와는 결혼은 할 수 없다고 생각해 왔다. 그리고 지금 마주하고 있는 미오에게 결혼해 보니 어떠냐고 묻지만, 미오는 친절한 시부모와 듬직한 남편, 안정적인 생활 등을 이야기한다. 후회와 불평을 말할 것이라고 예상한 '나'의 기대에 부응하지 못한 대답이었다. 하지만 사실 미오는 그녀 나름대로 낯선 타이완 문화와 남편 전처의 아이들, 중국어와 타이완어 그리고 일본어 한자 사이의 미묘한 차이에서 오는 위화감, '일본인 처'라고 부르는 가족들과의 거리감 등으로 불안한 나날을 보내고 있음을 떠올린다.

혼잡해진 가게를 나온 두 사람은 정처 없이 이케부쿠로를 배회하며 빙수를 먹고, 불꽃놀이를 보고 싶다는 미오의 말에 멀리 강가까지 가서 예정에 없던 불꽃놀이를 하지만 이별의 시간이 온다. 역 개찰구 앞에서 '나'는 자신의 마음을 한시로 적어 건네려 한다. 그러나 결국 건네지 못하고 헤어지고, 그 직후 '나'의 마음속 도화선에 불이 붙는다. 5초간 눈을 감았다 떴을 때 플랫폼에 아직 미오가 있으면 카드를 건네주고 없다면 평생 마음속에 간직하기로 결심하고, 거주할 나라나 직장은 자기가 정할 수 있지만 '이것'만은 스스로 정할 수 없다 생각하며 눈을 감으면서 끝을 맺는다.

아쿠타가와상 선고위원 요시다 슈이치(吉田脩一)가 선평에서 말하듯 "스트레이트 여성에 대한 레즈비언인 타이완 여성의 이룰 수 없는 사랑"[30]을 그리고 있지만, 더 이상 강렬한 성욕도, 사회적 차별의 내면화도, 죽음으로 치닫는 슬픔도 보이지 않는다. 이룰 수 없는 사랑이라 할지라도 희망을 버리지 않는 결말, 그리고 결코 단정지어지고 고정되지 않은 아이덴티티의 부유가 그 희망을 지탱한다.

5. 나가며: 경계의 문학

군조신인문학상 선고위원 다와다 요코(多和田葉子)는 『독무』 선평에서 "이 소설의 매력은 문자에 있다"고 말하며, "일본어의 한자와

---

30   〈選評の概要〉 http://prizesworld.com/akutagawa/senpyo/senpyo161.htm (검색일: 2019.11.19.)

가나의 관계가 고정된 것이 아니라는 점을 보여주는" 문학의 계보에
있다고 평가했다. 『독무』에서는 '그녀'라는 3인칭 대명사로 불리는
타이완 출신의 주인공이 쓰는 대사에 요소요소 마다 한자 옆에 풀어
쓰는 일본어가 붙어 있다.[31] 즉 본 작품의 작자는 한문을 중국어로
이해할 뿐만 아니라 일본어 훈독 방법으로도 번역해서 써 났다고 할
수 있다. (한)중일 '한자문화권'이 공유하는 한자라는 문자와 그와는
별개로 각각 다른 말을 쓰는 언어적 상황을 드러내는 데에 대한 평가
일 것이다.

비슷한 경우로 아쿠타가와상 선고위원들은 「다섯 세면 초승달이」
에 대한 선평에서 "한시문을 능숙하게 구사해 주인공의 애절한 심정
을 중심으로 작품 분위기를 만들어냈다"(奧泉光) "두 사람 사이에는
어렴풋하게 동성애의 향이 감도는데 그마음을 한시에 담아 전하는
장면은 정결한 시정마저 느껴진다"(宮本輝)고 감상을 논하며, 일본인
도 공유하는 한문 문화에 대한 각별함을 드러냈다.

일본어소설이지만 중국어, 타이완어, 한문 등이 구사되는 작품의
다중언어적 측면에 의미를 두고 있다. 2019년 7월호 『군조』에 실린
「창작합평」[32]에서도 평론가들의 의견은 작품 속에 나오는 한시 인용
이나 주인공의 한시 창작에 대한 의미부여와 함께 타이완어, 중국어,
일본어의 자연스러운 교차에 대해 작가의 역량을 평가하고 있다. 그

31　예를 들어 "對酒當歌, 人生幾何, 譬如朝露, 去日苦多"(p.88)라는 중국어 노래가
　　사에 "さけにたいしてはまさにこううたうべし じんせいいくばくぞ たとえばちょ
　　うろのごとし さりしひははなはだおおく"라는 루비가 달려있고, 이어서 일본어로
　　뜻풀이까지 나온다. 이는 고전 한시나 유명한 고사에 대한 인용도 마찬가지이다.
　　중국어에도 "噢, 你也在這裡嗎?"(p.33)에 "あら、あなたもここにいたのね"라는
　　식으로 루비가 붙는다.

32　佐伯一麦·陣野俊史·石田千, 「創作合評」, 『群像』, 2019.7, p.384.

러나 한편으로는 리 고토미가 구사하는 일본어문장에서 부자연스러운 부분을 예로 들면서 "외국인에게 어려운 일본어표현의 한계가 드러나기도 하지만, 오히려 그런 느낌이 좋다"[33]는 사에키의 의견에 이시다 역시 "일본어로 소설을 쓰는 해외 작가들이 늘어나면, 일본어문학도 풍요로워"질 것이라고 긍정적으로 받아들이며 "언어의 차이, 성의 차이, 나라의 차이를 제대로 구별하는 이 작가가 일본어로 소설을 쓴다는 것은 훌륭한 일"이라고 의미를 부여한다. 일본에 사는 타이완사람과 타이완에 사는 일본사람을 교차시키고, 헤테로 섹슈얼 여성과 호모 섹슈얼 여성을 교차시키면서도 작품의 마지막은 희망으로 끝나는 작가의 전략은 소설 속 인물들에게도, 그리고 경계 위의 인물을 바라보는 독자에게도 매우 유효해 보인다.

타이완이 동성결혼을 허용하는 법안을 2019년 2월 21일에 공개했다. 아시아 국가에서는 처음으로 동성결혼을 법제화한 것이다. 이로써 매년 타이베이에서 아시아 최대 규모의 프라이드 퍼레이드가 열리는 타이완은 명실상부 아시아 내에서 성소수자 인권에 관한 의식과 제도가 가장 앞선 국가가 되었다. 2003년에 시작된 타이완 프라이드 퍼레이드는 2016년에 이르러 8만 2천 명이 참가하여 타이베이 가두를 걸었다. 그곳에 모이는 사람은 타이완 각지에서 모인 사람들만이 아니라, 세계 곳곳의 성소수자들과 그 지원자들까지도 포함된다. 그중에서도 일본에서 온 참가자들은 한층 더 많아, 프라이드 퍼레이드가 있는 매년 10월말의 도쿄–타이베이 간의 항공편에는 레인보우 굿즈로 치장한 이들이 넘친다고 한다. LGBT 컨텐츠에 관해서는 그동안 타이완은 수동적으로 일본의 영향을 받아 왔지만, 이제는

---

33 앞의 글, p.384.

상대적으로 소수자에게 엄격한 일본사회에서 상대적으로 자유로운 타이완으로 찾아가게 되는 힐링의 장소가 되었으며, 이러한 흐름은 문학에서도 마찬가지로 일본문학·문화가 타이완의 LGBT문학, 퉁즈문학에 영향을 줌과 동시에 역으로 영향을 받고 적극적으로 수용하기 시작했다. 이러한 배경에서 등장한 리 고토미의 소설은 처음부터 일본어로 쓰여진 일본어문학이자 타이완의 퉁즈문화와 퉁즈문학의 바탕에서 피어난 일본의 퉁즈문학이기도 한 것이다.

이 글은 『일본문화연구』 73집(동아시아일본학회, 2020)에 게재된 논문을 수정·보완한 것임.

V

K컬처

젠더화된 메타서사로서 한류,
혹은 K엔터테인먼트 비판

류진희

1. 들어가며

이 글은 1990년대 이후의 초국적 한류 현상을 한국 문화의 세계적 진흥이라는 메타서사의 창출과 더불어 비판적으로 살펴본다. 동아시아에서 우연히 생성된 흐름은 이제 세계시장을 겨냥해 전략적 기획을 역설하는 K엔터테인먼트 주장으로 전환됐다. 이 글은 이 지점에 젠더의 문제가 개입되고 있음을 살펴보고자 한다. 예를 들어 K팝을 대표하는 아이돌 그룹, 이제는 방탄소년단이 아닌 BTS는 빌보드 차트에 몇 번이나 이름을 올리면서, 전세계 청년들의 심금을 울리는 21세기의 비틀즈라고도 불리기도 했다.

그런데 바로 이때 소위 버닝썬 사건이 터졌다. 또 다른 보이그룹의 한 멤버가 운영하는 강남의 한 클럽에서 고객폭행 사건과 경찰유착 의혹이 발생했다. 이로부터 마약 및 약물을 사용한 성폭행과 단톡방을 통한 불법촬영물 유포 등 디지털 성범죄 문제가 대대적으로 제기되기 시작했다. 이 사건으로 몇몇 보이그룹 멤버 및 남성 연예인이 구속, 처벌되었고, 여러 명이 연예계에서 퇴출되었다. 이 모든 것은 한류 스타라는 명망이 투자를 이끌어내고 불법을 감행하여 이익을 획득할 수 있는 근원이었음을 드러낸다. 이때 여성들은 K엔터테인먼트 장에서 사라지는 매개로 존재한다.[1]

그러니까 소위 버닝썬 게이트는 BTS 신드롬과 더불어 K엔터테인먼트의 빛을 가리는 어둠이라고 했다. 그러나 아시아를 넘어 세계무대로 알을 깨고 한단계 도약하는 소년 데미안과 성공한 사업가로 화려한 파티를 주최하는 청년 개츠비 모두, 국위선양하는 남성 스타라는 형상으로 또렷하다는 점에서 비슷하다. BTS가 첫 번째 빌보드 1위 소식이 전했을 때 청와대가 직접 축전을 보내 "세계에서 가장 영향력 있는 가수가 되고 싶다"는 소년들의 꿈을 응원했다. 이와 비슷하게 각종 예능에서 공들여 그려준, 아이돌 출신 CEO에 대한 환호는 이들의 성공에 개인을 뛰어넘는 투사가 젠더화되어 이뤄지고 있음을 말한다.

이 글은 한국 엔터테인먼트 산업이 동아시아를 넘어 세계로 나아가야한다는 주장에서 여성들이 자발적으로 개입했던 여러 맥락들이 희미해질 수 있음을 문제삼는다. 1990년대 한국 대중문화의 흥기에서 가장 인상적이었던 장면은 여성 팬들이 적극적인 향유자로서 등장했던 것이었다. 한류 역시 탈냉전 동아시아를 배경으로 인접 나라 여성 팬들의 교류로부터 일어나기 시작했다. 사실 2000년대 이후 한국 문화의 세계적 진흥을 내세우는 K엔터테인먼트 주장은 애초 걸그

---

1 남성 스타의 얼굴이 여성 대중에의 폭력을 통한 치부를 보증하는 수단으로 활용된 버닝썬의 정치경제에 대한 분석은 김주희, 「탄광과 클럽」, 『페미돌로지』, 빨간소금, 2022, pp.70-99.

룹의 활약을 토대로 가능했던 것이기도 했다. 이제 한류에서 K엔터테인먼트로 전환하는 순간, 눈부시게 명멸했던 여성들의 행위성을 최대한 조망해보도록 하자.

2. 한류의 전사(前史): 초국적 동아시아와 여성 팬의 부상

한류(韓流)는 한자어로서 동아시아 인접 나라에서 드라마를 비롯한 한국 콘텐츠 전반을 선호하는 하나의 흐름을 지칭한다. 지금까지의 연구에 따르면, 대중문화 측면에서 조어적인 기원으로는 1990년대 중후반 대만의 상황이 꼽힌다. 이 단어는 "한류의 습격으로 대만 산업이 냉온을 오간다.(韓流來襲國內産業冷溫不一)"는 문장에서 나왔다고 한다. 이는 애초 한국의 IMF 금융위기가 대만 경제에 미치는 영향을 말하기 위해 고안됐던 것이다.[2]

여기에서 중요하게 지적할 것은 한국과 더불어 대만 역시 일본의 오랜 식민지 중 하나로, 1990년대에는 홍콩, 싱가포르와 같이 '아시아의 네 마리 용(Four Asian Dragons)' 중 하나였다는 사실이다. 식민의 역사에도 불구하고 급속한 경제성장을 이루는 데 성공한 이들 나라는 초남성적 권위주의가 아시아적 가치로서 가족주의와 결합하는, 서양과 다른 독자적 근대성을 내세웠다. 특히 한국과 대만은 권위주의 정권의 계엄령 발동과 그에 대항하는 민주화 운동 등 탈식민의 과

---

2 한류가 생성되는 과정에 대한 여러 논의는 홍유선·임대근, 「용어 한류의 기원」, 『인문사회 21』 9(5), (사)아시아문화학술원, 2018, pp.559–574; 진경지, 「한류 용어의 어원 및 대만 한류 발전에 대한 고찰」, 『동아시아문화연구』 77, 한양대학교 동아시아문화연구소, 2019, pp.221–237.

정에서 맞닥뜨릴만한 고난을 비슷하게 겪어오기도 했다.

이런 역사적 배경에서 한류는 1990년대 국가 및 민족 등 거대서사들이 흔들리게 됐을 때, 바로 이 틈새에서 여성들의 한국 대중문화에 대한 선호로 이채롭게 부상했다. 2000년대 초중반, 냉전의 잔상에도 불구하고 일본과 중국 등에서 한국 드라마를 좋아하는 여성들이 동아시아의 국경을 열어젖혔던 것이다. 그러나 예상하지 못했던 이러한 흐름에도 아무 기획이 없었다고는 할 수 없다. 대만의 자국 경제에 한국의 저가 물품이 '한류(寒流)'가 된다고 했듯, 오히려 IMF 금융위기 상황에서 한국의 드라마 등이 가격 우위를 가지게 된 것이다. 이때 정권교체에 성공한 한국의 민주정부는 문화콘텐츠 사업을 아예 '굴뚝 없는 공장'으로 삼았다.³

당시 한류 1.0, 즉 한국 드라마에 대한 예상을 웃도는 뜨거운 반응에 대해서는 여러 분석이 제출됐다. 그 중 하나는 한국 드라마가 일본에 비해 가격은 낮고, 미국 등에 비해 이야기는 가깝게 느껴진다는 것이었다. 〈사랑이 뭐길래〉(1992)는 남성 중심 가족구조의 현대적 변형으로 중국에서 인기가 있었고, 〈겨울연가〉(2002)처럼 일본에서 선호됐던 여성 취향의 순애보적 로맨스도 있었다. 특히 〈대장금〉(2004)은 의녀(醫女)라는 여성 전문인의 인생 여정을 그려내, 동아시아의 가부장적 사회에서 여성들의 광범위한 지지를 얻었다. 그리고 서울이라는 초국적 메트로폴리스에서 펼쳐지는 여성들의 일과 사랑에 주목하는 여러 한국형 칙릿(chick-lit) 서사도 종종 인기가 있었다.

---

3 한류에 대응하는 한편, 그를 이끌어가기 위한 정책적 과정과 변화를 둘러싼 함의에 대해서는 김정수 외, 『한류와 문화 정책: 한류 20년 회고와 전망』, 한국국제문화교류진흥원, 2018, pp.63-137.

대략 이 즈음 한류의 순기능을 점치는 연구들은 동아시아의 제국/식민 역사에도 불구하고 아래로부터의 여성들의 연대가 가능하리라 기대했다.[4] 여기에서는 남성들의 정치적 격돌과 대조해, 주로 일본 여성들의 호의적인 한국 드라마 취향이 주목할 만한 문화적 교류로 주목됐다. 그러나 일본 애니메이션의 유행 역시 자칭 '일류(日流)'라고 말해지기도 했듯, 한류 이전에도 동아시아 대중문화 교류의 역사는 이미 축적되어 있었다. 사실 '~류(流)'라는 표현 자체가 일본에서 홍콩 영화의 유행을 '항류(港流)'로 지칭했던 것에서 나왔다고 한다. 이렇듯 한류 역시 돌발적이거나 내재적인 계기만으로는 가능하지 않았을지 모른다.

그렇다면 지금 한국 사회를 형성한 1987년 6월 항쟁과 1997년 IMF 위기를 전후한 초국적 계기들을 떠올려보자. 예를 들어 먼저 1988년 서울 올림픽 개최와 1989년 해외여행 자유화 조치가 이뤄졌고, 다음으로 1990년 소련과 1992년 중국과의 수교가 목도됐다. 거기다 1997년 홍콩의 중국반환에 이은 1998년 한국의 일본 대중문화 개방이 있었다. 이때의 변화를 영화 '항류'를 통해 보자면, 분명 1990년대 전반까지는 〈영웅본색〉(1986)류의 홍콩 느와르가 선호됐다. 비슷한 인종의 현대적 영웅, 즉 동아시아 자본의 중심지 홍콩의 뒷골목을 누비다 스러지는 인물에 열광했다.[5] 그러다 〈첨밀밀〉(1996)에서는

---

4 한류가 아시아 지역 내 문화교류의 일환으로 새로운 대중문화의 흐름을 분석할 수 있는 역사적 계기가 됨과 동시에, 이에 대한 분석이 서구 중심적 문화산업의 거대 자본화에 대항할 수 있을 것이라고 했다. 관련해서는 조한혜정·황상민·이와부치 고이치·이동후·김현미, 『'한류'와 아시아의 대중문화』, 연세대학교 출판부, 2003; 백원담, 『동아시아의 문화선택, 한류』, 펜타그램, 2005; 이수연, 『한류 드라마와 아시아 여성의 욕망』, 커뮤니케이션북스, 2008 등.

5 비교적 논의되지 않은 이 시기의 홍콩영화 붐의 부침에 대해서는 김승구, 「1990년

중국 반환 직전의 세기말 홍콩의 불안이 방황하는 청년들을 통해 드러났는데, 이들의 인생은 중국에서 시작해 홍콩을 거쳐 결국 미국까지 흘러가도록 그려졌던 것이다.

이즈음 전세계적으로 일본 대중문화에 대한 선호로 자포니즘(japonism)도 부상했는데,[6] 한국에서 이는 역사적 갈등요인의 상존에도 불구, 이미 대중문화의 흐름 자체를 통제하기는 어렵다는 것을 느끼게 했다.[7] 종종 벌어졌던 '왜색논란'이 증거하듯, 과거 제국/식민 역사로 인해 일본 대중문화에 대한 접근조차 심리적 저항감을 유발하던 때였다. 그럼에도 김대중 정권은 IMF 이후 한국의 문화산업을 육성하려는 정책을 전개했다. 오히려 이는 이전의 정권들과 달리 '친일'이라는 꼬리표가 없었기에 가능했고, 이로써 일본을 발판으로 한류가 전파될 기회가 마련될 수 있었다.

더불어 이와 관련해 1990년대 이후의 초국적 상황에서의 대중문화 발전뿐 아니라, 여성 고등교육의 보편화도 간과할 수 없다. 이제 이전과 다른 여성 팬 집단이 대대적으로 가시화했는데, 이는 갑자기가 아니라 한류 이전에 이미 존재했던 여성들의 국경을 넘는 대중문화

대 전후 한국 내 홍콩영화의 수용 양상」, 『한국학연구』 62, 고려대학교 한국학연구소, 2017, pp.95-136.

6 한국에서 자포니즘은 일본을 괄호치는 북유럽 소비로 표출되었는데, 이는 팝아트적이고 키덜트적인 미학이 일본의 슬로무비 취향과 결합한 결과였다고 한다. 황성희, 「자포니즘으로서의 북유럽 소비에 대한 연구」, 『비교문화연구』 45, 경희대 비교문화연구소, 2016, pp.433-478.

7 아시아라는 상상적 공간이 어떤 실재성을 가지고 있는지, 아시아를 둘러싼 언설이 아시아 역내 문화산업과 어떻게 관련되는지는 이와부치 고이치·히라타 유키에, 『아시아를 잇는 대중문화: 일본, 그 초국가적 욕망』, 전오경 역, 또하나의문화, 2004.

의 폭 넓은 수용과 연관을 갖는다. 예를 들어 서태지와 아이들의 대대적인 성공은 미국의 보이밴드 뉴키즈온더블럭의 인기를 잇는 것이었다. 또한 이후 보이그룹의 시대는 일본의 비주얼 락에서 일정 정도 컨셉을 따오기도 했다. K-pop의 원류로서 H.O.T와 젝스키스, 그리고 신화와 god 등 1세대 아이돌 그룹에 열광했던 '(오)빠순이'들은 사실 X-japan이나 라르크엔시엘 등 J-pop 선호로 지탄받던 여성 팬들과 크게 다르지 않았다.

그러나 일본 대중문화까지 개방된 이 시점에서 맹목적인 '오빠 부대'라는 폄훼에서 감지되듯, 경계를 넘는 여성들의 에너지는 여전히 불온하기 짝이 없었다. 2000년대 초반까지 여성 팬덤은 PC 통신과 인터넷 등 '사이버 스페이스'에서 가시화될 수 있었다. 새로운 매체의 등장으로 인종, 성별, 연령, 학력, 직업, 외모 등 물리적인 조건들의 장벽은 잠시 걷혀진 듯했다. 이들 여성 팬은 규범적 성 역할을 벗어나 자신의 취향과 연동한 새로운 정체성을 갖게 됐다. 이때 일본의 B·L(Boy's Love) 만화와 동인지 시장 안팎에서 형성된 '후죠시'(婦女子) 실천도 동아시아 전반에서 부상했다. 이는 이성애 연애의 문법을 완전히 벗어나는, 남남커플의 이야기를 미적으로 관조하는 여성 하위문화와 연결되어 있었다.[8]

특히 한국에서는 대중문화의 진전 및 온라인 커뮤니티의 흥성에 더해, 팬픽(fanfic) 장르가 열성적인 여성 팬 문화와 결합하여 활황이었다. 이 서사적 실천은 아이돌을 주인공으로 하여 동성성애 이야기를

---

8 일본의 대중문화를 배경으로 '여자 오타쿠'가 어떻게 등장하게 됐는지는 김효진, 「후죠시(腐女子)는 말할 수 있는가? '여자' 오타쿠의 발견」, 『일본연구』 45, 한국외국어대학교 일본연구소, 2010, pp.27-49.

만들어내는 것이었다. 이는 남성 스타를 좋아하는 이성애 여성의 유
사연애 실천이라는 단순한 해석의 틀을 훌쩍 뛰어 넘는다. 그리고 이
들 스타들을 둘러싼 여성 팬들의 욕망은 동일시와 대상화 사이에서
복잡하게 이뤄졌다. '팬픽 이반'(일반적 이성애자가 아님)이라는 신조어
에서도 보듯, 이는 당대 여성들의 성적 실천에 다채롭게 각인됐다.[9]

이렇듯 규범을 거스르는 존재로서 등장했던 여성 팬들은 자신의
생애에 언제나 '최애캐'(가장 사랑하는 캐릭터)가 있는 여성세대가 됐
다. '팬심'(fan心)으로 삶을 구동하는 정체성은 직접 교환될 필요 없
는, 보답을 바라지 않는 여성들의 격렬한 감정의 집단적인 발산에 다
름없다. 이는 근대 부르주아 사회를 지탱하는 '낭만적 사랑'의 독점
적 이데올로기를 무화시키기도 한다. 또한 공사영역의 구분과 결합
한, 남/녀의 재/생산 할당으로 이뤄지는 강제적 이성애에 근간한 근
대적 계약을 거부하는 의미가 될 수도 있다. 이제 여성 팬 세대들은
한국 대중문화 장에서 가장 유력한 소비자이자, 때로는 복잡한 실천
자로서 활약하는 중이다.

최근 이 여성 팬들은 소비자이면서 동시에 기획자로서, 더 이상
'우리 오빠'가 아니라 '내 새끼'의 생산과 유통에 적극적으로 개입한
다. 이들은 특정 스타를 향해 배타적 충성을 바치기만 하는 무조건적
인 추종자이기를 거부한다. '팬덤 3.0' 시대의 여성 팬들은 '지갑으로

---

9 여성들이 더불어 남성 동성성애를 관음하는 문화적 의미에 대해서는 류진희, 「동
성서사를 욕망하는 여자들: 문자와 이야기 그리고 퀴어의 교차점에서」, 『성의 정치
성의 권리』, 자음과모음, 2012, pp.196-223. 현재 웹서사 중 자주 보이는 '오메가'
(임신, 출산, 양육을 하는 남성 종족) 설정 역시 비규범적 서사를 욕망하는 여성들의
문화적 실천의 하나로 볼 수 있다. 관련해서는 이현지, 「한국 BL 소설의 섹슈얼리티
연구: 오메가버스를 중심으로」, 연세대학교 국어국문과 석사학위논문, 2019 등.

기른' 내 스타를 중심으로, 새로운 아이돌 그룹을 조합해내는 〈프로
듀스 101〉(2016~2019) 시리즈와 같은 다수의 서바이벌 프로그램을
경험했던 세대인 것이다. 그리하여 이들은 어떤 한 팀에 맹목적으로
충성한다기보다, 전략적으로 소속사, 기획사, 제작사, 방송사 등과
협력한다. 이제 여성 팬들은 광대한 네트워크, 혹은 웹(web)을 중심
으로 팬들 간 연대를 통해, 자신이 지지하는 아이돌을 위한 프로젝트
에 몰두한다.[10]

그러니까 이제는 아이돌 그룹이 우여곡절 끝에 해체할 때마다 '소
녀 팬들의 눈물바다' 운운이 신문에 보도됐던 시절이 무색하다. 소녀
팬들은 시대착오적인 보이그룹의 '여혐 논란', 즉 부적절한 성차별적
언행 등에 즉각적인 조치 및 피드백을 요구하는 성인 여성이 됐다.
이러한 팬들의 단합된 실력 행사는 미군 장갑차에 의해 압살된 여중
생 미선과 효순을 위한 추모에서 시작했던, 2000년대 이후 '촛불 소
녀'들의 정치적 참여와도 더불어 이해될 수 있다. 특히 이들은 2015
년 메르스 시대의 호전적인 '메갈리아'의 등장 및 2016년 강남역 여
성살해 사건 이후 지금까지 지속되는 '페미니즘 리부트' 혹은 페미니
즘 대중화 시대 주역이기도 하다.[11]

이제 여성 팬들은 폭력적 남성성에 연루되지 않는 무해한 남성성
을 원한다. 그렇기에 아이돌에게도 우상으로 군림하는 게 아닌, 먼

---

10 숭배하는 팬덤 1.0에서 소비자로서의 팬이 등장하는 팬덤 2.0을 지나, 이제 양육하
는 팬덤 3.0으로의 전환에 대해서는 신윤희, 『팬덤 3.0』, 스리체어스, 2019.

11 2000년대 이후 여성 고등교육의 진전과 대중매체의 흥기, 그리고 뉴미디어의 부상
에서 정치적 존재로 등장한 촛불소녀와 배운녀자, 그리고 '메갈리안' 사이의 계보적
관련은 류진희, 「그들이 유일하게 이해하는 말, 메갈리아 미러링: 포스트 여성주체
의 탄생에 부쳐」, 『양성평등에 반대한다』, 교양인, 2018, pp.126-151.

저 외모, 몸매, 노래, 춤, 퍼포먼스, 팬 서비스 등에 기반해 '본업'을 잘 수행하라고 요구한다. 이들은 때로 자신들의 의견을 관철시키기 위해 집단적인 '총공(격)'에 나서기도 한다. 아이돌의 기획, 생산, 유통 과정에 개입하면서 여성들은 그 어느 때보다도 팬으로서 효능감을 느낀다. 그렇다면 다음은 보다 본격적으로 한류를 가능하게 했던 여성 팬에서 K엔터테인먼트의 토대로서 걸그룹으로 시선을 돌려 이를 전반적인 여성 청년의 행위성과 더불어 읽어보도록 하자.

3. K엔터테인먼트의 전사(戰士): 걸그룹 전성시대와 여성 청년의 부상

동아시아의 초국적 지평에서 한류가 생성되고, 이와 더불어 여성 팬의 가시화 및 세력화 역시 진전됐다. 그리고 2000년대 이후 한국 엔터테인먼트사들은 SM 타운과 YG 패밀리에서 JYP 네이션과 스타 제국 등을 각 사업에서 이름으로 내걸게 되었다. 마을에서 제국까지 자처되는 이 흐름은 국경을 넘는 증폭되는 욕망에 다름없다. 이러한 초국적화(transnationalization)는 내셔널리티를 감쇄시키기도 하지만, 한편으로 민족국가적 경계를 둘러싼 정체성을 생생하게 하기도 한다. 이는 인간이 국경을 넘을 때, 오히려 내셔널리즘 현상이 더욱 또렷해지기에 기존 보편화에 초점을 두는 지구화(globalization)와는 결이 다르다.[12]

---

12 대중문화 산업에서 일어난 초국적 트러블에 대한 분석은 정민우, 「박재범과 타블로, 그리고 유승준의 평행이론-한국 대중음악의 초국적화와 민족주의적 트러블」,

이러한 곤란은 바로 지금 살펴볼 걸그룹의 행위성과 관련해 도드
라진다. 이는 외부에서 명명했던 한류라는 명칭이 온갖 'K'를 내세운
자국 문화산업의 증식에 초점을 두는 것과 관련한다. 물론 이전에도
다수의 국내 연예인과 다소의 교포 연예인들이 중심이었던 '아이돌
1세대'(1996년~)를 지나면서, 다국적인 멤버 구성을 시도할 때마다
각종 사건들이 발생했었다.[13] 예를 들면 '아이돌 2세대'(2000년~),
'아이돌 3세대'(2008년~)에 속하는 남성 연예인들에게 병역회피 논란
이나 한국비하 의혹들이 제기되기도 했다. 이 논란의 핵심에는 해외
국적자가 한국에 진정으로 속하지도 않으면서, 국내에서 자본만 쉽
게 획득해서는 안된다는 부정이 있었다.

그러나 이러한 일국적 차원의 반대와 달리, 비교적 최근 대중문화
에서 일어나는 트러블은 동아시아적인 차원에서 복잡하게 일어났다.
가장 중요하게는 2016년의 '청천백일기' 사건이 있다. '아이돌 4세
대'(2013년~)에 속하는 걸그룹 트와이스의 대만 멤버가 한 방송사의
오락 프로그램에서 자신의 출신지 깃발을 들자, 중국 시장을 염두에

『아이돌』, 이매진, 2011, pp.170-193.

13 보통 아이돌 1세대와 2세대는 동방신기가 나온, 주춤했던 아이돌 유행이 다시
살아난 2004년을 기준으로 크게 나누고 있다. 그러나 이 글은 원더걸스를 시작으로
걸그룹들이 해외에서 인기를 끌면서 국내외 엔터테인먼트 산업이 전반적으로 부흥
하기 시작한 2008년을 보다 중요한 기점으로 보고, 그 이전을 두 시기로 나누었다.
이때 2000년과 2013년이 전반적으로 매체산업의 변화가 급격했던 시기로 분기점이
될 수 있다. 즉 음반, TV 중심의 정규 활동이 점차 토탈매니지먼트 기획사 중심으로
음원, 인터넷 등 멀티미디어 환경에서 휴지기 없는 활동으로 변화했다는 것이다.
현재 아이돌 그룹은 대표적으로 서바이벌과 리얼리티 프로그램 등으로 데뷔하고,
SNS를 통해 팬들과 소통을 중시하는 문화에서 활동하게 됐다. 아이돌 시대의 개막
과 진화하는 아이돌이라는 관점에서 초기 계보를 살펴본 논의는 차우진·최지선,
「한국 아이돌의 역사와 계보, 1996-2010」, 『아이돌』, 이매진, 201, pp.112-158.

둔 선제적 조치로 당시 만 16세였던 당사자에게 '공개사죄(公開致歉)' 하는 영상을 유튜브에 올리게 했던 것이다. 또한 2019년에는 같은 그룹의 일본 멤버가 한국 공식 인스타그램에 일본 연호 변경과 관련해 "레이와(令和)라는 새로운 시작을 향해 헤이세이(平成)의 마지막 날을 잘 마무리합시다"라고 올렸다. 이에 대해서는 일본 천황제에 근간한 군국주의에 대한 무비판적 인식이라고 강력한 비판이 일어나기도 했다.[14]

이와 비교해 비슷한 시기 소위 평균 이하의 남성들이 펼치는 〈무한도전〉(2006~2018)이 시청률 불패의 리얼리티 프로그램의 포맷으로 자리잡기도 했던 것을 떠올리자.[15] 생각해보면 이제껏 보이그룹을 비롯해 남성 연예인들의 교양없음은 종종 풋풋한 미성숙이나 거침없는 용감함으로 간주됐다. 역사인식에 관해서도 걸 그룹은 부적절한 언행이 있었다면 당사자의 눈물짓는 사과까지 필요한 반면, 보이그룹의 경우라면 대체로 소속사의 해명 혹은 사과 정도로 마무리되는 편이다. 보이그룹 멤버의 엄중한 자필 사과문은 마약 등 범죄 혐의로 입건 시 정도에서 쓰여지는 편이다. 그러니까 K-엔터테인먼트 장에서 내셔널리티의 훼손은 여성들을 통해 노골적으로 감각되고, 이는 종종 여성들

---

14 한류 3.0시대 소녀 걸 그룹에 대한 환호 이면에 자리한 초국적 내셔널리즘, 즉 제국적 상상력을 펼치면서도 한국적 특수성을 주장하려는 욕망에 대해서는 류진희, 「걸 그룹 전성시대와 K엔터테인먼트」, 『소녀들 K-pop 스크린 광장』, 여이연, 2017, pp.79-104.

15 〈무한도전〉은 '국민 MC' 유재석을 등장하게 하면서, 〈1박 2일〉 등 유사 포맷의 프로그램의 전성기를 이끌었다. 이는 남성만이 출연하는 예능, 혹은 젠더 감수성이 현저히 떨어지는 '한남 엔터테인먼트'까지 연결되기도 하여, 한동안 여성 예능인들의 입지를 좁히기도 했다는 지적도 있다. 한국여성노동자회·손희정 기획, 『을들의 당나귀 귀』, 후마니타스, 2019, pp.17-73.

의 고개숙인 참회로 상쇄된다.

이러한 젠더화된 표상은 한국문화의 세계적 진흥의 한 방편으로 한류에서 일어났던 젠더 분할을 짐작하게 한다. 생각해보면 세계무대에서 활약하는 유일무이한 각각의 영웅들로서 아이돌 소년들 이전에 K-엔터테인먼트의 물적 토대로서 군집을 이룬, 초기 산업역군이라고 할만한 걸그룹들이 존재했던 것이다. 거슬러 가자면 제국/식민의 역사를 배경으로 하는 한국의 대중문화 장에서 여성 아티스트들은 민족 고유의 문화적 자질을 담지하는 동시에, 오리엔탈리즘적 시선을 충족시키는 데에 적극 활용되기도 했다. 그렇기 때문에 현재 걸그룹의 계보는 가깝게 한국 대중문화가 발흥했던 1990년대 이후의 여성 아티스트가 아니라, 거의 반세기 전의 미8군 쇼에서 활동의 물꼬를 텃던 김시스터즈에서 찾아지기도 하는 것이다.[16]

이처럼 일국적 내셔널리티를 드러내는 동시에 이국적인 존재로서 걸그룹은 한류를 넘어 K-엔터테인먼트 전반의 초국적 욕망을 실천할 때 우선 내세워진다. 새삼 한국 대중문화가 먼저 동아시아 인접 나라들에서 받아들여질 즈음을 떠올린다. 드라마 한류 1.0(2004년~)에서 시작해 K-pop 중심의 한류 2.0(2008년~)으로 갱신될 무렵은 분명 이들 걸그룹들의 활약이 도드라졌던 때이기도 했다. 그리고 기존 멤버들의 해외진출을 촉진하는 아이돌 2세대에서 아예 다국적 그룹을 양성하는 아이돌 3세대로 전환될 때, 동아시아를 시작으로 걸그룹 신드롬이

---

16 이들 미8군 부대에서 활동을 시작했던 여성 그룹의 연원은 식민지기 조선악극단의 저고리 시스터즈로까지 거슬러 올라간다. 이때의 멤버, 즉 '목포의 눈물'의 히로인 이난영이 자신의 딸과 조카로 프로듀싱한 그룹이 바로 김시스터즈였다. 민요와 재즈를 결합하고, 화려한 퍼포먼스로 해외 진출에 성공했던 여성들의 전례는 최규성, 『걸그룹의 조상들』, 안나푸르나, 2018.

동시적으로 시작됐다. 소녀시대가 중국에서, 카라가 일본에서, 특히 원더걸즈가 김시스터즈를 상기시키는 레트로 콘셉트로 미국 등 해외에서 두각을 보였다. 바로 이를 통해 한류를 넘어선 K-엔터테인먼트라는 가능성을 확인했던 것이다.

사실 보이그룹이 주도했던 아이돌 초기에 활약했던 걸그룹 1기에는 SES와 핑클이 있었다. 이들 걸그룹 라이벌은 요정과 여전사 이미지를 휴지기를 두고 왕래했다. 걸그룹 2기에 수많은 여성 아이돌들이 청순과 섹시 사이의 스펙트럼에서 쉼 없이 변신을 거듭했다. 이 시기의 걸그룹 전성시대는 국내에서 국외로 나아가는 여성 아이돌 춘추전국 시대라고 해도 과언이 아니다. 이들이 열어놓은 초국적 무대에 오를 더 많은 여성들이 필요했고, 그리하여 걸그룹 3기에는 중화권 외국인 멤버를 포함한 f(x)와 미스에이를 비롯해 수많은 걸그룹이 등장했다. 여기에 더해 걸그룹 4기의 멤버들은 전술한 트와이스와 블랙핑크처럼 다채로운 국적을 가지게 되는 것이다.

이들 1기에서 4기까지의 걸그룹들은 다른 특징에도 불구하고, 공히 변화하는 매체 환경에서 다수의 유연한 노동력으로 밤낮없이 일해왔다는 점에서는 비슷하다. 현재 이들은 서바이벌 프로그램을 통해 데뷔를 하고, 리얼리티 예능을 거쳐 생애사와 관계성을 노출한 채로, 각종 SNS 플랫폼을 통해 직접 팬들과 휴지기 없이 소통한다. 걸그룹 멤버들은 유일무이한 한 사람의 인생이 아니라, 대체가능한 걸그룹의 시대를 살아야한다. 어려운 환경에도 불구하고 씩씩하고 명랑하며, 긴 아이돌 훈련을 감내해서 마침내 집단적인 성취를 이뤄내는 것이다. 이들은 근대적 일 개인으로서 데미안이나 개츠비가 아니라 신자유주의 시대를 살아내는 한국판 캔디처럼 한 집안, 아니 한 그룹을 일으키는 존재들이다.

IMF 금융위기 이후, 아이돌 그룹에 의해 지탱되는 연예 엔터테인먼트 장으로의 진출은 물려받은 재산 혹은 여유 자금 없이 자신의 재능만으로 해볼 만한 업으로 여겨졌다.[17] 특히 한류 3.0(2011년~)은 트와이스처럼 자신의 데뷔 과정과 생활 방식을 노출하는 방식으로 기꺼이 노동을 수행할 수 있는, 그것도 특정 여성성을 극대화시킨 여성 노동력의 탄생으로 가능해진 것이었다. 이러한 무한경쟁 시대의 자발적인 자기착취는 신자유주의 시대 청년 노동의 특징을 반영한다. 이제 드라마와 Kpop에 이어, 한국적인 모든 것이라는 'K컬처' 자체가 내세워진다. K문학, K웹툰, K필름 등에 이어 K푸드, K뷰티, K패션, K스포츠 등 온갖 K들이 한국 문화산업의 글로벌 공략으로 개발되고 있다.

한류에서 탈피해야한다는 K엔터테인먼트가 생성하는 수많은 분야들은, 여야 진영 상관없이 최근 정부들에서 한국의 '국격'을 노골적으로 드러내는 것과 연결됐다. 박근혜 정부가 내세운 수많은 K사업들은 국정농단으로 인한 탄핵 과정에서 축소·폐지됐지만, 다음 문재인 정부에서도 관계부처 합동으로 신한류 진흥정책 종합계획을 제시하기도 하는 등 이에 대한 비슷한 주장은 되풀이됐다. 이제 윤석열 정부는 국정과제 중 하나로 K콘텐츠의 매력을 전세계로 확산하여 대한민국 소프트 파워를 제고하겠다고 했다. 이처럼 과거 경제개발에

---

17 이들 중 소수가 '대박'을 치지만, 대부분은 아티스트라는 이름이 가리는 불안정 노동에 종사한다. 특히 여성의 경우 연예 산업의 이미지 상품으로서 남성에 비해 우선 눈길을 끌 외모로서 훨씬 좁은 마켓에서 살아남아야한다. 또한 기획사가 제작진들과의 미팅을 주선하기에, 힘의 불균형 상태에서 여성 신인의 섹슈얼리티가 취약하게 작동하는 것이다. 관련해서는 김현경, 「기획사 중심 연예 산업의 젠더/섹슈얼리티 정치학」, 『한국여성학』 30(2), 한국여성학회, 2014, pp.53-88.

집중한 산업화에 대한 향수를 넘어, 신자유주의 초국적 시대에 민족 국가를 둘러싼 메타서사는 여전히 살아있는 것이다.

관련해서 봉준호 감독의 〈기생충〉(2019)이 제92회 아카데미 최우수작품상을 수상하자, '미(美) 본토'를 공략한 K콘텐츠 진흥이라는 의기양양한 주창이 있었음이 떠오른다. 전술했던 BTS의 빌보드 차트 진입과 더불어 이는 비영어권, 아시아라는 정체성을 훌쩍 뛰어넘은 한국의 소년과 청년에 이은 남성 거장의 이미지로 완성되고 있다. 여기에 여성 팬과 걸그룹 등 초국적 계기에서 여성들의 국경을 넘는 조우와 노동들은 잘 포착되지 않는다. 이는 신자유주의 시대의 여성 청년들이 저출산과 고령화 사회의 인구절벽 담론에서 재생산과 관련해서만 집중적으로 위치되는 것과 관련한다.

그러니까 걸그룹의 신드롬이 한창이었던 2008년 무렵, 한국 사회에서 새로운 청년 담론이 시작됐다. 88만원 세대부터 3·5·7포 세대에 이은 N포 세대, 그리고 헬조선과 흙수저 담론까지, 이 명칭들은 산업화 세대와 386세대가 정치사회적인 의미에서 부상한 것과 달리 주로 비정규직의 경제적 처지를 암시했다. 이 청년들에 대한 우려, 즉 단군 이래 이전 세대보다 더 나은 계층을 꿈꿀 수 없게 됐음은 연애, 결혼, 출산, 인간관계, 내 집 마련 등 중산층 부르주아의 삶을 지탱할만한 남성 가부장이 되지 못한다는 것으로 대표됐다. 이 희망과 꿈은 생계부양자 남성으로서의 생애에 한정되며, 이미 대학진학률에서 남성을 앞지른 MZ 세대, 그러나 IMF 이후 더 혹독해진 구직 환경에 내던져진 여성에게는 해당되지 않는다.

그러나 한국사회의 변동을 큰 폭으로 관통해온, 여전히 '디지털 성범죄 아웃' 등을 외치며 아직 광장에 남아서 민주주의의 완성을 주장하는 여성 청년들은 이러한 규범적인 청년 담론에서 비켜나고 있다.

신자유주의 시대의 남성 생계부양자 모델과 이성애중심 생애담론에
서 고군분투하는 약자는 남성 예비 가부장이고, 때로 젊은 여성들은
단지 잘 팔리는 섹슈얼리티로 사회적 가치를 독점한다고 했다. 특히
걸그룹은 대표적으로 특정 여성 이미지 제공으로 많은 자산을 가질
수 있다고 지목된다. 여기에서 걸그룹이 노동하는 존재라는 사실은
간과되는데, 이러한 서비스 노동에 대한 무지 및 부정적 시선은 그대
로 노동이 빠진 여성 청년을 향한 관점이 되기도 한다.[18]

  사실 글로벌 팬클럽 아미(ARMY)의 열렬한 활동에 힘입은 BTS의
전세계적 인기가 구가되었던 때는 수많은 걸그룹들이 흥망성쇠를 거
듭하던 즈음이기도 했다. 최근 몇 년은 1990년대 이후 페미니즘 흥
성기와 동시에 그에 대한 백래시도 겪고 있다고 할만한데, 걸그룹 역
시도 짧은 테니스 치마를 입은 소녀 일변도에서 펑크하고 힙한 걸 크
러시 등 다양한 컨셉으로 바뀌기도 했다. 이제 아이브, 에스파, 뉴진
스 등 전면적인 소녀 컨셉에서 다시 여러 변용이 일어나는 다음 걸그
룹 전성시대에 접어드는 중인 듯하다. 대중문화의 진전에서 소녀들
은 일하는 성인 여성들이 되며, 동시에 이들 성인 여성들은 다시 새
로운 소녀 시절을 꿈꾸기도 하는 것이다.

  이들 여성 청년들로 인해 대중문화뿐 아니라 독서시장에서도 여성
들의 입지가 도드라졌는데, 대표적으로 조남주 작가의 『82년생 김지

---

18 이진경은 서비스 이코노미(service economies)라는 개념으로 인종화된 섹슈얼리
   티 노동을 비롯, 이제까지 노동이라 여겨지지 않았던 일들이 오히려 식민, 전쟁,
   냉전, 독재, 금융위기 등을 통과하며 한국 근대성의 본질을 형성했다고 했다. 관련
   해서는 이진경, 나병철 역, 『서비스 이코노미: 한국의 군사주의, 성노동, 이주노
   동』, 소명, 2015, pp.33-89. 더하여 초국적 서비스 노동으로써 한류 걸그룹의 연원
   및 일하는 여성들을 걸 그룹 소재로 그려낸 소설에 대한 분석은 류진희, 「초국적
   한류와 걸그룹 노동」, 『페미니돌로지』, 빨간소금, 2022, pp.50-68.

영』을 꼽을 수 있다. 이 책은 여전히 결혼, 출산, 양육 등으로 경력단절에 처하는 이 세대 여성 청년들의 이야기로, 이미 누적 판매량 120만부를 훌쩍 넘는 밀리언셀러가 됐다. 그런데 앞서 보이 그룹 BTS의 한 멤버가 읽었다고 했을 때와 달리 소녀시대든 원더걸스든 매번 걸그룹 멤버들이 이 책을 언급하기만 하면 '페미' 논란이 거셌던 것이 의미심장하다. 여기에는 걸그룹이 보통여성 김지영씨가 당한다는 차별 및 혐오를 경험할 리 없다는 부정뿐 아니라, 반대로 이들이 반짝이는 별과 같은 아이돌이라기 보다 언제든 자신과 연결될 가능성이 있는 소녀, 혹은 여성이라는 가정이 있다고 볼 수 있다.

사실 걸그룹을 비롯하여, 특정 방식으로 젠더화된 노동을 경험하는 여성에 대한 고려 없이 청년 문제는 해결되지 않는다. 초저출산 시대, 단지 예전과 같은 가부장이 될 수 없는 남성들에게만 맞춘 해법은 이제 유효성이 다했다. 여성 팬이면서 동시에 걸그룹 전성기를 수차례 경험한 새로운 대중문화와 뉴미디어 세대의 여성들, 동시에 노동이 아니라는 노동을 하는 수많은 '김지영들'의 이야기는 동아시아를 넘어 전 세계 30여 개 언어로 번역돼, 화제를 일으키기도 했다. 이는 소위 K문학의 기치에서 한국적 고유성을 해외로 발신하기 위해 준비된 리스트에는 없던 것이었다. 이들 여성작가들의 동시대적 감수성에 감응하는 여성 청년들이 함께 자신들의 이야기를 만들어갈 때, 젠더화된 메타서사로서 한류, 혹은 K엔터테인먼트에 대항하는 다국적 흐름들을 만들어낼 수 있을 것이다.

4. 나가며

다시 모두로 돌아가면, 이 글을 고칠 무렵 버닝썬 사건이 다시 인구에 회자되었다. BBC 제작 약 1시간짜리 〈버닝썬: K팝 스타들의 비밀 대화방을 폭로한 여성들의 이야기〉 영상이 한 동영상 공유 플랫폼에 게시됐던 것이다.[19] 법정 구속됐던 주요 인물들이 몇 년 지나지 않는 징역을 마치고 이미 출소를 했던 상황에서, 이 사건을 사건화했던 여성들의 용기가 새삼 주목됐다. 그중 스스로 삶을 마감했던 걸 그룹 카라 멤버 구하라 씨가 당시 사건 배후 취재에 난항을 겪던 여성 기자를 도와, 결정적 제보를 가능하게 한 사실이 밝혀졌다. 자신 역시 불법 촬영 빌미로 협박당한 피해자였기에 무수한 디지털 성폭력의 피해자와 연대하고자 했던 것이다. 이렇게 젠더화된 한류, 혹은 K엔터테인먼트 장에서 여성들은 예상하지 않은 방식으로 조우하게 된다.

이제까지 여성 개인의 취향과 재능을 둘러싼 소비와 노동은 종종 비하되거나 충분히 인식되지 못했다. 이는 전술했듯 여전히 여성의 재생산만을 정상적 섹슈얼리티로 여기며, 남성만을 규범적 시민주체로 정립하는 세대론에 기댄 청년 논의의 탓이기도 하다. 그러나 여성은 가부장적 이성애 제도의 구속에서 법적 시민이 아니라 인구 자원에 가깝게 존재할 것을 강요받더라도, 때로 여성 팬이자 걸 그룹 등 기존 성역할에서 벗어나거나 그를 초과하는 사회적 존재에 대한 논의를 촉발시키기도 한다. 애초 한류가 국경을 넘는 여성들의 연대하는 흐름에서 만들어졌던 것처럼, 이제 K엔터테인먼트 장에서 이들 여성들의

---

19 버닝썬: K팝 스타들의 비밀 대화방을 폭로한 여성들의 이야기, BBC NEWS Korea, 2024.5.19, https://www.bbc.com/korean/articles/clw0yvy8xvro (검색일: 2024. 5.28)

행위성을 구체적으로, 그리고 교차적으로 들여다볼 역동적인 조우의
기회를 어떻게 만들어낼 수 있을지 고민해야하는 순간이다.

이 글은 『대중서사연구』 26-2집(대중서사학회, 2020)에 게재된 논문을 수정·보완한
것이다.

혐오를 넘어, 연대와 환대의 번역지대로

일본에서의 'K문학' 수용에 관하여

김지영

1. 들어가며: 혐오 시대의 번역문학

"번역지대(Translation Zone)는 전쟁지대이다." 이는 미국의 비교문학자 에밀리 앱터(Emily Apter)의 말이다. 9.11 동시다발 테러 이후의 국제정치에서 번역이 오역 하나가 무력 충돌로 이어질 수도 있는 긴박한 정치성을 띤 장으로 떠오른 가운데, 앱터는 원문에 대한 어학적/축어적 충실함을 중시해 온 전통적 번역관을 넘어 보다 넓은 의미의 '번역'의 관점에서 극심한 분쟁과 갈등을 겪고 있는 작금의 세계 상황을 돌아볼 것을 주문한다. 타자 이해와 부정이 경합하는 격전장으로 번역을 바라보는 그녀의 관점에 따르면, "오역은 국교 단절의 다른 이름"이며 "전쟁이란 무번역성(無翻訳性)이나 번역의 실패 상태가 극한적 폭력에 달한 것"에 다름 아니다.[1] 나아가 "모든 것은 번역 가능하다"와 "아

---

1 エミリー・アプター, 『翻訳地帯ーー新しい人文学の批評パラダイムに向けて』, 秋草俊一郎・今井亮一・坪野圭介・山辺弦訳, 慶應義塾大学出版会, 2018, p.27.

무 것도 번역 가능하지 않다"는 일견 모순된 두 명제를 동시에 내건 앱터가 말하는 '번역지대'란, 서로 다른 언어와 문화가 뒤섞이고 대립하면서 항시적(恒常的)으로 '번역-중(in translation)'인 장소, 다시 말해 번역가능성과 번역불가능성이 길항하는 접촉지대를 뜻한다.[2] 이와 같은 관점에서 돌아볼 때, 2010년대 이후 갈등 관계가 눈에 띄게 표면화된 한국과 일본 사이에 가로놓인 '번역지대' 또한 이질적 타자들이 마주치는 정치적이고도 실천적인 대화의 현장이라고 보아야 하지 않을까?

주지하다시피 2010년대 일본에서는 '혐한(嫌韓)·반중(反中)'의 배외주의와 재일조선인을 향한 헤이트 스피치가 확산되었다. 2006년에 결성된 극우 배외주의 단체 '재일특권을 용납하지 않는 시민 모임(在日特権を許さない市民の会)'으로 대표되는 '행동하는 보수(行動する保守)' 세력은 거리로 나와 "조센징(한반도 출신자를 비하하는 멸칭) 돌아가라", "좋은 한국인도 나쁜 한국인도 죽여라" 등의 헤이트 스피치를 외치며 집회를 이어갔고, 2013년부터는 이에 대항하는 시민들의 반(反) 헤이트 카운터 시위가 전개되었다. 한편 이와 연동된 움직임으로 출판시장에서는 혐한·반중 책이 붐을 이루었다. 일본에서 혐한 서적의 효시는 2005년에 출간된 『만화 혐한류(マンガ嫌韓流)』(山野車輪 저, 普遊舍)까지 거슬러 올라가지만, 혐한·반중 서적이 하나의 장르로 인식될 만큼 붐을 이루게 된 것은 2010년대 들어서이다. 혐한 서적 붐은 '헤이트 스피치(ヘイトスピーチ)'가 '유캔 신조어·유행어 대상(ユーキャン新語·流行語大賞)'의 유행어 '탑 10'에 선정된 2013년 무렵 정점을 찍고 이후로는 하향세를 그리다가 2017년 몇몇 베스트셀러를 계기로 다시 부상

---

2 エミリー·アプター, 위의 책, p.16.

했고, 그 사이 '헤이트 책(ヘイト本)'이라 불리는 혐오 서적은 전국의
크고 작은 서점들을 잠식해갔다.[3] 2019년 9월에는 주요 주간지 가운데
하나인『주간 포스트(週刊ポスト)』가「한국 따위 필요없다(韓国なんて
要らない)」특집호를 기획해 사회적 물의를 빚기도 했다.[4] 이처럼 이질
적 타자의 부정을 넘어 절멸을 거리낌 없이 외치는 압도적 불관용 사태
는 이문화 이해의 실패이자 '번역'의 실패를 의미한다고도 볼 수 있을
것이다.

　그런데 흥미로운 점은, 이와 거의 동시기에 일본의 출판시장에서 한
국문학이 처음으로 존재감을 드러내기 시작했다는 사실이다. 2000년
대까지 일본에서 번역되는 한국문학은 양적으로 소수에 머물러 일반
독자들에게 그 작품이 거의 알려지지 않았으나, 2015년 박민규의 단편
소설집『카스테라(カステラ)』(斎藤真理子·ヒョン ジェフン 공역, 2014)가
제1회 일본번역대상(日本翻訳大賞)을 수상하고,[5] 2016년 한강의『채식
주의자(菜食主義者)』(2007, 일본어판 2011)가 맨부커상(외국문학부문)을
수상한 것 등을 계기로 한국문학은 일부 독자들 사이에서 서서히 인지

3　永江朗,『私は本屋が好きでした――あふれるヘイト本、つくって売るまでの舞台裏』,
　太郎次郎社エディタス, 2019. 나가에에 따르면, 혐오 서적의 범람은 일본 특유의
　서적유통시스템에 기인하는 바가 크다.
4　1969년 창간된『주간 포스트』는 '일반 주간지'로 분류된 잡지 가운데 4번째로 판매
　부수가 많은 잡지이다. 잡지를 발행하는 쇼가쿠칸(小学館)은 1922년에 설립된 유서
　깊은 출판사로 만화책과 어린이용 학습용 서적을 중심으로 출판한다. 이 특집호의
　지면에는 "혐한이 아닌 단한(斷韓)", "귀찮은 이웃에 안녕" 등 한국과의 단교를 주장
　하는 기사뿐만 아니라 "분노를 참지 못하는 '한국인이라는 병리(病理)'"와 같이 자칫
　우생학적 발상으로 이어질 수 있는 인종주의 담론까지, 혐한 및 재일코리안 혐오를
　부추기는 내용의 기사들이 대거 게재되었다.
5　'일본번역대상'은 일본에서 한 해 동안 발표된 번역 작품 가운데 '가장 상찬(賞讚)
　하고 싶은' 작품에 수여되는 상으로, 일반 독자로부터 후보작을 추천 받아 번역가들
　로 구성된 심사위원회가 수상작을 선정한다.

도를 높여갔고, 2019년 12월에 일본어 번역판이 출간된 조남주의 소설
『82년생 김지영(82年生まれ、キム・ジヨン)』(한국어판 2016)이 한국 소설
로는 최초로 베스트셀러 반열에 오르면서 한국문학, 이른바 'K문학(K
文学)' 붐에 불이 붙었다. 이후 한국문학 번역은 양적으로 급증해 현재
는 일본 내 출판시장에서 주요 외국문학 가운데 하나로 시민권을 획득
했다고 할 수 있다.

이러한 흐름에 대해 일본 현지에서 한국 관련 서적을 전문으로 출판
하는 CUON 출판사 대표이자 K-BOOK진흥회(K-BOOK振興会) 전무
이사인 김승복(金承福)은 2021년 중앙일보와의 인터뷰에서 다음과 같
이 발언한 바 있다.

> "10년 전만 해도 일본 대형 서점에 한국 문학 관련 코너가 아예 없었
> 는데, 지금은 대부분의 서점에 한국 섹션이 있어요. 동시에 서점 매대
> 앞쪽에 진열돼있던 '혐한(嫌韓)' 관련 책은 많이 사라졌죠. 문학이 '혐
> 한'을 밀어내고 있다고 할까요."[6]

이렇게 본다면, 거리에서 헤이트 스피치와 반대 시위가 격돌했던
것처럼, 서점의 서가 한편에서는 번역문학이 혐한 서적에 소리 없이
맞서고 있었다고도 볼 수 있지 않을까? 실제로 아사히 신문은 2019년
11월 '혐한' 서적에 맞서 한국문학을 소개하는 북페어를 기획한 서점들
의 사례를 조명하는 기사를 싣기도 했는데,[7] 단순히 한국문학의 번역

---

6 「"문학이 '혐한' 밀어낸다"…日서 'K-북 페스티벌' 김승복 대표」, 『중앙일보』,
  2021.11.17., https://www.joongang.co.kr/article/25024193 (검색일: 2024.7.10.)
7 「嫌韓」でない本、今こそ書店がフェア「書店がフェア」」, 『朝日新聞』, 2019.11.12.,
  https:// www.asahi.com/articles/ASMC86QS4MC8UTIL050.html (검색일: 2024.

이 늘어난다고 해서 곧바로 혐한 서적이 사라지는 것은 아니라 할지라도 이처럼 서점을 다성(多聲)적 공간으로 만들고자 하는 대항적 움직임들은 분명 고무적이다.[8]

이상으로 기술한 상황을 배경으로 이 글에서는 혐오 시대에 번역문학이 갖는 의미와 그 가능성을 고찰해보고자 한다. 2010년대 이후 일본에서는 혐한/반중 언설 및 배외주의가 고조되었을 뿐만 아니라 다양한 소수자 집단과 사회적 약자에 대한 혐오표현이 확산되었다. 또한 전 세계적으로도 이 시기에는 #MeToo 운동과 BLM 운동(Black Lives Matter movement)으로 상징되는 여성과 소수자에 대한 차별과 억압이 심각한 사회문제로 떠올랐다. 결론을 조금 앞당겨 말하자면, 현재 한국문학의 동향과 'K문학'의 일본 내 수용은 이러한 정치적 상황과도 밀접하게 연관되어 전개되고 있는 것처럼 보인다. 그렇다면 이처럼 다양한 타자들 사이에 충돌과 갈등이 첨예화되고 있는 혐오의 시대에 번역문학은 어떻게 국경/경계들을 넘어 연대와 환대의 관계 맺기를 가능케 하는 번역지대를 열어갈 수 있을까?

한일 간 문학 수용의 맥락에서 이루어진 번역 연구의 경향을 돌아보면, 한국에서의 일본문학 수용에 관한 연구는 두터운 축적이 있는 반면[9], 일본 내 한국문학 수용과 관련된 연구는 아직까지 그 성과가

7.10.)

8 헤이트 책의 범람을 고찰한 후쿠시마 아키라(福嶋聡)는 서점 공간을 '언론의 아레나(arena)'로 만들자고 제안한 바 있다. 고대 로마에서 격투를 관람하던 투기장(闘技場)을 뜻하는 아레나처럼, 서점을 다양한 시각과 목소리들이 격돌하는 장으로 만들자는 이야기이다. 자칫 일본 헌법에 명시된 '언론의 자유'의 가치에 저촉할 수 있는 혐오 서적의 법적 규제보다는 반혐오 서적을 함께 배치함으로써 대항담론의 힘으로 혐오의 확산을 막아내는 것이 최선책이 될 수 있다는 판단에서이다. 福嶋聡, 『書店と民主主義―言論のアリーナのために』, 人文書院, 2016.

미미한 편이다.[10] 이는 무엇보다 그동안 일본에 번역된 한국문학의
작품 수가 양적으로 적었기 때문이라고 할 수 있다. 최근 들어『82년
생 김지영』일본어판의 베스트셀러화를 계기로 한국문학의 일본 내
번역 수용을 둘러싼 논의가 조금씩 활성화되고 있으나[11] 아직까지 학
술적 논의는 제한적이며 그 대상 또한 소설『82년생 김지영』에 집중
되어 있어 고찰의 범위를 넓혀 갈 필요가 있다. 그러한 시도로서 이
글에서는『82년생 김지영』의 일본 내 베스트셀러 진입을 주요한 계
기로 시작된 'K문학' 붐을 이후의 전개까지 시야에 넣어 돌아보고,

9　한국에서의 일본문학 수용 상황을 총체적으로 조사한 대표적 연구 성과로는, 윤상
　　인·김근성·강우원용·이한정,『일본문학 번역 60년: 현황과 분석 1945-2005』, 소
　　명출판, 2008; 이한정,『일본문학의 수용과 번역』, 소명출판, 2016 등을 참조.
10　일본에서의 한국문학 수용 상황을 총체적으로 제시한 대표적 선행연구로는, 윤석
　　임,「일본의 한국문학 수용 현황과 과제 및 대응방안」,『일본학보』62, 한국일본학
　　회, 2005; 이한정,「일본의 한국문학 번역서지 목록(1945~2016)」,『한국학연구』
　　44, 인하대학교 한국학연구소, 2017 등을 참조.
11　『82년생 김지영』의 일본에서의 수용을 둘러싼 선행연구에서는 페미니즘과 관련지
　　어 고찰한 논고 외에 언어적 관점에서 번역 전략을 논하거나 한류 현상과의 연관성
　　을 조명하여 문화 수용의 한 형태로 파악하는 등 다양한 논점이 제기되었다. 구체적
　　으로는 다음의 논문들을 참조. 조경희,「일본의 #MeToo 운동과 포스트페미니즘:
　　무력화하는 힘, 접속하는 마음」,『여성문학연구』47, 한국여성문학학회, 2019,
　　pp.89-90; 조경희,「동시대적 정동과 번역불가능한 신체성: 일본에 파급된 'K문학'
　　과 페미니즘」,『문학과 사회 하이픈』130, 문학과 지성사, 2020; 김미정,「국경을
　　넘는 페미니즘과 '얼굴없음'의 정동: 82년생 김지영 일본어 번역을 중심으로」,『여
　　성문학연구』51, 한국여성문학학회, 2020; 후쿠시마 미노리,「『82년생 김지영』에
　　열광한 일본 독자들, 그 이후는 어떻게 되었을까」,『문화과학』102, 문화과학사,
　　2020; 金ヨンロン,「研究展望 現代韓国文学とフェミニズム」,『昭和文学研究』
　　81(0), 昭和文学会, 2020, pp.222~225; 이유아,「소설『82년생 김지영』의 번역에
　　서 나타난 젠더 표현 양상에 대한 고찰: 여성문말표현을 중심으로」,『일본어문학』
　　88, 일본어문학회, 2020; 이승희,「일본에 부는 新한류, K-Book 열풍의 현재와
　　의의」,『문화영토연구』2(2), 문화영토연구원, 2021. 한국문학의 일본 내 수용을
　　둘러싼 연구는 아직까지 국내 학계를 중심으로 이루어지고 있다.

한국 페미니즘 SF 번역 수용의 구체적 사례를 고찰함으로써 혐오에 대항하는 연대와 환대의 상상력을 모색하고자 한다.

2. 번역된 'K'의 책장: 『82년생 김지영』에서 'K문학' 붐으로

이 장에서는 먼저 일본에서의 'K문학' 붐의 시작을 그 배경이 되는 사회적 흐름과 함께 살펴보고자 한다.

앞서 언급했듯이 일본에서 한국문학이 일반 독자층에 알려지기 시작한 것은 비교적 최근에 이르러서이다. 2000년대부터 수차례에 걸친 한류 붐(韓流ブーム)을 통해 일본에서는 드라마, 영화, K-POP으로 대표되는 한국문화의 수용이 활발히 진행되었으나 이와는 대조적으로 2010년대 중반까지 한국문학에 관심을 가진 독자층은 극히 제한적이었고, 독자의 수요 부재는 곧 상업 출판의 어려움을 뜻했다. 이러한 상황은 한일 양국에서 번역된 문학작품의 수에서 단적으로 드러난다. 다테노 아키라(舘野晳)에 따르면 2001년부터 2010년까지 10년간 한국에서 출판된 일본문학 작품은 총 5680점에 달한 반면, 같은 기간 동안 일본에서 번역된 한국문학은 212점에 불과했다.[12] 한일 간에 번역되는 문학 서적의 출판 상황은 압도적 불균형 상태였음을 알 수 있다. 하지만 2010년대 중반 이후 이러한 상황은 크게 변화하게 되는데, 일본에

---

12 舘野晳, 「なぜ韓国で日本の小説はよく読まれるのか－－日韓の出版事情を比較する」, 『国際交流基金 Web Magazine をちこち』, 2011年5月), https://www.wochikochi.jp/special/2011/05/tateno.php (검색일: 2024.7.10.)

서 'K문학'에 대한 수요는 두 가지 '사건'을 통해 가시화되었다고 볼 수 있다.

첫째, 잘 알려진 바와 같이 일본에서 'K문학' 붐의 도화선이 된 것은 무엇보다 조남주 작가의 소설 『82년생 김지영』의 베스트셀러화이다. 한국에서 2016년 출간되자 100만부 이상이 팔리며 하나의 사회 현상을 불러일으킨 이 소설은, 2018년 12월 지쿠마쇼보(筑摩書房)에서 일본어판이 출간되자 초판 4000부가 순식간에 매진되어 단 이틀 만에 2쇄, 4일 만에 3쇄가 결정될 정도로 폭발적인 판매량을 보였고, 불과 2년도 채 안 되어 20만 부를 돌파했다. 번역자 사이토 마리코(斎藤真理子)조차 '전혀 예상하지 못한' 뜻밖의 반향이었다.[13]

그 열기를 이어받은 것은 잡지 『분게이(文藝)』였다. 『82년생 김지영』의 일본어판이 출간된 이듬해인 2019년 가을, 일본의 주요 문예지 가운데 하나인 『분게이』는 「한국·페미니즘·일본(韓国·フェミニズム·日本)」 특집호를 기획했다. 조남주, 한강, 박민규, 박솔뫼 등 동시대 한국 작가들이 기고한 단편 소설 작품과 함께 한국문학에 익숙하지 않은 독자들을 위해 한국문학과 문화, 페미니즘의 동향을 알기 쉽게 소개하는 대담과 에세이 글을 수록한 이 특집호는 일본어 독자들에게 큰 호응을 얻었고, 발매된 그 날부터 추가 주문이 쇄도해 일주일 만에 3쇄 발행이 결정되었다. 『분게이』의 3쇄 발행은 1933년 잡지 창간 이후 86년 만에 처음이었을 뿐만 아니라 증쇄도 17년 만의 일로,[14] 이 이례적인 사태는 오랫동안 불황에 빠져있던 출판업계의

---

13 井口かおり·斎藤真理子·坂上陽子, 「日本が「韓国文学」から受けたすさまじい衝撃 ――編集者たちが見る「ブームの背景」」, 『東洋経済』, 2019.12.29., https://toyokeizai. net/articles/-/321351 (검색일: 2024.7.10.)

이목을 집중시켰다.

이후로 일본에서는 한국문학('K문학')과 한국 페미니즘('K페미니즘')
의 번역소개가 본격화되었다. 그간 지배적이었던 '한국문학은 팔리지
않는다'는 정설을 뒤엎고, 독자의 수요에도 힘입어 한국문학의 번역출
간은 가파르게 증가하는 추세이다. 한강, 정세랑, 최은영, 김초엽, 손
원평 등 인기 작가들의 작품이 이제는 거의 시차를 두지 않고 번역
소개되고 있으며, 번역되는 작품의 시대와 장르가 다양화되고 한국
페미니즘 관련 서적과 에세이가 인기를 끄는 등 'K문학' 붐은 다방면으
로 확대되었다. 한국 문학을 출간하는 출판사와 번역가 수가 늘어나면
서 CUON, 쇼분샤(晶文社), 아키쇼보(亜紀書房), 쇼시칸칸보(書肆侃侃
房), 산이치쇼보(三一書房) 등의 출판사가 한국문학 시리즈를 출간하고
있으며, 개별 작가의 작품 소개뿐만 아니라 다양한 형태의 선집 출판
도 늘고 있다. 이처럼 그동안 한국이 일본 문학을 거의 일방적으로
수입해왔던 기존의 흐름과는 달리 한일 간에 처음으로 문학이 쌍방향
으로 유통되는 시대를 맞이하고 있다는 점은 특기할 만하다.

그렇다면 일본에서 한국문학의 수용을 촉진한 요인은 무엇이었을
까? 여기에는 복수의 요인이 복합적으로 작용하고 있다고 보아야 할
것이다. 첫째, 'K문학' 붐은 그동안 꾸준히 쌓여온 한국문학 소개가
중요한 밑바탕을 이루고 있다는 점을 간과해서는 안 될 것이다. 1970
년대부터 수는 적지만 뜻있는 출판사와 번역자에 의해 한국문학이 꾸
준히 번역되었고, 그러한 흐름 위에서 2015년에 박민규의 『카스테라』

---

14 有井太郎, 「「紙の雑誌」衰退の中、文芸誌『文藝』のリニューアルが大成功した理由」,
『DIAMOND online』, 2019.8.16., https://diamond.jp/articles/-/211270 (검색
일: 2024.7.10.)

(斎藤 真理子/ヒョン ジェフン 공역, クレイン)가 제1회 번역대상을 수상
했다. 이 작품은 일본의 독자들이 한국문학에 대해 갖고 있던 기존의
이미지-'무겁고, 진지하고, 격조 높은'-를 깨는 유머러스하고 세련된
문체를 통해 한국문학에 대한 독자의 진입장벽을 낮추는 역할을 했다
고 평가받는다. 2011년부터 쿠온출판사(クオン)가 간행을 시작한 〈새
로운 한국 문학 시리즈(新しい韓国の文学シリーズ)〉의 첫 작품으로 번
역 출간된 한강의 『채식주의자』(2007, きむふな 역, 일본어판 2011)가
2016년 아시아인 최초로 맨부커상(외국문학 부문)을 수상한 것 역시
순풍으로 작용했다. 둘째로, "'K-POP' 다음은 'K-문학'"이라는 말이
의미하는 것처럼, 2000년대부터 한류를 통해 축적된 문화적 친밀감과
'K컬처' 팬덤도 'K문학' 수용의 토대가 되고 있다는 점을 지적할 수
있다. 이처럼 꾸준히 쌓여간 문화교류의 토양 위에서, 앞서 언급한
두 사건이 'K-문학 붐'의 기폭제로 작용한 것이다. 나아가 한국문학의
활발한 번역 소개는 우수한 번역가와 출판사, 편집자, 한국문학번역
원, K-BOOK진흥회 등의 협력 체제에 힘입은 바가 크다.

　상기한 요인들은 모두 중요하지만, 『82년생 김지영』과 『분게이』
특집호의 사례에서도 알 수 있듯이 일본에서의 'K문학' 수용의 핵심
에는 무엇보다도 젠더 이슈를 둘러싼 독자들의 공감대가 강하게 작
용했다고 보아야 할 것이다. 『82년생 김지영』이 출간된 2010년대 후
반은 #MeToo 운동이 전 세계적으로 확산되었고, 한일 양국에서도
다양한 사회적 사건을 계기로 젠더 이슈에 대한 관심이 높아진 시기
였다. 한국에서는 2016년 서울 강남역 인근에서 발생한 페미사이드
사건(강남역 살인사건) 등으로 촉발된 '페미니즘 리부트'의 물결이 페
미니즘의 대중화로 이어졌고, 이는 동시대 문학에 큰 영향을 미쳤다.
한편, 같은 시기 일본에서는 이토 시오리(伊藤詩織)의 성폭력 피해

고발로 시작된 #MeToo 운동과 '플라워 데모(フラワーデモ)', 일본의 독자적인 해시태그 운동(hashtag activism)으로 평가되는 #KuToo 운동(#KuToo運動)의 확산 등의 움직임이 있었다.[15] 또한, '보육원 떨어졌다 일본 죽어라!!!(保育園落ちた日本死ね!!!)' 트윗 확산(2016), 재무차관 성희롱 문제(2018), 도쿄의과치과대학(東京医科歯科大学)·준텐도대학(順天堂大学) 의학부 부정입시 문제(2018) 등의 사회적 사건을 계기로 젠더 문제에 대한 관심이 높아졌다.

　이러한 맥락 가운데 일본에서 'K문학'의 소개와 수용에 있어 키워드가 된 것은 '공감'과 '연대'였다. 소설 『82년생 김지영』의 경우, 판매된 부수 이상으로 실제 반향이 컸던 것이 한 가지 특징으로 꼽힌다.[16] 여성이 일생 동안 겪게 되는 차별적 경험을 카탈로그처럼 총망라하여 그려내는 이 소설은 일본어판 번역자인 사이토 마리코가 '템플릿 소설(テンプレート小説)'이라고 명명한 바 있듯이 독자가 자신의 경험을 투영하여 읽기에 적합한 서사 구조를 지니며, 작품을 읽고 난 후에는 '자신의 경험을 누군가와 이야기하고 싶어지는' 소설이라고

---

15 '플라워 데모'란 페미니스트 기타하라 미노리(北原みのり)의 제안으로 2019년부터 시작된 성폭력 근절을 위한 집회이다. 2019년 4월 성폭력 피해 여성들이 도쿄역 앞에 모여 손에 꽃을 들고 성폭력 피해 경험담을 이야기하는 스피치를 이어간 첫 집회로부터 시작된 이 운동은 이후 전국 47개 도도부현(都道府県)으로 확대되었으며, 현재까지 온라인 및 오프라인으로 집회를 이어가고 있다. 자세한 사항은 '플라워 데모' 공식 홈페이지 https://www.flowerdemo.org/ (검색일: 2024.7.10) 및 플라워데모의 기록을 담은 フラワーデモ(編), 『フラワーデモを記録する』, エトセトラブックス, 2020을 참조. '#KuToo운동'은 2019년 1월 이시카와 유미(石川優美)가 트위터 상에서 직장 내 펌프스 및 힐 착용 강요에 반대하는 #KuToo의 목소리를 내면서 이에 공감한 여성들의 해시태그 글이 확산되었다. 'KuToo'란 일본어로 '구두(靴)'와 '고통(苦痛)'을 합성해서 만든 신조어이다.

16 倉本さおり, 「日本の読者がK文学に見つけたもの」, 『韓国フェミニズムと私たち』, タバブックス, 2019, p.121.

평가받는다. 실제로 아마존 재팬 리뷰란을 비롯해 이 작품에는 여성 독자를 중심으로 많은 공감의 목소리가 쏟아졌는데, 이는 잇따른 젠더 관련 사건들을 통해 드러난 일본 사회의 성차별적 현실 앞에 실망했던 일본의 여성들이 작품이 그려내는 한국 여성들의 현실이 일본과 크게 다르지 않다는 데 대해 동질감을 느끼고 반응한 것으로 풀이된다.[17] 또한 "한국 페미니즘 문학의 진수는 …… '현대 시대에 가능한 공동체의 존재방식의 모색'"이며 "그녀들(한국 여성들−인용자 주)이 우리를 향해 던진 말은 연대였다"는 어느 일본인 독자의 말에서 볼 수 있듯이, 일본에서 'K문학'은 여성혐오에 대항하는 한일 여성 사이의 연대 구축을 촉구하는 것으로 받아들여졌다.[18]

이처럼 여성혐오에 대한 반동이 국경을 넘어 여성들의 연대를 촉발했으며 번역이 그러한 연대를 가교했다는 점은 주목할 만하다. 그렇다면 'K문학' 붐은 이후 어떠한 전개 양상을 보이고 있을까? '페미니즘 리부트'와 연동된 페미니즘 문학의 유행에 뒤이어 나타난 한국 문학의 두드러진 흐름은 퀴어 문학과 SF 문학의 약진이었다고 할 수 있다. 여성혐오에 대한 반동을 배경으로 하는 페미니즘 문학의 인기는 이후 '퀴어'와 '장애' 등 다양한 소수자에 대한 관심과 문학적 상상력으로 이어졌다. 그중에서도 여성과 소수자를 적극적으로 그려내려는 시도가 가장 첨예하게 나타난 것은 SF 장르였는데, 일본에서의

---

17 チョ・ナムジュ・斎藤真理子, 「韓国フェミニズム小説『82年生まれ、キム・ジヨン』をめぐって」, 『女性のひろば』 483, 2019, p.112.

18 나아가 일본에서의 『82년생 김지영』 베스트셀러화의 배경에는, 이 작품이 '번역문학'이었다는 점, 일본의 포스트페미니즘적 상황 등이 복합적으로 작용했다고 보아야 한다. 이러한 측면에 대해서는 졸고 「여성 없는 민주주의와 'K−페미니즘' 문학의 경계 넘기: 일본에서의 『82년생 김지영』 번역수용 현상을 중심으로」, 『일본학』 57, 동국대학교 일본학연구소, 2022에서 자세히 논한 바 있다.

'K문학' 소개는 SF 장르로도 확장되는 양상을 보이고 있다. 다음으로 'K문학' 붐의 이후 전개에 주목해 보고자 한다.

3. 연대와 환대의 번역지대로: 한국 페미니즘 SF의 일본 수용을 중심으로

3.1. 한국 SF 붐과 일본에서의 수용

'한국 SF의 새로운 원년'이라고도 일컬어지는 2019년 무렵부터 한국문학은 유례없는 SF 붐을 맞이했다. 교보문고에 따르면, 국내 SF 소설 판매량은 2018년과 2019년 사이에 3배 가까이 급증한 것으로 집계되었다.[19] 이후 SF가 문학 시장에서 차지하는 비중은 해마다 증가해 'SF 대중화'가 진행되면서 그동안 변방의 장르로 인식되어 온 SF는 근래 가장 주목받는 장르로 떠올랐다.

SF 붐의 도래를 선명하게 각인시킨 것은 '신세대 SF의 기수'로 불리는 김초엽의 첫 단편소설집 『우리가 빛의 속도로 갈 수 없다면』(2019)이었다. 2017년 단편 「관내 분실」과 「우리가 빛의 속도로 갈 수 없다면」으로 제2회 한국과학문학상 중단편 부문 대상과 가작을 동시 수상하며 작가 활동을 시작한 김초엽의 첫 작품집은 국내 SF로는 이례적으로 17만 부 이상이 팔리며 베스트셀러에 올랐다. 이 밖에도 김보영, 김창규, 듀나, 배명훈 등 기존 세대 작가에 더해 천선란, 황모과, 심너

---

19 「SF열풍에…한국 SF소설 선구자 문윤성 재조명」, 『東亜日報』, 2021.2.10., https://www.donga.com/news/Culture/article/all/20210209/105363993/1 (검색일: 2024.7.10.)

울, 문목하 등 새로운 세대의 SF 작가들이 대거 등장하고, '순문학'으로 분류되어 온 기성 작가들이 SF적 기법을 시도하는 등 순문학과 장르문학 사이의 경계가 느슨해지면서 SF 창작은 그 어느 때보다 활기를 띠고 있다. 문예지 등 다양한 매체가 SF 특집을 다루었고, SF 전문 잡지 창간, 출판사 설립, 문학상 제정 및 공모전 확대 등의 움직임은 붐을 가속화했다.[20]

　그렇다면 왜 이 시점에서 SF 붐인가? 먼저 SF 전문 출판사 허블의 편집자가 "(우리가) SF다운 세계를 실제로 살고 있기 때문"이라고 진단한 바 있듯이, 2019년 무렵부터 진행된 SF 붐의 배경으로는 현실이 SF에 한 발짝 더 다가섰다는 점이 주요한 외부적 요인으로 지목된다.[21] 2016년 이세돌과 인공지능 알파고의 대결을 지켜본 대중들에게 과학기술은 더 이상 먼 미래가 아닌 '지금·여기'의 현실로 다가왔고, 2020년 초부터 시작된 팬데믹과 급격한 기후변화 등이 맞물리면서 일상 감각의 급격한 변화를 경험했다. 이러한 제반 요소가 SF가 쉽게 수용될 수 있는 환경으로 작용했다는 것이다.

　이와 더불어 무엇보다 현재까지 지속되는 SF 열기의 가장 큰 원동력으로 꼽히는 것은 SF 장르와 페미니즘의 결합이다. "현재 한국에서

20　아작, 허블, 구픽, 안전가옥 등의 SF/장르문학 전문 출판사가 생겨났으며, 『오늘의 SF』, 『어션 테일즈』 등의 SF 무크지가 출간되었고, SF를 비롯한 장르문학 플랫폼 브릿G도 있다. 2016년 창설되어 김초엽, 천선란, 황모과 등의 수상자를 배출한 한국과학문학상에 더해 한낙원과학소설상, 안전가옥 공모전 등 SF 작가 등단의 통로가 확대되었고, 한국 최초의 장편 SF를 쓴 문윤성 작가를 기념하는 '문윤성 SF문학상'도 제정되었다. 또한 증강현실·가상현실·인공지능을 다룬 SF 앤솔러지 드라마 〈SF8〉(2020), 한국 최초의 우주 블록버스터 넷플릭스 영화 〈승리호〉(2021), 복제인간을 다룬 영화 〈서복〉(2021) 등 SF의 인기는 영상 매체로도 확대되었다.

21　「'과학소설' 전성시대, 왜 지금 SF일까?」, 시사IN, 2020.11.25., https://www.sisain.co.kr/news/articleView.html?idxno=43210 (검색일: 2024.7.10.)

사랑받는 SF 소설"은 "주로 여성 작가가 쓴, 여성이 주체가 되는 소설"[22]이라는 말로 요약되듯이, 전통적으로 남성적 장르로 인식되어 온 SF 분야에서 근래 여성 작가와 독자가 차지하는 비중이 눈에 띄게 늘고 있다. 온라인 서점 알라딘에 따르면, 과학소설 독자 중 20대 여성이 1.4%(1999~2009년)에서 12.6%(2010~2019년)로 늘었고, 30대 여성은 11.1%에서 18.2%로 증가했다.[23] 이러한 흐름과 맞물려 SF를 사고실험의 장치로 삼아 페미니즘적 주제를 탐구하는 시도가 활발히 이루어지면서 젊은 여성 독자층의 지지를 받고 있다. SF가 지닌 사변소설(speculative fiction)로서의 가능성이 주목받고 있는 것이다.

나아가 한국 SF의 동향에서 더욱 이목을 끄는 지점은 '여성'과 '페미니즘'이라는 중심적 주제에서 출발해 다양한 소수자성으로 문학적 상상력을 넓혀나가고 있다는 점이다. 현재 활발히 활동 중인 대표적 작가를 예로 들자면, 김초엽은 여성·장애·소수자를, 천선란은 여성·로봇·동물권을, 정소연은 페미니즘·동성애·차별 등을 각각 중요한 문학적 주제로 천착하고 있으며, 다양한 마이너 속성을 가진 이들 및 비인간 존재와의 공존을 모색하고 있다. "한국문학 중에서도 한국 SF만이 지닌 매력은 무엇보다도 사회문제를 날카롭게 파고든다는 점"이며, "어떠한 정체성의 소유자나 어느 연령의 독자라도 배제하지 않기 위해 노력한다는 점에 있다"는 정소연(SF작가/한국과학소설작가연대 초대 대표)의 말처럼,[24] SF는 최근 한국문학에서 가장 차별에 민감하고

22 위의 글. (검색일: 2024.7.10.)

23 위의 글. (검색일: 2024.7.10.)

24 チョン・ソヨン, 「韓国のSFについて」, 『ちぇっくCheck』 Vol.7, K-BOOK振興会, 2020.11, p.13.

진보적 경향이 두드러진 장르로 평가받는다.

　다시 일본으로 눈을 돌려보면, 이러한 한국 페미니즘 SF의 동향은 일본에서 거의 시차를 두지 않고 소개되고 있다. 일본 내 한국 SF 수용은 'K문학' 붐과 '아시아 SF'에 대한 관심이라는 두 가지 흐름이 교차하는 지점에서 이루어지고 있다고 볼 수 있다. 한국 페미니즘 SF를 일본 독자들에게 소개하는 데 있어서도 잡지 매체는 주요한 역할을 했다. 앞서 언급한 『82년생 김지영』의 베스트셀러화와 『분게이』 2019년 가을호 증쇄 등의 흐름에 힘입어, 『분게이』는 「한국·페미니즘·일본」 특집호의 후속 기획으로 2020년 겨울부터 2022년 봄까지 총 6회에 걸쳐 기획 연재 「한국·페미니즘·SF(韓国·フェミニズム·SF)」를 이어갔다. 이 기획 연재는 한국 페미니즘 SF의 새 물결을 소개하면서 듀나, 정세랑, 김보영, 심너울 등 동시대 한국 SF를 대표하는 작가들의 작품을 번역하여 게재했다. 한편, 이 시기에는 중국 SF 작가 류츠신(劉慈欣)의 『삼체(The Three-Body Problem)』가 2015년 아시아 작가/번역 최초로 휴고상(Hugo Award)을 수상하고 2019년 이 책의 일본어 번역판이 출간된 것을 계기로 '아시아 SF'에 대한 관심이 높아졌다. 이러한 움직임을 배경으로 1960년에 창간된 권위 있는 SF 전문지 『SF 매거진(SFマガジン)』(早川書房 발행)은 『분게이』와 손잡고 2022년 6월호에 '『분게이』 책임편집'으로 특별 기사 「출장판 한국·SF·페미니즘」을 기획했다. 이들 잡지 기획은 일본어 독자에게 한국 SF의 새로운 움직임을 가시화했다.

　다음으로 일본에서 한국 SF가 어떻게 소개되고 있는지 구체적으로 살펴보자. 『SF 매거진』은 2022년 6월호에 「아시아 SF 특집(アジアSF特集)」을 편성해 중국 SF와 함께 한국 SF를 소개했다. 김보영, 장강명 작가의 SF 단편 소설 「0과 1 사이(0と1のあいだ)」 「데이터 시

대의 사랑(データの時代の愛)」의 번역과 함께 실린 좌담회 기사「한
국 발 새로운 SF(韓国発の新しいSF)」에서는 SF 작가 정소연, 황모과
와 한국문학 번역가 승미(すんみ)가 한국 SF의 역사와 최근 동향에
관해 이야기를 나눈다. 이 좌담회에서 한국과학소설작가연대 초대
대표를 역임한 정소연은 SF와 페미니즘 사이의 친화성과 그 확장성
에 대해 다음과 같이 언급하고 있다.

> 정소연　SF가 페미니즘과 연결되어 주목받는 것은 독자와 작가가
> SF를 통해 지속적인 사고실험을 함으로써 소수자에 대해
> 보다 섬세하게 사고할 수 있기 때문이라고 생각합니다.
> SF는 페미니즘뿐만 아니라 일종의 소수자성이나 사회운동
> 과도 밀접하게 연관되어 있습니다. 그래서 2016년의 페미
> 니즘 리부트와 같은 사회적으로 큰 이슈가 된 사건을 SF가
> 유연하게 수용해 온 것이 아닐까요. (밑줄은 인용자)

이어서 "사회문제를 그리는 데 있어 SF라는 방법이 강점이 될 수
있다고 생각하십니까?"라는 질문에 두 작가는 SF가 지닌 가능성과
매력에 대해 각각 다음과 같이 답한다.

> 정소연　네, 분명 강점이라고 생각합니다. 현실에 존재하는 문제는
> 배경과 시선을 바꿔봄으로써 더욱 선명하게 드러납니다.
> 그러니까 세계 자체를 조금 움직일 수 있다면 한 사람의 시
> 선을 움직이는 것보다 훨씬 더 선명하고도 극적인 효과를
> 줄 수 있을 것입니다. 이는 SF만이 가능한 것이 아닐까요.
> …… 제가 SF에서 느끼는 가장 큰 매력도 이 부분입니다.
> SF를 읽으면 내가 살고 있는 현실 세계가 조금 기울어진

> 것처럼 느껴질 때가 있습니다. 이 경이로운 감각, "sense of wonder"는 꽤 강렬합니다.
> 저 역시 현실과 다른 각도로 기울어진 세계를 독자에게 보여줌으로써 우리가 있는 세계가 어떻게 기울어져 있는지를 보여주는 작품을 쓰고자 노력하고 있습니다.

황모과 …… 제가 SF에 매력을 느끼고 SF를 써야겠다고 생각한 이유도 거기에 있습니다. …… SF는 다양한 정체성을 가진 존재를 그려냄으로써 인권, 동물권, 로봇권 등을 포괄하는 풍부한 감수성을 표현할 수 있습니다. 다양한 존재들이 '공존하는 것'을 위화감 없이 표현할 수 있습니다. 새로운 시대에 걸맞는 윤리관, 가치관으로 SF가 제시할 수 있는 것이 바로 이것이 아닐까요.[25] (밑줄은 인용자)

 SF는 독자가 자신이 몸담고 있는 세계를 새로운 시각에서 바라보고 현실 변혁을 향한 상상력을 단련하는 절호의 장이 될 수 있다는 지적이다. 일반적인 리얼리즘 소설이 한 인물의 시선을 통해 세계가 기울어져 있음을 드러낸다고 한다면, SF 장르는 세계 자체를 움직일 수 있기에 보다 급진적으로 현실 세계가 어떻게 기울어져 있는지를 보여줄 수 있다. 이처럼 두 작가가 공통적으로 소수자 및 이질적 타자와 공존하는 대안적 미래 세계의 모습을 모색하기 위한 유효한 장치로서 SF를 바라보고 있다는 점은 주목할 만하다.
 잡지 『분게이』의 연재기획 「한국·SF·페미니즘」 제1회에 실린 인터뷰 기사 「현실을 전복시키는 문학: 현지 편집자에게 듣는 한국 SF

---

25 チョン·ソヨン, ファン·モガ, すんみ, 「韓国発の新しいSF」, 『SFマガジン』 63(751), 早川書房, 2022, pp.89-90.

소설의 궤적(現実を転覆させる文学――現地の編集者に聞く、韓国SF小説の軌跡)」역시 유사한 각도에서 한국 페미니즘 SF를 조명한다. 한국 SF 출판 관계자의 인터뷰를 바탕으로 작성된 이 기사는 "한국 SF 출판 관계자들은 'SF는 현실 세계를 전복시키는 것'이라고 이구동성으로 말한다"고 하면서, 현재 한국 SF는 현실의 사회 상황과 긴밀히 연결되어 있으며, 페미니즘과 공명하면서 더욱 급진적으로 차별과 공생의 테마를 추구하고 있다고 하며 다음과 같은 목소리를 전한다.

> 아시다시피 페미니즘의 유행은 현재 한국문학의 특징입니다만, SF 소설이 이른바 '페미니즘 독자'들에게 더욱 호응을 얻고 있다고 할 수 있을 것 같습니다. 순수문학은 페미니즘 독자들이 원하는 목소리를 인물로 하여금 대변하게 하지만, SF 소설은 거기서 더 나아가 페미니즘 독자들이 요구하는 방향으로 세계 자체를 전복시키고자 합니다. SF 소설에만 있는 이 같은 쿨함이 일반 독자보다 '억압'이라는 주제에 더 민감한 페미니즘 독자들에게 좋은 인상을 주는 것 같습니다. …… 페미니즘의 물결을 타고 남성의 전유물로 여겨졌던 정치사회적 이슈에 대해 여성들이 큰 목소리를 내기 시작했습니다. …… 여성들이 소비하는 SF 문학은 지금까지와는 다른 성격을 띠고 있다고 할 수 있겠지요.

> 한국 SF 소설에는 더 전투적이고 경이로운 전복을 시도하는 작품들이 많습니다. 소수자의 권리를 옹호하고 차별에 반대하는 데 더욱 주저함이 없습니다.[26]

위 인용문에서도 언급된 바와 같이, 현실을 전복하고자 하는 한국

---

26 住本麻子・すんみ,「現実を転覆させる文学――現地の編集者に聞く、韓国SF小説の軌跡」,『文藝』59(4), 2020年冬, 河出書房新社, p.421.

SF의 시도는 독자층의 지지가 큰 원동력이 되고 있다. 이는 거꾸로 말해 현실의 답답함을 반증하는 것이기도 하다. 김겨울(작가)은 현재의 SF 붐에 대해 "SF가 '지금, 여기'가 아닌 '언젠가, 어딘가'의 장르라면, 무엇보다도 현실에 답답해하는 어떤 독자들이 출현하였음을 우리는 직감할 수 있다"고 지적하면서, 하지만 "지금의 한국에서 SF는 우리가 아직 도달하지 못한- 그러나 도달하고자 하는 세계를 적극적으로 재현하는 매개체가 되고 있다"며 SF가 지닌 가능성에 대한 기대감을 드러낸 바 있다.[27]

이와 같은 잡지 매체의 소개와도 맞물리면서 현재 다수의 한국 SF 작품이 일본어로 번역되고 있다. 김초엽의 경우 단편집 『우리가 빛의 속도로 갈 수 없다면(わたしたちが光の速さで進めないなら)』(2019, 일본어판 2020), 『방금 떠나온 세계(この世界からは出ていくけれど)』(2022, 일본어판 2023)와 장편 소설 『지구 끝의 온실(地球の果ての温室で)』(2021, 일본어판 2023) 외에 장원영과의 공저 에세이 『사이보그가 되다(サイボーグになる――テクノロジーと障害、わたしたちの不完全さについて)』(2021, 일본어판 2022)의 출간도 이목을 끈다. 이 밖에 SF 작품으로는 천선란의 『천 개의 파랑(千個の青)』(2020, 일본어판 2021), 정소연의 『옆집의 영희 씨(となりのヨンヒさん)』(2015, 일본어판 2019), 정세랑의 『목소리를 드립니다(声をあげます)』(2020, 일본어판 2021) 및 『지구에서 한아뿐(地球でハナだけ)』(2019, 일본어판 2022), 황모과의 『모멘트 아케이드(モーメント・アーケード)』(원작은 『밤의 얼굴들』 2020 수록, 일본어판 2022), 김보영의 『얼마나 닮았는가(どれほど似ているか)』(2019, 일본어

---

27 김겨울, 「SF, 무엇, 왜, 지금」, 『책 만드는 파주출판도시 소식』 10, 출판도시입주기업협의회, 2020년 가을, p.5.

판 2023), 배명훈의 『타워(タワー)』(2020, 일본어판 2022) 등의 번역출간
이 잇따랐으며, 장강명의 『지극히 사적인 초능력(極めて私的な超能力)』
(2019, 일본어판 2022)이 SF전문 출판사 하야카와 쇼보(早川書房)의 SF
총서 〈신☆하야카와 SF 시리즈(新☆ハヤカワ·SF·シリーズ)〉에서 출간
되어 주목받기도 했다. 이 밖에도 팬데믹을 주제로 한 SF 단편집인
김초엽, 듀나, 정소연, 김이환, 배명훈, 이종산의 『팬데믹: 여섯 개의
세계(韓国パンデミックSF小説集 最後のライオニ)』(2020, 일본어판 2021),
김이환, 박애진, 박하루, 이서영, 정명섭이 참여한 연작 소설집 『기기
인도로: 조선스팀펑크연작선(蒸気駆動の男――朝鮮王朝スチームパンク
年代記)』(2021, 일본어판 2023) 등의 앤솔러지의 일본어 번역판도 출간
되었다.

　이 장에서 살펴본 바를 정리하자면, 최근 한국 SF의 특징은 "차별
과 차이에 민감"[28]하며 여성과 소수자에게 다가가려는 상상력을 적
극적으로 모색하고 있다는 점이다. 한국 페미니즘 SF는 현실 사회의
흐름과 시대적 문제를 정면으로 주시하면서 여성에서 출발해 다양한
소수자로 상상력을 확장한다. 이를 통해 현재의 세계와는 다른 형태
의 대안적 세계의 가능성을 모색하고, 현실을 전복하기 위한 서사를
독자와 공유하고 있다. 이는 바꾸어 말해 복합적인 혐오에 저항하는
상상력을 다양한 방식으로 모색하고 있다고도 할 수 있을 것이다. 이
러한 한국 SF의 흐름은 『분게이』와 『SF 매거진』 등의 주요 문예지를
통해 일본에도 소개되고 있으며, 일본어 독자는 번역을 매개로 그러
한 문학적 시도에 동행하고 있다고도 볼 수 있다.

---

[28]　チョン·ソヨン, 「韓国のSFについて」, 『ちぇっくCheck』 7, K-BOOK振興会,
　　2020, p.10.

그런데 여기서 동시에 주의를 기울여야만 하는 것은 번역이 반드시 연대로 이어지는 것은 아니라는 점이다. 선의에서 나온 언어일지라도 때로 타자를 상처 입힐 수 있으며 번역은 경우에 따라서는 오히려 갈등을 유발하기도 한다. 이를 보여주는 흥미로운 하나의 사례가 정세랑의 소설 「아미 오브 퀴어」의 일본어 번역을 둘러싼 일련의 사건이다. 다음으로 이 구체적 사례를 통해 연대의 어려움과 번역문학의 가능성을 고찰해 보고자 한다.

3.2. 연대의 어려움과 번역문학의 가능성: 정세랑의 「아미 오브 퀴어」 번역을 둘러싸고

한국에서 출간된 퀴어문학 선집 『큐큐 퀴어단편선 언니밖에 없어』(2020)에 수록된 단편 소설 「아미 오브 퀴어」는 환경파괴와 전염병 등의 영향으로 지구 인구의 35%가 '인터섹스(intersex)'로 태어나는 미래 세계에 관한 이야기이다. 저자 정세랑은 성별 이분법에 부합하지 않는 몸을 가진 사람들이 적절한 의료 서비스를 받지 못하고 고통받는 현실을 접한 것이 이 작품을 집필한 계기였으며, "다양한 몸이 있는 그대로 받아들여지는 사회"를 그려 보고 싶은 의도가 있었다고 밝힌 바 있다.[29] 작가의 발언에서도 알 수 있듯이, 이 소설은 인터섹스 인구의 증가로 말미암아 성별 이분법적 사회구조가 흔들리고 이성애 제도에 기반한 '낡은' 가치관이 해체되는 세계를 그려낸다. 이 단편 소설은 "성적 소수자를 그린" 한국 '퀴어 SF'의 최전선을 보여주는 작품으로 잡지 『분게이』 2021년 봄호에 소개되었다.

---

29 チョン・セラン,「作家ノート」,『文藝』60(1), 2021年春, 河出書房新社, p.410.

그런데 「아미 오브 퀴어」가 게재된 해당 호가 발매되자 일본의 SNS상에서는 이 소설이 'DSDs(Disorders of Sex Development)'에 대한 잘못된 지식과 견해에 기반하고 있다는 비판이 제기되었다. '남자도 여자도 아니라는 잘못된 전제' 하에 '인터섹스'를 재현하는 이 작품의 묘사가 DSDs 당사자에 대한 편견을 조장할 수 있다는 것이다. 이러한 목소리에 대한 응답으로 잡지 『분게이』는 2021년 겨울호에 『분게이』 편집부, 저자 정세랑, 한국어 원서를 출간한 출판사 QQ 대표, 번역자 사이토 마리코가 각각 입장을 표명한 글과 함께 DSDs에 관한 전문가의 해설 글을 게재했다. 해당 호에 게재된 글에서 정세랑 작가는 "이 소설을 쓰게 된 계기는 최근 한국에서 페미니즘 논의와 함께 젠더 이분법이라는 주제가 대두했을 때, [DSDs] 당사자들이 스스로에 대해 발언하며 토론에 참여한 것을 읽었기 때문"이라고 작품을 집필하게 된 배경을 설명한 뒤, "나라마다, 시대마다 이야기가 달라지는 섬세한 주제이고, 제가 그 점을 잘 감안해 쓰지 못했다"면서 "본의 아니게 불쾌감을 드린 것"에 대해 사의를 표했다. 이어서 "[이 작품이] 단행본에 수록될 때에는 알려주신 내용이 잘 반영될 수 있도록 수정하겠다"고 개정 계획을 밝혔는데,[30] 실제로 2021년 7월에 인쇄된 한국어판 중판(重版)에서는 초판 원문에 상당 부분 수정을 가했음을 확인할 수 있다.[31]

이 일련의 사태를 정확히 파악하기 위해서는 '인터섹스'를 보는 다양한 관점에 대한 이해가 필요하다. 일반적으로 '인터섹스'는 신체적 성

---

30 チョン・セラン, チェ・ソンギョン, 斎藤真理子, 「チョン・セラン「アーミー・オブ・クィア」(斎藤真理子訳)について」, 『文藝』 60(4), 河出書房新社, 2021年冬, p.446.
31 주요한 변경 사항은 위의 글 p.449을 참조.

(sex)이 일반적으로 규정된 남성과 여성의 중간 또는 어느 쪽과도 일치
하지 않는 상태를 가리키는 말로 알려져 있다. 그런데 일본어로는 '반
음양(半陰陽)'이라고도 번역되는 '인터섹스(インターセックス)'라는 용
어는, '남자도 여자도 아닌 제3의 성'이라는 이미지가 사회적 낙인으로
이어질 수 있다는 목소리가 높아지면서 보다 '정치적으로 올바른' 것으
로 여겨지는 'DSDs=성 분화 질환(性分化疾患)'이라는 명칭으로 대체되
어 온 흐름이 있었으며, 따라서 현재 일본에서는 후자의 호칭이 보다
일반화되어 있다. 다만 여기서 유념해야 할 점은, '인터섹스/DSDs'라
는 명칭을 둘러싸고는 당사자와 지원 단체들 사이에서도 여전히 입장
이 나뉘고 있으며, 역으로 "성 분화 질환이라는 용어는 비정형적인
신체 특징을 유전적 질환으로 분류하는 결과를 초래한다"는 이유로
'인터섹스'라는 명칭을 채택하는 입장도 있다는 것이다.[32] 『분게이』에
전문가 입장을 대표해 「DSD를 이해하기 위하여(DSDを知るために)」라
는 해설 글을 기고한 이시이 오사무(石井理/생식내분비학자)는 '인터섹
스/DSDs'를 둘러싼 이와 같은 복잡한 사정을 언급하면서, 현재 'DSDs'
라는 용어는 비정형적 성 분화를 총칭하는 말로 사용되고 있지만, 지
금도 모든 사람이 이 용어를 사용하는 것이 최선이라고 생각하는 것은
아니며 DSDs라는 용어에 대해서도 애초에 장애(disorder)로 규정하는
것에 대해 반발을 보이는 당사자도 있기에 "DSDs도 현재로서는 어디
까지나 잠정적인 개념"이라고 설명하고 있다.[33]

---

32   風間孝, 「性分化疾患 / インターセックス」, 風間孝・河口和也・守如子・赤松香
     奈子, 『教養のためのセクシュアリティ・スタディーズ』, 法律文化社, 2021, p.17.
33   石原理, 「DSDを知るために」, 『文藝』 60(4), 河出書房新社, 2021年冬, pp.451-
     452.

다시 「아미 오브 퀴어」 번역을 둘러싼 논란으로 돌아가자면, 이 소설에 대해 정세랑이 한국의 (인터섹스) 당사자들의 목소리를 듣고 쓴 작품이라고 한 발언 역시 이러한 사정을 배경에 둘 때 온전히 이해된다. 한국에서 이 작품은 대체로 호의적으로 받아들여졌고, '인터섹스'의 재현과 관련된 비판은 제기되지 않았다. 하지만 저자 정세랑은 DSDs를 둘러싼 다양한 시각과 입장이 존재할 수 있으며 따라서 이 작품의 묘사가 DSD/인터섹스 당사자에게 상처를 줄 수 있다는 점을 수용하고 한국어판에 수정을 가한 것으로 보인다. 초판 3쇄 개정판에서는 '인터섹스'에서 "성별이 유동적인 사람들"[34]로 작품의 설정이 변경되었고, 텍스트 전체에 걸쳐 '인터섹스'라는 표현이 삭제되었음을 확인할 수 있다. 즉, 일본어 독자들의 목소리에 입장문을 통해 응답하는 데 그치지 않고, 더 나아가 한국의 DSD/인터섹스 당사자에게 상처가 될 가능성이 있다고 판단되는 표현을 변경함으로써 한국어판을 변형시킨 것이다.

이와 같은 「아미 오브 퀴어」의 사례는 타자와의 연대의 어려움과 그 가능성을 동시에 보여주는 것은 아닐까? 소수자성의 재현에는 세심한 주의를 기울여야 하며,[35] 작품을 둘러싸고 제기된 DSD 당사자들의 비판적 목소리는 엄중히 받아들일 필요가 있다. 그런데 이 점을 전제로 두고 말하자면, 이 '고쳐 쓴' 한국어판 텍스트는 스스로를 타

---

34 정세랑, 「아미 오브 퀴어」, 『큐큐퀴어단편선3 언니밖에 없네』, 초판 3쇄, 큐큐, 2021, p.50.

35 '인터섹스(I)'는 'LGBT' 등의 성적 마이너리티와 함께 'LGBTQI'로 묶이기도 하나 실제로는 성정체성(性自認)이나 성적 지향(性的指向)과는 관계없으며 성별 (gender)의 문제가 아닌 어디까지나 몸의 성 구조나 기능과 관련된 상태군(狀態群)으로 보아야 한다는 점은 유의할 필요가 있다.

자를 향해 열어가는 하나의 방식과 그 가능성을 보여주고 있는 것처럼 보인다. 현재 서적 형태로 유통되고 있는 한국어판은 타자의 흔적이 새겨진 텍스트라고 할 수 있기 때문이다.

프랑스의 철학자 폴 리쾨르(Paul Ricoeur)는 『번역에 관하여』(2004)에서 번역을 '언어적 환대(linguistic hospitality)'로 정의한 바 있다. 즉, 번역은 이중의 즐거움을 내포하며, "타자의 언어 속에 거주하는 즐거움이 외래적 언어를 자신의 집으로 받아들이는 기쁨과 균형을 이루는 언어적 환대"라는 것이다.[36] 리쾨르가 제시하는 번역관은 타자를 자기동일성으로 환원될 수 없는 존재로서 인정하고, 다시 말해 일종의 번역 불가능성을 전제하면서도, 동시에 타자의 존재를 수용할 수 있는 가능성 역시 번역에서 찾고 있는 것으로 보인다. 이처럼 번역의 이중적 즐거움을 이야기한 리쾨르의 말에 비추어 본다면, 언어의 경계를 넘어 조우한 타자의 흔적을 간직한 개정판 「아미 오브 퀴어」의 텍스트 공간은 타자를 자신의 집으로 불러들이는 환대의 번역지대라고 할 수 있지 않을까?

한국어판을 출간한 출판사 QQ의 대표는 「아미 오브 퀴어」의 번역을 둘러싼 일련의 사태에 대해 다음과 같이 언급했다.

정세랑 씨와 QQ는 일본에 작품이 소개되는 과정에서 의도하지는 않았지만 제기될 수 있는 문제가 있었음을 인지하고, 원고를 수정해 「아미 오브 퀴어」가 수록된 『QQ 퀴어단편선 3 언니밖에 없네』의 중판을 출간했습니다.

다양한 견해가 나온다는 것은 그동안 가시화되지 않았던 이들의 목

---

36 Paul Ricoeur, *On Translation*, (London & New York: Routledge, 2004), p.10.

소리가 들리기 시작했다는 증거이며, 차별 없이 함께 살아가기 위한 모색의 과정이라고 생각합니다. 이 모색은 때로는 확장되고 전복되면서 변화를 거듭할 것입니다.

한국에서는 일본만큼 [DSDs를 둘러싼] 다양한 논의가 수면 위로 떠오르지 않은 상태입니다. 이번 일을 계기로 '이야기'가 변화를 이끌어내고 생각의 전환점을 마련하는 힘을 지닌다는 사실을 다시 한번 느꼈습니다. 아직 도래하지 않은 세계를 꿈꾸는 것, 그것만으로도 우리가 꿈꾸는 세계가 도래하는 속도를 조금이나마 앞당길 수 있다고 믿습니다. 앞으로도 각자의 자리에서 문학이 무엇을 할 수 있을지 고민하고 성장해 나갈 수 있기를 바랍니다.[37]

말할 필요도 없이 갈등과 충돌이 곧바로 이해와 공존으로 이어지는 것은 아니다. 역으로 문화 간 접촉에 수반되는 마찰과 불협화음을 타자 이해의 계기로 삼아야 할 윤리적 책무(responsibility)가 있다고 보아야 할 것이다. 이질적 언어와 문화를 지닌 타자를 대화의 상대로 삼아 그들의 목소리에 귀를 기울임으로써 이로 말미암아 자신의 문화 속에 있는 소수자들에게도 상상력을 발휘하는 것. 이는 헤이트 스피치에서 보이는 타자에 대한 손쉬운 부정이나 'K문학'에 대한 국수주의적 자화자찬과는 다른, 타자의 존재를 향해 열려있는 번역문학의 모습을 보여주는 것이 아닐까? 번역문학이 서로 다른 경험들과 만나 뒤섞이고 새로운 것이 창조되는 혼종성의 장이 될 수 있을 때 비로소 혐오에 대항하는 번역지대의 가능성은 열릴 것이다.

37　チョン・セラン, チェ・ソンギョン, 斎藤真理子, 「チョン・セラン「アーミー・オブ・クィア」(斎藤真理子訳)について」, 『文藝』 60(4), 2021年冬, 河出書房新社, pp.447–448.

4. 나가며: 혐오를 넘어, 타자의 환대를 향하여

이 글에서는 혐오를 넘어 타자를 환대하는 번역문학의 가능성에 대해 고찰했다. 마지막으로 이 장에서는 일본어로 번역된 한국 SF 가운데 서로 다른 속성을 가진 타자들 사이의 공존과 환대의 상상력을 그린 한 편의 이야기에 주목해보고자 한다.

김초엽의 첫 작품집 『우리가 빛의 속도로 갈 수 없다면』(2019, 일본어판 2020년)에 수록된 단편 「스펙트럼」은 우주를 탐사하던 여성 과학자 희진이 예기치 않은 사고로 홀로 불시착하게 된 미지의 행성에서 지성 생명체인 '무리인'들과 조우하는 이야기이다. 통상적으로 외계 생명체와의 최초 접촉(first contact)을 그린 이야기로 읽히는 이 소설을 여기에서는 번역을 둘러싼 이야기로 다시 읽고자 한다.

이 소설에서 우주선의 고장으로 미지의 행성에 불시착해 아사할 위기에 빠진 희진은 그곳에 사는 지성 생명체인 '무리인'들과 마주치게 되고, 남은 힘을 다해 도움을 청해 보지만 무리의 공격을 받는다. 하지만 다행히 그들 가운데 한 개체가 다른 개체의 공격으로부터 희진을 지켜주고 자신이 거주하는 동굴로 그녀를 맞아들여 보살핀다. '루이'라고 불리는 이 개체의 보살핌 덕분에 생존할 수 있었던 희진은 행성에 머무르는 동안 루이와의 우정을 경험한다. 무리인들에게는 낯선 이계인이자 취약한 존재일 뿐인 희진에게 루이가 보인 태도는 타자에 대한 환대이다.

음성/문자 언어를 사용하는 인류와는 달리 무리인들은 색채의 차이를 의미 단위로 삼는 이질적 언어 체계를 가진 존재이다. 이 때문에 희진과 루이는 언어적 소통을 할 수 없지만, 희진은 루이를 완전히 이해하는 것이 불가능하다는 사실을 받아들이면서도 "인간의 감각으로는 온전히 느낄 수도 이해할 수도 없는 완전한 타자"[38]인 루이를 이해하고자 연구를 계속한다. 무리인 집단에서 역사를 기록하는 역할을 맡고 있는 루이는 매일 많은 시간을 그림을 그리며 보낸다. 희진은 처음에는 왜 루이가 그토록 많은 시간을 그림 그리기에 할애하는지를 이해하지 못하지만 어느 날 문득 한 가지 가능성을 떠올린다. 다음 인용문은 '무리인들'이 색채 언어를 사용하고 있다는 사실을 희진이 처음으로 깨닫게 되는 장면이다.

> 그림들이 동굴 바닥으로 흩어졌다. 희진은 그림들을 나란히 바닥에 펼쳐놓았다. 도저히 겹칠 수 없을 것 같은 복잡한 배색들 중에도 동일한 패턴이 계속 반복되곤 했다. 그동안 희진은 문자 언어의 형태를 찾아 헤맸다. 하지만 형태가 아니라 색의 차이, 색의 패턴을 보아야 했던 것이다.
> 어떤 생각이 스쳐 갔다.
> 만약 이 그림들이 무리인들이 사용하는 언어라면. 그들이 형태가 아닌 색상의 차이를 의미 단위로 받아들인다면. …… 루이는 희진을 보고 있었다. 그리고 희진의 뒤로 펼쳐진 노을을 보고 있었다.
> "그럼 루이, 네게는."
> 희진은 루이의 눈에 비친 노을의 붉은 빛을 보았다.
> "저 풍경이 말을 걸어오는 것처럼 보이겠네."
> 희진은 결코 루이가 보는 방식으로 그 풍경을 볼 수 없을 것이다. 하지만 희진은 루이가 보는 세계를 약간이나마 상상할 수 있었고, 기쁨을 느꼈다.[39]

38 김초엽, 「스펙트럼」, 『우리가 빛의 속도로 갈 수 없다면』, 허블, 2019, p.91.
39 김초엽, 위의 책, pp.86-88.

그때까지 루이가 단순히 그림을 그리고 있는 줄로만 알았던 희진은 이 장면에서 사실 무리인들은 색채 언어를 사용하고 있으며, 루이는 매일 기록을 남기고 있었다는 사실을 깨닫는다. 그 순간 희진이 하는 말—"그럼 루이, 네게는 …… 저 풍경이 말을 걸어오는 것처럼 보이겠네"—에는 이질적 타자와의 조우가 자아낸 경이로움이 담겨 있다. 루이와 희진은 서로 다른 언어를 사용하며 상이한 경험과 기억, 시각을 가진 존재이기에 완전히 같은 방식으로 풍경을 볼 수 없지만, 그럼에도 희진은 루이의 눈에 비친 붉은 노을을 상상하고 그것에 다가서고자 한다.

이 소설의 결말에서 무리인들의 행성으로부터 극적으로 탈출해 긴 시간 우주공간을 떠돈 끝에 구조되어 무사히 지구로 귀환한 희진은 지구인들의 공격 가능성으로부터 무리인들을 지키기 위해 행성의 위치를 알 수 있는 구체적인 정보는 끝내 비밀로 지킨다. 하지만 희진은 손녀인 '나'에게만 루이와의 특별한 교류를 들려준다. 희진은 우주에서 가져온 루이의 그림을 바탕으로 남은 생애 동안 색채 언어 분석에 몰두한다. 이는 그야말로 이질적인 언어를 '번역'하는 작업에 다름 아니다. 루이가 남긴 방대한 분량의 기록 가운데는 희진을 관찰하며 기록한 다음과 같은 문장이 있다.

> "그는 놀랍고 아름다운 생물이다."[40]
> (「それは素晴らしく、美しい生物だ」[41])

---

40 김초엽, 위의 책, p.96.

41 キム・チョヨプ著, カン・バンファ, ユン・ジヨン訳, 「スペクトラム」, 『わたしたちが光の速さで進めないなら』, 早川書房, 2020, pp.79-80.

이 문장에는 언어도 모습도 사는 세계도 다름에도 불구하고 서로
의 존재에서 아름다움을 발견하고 경외심을 가지고 타자를 받아들일
수 있는 가능성, SF의 용어로 바꾸어 말하자면 '센스 오브 원더
(sense of wonder)'가 잘 표현되어 있는 것 아닐까? 서로 다른 언어와
문화의 장벽을 넘어 그 너머에 있는 이질적 타자를 공존과 환대의 대
상으로 바라보는 상상력을 열어가는 것 ― 혐오의 시대는 번역문학에
그 가능성을 묻는다.

이 글은 『문학인』 5호(소명출판, 2022 봄) 및 『跨境/日本語文学研究』 17-1집(고려대학
교 글로벌일본연구원, 2023)에 게재된 글을 번역·수정·보완한 것이다.

VI

트랜스내셔널

트랜스내셔널 여성문학의 공백

'자기서사 공통장 텍스트'로서의 재일조선여성문학

신지영

1. 낯선 익숙함: 여러 경계 위의 텍스트

낯선 텍스트는 어떤 익숙함을 파열시킬까? 일반적으로 낯섬이란 익숙하지 않은 내용에서 느껴지는 감정이다. 그러나 내용이 익숙하고 심지어 평범하다고까지 할 만함에도 낯설게 느껴지는 텍스트가 있다. 국적, 언어, 장르, 출판지, 사상이 어긋난 형태로 공존하는 텍스트, 즉 사회적 주소를 찾을 수 없는 텍스트다.

> 나는 해방 후 오늘까지 녀맹 구와노 분회에서 일을 거들어 왔었지요. 그러나 글을 모르기 때문에 일 같은 일은 못 거들었습니다. 다만 <u>회비나 거두고 사람들을 동원하는 일 뿐이었습니다.</u> …… / 어느 날 우리 집 아이가 학교에서 돌아 와 모르는 글을 가르쳐 달라고 하였을 때입니다. 얼마나 부끄럽고 안타깝던지요. 나는 굳게 결심을 하였답니다. 「글을 꼭 배워야지….」 <u>이런 굳은 결심이 어쩐지 나의 가슴을 부풀게 했습니다.</u> / 나는 분회 성인 학교에 나갔습니다. 여덟달 동안 하루도 쉰날 없이 꾸준히 배웠습니다. / 그리하여 지금은 『신보』도

읽게 되고 세상사를 자기 눈으로 볼 수 있게 되었습니다. …… 이제는
누구가 어떤 질문을 해도 까닥 없습니다. <u>그야말로 눈앞이 환히 밝아
오는 것 같습니다.</u> / <u>심 봉사가 물에 빠져 죽은 딸을 만난 기쁨으로
눈이 뜨인 것과 같이 40여년 만에 나의 눈도 뜨이였습니다.</u> *이것 역시
훌륭한 자기 조국을 갖고 현명하신 수령님이 계시기 때문이라고 생각
합니다. / 만약에 아직껏 떳떳한 우리 조국-공화국을 갖지 못하고 일
제의 쇠사슬에서 해방되지 못했더라면 글은커녕 말조차 몰랐을 것입
니다. / 이런 것을 생각하니 남조선을 강점하고 있는 미제가 더욱 밉습
니다.* / 나는 과거의 나와 같이 글을 모르는 녀성들에게 오늘의 나의
기쁨과 행복을 마음껏 이야기하렵니다. / 정말 글을 배운 후의 나의
형편은 달라졌습니다. <u>생활이 한 없이 흥겹습니다.</u>

>   – (시모노세키시 녀맹 구와노 분회 김 삼순(42세), 「글을 읽을 수
>   있게 된 기쁨」, 『朝鮮新報』, 1962년 11월 30일, 4면)[1]

  이 글이 한국에서 읽힌다면, 글쓴이가 김삼순이고 한글로 쓰여졌
기 때문에 직관적으로 한국인이 쓴 것이라고 여겨질 것이다. 그런데
읽다 보면 "수령님" "남조선" 같은 말과 만나게 되고 북한(조선민주주
의인민공화국) 사람이 쓴 것인가 싶을 수도 있다. 그런데 글쓴이가 사
는 곳이 "시모노세키시 구와노"라고 쓰여 있어서, 그렇다면 일본에
사는 한국 혹은 북한 출신 이민자인가 생각하게 된다. 그러나 이 텍
스트는 글쓴이에 대한 이 모든 추측을 벗어난다.

  문해능력을 갖게 된 기쁨을 표현하는 이 텍스트는 총련계 여성 조
직인 녀맹의 지방 분회 성인학교에 학생으로 소속되어 있던 김삼순

---

1 宋惠媛 편저, 『在日朝鮮女性作品集: 一九四五~八四. 1』, 綠蔭書房, 2014,
    p.10. 원문에 있던 단락구분은 /로 표시함. 또한 밑줄과 이탤릭은 인용자에 의한
    것임.

이 쓴 것이다. 즉 한국인도 북한 사람도 일본에 있는 '이민자'도 아닌 재일조선여성의 글이다.

첫 추측과 어긋난 이 텍스트의 낯섦은 출판 장소에서도 드러난다. 한글로 쓰인 글은 당연히 한국에서 출판되었으리라 여겨지지만, 사실 이 글이 실린『조선신보(朝鮮新報)』는 일본에서 발행된 '조선어' 신문이다.[2] 이 텍스트를 발굴해 실은『재일조선여성작품집』(1,2) 또한 일본에서 발행된 자료집이다. 즉 출판 장소는 일본이지만 한글로 발행된 것이다. 이 신문의 언어는 한반도 남쪽의 '한글'과 달리 재일조선인들에 의해 변형된 '조선어'라는 점도 간과할 수 없다. 즉 출판 장소와 출판언어가 어긋나 있고, 이에 더해 출판언어인 '한글'은 한국어와 동일하지 않다. 이는 언어, 출판 장소, 국가가 동일하다고 여기는 인식에 파열을 가한다.

자료집인『재일조선여성작품집』(1,2)을 엮은 송혜원의 분류에 따르면 이 글은 '재일조선여성'의 작품이다. 그렇지만 이 텍스트는 문학적 에세이일까, 작문 숙제일까, 신문 기사일까, 구술일까, 과연 무엇일까? 오히려 이 자료집의 흥미로운 점은 장르를 구별하기 어려운 글들을 모아 놓고 있고 그것을 재일조선여성의 작품이라고 지칭한다는 점에 있는 게 아닐까 싶다.

먼저, "김삼순"이란 이름 옆에는 그녀가 속한 조직의 자세한 명칭과 나이(42세)가 노출되어 있어, 문학적 에세이라기보다는『조선신보』의

---

2 『조선신보』는 1945년 10월 10일에『민중신문』이란 제호로 창간되어, 1946년 9월부터 제호를『해방신문』으로 바꾼다. 이후 1961년 1월에 제호를 다시금『조선신보』로 바꾸고, 9월 9일부터 일간으로 발행된다. 1996년부터 일본어 페이지와 조선어 페이지가 함께 발행되고 있다. 자세한 설명은『조선신보』홈페이지(https://chosonsinbo.com/aboutus/) 참고.

기사처럼 느껴진다. 다시 잘 읽어보면 풍부하고 변화무쌍한 정동의 변화가 느껴져 역시 문학적이다. "일 같은 일"은 하지 못했던 울분과 소외감, 아이에게 글을 알려 줄 수 없는 부끄러움과 안타까움, 글을 배우겠다는 결연한 의지가 "가슴을 부풀게"했다는 기대, 여덟 달을 하루도 빠짐없이 다녀 문해 능력을 획득하자 "눈앞이 환하게 밝아 오는 것 같"다는 변화, 문해가 가능한 생활의 흥겨움 등이 절절하다.

한편 이 글은 본인이 자발적으로만 쓴 게 아니라, 문해교육 과정에서 숙제로 쓴 작문 같기도 하고, 재일조선여성 1세가 어떻게 문해능력을 획득했는가에 대한 구술처럼도 느껴진다. 이 작문 혹은 구술에는 아시아의 뜨거운 냉전을 배경으로 재일조선인사회를 양분한 총련과 민단의 갈등, 김삼순이 총련계 조직에서 처음 글을 배웠기 때문에 그 조직의 사상과 글자를 함께 습득하게 된 흔적이, 김삼순의 자율성과 타율성이 뒤엉킨 채 거대 역사와는 다른 형태로 새겨져 있다.

그런데 다시금 '여성'에 방점을 찍고 현재적 감각으로 읽어보면, 대표적인 '딸 팔아 먹고사는 아버지' 스토리인 〈심청전〉을 전유하고 변형시킨 여성적 대항 서사로도 읽힌다. 문해 능력을 획득한 김삼순은 팔려가는 '딸'의 위치가 아니라 눈을 뜬 심봉사의 위치에 자신을 놓고 있기 때문이다.

김삼순의 텍스트는 매우 짧지만 이처럼, 여러 경계들 위에 있다. 한국어와 일본어 사이라기보다는 한국어 안에 어긋난 언어의 여러 층위를 만들면서. 기사와 문학과 작문과 구술과 선언 그 모든 것이면서 동시에 그 어느 것도 아닌 상태로. 조직에 의한 타율과 개인적 자율이 뒤섞인 경험 속에. 이처럼 둘 다이면서 동시에 둘 다 아닐 수 있는 자리, 이중긍정이면서 이중부정인 자리, 그곳에 김삼순의 텍스트 혹은 트랜스내셔널 여성문학의 공백이 자리한다.

2. 자기서사 공통장 텍스트: 뒤늦게 도착하고 있는 '재일조선여성문학'

송혜원이 편저한『재일조선여성작품집(在日朝鮮女性作品集) 1,2』에는 이와 같은 텍스트가 다수 포함되어 있다는 점에서, 또한 최근 재일조선여성의 글쓰기와 문해능력 획득과정을 엿볼 수 있는 텍스트가 번역되기 시작하고 있다는 점에서, 이 공백은, 뒤늦게 도착하고 있는 '재일조선여성문학'의 새로운 장소이다.

『재일조선여성작품집』에는 "1945년부터 1980년대 초반까지 모국어와 일본어로 재일조선여성들이 쓴 신문잡지의 투고문, 작문, 일기, 편지, 에세이, 소설, 시 등이 수록되어 있"으며, "7, 8세의 소녀에서부터 70대 고령에 이르기까지 무명에 가까운 200여명 남짓의 글"이 모여 있다.[3] 또한 『'재일조선인문학사'를 위하여 – 소리 없는 목소리의 폴리포니』[4]에는 재일조선여성의 글뿐 아니라 그녀들이 글을 욕망하고, 배우고, 글을 쓰고, 출판시장에 나타나는 과정을 엿볼 수 있는 텍스트들이 수록되어 있다. 특히 이 텍스트들을 '재일조선여성문학사'가 아니라 '재일조선인문학사'라는 제목하에 묶고 있어서, 오히려 기존의 문학사를 창조적으로 해체한다고 볼 수 있다.[5] 송혜원은 재일조선인문학의 핵심에는 "글에 접근조차 못 한 채 생애를 마친 여성들, 쓸 시간과

---

3 이한정, 「여성으로서의 생애와 역사」, 박광현·오태영 편저, 『재일조선인 자기서사의 문화지리』1, 역락, 2018, p.137.

4 일본어본은 宋惠媛, 『「在日朝鮮人文学史」のために――声なき声のポリフォニー』, 岩波書店, 2014. 이하 소명출판본에서의 인용은 '송혜원; 쪽'으로, 이와나미본에서의 인용은 '송혜원-일어; 쪽'으로 표시하여 구별지어 인용한다.

5 이 책에서 '부재하는 작품군'의 의미를 자세히 논한 서평으로, 신지영, 「부/재의 언어로(가) 쓰다」, 『사이間SAI』, 2019년 12월 참고.

장소를 결국 못 찾았던 여성들에 의한 쓰여지지 않았던 방대한 작품군"
이 있으며, "그러한 부재한 작품의 존재야말로 재일조선 '여성문학',
아니 재일조선인문학의 연원이 되어 있다"고 말한다(송혜원; 162).

그러나 이러한 재일조선여성의 텍스트가 주목을 얻기 시작한 것은
최근이다. 일본의 출판시장에서 등장하기 시작한 것은 2014년경이
며[6], 한국에서는 최근에 번역되고 있다. 특히 재일조선여성 2세 3세의
생각을 엿볼 수 있는 문학적 의의가 큰 책으로는 2018년에 번역된
『봉선화, 재일한국인 여성들의 기억』[7]을 들 수 있다. 인류학적으로
의미 있는 책은 재일조선인 1세들이 야간 중학교에서 문해교육을 받으
면서 동시에 자신들의 주체성 확립을 위한 활동을 벌였던 과정을 구술
과 함께 다룬 것으로 2019년에 번역된 『할머니들의 야간 중학교』[8]가
있다. 가족사진 한 장을 설명하면서 새로운 역사쓰기를 시도하면서,
재일조선인과 피차별부락, 아이누, 오키나와, 베트남 등 이주여성이
나 난민여성의 생애사와 맞물려 연결시킨 작품으로는 2019년에 번역
된 『보통이 아닌 날들』[9]을 들 수 있다. 또한 아직 한국에는 번역되지

---

6 이한정, 앞의 논문, p.138. 여성에 초점을 맞추지 않은 흐름을 포괄해 살펴보면,
   오구마 에이지와 강상중이 함께 작업한 『在日一世の記憶』(小熊英二、姜尚中, 集
   英社, 2008) 및 『在日二世の記憶』(小熊英二, 高賛侑, 高秀美, 集英社, 2016)이
   주목을 받았고 재일 2세의 구술에 대한 관심을 불러일으켰다.

7 오문자·조영순 저, 『봉선화, 재일한국인 여성들의 기억』, 최순애 역, 선인, 2018.
   (呉文子·趙栄順, 『女たちの在日－鳳仙花』22年間の珠玉文集』, 新幹社, 2015.)

8 서아귀 지음, 『할머니들의 야간 중학교』, 유라주 역, 오월의 봄, 2019. (徐阿貴,
   『在日朝鮮人女性による「下位の対抗的な公共圏」の形成： 大阪の夜間中学を核
   とした運動』, 御茶の水書房, 2012.)

9 미리내 지음, 『보통이 아닌 날들: 가족사진으로 보는 재일조선인, 피차별부락,
   아이누, 오키나와, 필리핀, 베트남 여성의 삶』, 양지연 역, 조경희 감수, 사계절,
   2019. (皇甫康子, 『家族写真をめぐる私たちの歴史: 在日朝鮮人, 被差別部落,

않았지만 『우리들도 시대의 일부입니다』는 재일여성들의 문해교육의 과정과 고투를 볼 수 있는 저서로 번역될 필요성이 있다.[10]

이들 텍스트가 재일조선여성문학의 새로운 형태로서 '뒤늦게' 도착하고 있다고 표현한 것은 두 가지 의미가 있다. 하나는 재일조선여성의 문해교육과 자기서사를 포함한 폭넓은 글쓰기 행위와 구술 인터뷰들은 오래전부터 존재해 왔음에도 한국에서 충분히 번역되거나 소개되지 못했다. 다른 하나는, 이러한 재일조선여성의 글쓰기 및 표현물들은 '트랜스내셔널 문학'이라는 범주에 기반하여 재일조선인문학 혹은 재일조선여성문학을 초점화할 때에도 다뤄지기 어려웠다. 그러나 대다수의 재일조선여성들이 글을 쓸 시간도 기회도 얻지 못했다는 점에서, 이 작품이 될 수 없는 표현물들은 재일조선여성문학의 핵심이라고 해야 마땅하다. 비록 양적으로 많지 않고 내용적으로 완결성이 갖춰져 있지 않다고 하더라도, 바로 그 부재와 결여가 재일조선여성문학이 표현해야 할 삶이기 때문이다.

그럼에도 이들 재일조선여성들의 작문, 일기, 수기 등의 텍스트들은, 작품의 형태를 취하고 있지도 않고 알려진 여성작가의 작품도 아니었던 탓에 관심을 받지 못했고, 뒤늦게 번역 소개되고 있는 것이다. 이러한 경향은 비단 한국만의 상황이 아니다. 일본의 주류 문단에서 무명의 재일조선여성의 글쓰기를 폭넓게 조명할 분석적 틀을 기대하긴 어려워 보인다.

본 논문도 많은 연구를 참조하면서 그 방법을 모색하는 중이지만

アイヌ、沖縄、外国人女性』、御茶の水書房、2016.)

10 康潤伊、鈴木宏子、丹野清人 著編集、『わたしもじだいのいちぶです』(川崎桜本・ハルモニたちがつづった生活史)、日本評論社、2019.

재일조선여성의 글쓰기 행위 전반을 포괄한 텍스트를 잠정적으로 '자기서사 공통장 텍스트(commons-place of self-epic)'라고 명명하려고 한다. 앞으로 보완되어야 할 이 명명에 대한 개괄은 다음과 같다.

첫째로, '자기서사'라는 말은 여성문학에 대한 기존 연구에서 논의된 적이 있다. 재일조선인들의 자기서사를 분석하는 논문에서 이한정은, 박혜숙 등의 논의를 참고하면서 '자기서사'의 의미를 정리한다. "'자기서사'는 '자서전'만이 아니라 자기가 누구인지를 자기 자신의 삶 – 전반 생애 혹은 특정시점, 현재적 삶 – 속에서 고찰하는 것"이며, "재일조선인 여성의 자기서사의 대상은 '자기자신'이 누구인지를 '사실'로 일어났던 일을 전제로 말하는 자전적 에세이, 구술채록, 자전적 성격을 띠는 (사)소설 등 다양한 장르를 포함"한다고 쓴다.[11] 이러한 개념화는 재일조선여성의 다양한 글쓰기 형태를 담을 수 있다는 점에서 의의를 지닌다.

그러나 '자기서사'라는 말은 재일조선여성이 문해능력을 욕망하고, 배우고, 글을 쓸 수 있게 되기까지의 과정, 그리고 구술이나 증언을 듣고-쓰는 것을 가능하게 한 재일조선여성을 둘러싼 관계, 더 나아가 이러한 텍스트를 번역/자역하여 출판시장에 내놓도록 한 관계 전체를 포괄하기에는 충분치 않다. 따라서 이 글에서는 재일조선여성의 문해교육 및 글쓰기 과정을 가능하게 한 모든 관계를 포괄하여 '자기서사'에 '공통장'이라는 말을 붙여 개념화해 부르려고 한다.

둘째로, 자기서사 공통장 텍스트라는 명명에는 재일조선여성의 글쓰기를 둘러싼 관계를 공통적인 것(the common)을 생산하는 과정으로 파악하려는 의미가 담겨 있다. 이때 언급한 '공통적인 것'이란 '공통재'

---

11 이한정, 앞의 논문, 2018, pp.138-139.

를 재생산 노동을 통해 재해석했던 실비아 페데리치의 논의에 기대고 있다.[12] 네그리와 하트는 과거에 쓰였던 '공유재(commons)'라는 용어를 '공통적인 것(the common)'으로 바꾸어 부각시킨다. 그리고 '공통적인 것'을, 비물질 노동이 중심이 되는 변화된 자본주의 및 국가통제·규제와 대립하는 것으로 제시한다. 그러나 페데리치는 『혁명의 영점』에서 이러한 네그리와 하트의 논의가 재생산 노동을 충분히 반영하지 못했다고 비판하면서 "여성주의적 관점에서 공유재의 정치를 살펴"본다.[13] 이는 "여성주의적인 관점에 서서 현재까지도 대부분의 재생산 활동을 담당하는 여성들이 어떻게 집합적 재생산을 꾸려 왔는지, 그리고 그것에 대한 신자유주의적 공격에 맞서 어떻게 싸워왔는지에 주목"[14]하고 새로운 공통성을 모색하려는 시도이다.

재일조선여성들 사이의 관계, 그리고 재일조선여성의 글쓰기를 가능하게 한 관계들은 일본 사회에서 비가시화되고 부불노동화된 재생산 노동과 밀접히 관련되어 있다. 페데리치가 "공유재화(commoning)가 조금이라도 의미가 있으려면 우리 스스로가 공동의 주체(common subject)가 되어야" 한다고 말하듯이[15], 자기서사 공통장 텍스트라는 말은 그/녀들의 경험과 삶이 담긴 글쓰기와 관계를 통해 새로운 공론장/공통장을 모색하고자 하는 의미를 내포한다.

12　권범철, 「현대 도시의 공통재와 재생산의 문제」, 『공간과 사회』 60, 한국공간환경학회, 2017, pp.133-134.

13　실비아 페데리치 지음, 『혁명의 영점』, 황성원 옮김, 갈무리, 2013, p.237.

14　권범철, 앞의 논문, p.140.

15　실비아 페데리치 지음, 앞의 책, p.247. 다소 닉앙스의 차이는 있지만, 김미정은 『움직이는 별자리들』(갈무리, 2019, pp.15-16)에서 "여성을 정체성 이전에 함께 만들어갈 공통장으로 이해"해야 할 필요성을 제시하고 있다.

셋째로, 자기서사 공통장 텍스트라는 명명은 재일조선여성의 글쓰기 행위 및 텍스트를 특정한 문학사나 장르에 귀속시키지 않으면서도, 이러한 형태의 텍스트가 지속적으로 생산, 논의, 확산될 수 있는 '장소(place)'를 만들기 위한 것이다. 재일조선여성의 글쓰기와 표현은 '문학' 안에서도 '국민국가' 안에서도 지속될 수 있는 존재의 '장소'를 갖지 못했다.

에드워드 랄프가 말하듯이, "공동체와 장소 사이의 관계는 사실 매우 밀접"하며, "공동체가 장소의 정체성을 장소가 공동체의 정체성을 강화"시킬 수 있다.[16] 즉 "한 장소에 뿌리를 내린다는 것은 세상을 내다보는 안전지대를 가지는 것이며, 사물의 질서 속에서 자신의 입장을 확고하게 파악하는 것이며, 그리고 특정한 어딘가에 의미 있는 정신적이고 심리적인 애착을 가지는 것"이므로, 이러한 장소와의 관계는 "개인의 정체성과 문화적 정체성, 그리고 안정감의 근원이자, 우리가 세계 속에서 우리자신을 외부로 지향시키는 출발점을 구성"한다는 것이다.[17] 자기서사 공통장 텍스트라는 명명은 특정 공동체나 민족·인종·장르에 귀속되지 않는 형태로 재일조선여성의 글쓰기가 이뤄지는 '장소'를 모색하고, 그곳을 출발점으로 삼아 재일조선여성의 자기서사가 더 다층적인 외부와 접촉해 나갈 수 있는 장소를 고민하려는 의미를 담고 있다.

자기서사 공통장 텍스트 연구에 대한 시론 격인 이 글은, 구체적인 텍스트 하나하나에 대한 분석 보다는 최근 번역·출판되고 있는 재일

---

16 에드워드 렐프 지음, 『장소와 장소상실』, 김덕현·김현주·심승희 옮김, 논형, 2005, p.86.
17 에드워드 렐프 지음, 위의 책, p.95, p.104.

조선여성의 텍스트에 대한 현황 및 이러한 텍스트를 생산 유통시키는 공통장에 대한 문제의식을 제기하는 데 중점을 둔다. 첫 번째로는 2014년 무렵부터 일본에서 부상하고 최근 한국에서 번역되기 시작한 재일조선여성의 표현물에 대한 현황과 분석이다. 한국에서는 '트랜스내셔널'한 관점에서 재일조선인문학이 소개되고 있지만, 그러한 흐름에서도 무명의 재일조선여성의 표현물이 충분히 가시화되지 못했음을 질문하면서, 이제 막 부각되고 있는 자기서사 공통장 텍스트의 특성을 분석해 보려 한다.

두 번째로는 자기서사 공통장 텍스트의 형성 기반이라고 할 수 있는 '국경을 넘는 여성들의 교류'가 언제부터 형성되었고 또 그 한계가 무엇인지를 한일 관계에 초점을 맞춰 고찰한다. 먼저 1970년대 중반 발간되었던 『아시아와 여성해방(アジアと女性解放)』(1977년 6월 창간)에 나타난 아시아 여성들 사이의 교류를 살펴보고, 이러한 교류의 의미와 국민국가적 한계를 분석한다. 또한, 식민지를 경험한 여성들의 다층적 위치(군위안부, 산업위안부, 근로정신대 등)가, 해방 이후 일본 사회 속 재일조선여성의 글쓰기와 표현물 속에 어떻게 내재적으로 연결되어 있는가를 살펴본다.

마지막으로는 아시아의 미디어 순환과 출판자본주의의 영향 속에서 한국문학이 인기를 얻고 있는 상황에서, 재일조선여성의 글쓰기와 표현물은 어떤 위치에 놓여 있고 어떤 문제들을 함의하는가를 고찰해 본다. 예를 들면 일본에서는 『82년생 김지영』의 번역[18]으로 촉발된 K-문학 및 K-'페미니즘'이 인기를 끌고 있음에도, 이와 대조

---

18 チョ・ナムジュ 지음, 斎藤真理子 번역, 『82年生まれ、キム・ジヨン』, 筑摩書房, 2018.12.

적으로 일본군 '위안부'의 경험이나 재일조선여성의 텍스트에 대해서는 큰 관심이 쏠리지 않는 이유를 질문한다.

이처럼 이 글은 두 개의 '국민국가' 사이를 트랜스(trans)한다는 의미로 '트랜스내셔널 문학'을 규정하려는 것이 아니라, 오히려 트랜스내셔널한 문학 안에서조차 존재해 온 위계와 공백을 문제화하려는 것이며, '여성문학'이라는 장르 구분에 들어갈 수 없었던 글쓰기의 욕망, 행위, 형태를 부각시키려는 것이다.

이를 통해 자기서사 공통장 텍스트의 '장소'를 마련하되 이러한 글쓰기와 표현물을 특정 국가나 공동체의 공론장으로 동화시켜 버리는 것을 피하고, 한국체제 난민(여성)들의 문학 등 한국 내부의 마이너리티들이 쓴 글이나 표현과 어떤 접점을 찾고 연결될 수 있을지를 고민하고자 한다.

3. 트랜스내셔널 여성문학 속 공백과 '자기서사 공통장 텍스트'

3.1. '트랜스내셔널 문학' 속 공백과 '여성문학' 속 공백

최근 몇 년간 재일조선인문학은 한국에 빠른 속도로 번역되었다. 번역 범위도 시, 소설, 에세이, 잡지, 연구서 등에 폭넓게 걸쳐 있다. 이런 흐름은 국민국가의 경계에 있는 문학, 즉 트랜스내셔널 문학에 대한 관심에서 촉발되었다고 볼 수 있다.

먼저 문학작품 번역에 초점을 맞춰보자. 재일조선인문학이 번역 소개되었던 초기에는 일본문학단편선이나 식민지기 일본어 작가를 소개하는 책에 함께 실리는 경우가 많았다. 부르는 용어도 재일동포

문학, 재일디아스포라 문학 등으로 '재일조선인'이라는 용어는 적극
적으로 채택되지 않았다. 그런 점에서 1990년대 중반에 번역된『재
일동포작가 단편선(한림신서일본학총서 16)』(양석일 외 저, 이한창 역, 소
화, 1996)은 '재일동포작가'에 방점을 찍었다는 점에서 중요하다. 대
표적인 문학가들의 소설이나 시는 1980년대부터 드문드문 번역되었
지만, 양석일의 소설은 영화화된 측면도 있어서인지 1990년대 중반
부터 활발히 번역된다. 예를 들어『달은 어디에 떠 있나1,2』(인간과예
술사, 1994),『피와뼈1, 2』(김석희 역, 자유포럼, 1998),『밤을 걸고 1,2』
(김성기 역, 태동출판사, 2001) 등을 들 수 있다.

　김시종의 시는 2008년에 나온 선집『경계의 시』(유숙자 역, 소화)를
시작으로, 2014년경부터 시집, 산문집, 대담록 등이 번역되기 시작했
다.『니이가타』(곽형덕 역, 글누림, 2014),『광주시편』(곽형덕 역, 푸른역
사, 2014),『조선과 일본에 살다』(윤여일 역, 돌베개, 2016),『재일의 틈새
에서』(윤여일 역, 돌배개, 2017),『지평선』(곽형덕, 소명출판, 2018) 등이
번역되었다. 최근에는 창작과 비평사에서『잃어버린 계절』(가게모토
츠요시, 이진경 공역, 창비, 2019)과『이카이노시집 계기음상 화석의 여
름』(김시종 저, 이진경·심아정·가게모토 츠요시·와다 요시히로 공역, 도서
출판 b, 2019)이 번역되었다.

　김석범의 소설이나 산문도 2015년 무렵부터 본격적으로 번역되기
시작한다.『까마귀의 죽음』(김석범 저, 김석희 옮김, 각, 2015(첫 번역은
김석희 옮김, 소나무, 1988)),『1945년 여름』(김석범 저, 김계자 역, 보고
사, 2017),『과거로부터의 행진』상, 하 (김석범 저, 김학동 역, 보고사,
2018) 등이 있지만, 무엇보다 획기적인 사건은『화산도』(김환기·김학
동 역, 보고사, 2015) 12권 전권이 번역된 것이다. 이로써 김석범 문학
의 핵심을 일본어를 모르는 독자들도 접할 수 있게 되었고 최근까지

도 계속해서 김석범 문학에 대한 번역은 늘어나고 있다.[19]

　대담집으로는『왜 계속 써왔는가 왜 침묵해 왔는가』(제주대학교 출판부, 2007)가 번역되어, 김시종과 김석범이라는 두 대작가의 삶을 조망하게 해준다. 재일조선인의 삶·문학·사상 전반을 볼 수 있는 잡지도 번역되었는데,『진달래 가리온』(1~5권)(재일에스닉잡지연구회 역, 지식과교양, 2016)이 완역되었고, 동의대학교 동아시아연구소는『전후재일조선인마이너리티 미디어 해제 및 기사명색인1(1945.8~1969.12)』(박문사, 2018)을 출간했으나 보완해야 할 부분을 남기고 있다.

　1차 텍스트라고 할 수 있는 문학, 대담, 잡지의 번역을 통해 일본어를 모르더라도 재일조선인문학에 접근할 수 있는 통로가 마련된 것은 대단히 고무적이다.[20] 이처럼 재일조선인문학이 다양한 장르에 걸쳐 활발히 번역·소개되고 있는 만큼, 번역과 확산에 대한 현재적 의미와 방향성도 논의해야 할 시기가 된 것이 아닐까 싶다.

　여태까지 이뤄진 재일조선인문학 번역에서 보완될 점으로 보이는 것은 재일조선여성문학이다. 물론 재일조선여성문학은 지속적으로 번역되어 왔다. 그러나 주로 일본 문단에서 상을 받거나 인정받은 소수의 유명한 여성문인에 한정되었다. 예를 들어 이양지의 경우『유희』(삼신각, 1989),『해녀』(이상옥 역, 삼신각, 1993),『꿈꾸는 모래알』(홍혜영 역, 다모아, 1995),『돌의 소리』(삼신각, 1992),『나비타령』(삼신각, 1989) 등이 번역되어 있다. 아쿠타가와 상을 받은 유미리는『물가의 요람』(김난주 역, 고려원, 1998),『가족시네마』(김난주 역, 민음사, 2000년. 이후

19　예를 들면, 김석범 저,『만덕유령기담』, 조수일·고은경 역, 보고사, 2022.

20　예를 들어 다음과 같은 논문이 작성되고 있다. 문지희,「재일조선인 서클지『진달래』연구」, 제주대학교 대학원 석사학위논문, 2019 등.

커뮤니케이션북스, 2005년)를 시작으로 최근까지도 소설, 수필, 방문기 등이 꾸준히 번역되고 있다.[21] 이런 흐름은 재일조선여성문학이 일본 여성문학사의 일부나[22], 한국여성문학사의 일부로 소개되는 경우[23]에서 벗어났다는 점에서 의미 깊다. 그러나 무명의 재일조선여성의 글쓰기는 여전히 이중의 공백으로 남아 있다. 트랜스내셔널한 재일조선인문학 속 여성문학의 공백이자, 재일조선여성문학 속 무명 필자라는 공백으로.

이러한 공백들은 연구서에서도 나타난다. 재일조선인문학 연구 초창기에 3권으로 출간되어 기초적인 연구자료를 제공한『재일동포문학과 디아스포라1~3』(전북대학교 재일동포연구소 저, 제이앤씨, 2008)는 재일조선인문학의 시기 설명, 테마 서술 등을 하고 있지만, 전반적으로는 정연규, 김달수, 김석범, 이회성, 이양지, 원수일, 고사명 유미리, 김학영 등 인물 중심의 문학론이다. 재일조선여성문학 연구에서도 이양지, 유미리 등 유명한 여성 소설가에게 연구가 집중되는 경향은 현재진행형이다.[24]

---

21 『평양의 여름휴가』(2012, 615),『우에노 역공원출구』(2015, 기파랑),『세상의 균열과 혼의 공백』(2002, 문학동네),『남자』(문학사상사, 2000),『물고기가 꾼 꿈』(열림원, 2001),『돌에서 헤엄치는 물고기』(문학동네, 2006),『루주』(열림원, 2001) 등 다수임.

22 이와부치 히로코 기타다 사치에 저,『처음 배우는 일본 여성 문학사(근현대편)』, 이상복 외 1명 역, 어문학사, 2008.

23 유미리 저,『한국시나리오걸작선 084: 가족시네마』, 커뮤니케이션북스, 2005. 이처럼『한국시나리오 걸작선』이라는 시리즈 안에 유미리의 작품이 포함되어 있다. 그 밖에도, 동국대학교 한국문학연구소 저,『한국문학과 여성(한국문학연구신서 2)』, 아세아문화사, 2000에서는「재외한국인문학의 여성상」으로 분류되어 북한 여성, 연변 여성의 문학연구와 함께 배치되어 있다.

24 「재일조선인 여성작가의 존재방식에 대한 연구: 이양지와 유미리를 중심으로」,

　2018년에는 대학 소재 연구소를 중심으로 시리즈 형태의 연구서 세 종류가 동시에 발간되었다. 『재일조선인 미디어와 전후 문화담론』(박문사, 2018)은 전후 일본의 재일조선인 잡지와 신문에 초점을 맞춘 뒤 기존 문학작품을 영상과 연결시켜 설명하는 등 업그레이드 된 비평을 추구한다. 「재일디아스포라 문학선집」(1~5)(재일디아스포라 문학의 글로컬리즘과 문화정치학 연구팀 저, 소명출판, 2018)은 1권은 시, 2~3권은 소설, 4권은 평론, 5권은 연구논문이다. 연구서는 『민주조선』, 『진달래』, 『계림』, 『한양』, 『계간삼천리』, 『청구』, 『민도』, 『땅에서 배를 저어라』 등 재일조선인 잡지를 분석하여 눈길을 끈다. 그러나 이러한 연구서의 성과 속에서도 여성의 자기서사 공통장-텍스트에 대한 연구는 「『땅에서 배를 저어라』에 관한 고찰-'재일' 여성문예지로서의 역할을 중심으로」 이외에는 찾기 어렵다.

　『재일조선인 자기서사의 문화지리』 1, 2(박광현, 오태영 외 저, 역락, 2018)는 '자기서사'에 초점을 맞춰 조명한 점이 흥미롭다. 그 중 「여성으로서의 생애와 역사」(이한정)는 여성의 자기서사에 대한 본격적 연구로 본 논문에도 큰 참조가 되었다. 그렇지만 2권에서 여성의 자기서사를 다룬 연구는 「가족 로망스에 나타난 여성의 자기 기획과 장소 상실」(오태영), 자기서사의 문제를 영상 텍스트로 확장시킨 「봉쇄된 목소리와 회수되는 여성의 자기서사」(허병식)를 포함시킬 수 있을 뿐, 여성의 자기서사 텍스트에 많은 지면을 할애하고 있지는 않다. 한편 최근에는 손지연의 편저로 『전후 동아시아 여성서사는 어

『어문론집』 73, 중앙어문학회, 2018, pp.159-191; 최효선, 『재일동포문학연구(1세 작가 김달수의 문학과 생애)』, 문예림, 2002; 윤정화 「재일한인작가 유미리 소설에 나타난 '장소성' 양상 연구」, 『한국문학이론과 비평』, 한국문학이론과 비평학회, 2016 등.

떻게 만날까』 등 아시아 여성을 둘러싼 논점을 다룬 논문집이 출판 되었지만[25], 재일조선여성에 대한 논의는 윤송아의「재일여성문학을 교차하는 경계들」만으로 제한적이다.

재일조선인문학은 한국문학으로도 일본문학으로도 포섭되지 않는 다는 점에서 트랜스내셔널 문학의 대표적인 예로 언급되어 왔다. 그 러나 그 속에서도 무명의 재일조선여성이 쓰고 문학이란 장르로 분 류되기 어려운 자기서사 공통장 텍스트는 공백으로 남았다.

이러한 공백에도 불구하고, 최근 몇 년 사이에 이뤄지고 있는 자기 서사 공통장 텍스트들에 대한 폭넓은 관심은 재일조선인문학 속에서 도 무명이며 여성인 자들의 육성이 반영될 수 있다는 기대, 그리고 현재 한국에서 일어나고 있는 기록-증언 아카이빙의 흐름과 만나 시 너지 효과를 낼 수 있을 것이라는 기대를 불러 일으킨다.

3.2. 자기서사 공통장 텍스트의 연구 방법: 자역-협업, 신세타령의 저항성

자기서사 공통장 텍스트라는 틀에서 보면, 재일조선여성의 글쓰기 뿐 아니라, 재일조선인문학 또한 두 네이션(일본과 한국)을 트랜스(trans, 횡단)하는 것이라고 단정할 수는 없다. 이러한 이해는 재일조선인문학 을 두 국민국가의 매개로 설정하고 국민국가 프레임을 유지하는 것이 되기 쉽다. 오히려 문제는 재일조선인문학이 번역될 때 번역-출판 프레임이 야기하는 비가시화된 영역이며, 재일조선여성의 자기서사

---

25 손지연 엮음, 『전후 동아시아 여성서사는 어떻게 만날까』(경희대학교 글로벌류큐· 오키나와연구소 총서 5), 소명출판, 2022.

공통장 텍스트도 이 영역에 있다.

재일조선인문학은 조선어(한국어)와 일본어 어느 한쪽으로 환원되지 않으며, 조선어-일본어 사이의 갈등을 내재한 채 형성되었다. 재일조선인문학 속에는 한글 음가가 외국어처럼 표기된 말이 있는데, 대표적으로 어머니(オモニ), 아버지(アボジ)를 들 수 있다. 즉 번역 대상인 일본어 텍스트 내부에 이미 번역 불/가능한 조선어(한국어)가 내포된 상태다. 그런데 일본어에서 한국어로의 번역이라는 국민국가를 기반으로 한 출판-자본 프레임을 통과하는 순간, 재일조선인문학 속의 조선어(한국어)와 일본어 사이의 긴장과 갈등은 물론 조선어(한국어) 내부의 분열과 갈등은, '번역된 한국어'로 정리되어 비가시화된다. 따라서 재일조선인문학에 대한 언어적 접근을 통해, 조선어(한국어)도 일본어도 될 수 없는 두 언어 사이의 갈등을 담을 방법이 본격적으로 고민되어야 한다. 이 지점에서 조선어(한국어)도 일본어도 아닌, 혹은 조선어(한국어)와 일본어 양쪽을 그 각 언어의 내부 분열까지도 내포한 언어로 쓰인 재일조선여성의 글쓰기가 지닌 의미는 다시 한번 부각된다.

재일조선여성의 글쓰기는 그 가치가 평가될 때에도, '한풀이, 신세타령, 넋두리'라고 명명되었다. 그러나 재일조선여성의 글쓰기가 이뤄지는 공통장은 일본사회 속 마이너리티가 행하는 재생산 노동이 지닌 경험과 삶을 비추며, 그/녀들의 글쓰기는 특정 국가나 민족의 언어로 구분이 불가능한 형태를 지닌다. 숙제, 구술, 잡문을 포괄한 기록/문학적 접근을 통해서, 무명의 잊힌(혹은 부재하는) 필자를 상정하고, 번역된 '조선어(한국어)'가 포함된 일본어 텍스트나 번역된 일본어가 포함된 조선어(한국어) 텍스트에 접근할 때, 자기서사 공통장 텍스트의 특성이 드러난다.

그런데 최근 몇 년 간 이러한 자기서사 공통장 텍스트들이 꽤 다양하게 한국에 번역되고 있다. 이 배경에는 무엇보다 조선어(한국어)와 일본어 양쪽 모두 활용할 수 있는 연구자가 늘었다는 것을 꼽을 수 있다. 재일조선인 3, 4세 및 일본인들이 한국문학 및 재일조선인 연구자로서 입지를 굳혀가고 있고, 한국인들이 일본문학 및 재일조선인문학 연구를 하면서, 양자가 협업할 수 있는 조건이 풍부하게 갖춰지고 있다.

이를 배경으로, 재일조선인문학과 연구서, 자료집, 문학 텍스트의 출판 및 번역에도 의미있는 변화들이 감지된다. 첫째로, 기존에 재일조선인문학 번역은 재일조선인에 의해서 이뤄지거나, 혹은 필자와 번역자의 명확한 구분 속에서 이뤄졌다. 그런데 최근 창작과 비평사에서 출간된 김시종의 시집 『잃어버린 계절』(2019)이나 『이카이노시집 계기 음상 화석의 여름』(2019) 등은 한국어 네이티브와 일본어 네이티브의 협동작업을 통해 이뤄졌다. 그 이외에도 다양한 형태의 '공감적 화자-청자[26]'라는 번역-공통장이 한일 사이에 역사적으로 꾸준히 형성되어 온 것은, 최근 경향의 바탕이 되었을 것이라고 생각한다.

둘째로, 자기서사 공통장 텍스트는, 조선어(한국어)와 일본어가 모두 가능한 이중언어 운용자에 의해 '자역(自譯)'되기도 한다. 예를 들어, 송혜원은 자신의 저서를 '자역'했다.[27] 그런데 이 책은 송혜원의 자역 이전에 이 책에 인용된 텍스트가 '자역'의 조건을 태생적으로

---

26 이흥섭 지음, 「역자서문」, 『딸이 전하는 아버지의 역사』, 번역공동체 「잇다」 옮김, 논형, 2018.

27 송혜원, 『'재일조선인문학사'를 위하여: 소리 없는 목소리의 폴리포니』, 소명출판, 2019.

갖고 있었다. 조선어(한국어)로 창작되었고, 일본 문단에서 인정받지 않은 여성들의 자기서사 공통장 텍스트를 다수 포괄하고 있기 때문이다. 따라서 2014년에 출판된 일본어본인 『「在日朝鮮人文学史」のために――声なき声のポリフォニー』에는 조선어(한국어)로 쓰인 텍스트나 구술을 일본어로 번역한 부분이 다수 존재한다. 따라서 2019년에 발행된 소명출판 본에도 번역한 것이 아니라 조선어(한국어) 텍스트였던 것을 원래로 되돌린 부분이 상당하다. 따라서 송혜원의 '자역(自譯)'이라는 행위 속에는 재일조선인문학이 내재하고 있는 두 언어 사이의 갈등, 몇 층위의 번역행위(구술 속 일본어와 한국어의 뒤섞임 ->일본어 문자, 조선어(한국어)->일본어, 일본어->조선어(한국어) 등)가 응축되어 있다.

셋째로, 이렇게 볼 때, 한국어로 번역되지 않았지만, 조선어(한국어)로 쓰인 '자기서사 공통장 텍스트'를 다수 포괄하고 있는 자료집 『在日朝鮮女性作品集: 一九四五~八四. 1」 및 「在日朝鮮女性作品集: 一九四五~八四. 2」[28]를 한국에서 소개할 수 있는 근거가 형성된다. 자료집에는 일본어뿐 아니라 조선어/한국어로 창작된 텍스트들이 다수 수록되어 있어서, 자료집을 번역·출판하는 것은 저작권 및 출판의 경계를 복잡하게 되묻는 것이 된다. 즉 이 책은 번역의 대상이라기보다는 한국의 재일조선여성문학 연구에 포괄되어야 하는 자료집이다.

자기서사 공통장 텍스트를 분석한 연구서 중, 재일조선여성의 글쓰기 욕망·행위·관계에 주목한 것은 송연옥, 이한정, 송혜원의 연구다. 먼저 송연옥은 「재일조선인 여성의 삶에서 본 일본 구술사 연구 현황」

---

28 宋惠媛 편저, 『在日朝鮮女性作品集: 一九四五~八四. 1」 및 「在日朝鮮女性作品集: 一九四五~八四. 2」, 綠蔭書房, 2014.

에서, 구술사가 일본에서 본격적으로 제기된 시점을 60년대 말~70년대 초로 잡고 그 맥락 속에서 재일조선여성의 구술을 위치짓는다.[29] 이와 관련해서 모로사와 요코의 「시나노의 여자(信濃のおんあん)」(1969년), 야마자키 토모코(山崎朋子)의 『산다칸 8번 창부관, 저변 여성사 서설』(1972), 모리사키 카즈에(森崎和江)의 『카라유키상(からゆきさん)』(1976)을 들고 있다. 이 흐름 속에 재일조선여성 구술집의 초기 형태라고 할 수 있는 『신세타령-재일조선여성의 반생(身世打鈴-在日朝鮮女性の半生)』(1972)을 놓는다.[30] 재일조선인여성의 구술은 1970년대 무렵부터 등장하는데 그 배경에는 경제성장으로 저변 여성에 대한 인식이 확장된 점, 베트남 전쟁 반대 운동 속에서 아시아에 대한 관심이 높아진 점을 들고 있다.

한편 일본에서 「일본오랄히스토리학회(Japan Oral History Association)」가 창립된 것은 2003년이었다. 이 학회 창립 멤버 10명 중 9명이 여성이었듯이, 송연옥은 재일조선여성들의 구술작업도 재일조선인에 대한 일본사회의 차별과 소수자 커뮤니티 속 가부장제라는 이중의 억압 속에서, 재일조선여성들의 기억과 경험이 점차 지워져가는 것에 대항하기 위한 것이었음을 강조한다. 따라서 송연옥은 위안부나 재일여성의 구술에 대해서, 하타 이쿠히코처럼 "창녀의 신세타령"이라고 지칭하며 마치 객관성이 결여된 것처럼 치부하려는 담론을 날카롭게 비판한다. 이러한 비판지점을 보다 명확히 하기 위해서는 재일조선여성의 구술을 일본 구술사 맥락에서 뿐 아니라 재일조선인단체와의 관계,

---

29 송연옥, 「재일조선인 여성의 삶에서 본 일본 구술사 연구 현황」, 『구술사연구』 6(2), 구술사학회, 2015, pp.199-201.

30 むくげの会, 『身世打鈴-在日朝鮮女性の半生』, 東都書房, 1972.

혹은 일본 안에서 조선문화나 재일조선인에게 관심을 가진 일본인과의 공통장 속에서 그 생성조건을 탐구해야 할 필요성을 느끼기도 한다. 예를 들어 『신세타령-재일조선여성의 반생(身世打鈴-在日朝鮮女性の半生)』(1972)을 엮은 것은 1971년 1월에 만들어진 〈무궁화 회(むくげの会)〉[31]였다. 홈페이지를 보면 현재도 "조선의 문화, 역사, 풍속, 언어를 공부하는 일본인을 중심으로 한 서클"로 기관지 『무궁화 통신(むくげ通信)』을 발행하고 있고 계속하여 회원을 모집하고 있다.

다음으로 이한정은 '자기서사'라는 틀로 재일조선여성의 글쓰기를 범주화하고, 특히 2014년경에 '재일여성'의 '자기서사' 텍스트가 일본 출판시장에 부각되었다고 말한다.[32] 1970년대까지 재일여성은 "아직 스스로 자기서사의 출판물을 내고 있지 않"고, "1980년대에 들어서서 본격적으로 나타나"며 최근 확산되었다는 것이다.[33] 이한정은 「재일조선인여성이 출간한 자전적 에세이 목록」[34] 및 「재일조선인 여성구술채록현황」[35]을 제시하고 독해를 시도한다. 1980년대 일본에서 유행한 '지분시(自分史)'의 영향도 언급하면서, 재일 1세대(姜春子, 宋順伊, 申福心)과 2세대(金蒼生, 宗秋月, 金香都子), 그리고 3세대(姜信子, 유미리) 등이 지닌 자기서사의 차이와 특징을 일목요연하게 정리하고 세대별 차이도 설명하고 있다. 결론에서는 "문제의 전체상을 볼 수 없"게 한다는 점에서 이러한 자기서사 텍스트를 '신세타령'이라고 지칭하는 것에 강한 거부감을 나타나는 박화미의 견해

---

31 http://www.ksyc.jp/mukuge/
32 이한정, 앞의 논문, 2018, p.138.
33 이한정, 위의 논문, p.143.
34 이한정, 위의 논문, pp.144-146.
35 송연옥, 앞의 논문, p.210.

를 빌어 자기서사의 객관적 의미를 강조한다.

마지막으로 송혜원이 쓰고 자역한 『'재일조선인문학사'를 위하여—소리 없는 목소리의 폴리포니』(소명출판, 2019)를 살펴보자.[36] 이 책은 자기서사 공통장 텍스트를 이해하는 데 중요한 견해와 풍성한 텍스트를 보여준다. 이 책은 문학사의 일반적 서술형식을 따르지만, 여성들의 자기서사 공통장 텍스트에서 시작하기 때문에 '문학, 문학사'가 무엇인가를 근본적으로 되묻는 또 하나의 연대기, 언어, 작가, 작품, 인쇄출판유통이 펼쳐진다. 재일조선인문학이 이해되어 온 클리셰(김달수을 중심에 놓은 재일조선인문학의 이해, 세대론의 구분, 일본어문학이란 인식들)를 깨뜨리면서도 '문학, 문학사'라는 형식을 따르고 있기 때문에 오히려 '문학, 문학사'의 근거와 '재일조선인'에 대한 전형성을 더 깊이 파열시키는 힘도 있다.

첫째로, 책 1장의 제목 「원류로서의 '여성문학사'—문해·글쓰기·문학」이 보여주듯, 글에 접근조차 하지 못하고 삶을 마친 여성들이나 쓸 시간과 장소를 갖지 못했던 여성들에 의한 "쓰여지지 않았던 방대한 작품군", 즉 "부재한 작품"을 재일조선인문학의 근원으로 놓는다. (송혜원; 162) 글도 모르고 쓸 장소와 시간도 없었던 그/녀들의 삶이야말로 재일조선인문학의 근원이자 방대한 작품군이라는 것이다.

둘째로 이 책은 여성들이 문해교육을 받으면서 썼던 학교 숙제, 작문, 일기, 수기부터 시작하여, 직접 채록한 구술과 증언들, 또한 신문잡지의 한 귀퉁이에 실린 누구도 돌아보지 않던 쪽글까지 그야말

---

36 신지영, 「부/재의 언어로(가) 쓰다—송혜원의 『'재일조선인 문학사'를 위하여: 소리 없는 목소리의 폴리포니』」, 『사이間SAI』 30, 국제한국문학문화학회, 2019. 송혜원의 책에 대한 설명은 이 발표문을 참고할 것. 위 부분의 논의는 이 논문과 일부 겹친다.

로 다양한 텍스트를 다룬다. 이러한 재일조선여성 글쓰기에 대한 일종의 아카이빙이 가능했던 것은 20년간 재일조선여성 작가와 그 가족과 관계를 쌓으면서 구술을 들어온 필자의 노력이 있었기 때문일 것이다.

셋째로 재일조선인문학은 곧 일본어문학이라고 생각하는 전형화된 인식에서 벗어나, 두 언어 사이의 갈등 속에 있는 것으로 재일조선인문학의 언어를 위치시켰다. 비록 세대간의 차이가 있긴 하지만, 재일조선인 작가에게는 조선어(한국어) 창작과 일본어 창작이 분리되지 않은 채 늘 뗄 수 없는 관계로 공존한다. 그 과정을 따라가다 보면 재일조선여성의 글쓰기와 만나는 것이다.

넷째로 재일조선여성들이 쓴 글의 내용이나 언어가, 그녀들이 문해교육을 받은 공동체가 추구하는 지향이나 언어에 의해 결정된다는 점과 그러한 틀에서 벗어난 순간들에 대해서 언급한다. 이러한 그/녀들의 삶을 드러내기 위하여 송혜원은 '조선', '공화국' 등 한국에서 쓰지 않는 언어를 노출시킨다. 이때 재일조선여성의 자기서사 공통장 텍스트는 긍정과 부정을 단순히 가를 수 없는 관계 속에서 형성되었으며, 재일조선여성이 어떤 공동체를 통해서든 문해교육을 받고 글을 쓸 때 마주한 한계와 잠재성이 섞인 관계 전체다.

이처럼 자기서사 공통장 텍스트들은 문해교육을 받았다면 쓰여졌을 부재하는 텍스트와 함께 구술, 증언, 작문, 일기, 수기, 습작, 더 나아가 문해교육의 과정까지 포함한다. 특히 이 연구서들이 재일조선여성의 문해교육 과정을 재일조선여성의 문학사 서술에 포함시켰던 점은 앞으로 더욱 강조될 필요가 있다고 생각한다. 재일조선여성의 문해교육 과정에는 문자에서 소외되어 온 존재들이 글에 대한 욕망을 갖게 되기까지의 과정, 그리고 쓰여질 수 없었던 재일조선여성들의 삶이 지닌 잠재적 에너지가 드러나 있기 때문이다.

또한 이들 연구서들은 일본에서 출판되었지만, '일본출판'으로만 환원된다고 할 수는 없다. 왜냐하면 재일조선여성이 자기서사 텍스트를 생성할 수 있었던 공통장은 '일본'으로 환원될 수 없는 재일조선인사회 및 그 사회와 긴밀히 관련된 비국가적 여성 연대, 그리고 다른 마이너리티 공동체들과 연결되어 있기 때문이다.

이처럼 재일조선여성의 자기서사 공통장 텍스트는 신세타령, 넋두리, 한풀이가 지닌 정동적 측면을 외면하지 않지만, 그러한 호명방식이 재생산하는 프레임 – 국민국가, 문학이란 장르, 민족적 한 등 – 을 문제화할 수 있는 잠재성을 지닌다.

3.3. 자기서사 공통장 텍스트의 특성: 문해교육, 관계 속 듣고-쓰기, 부재한 작품

자기서사 공통장 텍스트의 범위를 주로 한국에 번역되거나 소개된 것들 위주로 그 특성을 살펴보자. 먼저 송혜원이 편집한 『재일조선여성작품집 1, 2』[37]을 보자. 이 자료집은 일본에서 출판되었으나 한글로 쓰여진 텍스트를 다수 포함하고 있으며 20년간 재일조선인인 송혜원이 듣고 모은 윗세대 재일조선인과의 공통장을 기반으로 한다.

첫째로 문해교육 과정에서 제출한 숙제, 신문 한 귀퉁이의 쪽글, 일기, 편지 등 광범위한 글쓰기를 포괄한다. 송혜원은 서문에서 "폭넓은 일본의 독자를 획득할 수 있는 완성도 높은 작품, 일본의 상업출판에 버틸 수 있는 작품이라는 관점"에서 보면, 1989년 아쿠타가와상

---

37 宋惠媛, 『在日朝鮮女性作品集: 一九四五~八四. 1,2』, 緑蔭書房, 2014. 이하 이 자료집에서의 인용은 '재일여성자료1: 쪽' 또한 '재일여성자료2: 쪽'으로 표기함.

수상으로 주목받은 이양지의 「유희」 이전인 40년간이 재일조선여성
문학의 불모지가 된다고 말한다. 그러나 "여성, 구식민지 출신자, 전후
일본의 '외국인'이라는 그녀들이 짊어져 온 '하중'은 그 언어생활, 교
육, 표현행위, 사상 등 그 삶의 구석구석까지 영향을 미쳤"고 "초기
재일 조선 여성들의 라이팅에 얽혀 있는 곤란도, 이러한 모든 것과
관련된 복층적인 것"이었다고 한다.(재일여성자료2; ii쪽) 이 책에 등장
하는 여성들 중 많은 수가 '변소만이 쉴 수 있는 장소였어요"라고 쓴
종추월보다도, 더 앞 시대의 사람들로"[38] 이 모든 곤란을 살아온 과정
및 표현물 자체가 재일여성문학 텍스트라는 것이다.

　이런 논점과 관련된 장은 1장 「문자의 세계로」와 10장 「산다」이다.
1장에서는 문해능력을 획득한 재일조선여성의 시와 수기가 수록되
어 있어 문해의 욕망과 문해교육을 그녀들의 전후사 속에서 살펴볼
수 있다. 10장은 노년기에 다다른 1세 여성들의 작품으로 야간중학
이나 문해학교에서 글을 배우면서 숙제로 제출한 작문들이다. 한센
병에 걸려 시력과 손을 잃으면서도 구술필기로 시를 발표한 향산말
자(香山末子)의 작품도 주목할 만하다. (재일여성자료1; xxiv~xxvi쪽)

　둘째로, 재일여성들의 글에, 문해교육을 받은 조직, 단체, 학교의
사상-특히 분단 상황이 야기한 총련과 민단의 분열-이 침투해 있음을
그대로 노출시킨다. "이데올로기 색이 농후한 문장이어도 굳이 배제하
지 않"은 이유에 대해서, "이국에서 고생하면서도 늠름하게 열심히
살았던 여성들, 이라는 무색투명한 이미지를 재생산하는 것만으로는

38　宋惠媛 編, 「解說」, 『在日朝鮮女性作品集 1―一九四五~八四 (在日朝鮮人資料
　　叢書9), 綠蔭書房, 2014, iii頁. 번역은 필자. 이하 본 논문의 번역은 모두 필자에
　　의함.

정치에 뒤섞일 수밖에 없었던 당시 재일 조선 여성들의 삶의 리얼리티를 드러내지 못"하기 때문이라고 말한다.(재일여성자료1; iii~iiii쪽) 이처럼 여성들의 자기서사 공통장 텍스트는, 여성들을 둘러싼 관계-조직, 학교, 가정 등-와 긴밀히 관련된다. "문해교육을 받았는가 여부뿐 아니라, 어떤 언어로 어디에서 누구로부터 배우는가라는 문제는 재일조선여성들의 삶의 방식, 사상, 귀속의식의 방향성에 결정적이라고 할 정도로 영향"을 주었다.(재일여성자료1; v) 그러나 한계처럼 보이는 이러한 특수성은, 다른 한편으로는 "문자를 배우는 것과 그 자체가 사상형성이나 행위 수행을 결정지었다"는 점에서 문자 획득 행위의 보편적 본질을 질문하게 한다.(재일여성자료1; v쪽)

이와 관련된 장은 2장 「동포들과 함께」다. "재일민족조직과 깊이 관련되어 민족 공동체 속에서 살아온 여성들이 쓴 작품군"으로 "조련-민단-총련과 연계를 한 재일본 조선민주여성동맹(여맹) 주변" 여성들의 글을 모았다. 3장인 「일본에서 태어나 자라고」와 4장인 「학교 속의 소녀들」에 수록된 글에서는 넓은 의미에서 문해교육이 여성의 글에 끼친 영향을 볼 수 있다. 3장에는 일본학교나 조선학교를 졸업한 재일 2세의 작품들이, 4장에는 초등학교부터 고등학교까지의 학교작문이 실려 있다. 4장의 경우 조련-민전-총련 조직에서 운영되는 학교에 다닌 학생들의 작품이 주종을 이룬다.(재일여성자료1/xxiv~xxv쪽)

셋째로, 재일조선여성의 자기서사 공통장 텍스트 중에는 가족 관계 및 갈등이 깊게 반영된 글이 많다. 관련된 장은, 7장 「아버지에게」, 8장 「아버지」, 9장 「어머니」이다. 8장에는 집에서는 가부장적이고 밖에서는 소수자인 아버지에 대한 양가감정이 드러나 있고, 9장에는 어머니에 대한 갈등을 포괄하여 다양한 1세 재일조선여성의 모습이 나타난다. 이처럼 가족관계가 반영된 자기서사 공통장에는 겹겹이 쌓인 듣고–쓰는 관계가 반복된다. 딸이 아버지나 어머니를 보고 듣고 쓰며, 때로는 갈등하고 넘어선다. 이처럼 자기서사 공통장 속에서 연쇄적으로 형성된 듣고–쓰기의 공통장은, 증언할 수 있는 당사자가 사라진 시대의 증언방식을 모색할 때 힌트가 된다.

넷째로, 자기서사 공통장 텍스트는 '자기서사'에 머물지 않고 공통장을 만들어내는 활동과 관련되어 있다. 6장인 「민족교육을 지키기 위해서」에는 1948년에 정점에 올랐던 민족교육투쟁과 관련해서 여성들이 전개한 다양한 활동을 담은 텍스트가 수록되어 있다.

다섯째로, 자료집에서는 1세, 2세, 3세라는 세대 명칭을 사용하지만, 남편을 따라 도항·밀항을 반복해야 했던 이동 잦은 재일조선여성의 삶을 고려하여, 이러한 구분을 절대화하지 않는다. 이와 관련된 5장 「고향과 조국과 일본 사이」의 수록 작품들은, 고향과 조국이 어긋나 버린 재일조선여성들의 상황을 잘 보여주고 있다.

송혜원의 자료집에 나타난 문해교육 과정을 포괄한 폭넓은 텍스트 선정, 문해교육을 받은 관계(조직, 학교, 가정), 자기서사 공통장 내부에 연쇄적으로 생기는 듣고–쓰기, 이 세 가지 특성은 또 다른 자료집이나 텍스트에서도 반복적으로 발견된다. 또한 재일조선여성의 자기서사 텍스트가 생성될 수 있었던 공통장의 특성과 변화를 함께 엿볼 수 있다.

다음으로 『봉선화, 재일한국인 여성들의 기억』(선인, 2018; 일본어판은 2015)을 보자. 첫째로 이 책은 수년간 『봉선화』라는 잡지를 축으로 맺어진 공통장을 기반으로 한다. 1991년 봄에 동인지 『봉선화』가 창간된 이후 27호까지 발간한 600여 편 중 40편을 골라 담은 것이라고 쓰고 있다.[39] 목차가 시기별로 나뉘어 있듯[40], 재일조선여성의 세대 간 차이, '하프'가 아니라 '더블'이라고 부르는 시대적 변화가 나타나

있다는 점에서 재일조선여성의 자기서사 공통장의 범위를 확장해 준
다. 특히 재일조선여성 3세의 한국체험이 흥미롭다. 예를 들어 조순화
의 「재일 3세로 태어나」와 야마시타 영애의 「더블만세」가 대표적이다.
"한국을 외국으로 생각하고 접근하지 않으면 한 발짝의 진전도 없다는
것을 알았습니다"라는 말이나(봉선화; 43), 자신의 정체성을 '더블'이라
고 설명하면서 기뻐하는 모습(봉선화; 68) 등이 언급되어 있다.

둘째로 젊은 세대가 쓴 에세이가 많아서, 문해능력은 있지만 한국
어를 모른다는 답답함이나 한국어 교육을 받은 경험이 곳곳에서 나
온다. 이시즈코는 「우리말에 대한 다짐」에서 "난 한국 사람이지만 일
본에서 태어나 자랐습니다. 자라면서 일본 교육을 받은 탓에 모국어
를 자신 있게 말할 수 없습니다. 지금까지 부끄럽고 답답한 마음으로
살아왔습니다만, 나와 같은 처지로 살아온 사람들은 다 이해해 줄 거
라고 믿습니다."(봉선화; 14)라고 한다.

셋째로 그/녀들이 글을 쓰고 발표할 수 있도록 해준 재일조선인
공동체 및 공통장의 변화도 두드러진다. 김명미는 「멜라니여, 안녕」
에서 도금공장에서 남자들과 함께 일하며 학교를 다니던 소녀의 이
야기나 인쇄공장에서 손가락이 절단되고 북한으로 간 마을 오빠 이
야기를 쓴다.(봉선화; 18) 주수자는 「숭늉」에서 아버지의 폭력에 시달
리며 생활을 꾸리기 위해 고생했던 어머니의 모습을 그리면서 "어머
니가 살아온 애달픈 삶의 전철을 밟고 있는 자신의 모습"을 보고,

---

39 오문자·조영순 저, 「후기」, 『봉선화, 재일한국인 여성들의 기억(담장 제6권)』,
   최순애 역, 2018, 선인, p.237. 이하 이 책의 인용은 '봉선화; 쪽'으로 표기.
40 1991년~1994년 / 1995년~2000년 / 2001년~2005년 / 2006년~2013년으로 분류
   되어 있음.

"어쩐지 조선여자의 기운이 내 곁을 빠져 나가는 듯한 느낌이다"(봉
선화; 49)라고 쓴다.

넷째로, 재일조선여성의 자기서사 공통장이 세대를 넘어선 '듣고-
쓰기'의 장으로 발현된 글도 있다. 신민자는「김동을 아버지를 찾아
뵙고」에서 강제동원 당사자를 찾아가 이야기를 들은 경험을 쓰고 있
으며(봉선화; 37), 정리혜자는「BC급 전범이었던 아버지」에서 전후까
지 이어진 사죄와 보상 요구 활동을 듣고 보고 기록한다(봉선화; 85).
하타케 후미요는 재일조선인 남성과 결혼하여 한국에서 살아가는 일
본여성 보호소인 나자레원을 방문한 후기를 적고 있다(봉선화; 166)

마지막으로 다룰 텍스트는 재일조선여성이 직접 쓰거나 구술한 것
이 아니지만, 자기서사 공통장 텍스트와 긴밀한 연관을 지닌 것으로
서아귀의『할머니들의 야간중학교』(오월의 봄, 2019; 일본어는 2012년)[41]
이다. 이 책은 동오사카에서 1990년대부터 전개된 공립야간중학교 운
동을 통해 재일조선인 1세들의 문해교육 과정이, 지역 차원의 재일조
선인 여성의 주체 확립 운동으로 확장되어 가는 과정을 고찰한다.(야간
중학; 13-14)

이 연구서에는 구술이 풍부하게 포함되어 있는데 이는 저자인 서아
귀의 정체성과도 관련된다. 서아귀는 "1세 여성은 인생선배로서 이야
기를 들려 주"었기 때문에 동포여성이면서 연구자이면서 애엄마라는
위치에서 때로 친근함을 때로 괴리감을 느꼈으나 이 모든 것이 저술에
큰 자양분이 되었다고 쓴다.(야간중학; 73) 즉 이 연구서의 기반은 뒤늦

---

41 서아귀 지음,『할머니들의 야간중학교』, 유라주 옮김, 오월의 봄, 2019. 일본어본
은 徐阿貴,『在日朝鮮人女性による「下位の対抗的な公共圏」の形成 :大阪の夜
間中学を核とした運動』, 御茶の水書房, 2012. 이하 인용은 '야간중학; 쪽'으로
표시.

게 야간중학교에 모인 재일조선여성들의 공통장이며, 그 관계에 재일
조선여성 연구자가 접속하여 확장된 공통장이라고 할 수 있다.

이처럼 재일조선여성의 자기서사 공통장 텍스트는, 그것이 형성될
수 있었던 공통장에 대한 질문이 된다. 또한 이 공통장의 모습은 재
일조선여성이라는 정체성에 한정되는 것이 아니라, 여러 번역자, 연
구자, 활동가, 번역가 사이의 협업을 통하여, 당사자성이나 1세 2세
3세라는 재일조선여성의 세대 구분을 뛰어넘는 연결을 통하여, 그
모습이 계속 새로워지고 있다.

4. 또 하나의 자기서사 공통장의 모색: 아시아 여성 사이/ 안의 관계

4.1. '탈식민주의/포스트콜로니얼리즘'의 유입과 재일조선여성의 자기 서사

자기서사 공통장 텍스트는 문학작품뿐 아니라 글쓰기에 대한 여성
의 욕망, 표현, 관계 전체를 의미한다. 이러한 텍스트는 비가시화된
재생산 노동의 영역에 있는 재일조선여성의 경험, 표현, 관계의 특
성을 보여주는 동시에, 어떻게 재일조선여성의 욕망에 기반하여 새
로운 공통성을 만들어 갈 것인가라는 물음을 던진다. 특히 자기서사
공통장 텍스트는 여성의 증언, 구술, 다양한 잡글을 포괄한다는 점
에서, 2010년대 중반부터 한국에서 확산된 증언, 구술, 현재의 아카
이빙에 대한 관심과 연관된다. 전 세계적으로도, 스베틀라나 알렉시
예비치의『전쟁은 여자의 얼굴을 하지 않았다』(문학동네, 2015)가 노
벨문학상을 받으면서 구술-증언을 문학과 관련시킨 작품이 주목을

끌어 왔다. 재일조선여성의 자기서사 공통장 텍스트가 번역 소개되는 경향은 이러한 전지구적 변화와 연동한다.

구술과 증언에 대한 관심은 식민주의, 아시아의 뜨거운 '냉전', 분단, 독재 등을 통과해 온 한국에서 지속적으로 이뤄져 왔지만 최근 몇 년 간 새로운 시도들이 눈에 띈다. 1975년 배봉기 할머니, 1991년 김학순 할머니의 커밍아웃에서 시작된 증언·구술 작업인 『강제로 끌려간 조선인 군위안부들(증언집 1~5)』(한국정신대문제대책협의회, 정신대연구회)이 2019년 개정판으로 출간되었고, 최근엔 서울대 인권센터 정진성 연구팀, 『끌려가다, 버려지다, 우리 앞에 서다1,2』(푸른역사, 2018)가 지도, 사진 등 새로 발굴한 자료를 넣어 간행되었다.

미군부대 주변 여성들의 이야기를 듣는 작업도 시도되고 있는데, 젊은 연구자와 예술가가 힘을 모아 자비출판한 『평택기지촌여성재현』(이경빈, 장영민, 지니, 이은진, 최윤선, 전민주; 디페랑, 2018년 12월 15일)은 증언집의 새로운 시도를 보여준다.[42] 제주 4.3의 트라우마를 미술치료로 풀어낸 『제주 4.3 생존자의 트라우마 그리고 미술치료』(김유경·김인근 공저, 학지사, 2014)도 흥미롭다. '현재'를 기록하는 행위도 세월호 진상규명운동을 둘러싼 기록물들[43]과 「304 낭독회」 활동 등으로 이어지고 있으며 미투운동과 함께 여성들의 증언·기록이 갖는 함의도 커지고 있다.

---

42 이 작업은 이후 다음의 저서로 출판되었다. 이경빈, 이은진, 전민주 저, 『영미 지니 윤선: 양공주, 민족의 딸, 국가 폭력 피해자를 넘어서-평택 기지촌 여성 구술집』, 서해문집, 2020.

43 진실의힘세월호기록팀, 『세월호, 그날의 기록』, 진실의 힘, 2016; 416세월호참사 시민기록위원회 작가기록단 글, 김보통 그림, 『금요일엔 돌아오렴 (240일간의 세월호 유가족 육성기록)』, 창비, 2015; 민주사회를위한변호사모임 저, 『416세월호 민변의 기록』, 생각의 길, 2014 등이 있다.

　그렇지만 여성들의 증언 구술 속에서도 재일조선여성에 의해 창작된 자기서사 공통장 텍스트들은 오랫동안 소개되지 않았을 뿐 아니라 본격적인 연구의 대상이 되지 못했다. 이러한 상황은 한국만의 문제는 아니지만, 한국의 탈식민지 이론 수용의 맥락을 성찰적으로 되짚어보게 한다.

　1990년대 중반부터 한국에는 탈식민지 이론이 본격적으로 번역 소개된다. 그러나 한국에서는 'post colonialism'이란 용어의 번역부터 논란의 대상이었다. 이경원에 따르면, "대부분의 제3세계 국가들로서는 두 가지 '포스트' 사이의 긴장이 어디까지나 주어진 역사적 조건의 부산물"인데, 왜냐하면 "긴장이 발생하는 지역은 정치적으로는 탈식민화되었지만 경제적 문화적으로는 여전히 식민지 상태에 놓여 있는 비서구 세계"이기 때문이다.[44] 따라서 한국에서는 '포스트 콜로니얼리즘'이나 '후기식민주의'라는 번역어보다 '탈식민주의'라는 말로 번역되고 정착되었는데 이는 (재/신) 식민화된 상황에서 벗어나려는 의지를 담은 번역어다.[45] 윤대석 또한 "새로운 식민주의 전략에 대한 유효한 저항으로 '탈식민주의'를 배치하는 것은 포스트콜로니얼 이론/비평을, 그것이 계승/극복하고자 하는 제 3세계론과의 연속성에서 이해"하게 하며, 탈식민주의라는 번역어는 주변부에 위치하는 지식인들이 "서구 포스트콜로니얼 연구에 대해 가지는 반감과 우려의 표시"이자, "그것을 '주체적으로' 전유하려는 노력의 표시"라고 말한다.[46]

44　이경원, 『검은 역사 하얀 이론 (탈식민주의의 계보와 정체성)』, 한길사, 2011, p.30.
45　이경원, 위의 책, p.32.
46　윤대석, 「한국에서의 포스트콜로니얼 연구」, 『식민지국민문학론』, 역락, 2006, p.63.

한편 황호덕은 'post colonialism'에 대한 번역어로 '탈식민주의' 만큼이나 '후기 식민주의/포스트 콜로니얼리즘'이란 번역어가 많이 활용되었다고 쓰고 있다. '탈식민주의'라는 번역어는 "근대(국민국가/식민주의)의 극복"을 목표로 했기 때문에 '탈식민화(decolonization)'라는 의제를 뚜렷이 한 반면, '후기 식민주의 혹은 포스트콜로니얼리즘'이라는 번역어는 저항과 협력의 비식별적 영역이나 민족/계급/젠더적 불평등의 복잡한 위계 등 식민지적 삶이 지닌 양가성의 영역을 의제화했다는 것이다.[47] 황호덕은 'post colonialism'의 번역과 수용 속에, 서발턴 재현의 논의나 젠더적 위계에 대한 고려가 있었다는 것을 간략히 언급하지만, 아시아 여성의 글쓰기 행위 전체를 다룰 만한 가시적인 흐름에 대한 언급은 적다.

제3세계 페미니즘 혹은 탈식민 페미니즘의 한국 수용이나 번역도 상황은 크게 다르지 않아 보인다. '제3세계 페미니즘(the third world feminism)'이란, 기존의 백인 여성 중심의 페미니즘을 "구식민지종주국의, 백인의, 민족적 다수자의, 특히 중산계급의 여성들의 페미니즘, 한마디로 제국의 페미니즘"이라고 비판하면서 페미니즘 이론에도 내재화되어 있는 제국주의를 극복하기 위해 제기된다.[48] '서발턴은 말할 수 있는가'라는 질문을 던져 서발턴의 말을 들으려 하지 않고 또한 듣지 못하는 담론장에 일격을 가했던 스피박의 문제제기는 1990년대 한국사회의 식민지기 및 마이너리티 연구에도 자극이 되었다. 스피박

---

47 황호덕, 「탈식민주의인가, 후기식민주의인가」, 『상허학보』 51, 상허학회, 2017, pp.315-357.
48 오카마리 지음, 「제3세계 페미니즘과 서발턴」, 『코기토』 73, 이재봉·사이키 카쓰히로 역, 부산대학교 인문학연구소, 2013, p.602.

의 "Can the Subaltern Speak?"가 발표된 것은 1983년이었고[49], 한국에는 1988년 『세계사상』에 실린 뒤 『포스트식민이성비판』에 게재된다.[50] 이후 컬럼비아 대학의 「여성과 젠더 연구소(Institute for Research on Women and Gender)가 주관한 학술대회 "서발턴은 말할 수 있는가?: 서발턴 개념의 역사에 관한 성찰들』의 기록을 담은 로절린드 모리스 편저의 책이 한국에 번역되어 논의를 심화시켰다.[51]

이처럼 한국에는 1990년대 초부터 제3세계 페미니즘의 문제의식이나 서발턴 이론이 유입되어 있었고 무엇보다 재일조선여성들의 자기서사 공통장 텍스트는 제3세계 페미니즘의 문제의식과 깊이 연관되어 있었다. 그러나 이런 친연성에도 불구하고, 한국에서 아시아 여성과의 교류와 연대는, 여성 노동 측면에서도 1980년대 후반에 이르러서야 본격적으로 전개되었고[52] 재일조선여성의 자기서사에 대한 관심은 최근에서야 활성화되고 있다. 'post colonialism' 뿐 아니라, 제3세계 페미니즘 이론이 한국에 수용될 때에도 재일조선여성의 자

---

49 태혜숙, 「옮긴이 해제」, 로절린드 C. 모리스, 가야트리 차크라보르티 스피박 외 3명 저, 『서발턴은 말할 수 있는가? (서발턴 개념의 역사에 관한 성찰들)』, 태혜숙 역, 그린비, 2013, p.513.

50 태혜숙, 위의 책, p.531. "나는 민족문학과 세계문학에 대한 논의가 한참이던 때 왜 영문학을 공부하며 어떻게 작품들을 읽어야 할지, 또 박사학위 논문의 틀은 어떻게 잡아야 할지 방황하며 탐색하던 중에 스피박 교수의 첫 저서 『다른 세상에서』(1987)를 도서관에서 만났다. 그 책은 내가 쓸 논문의 주제와 틀을 잡는 데 주요한 이정표 역할을 했고, 그 후 나는 1988년의 에세이를 번역해 『세계사상』(1988)에 「하위주체가 말할 수 있는가?」라는 제목으로 실었다."

51 로잘린드 C. 모리스 엮음, 가야트리 스피박 외 지음, 『서발턴은 말할 수 있는가?: 서발턴 개념의 역사에 관한 성찰들』, 그린비, 2013, pp.11-12.

52 박진영, 「여성노동운동의 아시아 연대」, 『페미니즘 연구』 8(1), 한국여성연구소, 2008, pp.219-229.

기서사에 대한 관심은 눈에 띄게 확장되지 않았던 것이다.

이러한 현상은 탈식민주의 이론이 서구성과 남성성을 비판할 때조차 사라지지 않는 '내재화한 식민주의적 무의식'일지도 모른다. 더구나 후술하겠지만, 이런 현상은 한국만의 문제가 아니며 일본에서는 식민자의 위치에서 나타나는 또 다른 형태의 식민주의적 무의식으로서 현재까지도 나타나고 있다. 혹은 '전후'에 아시아를 전체적으로 볼 수 있는 위치가 주어졌던 일본과, '해방 후'에도 백색테러, 내전 형태의 국제전(한국전쟁), 그리고 독재정권의 통치에 휘말렸던 구식민지의 차이일 수도 있다. 문제는 식민주의의 여파로 전후까지 지속 심화되어 온 이러한 위계를 극복할 수 있는, 자기서사 공통장의 모색일 것이다.

4.2. 아시아 여성 교류의 실험과 한계

아시아 여성들의 증언, 구술, 자기서사에 대한 아시아 여성 활동가 및 연구자들의 관심과 연대활동은 문학 이외의 영역에서는 비교적 이른 시기부터 이뤄져 왔다. 이러한 활동들이 가시화된 것은 2000년 12월에 열린 「여성국제전범법정」이 중요한 계기이지만, 연대의 흐름은 1970년대부터 시작되고 있다. 그리고 이 흐름이 이뤄졌던 '장소'는 일본이지만, 이 흐름에 결정적인 역할을 한 것은 한국의 페미니스트들이었다는 점에서 단일국가적 맥락으로 환원할 수 없는 아시아 여성연대의 공통장을 엿볼 수 있다.[53]

---

53 한국의 아시아 여성 연대의 계보에 대해서는 보다 면밀한 검토가 필요하나, 본 논문에서는 지면상 1970년대의 두드러진 일본의 활동에 초점을 맞춰 그 한계를 지적하는 것에 그치고 보다 본격적인 논의는 다음 기회로 돌리고자 한다.

1970년대는 "베트남 전쟁반대 운동의 고양, 미국과 중국의 갑작스 런 접근, 한반도의 남북 공동성명 발표 등으로 동아시아 냉전 구조가 변화할 예감이 있던 시기"였고, "고도 경제 성장의 한가운데"라는 경 제적인 여유도 작용하여, 일본 안에서 "저변 여성사에 대한 관심이 커"질 수 있었다.[54]

1970년대 중후반부터 아시아 여성과의 교류에 관심을 가진 인물로 마츠이 야요리를 들 수 있다.[55] 마츠이 야요리는 1970년대에 미국의 우먼리브 사상을 접한 뒤 아시아와 여성에 대해 관심을 갖고 저널리 스트로 활동한다. 그의 활동 궤적을 따라가면 한국과 일본의 여성들 이 '아시아의 여성'을 화두로 관계를 맺는 모습이 포착된다. 사실 이 렇게 국가 간 여성 연대라는 기치 아래 형성된 공통장은, 재일조선여 성과 같은 여성 내부의 마이너리티를 비가시화할 우려가 있으며, 구 제국 여성과 구식민지 여성 사이의 위계도 느껴진다. 그러나 자기서 사 공통장이 한일의 페미니스트 사이에 형성되기 시작한 지점의 한 계와 가능성을 살펴볼 수 있기도 하다.

아시아 여성 연대의 공통장이 형성되는 과정에서 특기할 만한 첫 번째 사건은, 1975년 6월 멕시코시티에서 처음 열린 「국제여성의 해 세계대회」이다. 이 대회를 시작으로 10월 베를린에서는 세계여성대회 가, 1995년 9월 베이징에서는 제4차 세계여성대회가 열린다.[56] 아시아

---

54 송연옥, 「재일조선인 여성의 삶에서 본 일본 구술사 연구 현황」, 『구술사연구』 6(2), 구술사학회, 2015, p.209.
55 마츠이 야요리의 설명은 이 사이트를 참조함.
    「アジア女性資料センター」 http://jp.ajwrc.org/about/outline/yayorimatsui
56 「국제여성의 해」, 『네이버 지식백과』, 검색일 2024.8.2.,
    링크: https://terms.naver.com/entry.nhn?docId=1067289&cid=40942&categoryId=

여성에 대한 마츠이 야요리의 초창기 화두를 담고 있는 책인『여성해
방이란 무엇인가(女性解放とは何か)』[57]에는 첫「국제여성의 해 세계대
회」에 대한 리뷰가 있다.

마츠이 야요리의 이 리뷰 및 책 전반에는 '일본여성'이라는 입장에
서 전개하는 활동과 함께, 그 입장에 대한 철저한 비판이 공존한다.
일본과 아시아라는 두 축에 포섭되지 않는 아시아 여성 내부의 마이
너리티들에 대한 천착은 이러한 입장에 의한 것이다.[58] 따라서 마츠
이에게 서구의 페미니즘과 아시아 페미니즘의 위계(그리고 연쇄하는
페미니즘 내부의 위계들)가 드러난 멕시코시티 여성회의는 손쉽게 아
시아 여성들 사이의 연대를 말할 수 있는 장으로 경험되지 않았다.
제 3세계 여성의 빈곤은 "세계 133개국의 여성들이 눈부신 의상과
훌륭한 연설이 진행되는 회의장소"와 대비되었고, 우먼리브로 대표
되는 서구페미니즘 내부에 신식민주의적 요소가 있음을 마츠이는 직
시하고 있다. 그러나 다른 한편으로는 세계여성대회의 회의장이 갖
고 있는 발언의 공적 기회로서의 역할을 긍정하기도 한다.(마츠이;
184) 그리고 마츠이는 이러한 여성들 사이의 위계를 서구여성과 제3
세계 여성 사이에서, 일본과 아시아의 관계로 연결시켜 성찰하면서,
"만약 회의가 아시아의 어느 나라에서 열렸다고 한다면 필경 일본이

31637

57 松井やより,『女性解放とは何か』, 未来社, 1975.

58 「동남아시아 여성들은 호소한다」에는 "태국, 말레이시아, 인도네시아, 베트남"을
3주간 방문하면서 만난 여성들에 대해 적는다.(마츠이; 69) 베트남에서는 전시성폭
력에 의한 임신을 폭로하며, '현대판 아우슈비츠'라고 불리는 베트남 감옥에서 여성
정치범들이 당하는 성고문을 보도한다.(마츠이; 79) 방콕에서는 경제원조의 이름으
로 여성노동자를 착취하는 일본기업을 고발하고(마츠이; 77) 한국에서는 기생관광
을 성침략이자 식민지배의 반복이라고 비판한다(마츠이; 83).

공격의 표적이 되었을 것이고 반일 감정이 폭발했을 것"이라고 자각하게 된다.(마츠이; 185-186)

흥미로운 것은 마츠이 야요리의 『여성해방이란 무엇인가』를 1981년에 한국에서 번역출판한 것이 재일조선인이었다는 점이다.[59] 번역자는 1955년 나고야에 태어나 세이와 여자대학 기독교교육학과를 졸업하고 재일동포 인권운동에 종사하는 보육원 교사라고 쓰여 있다. 1970년대 한일 간 아시아 여성들의 연대활동을 뒷받침했던 사람들 속에 재일조선인 여성들이 있었음을 엿볼 수 있다.

마츠이 야요리가 아시아 여성의 해방을 위해 연대하고자 했던 지향과 그 속에 연쇄된 아시아 여성의 문제를 보고자 하는 성찰은 1977년 3월 준비호를 내고 6월에 창간한 『아시아와 여성해방(アジアと女性解放)』이란 잡지의 공통장으로 이어진다.[60] 이 잡지는 아시아 각지 여성들의 목소리를 담았다는 점에서 자기서사 공통장의 아시아적 확장을 실험했다고 할 수 있다.

창간호 특집은 "한국민주화 투쟁의 여자들"이고 사진은 "판결에 항의하는 민주화 구국 선언 사건 피고와 그 가족들(1977년 3월 22일)"이다. 창간호 권두언의 성격을 띤 「우리들은 한국의 여자들의 싸움을 지지한다」라는 글에는 창간호 준비호에 실은 「우리들의 선언」[61] 일부가 전재되어 있는데, "아시아에서 억압받고 있는 여성들, 저항에

---

59 마쯔이 야요리 지음, 『무엇이 여성해방인가?』, 김혜영 옮김, 백산서당, 1981. 이 번역본을 알려준 이지은 선생님께 감사드린다. 이하 이 책의 인용은 '마츠이; 쪽'으로 표기.
60 아시아의여자들회(アジアの女たちの会), 『아시아와 여성해방(アジアと女性解放)』 창간호, 1997.
61 「우리들의 선언 --」, 『아시아와 여성해방』, 창간호 준비호로 1977년 3월에 발간됨.

나서고 있는 여성들과 함께 아시아의 새로운 미래를 열어 젖히고 싶다"는 바람이 잡지에 담겨 있다고 하면서 다음과 같은 말로 한국의 싸우는 여성들에게 지지를 보낸다.[62]

> 지금 한국이 우리들의 마음을 사로잡고, 흔들고 있습니다. …… 민주화 투쟁을 이끌어가는 것은 결코 남자들만이 아님을 우리들은 조금씩 알았습니다. 여자 학생들은 '한 민족으로서의 생존과 자유와, 인간으로서의 최소한의 권리조차도 향유 할 수 없는 이 암흑의 조국의 현실을 그대로 볼 수 없다(1974년 10월 21일, 이화여자대학교 선언)고 일어섰습니다. …… 인천의 방적 공장의 여성들은 가혹한 노동조건에 저항하여 단식투쟁으로 의식불명이 될 때까지 버려진 몸으로 싸워냈습니다. 지금 한국 여성들의 싸움은 풀뿌리 여성들에 의해 착실히 확장되고 있는 것입니다. …… <u>이것은 우리 일본 여자에게는 일본의 권력에 더욱 정면으로부터 대항해야 한다는 엄격한 질문이 되며, 한국과 마찬가지로 억압과 빈곤에 타격을 입은 아시아를 비롯한 제 3세계의 여성들에게는 강력한 격려가 될 것이라고 생각합니다. 그리고 구미제국(일본도) 의 여성해방운동에 대해서는, 타국의 여성들의 기아 위에 구축된 '윤택함'을 묻는 날카로운 고발이 될 것입니다.</u>
>
> — 1977년 6월 14일 아시아여자들의 회
> (「아시아와 여성해방」 편집 그룹」)

이 권두언에는 한국여성과 일본여성이라는 국가간 경계가 나타나 있지만, 한국의 여성노동자, 싸우는 여성, 민주화 투쟁을 뒷바라지

---

62 아시아여자들의 회(「아시아와 여성해방」 편집 그룹」), 「우리들은 한국의 여자들의 싸움을 지지한다」, 『아시아와 여성해방(アジアと女性解放)』 창간호, 아시아의여자들회(アジアの女たちの会), 1977년 6월, p.2. 이후 이 창간호에서의 인용은 '여성해방77.3/쪽'으로 표시.

하는 어머니 등 보다 구체적인 여성 소수자의 형상을 드러내고 있다. 예를 들어 이우정(李愚貞)의 「민주구국선언사건피고」(p.3), 가토 마리(加藤真理)의 「김지하의 어머니는 말한다」(p.6), 4월X일 서울발이라고 쓰인 「어느 학생의 어머니로부터」(p.7), 「양심범과 그 가족들의 모임 선언」(p.7), 「다큐먼트 – 여자는 싸우고 있다, 대학에서, 공장에서, 언론에서」(pp.10-11), 강순희의 「처형된 남편을 생각한다」(p.13), 「KCIA(한국중앙정보부)의 성고문을 받은 권말자씨」(p.15) 등이 그것이다.

일반적으로 한국여성과 일본여성의 연대라는 트랜스내셔널한 프레임에서는 국민국가에 속하지 않는 주체는 오히려 비가시화될 수 있다. 그러나 창간호에 「재일한국여성억압에 대항하여」(p.14)가 여러 사람들이 연대를 보내는 글로 엮어져 있어 미약하나마 트랜스내셔널한 프레임 내부의 공백을 메꾸고 있다. 이처럼 『아시아와 여성해방』은 여러 갈등과 위계들을 내포하고 있지만, 그럼에도 여러 층위의 여성들이 쓴 글을 게재한 자기서사 공통장이자 텍스트라고 할 수 있다. 특히 이러한 공통장이 내부의 소그룹으로 뒷받침되고 있다는 점도 주목할만하다. 아시아 및 한국에 대한 지식을 주거나[63], 다양한 강좌와 연구모임 활동을 기반으로 하고 있음을 잡지에 실린 강좌 예고, 테마별 연구모임을 통해 확인할 수 있다.[64]

---

63 임전혜, 「일한 여성 세미나 강연 1976년 6월, 식민지 정책과 일본인 여성」, p.16 및 「한국여성이 투쟁한 백년의 역사」 p.21 및 「한국과 한국여성을 알기 위해: 자료 소개」, p.24.

64 츠루미 요시아키(鶴見良行)의 「여자대학 4월 강좌 제1회: 아시아와의 만나는 방법」이 실려 있고, 「편집후기」 옆에는 「여자대학–아시아와 여성해방」(제1기 4월~7월) 안내와, 9월부터 2기가 시작된다는 안내가 있고, 「아시아 여자들의 회 테마별 그룹」이 있어서 인도네시아 연구, 국적법개정, 해방과 미학, 경제침략, 성침략, 인권 정치범, 연대활동, 기관지 담당, 자료 수집 등의 테마가 열거되어 있다.

『아시아와 여성해방』은 1992년 11월에 21호로 종간하지만 이후에
도 마츠이 야요리의 활동은 〈여성국제전범법정〉을 비롯한 다채로운
아시아 연대회의 결성, 일본 내 여성 단체[65]나 아시아여성자료관의
결성[66] 등으로 지속된다. 이러한 마츠이 야요리의 활동은 '초국적 아
시아 여성 연대활동'으로 평가받고 있다.[67]

마츠이 야요리가 주도한 아시아 여성 교류는 단일한 국민국가로 환
원될 수 없으며 여성 내부의 마이너리티와 연결되려는 여러 시도들을
담고 있다. 그렇지만, 일본의 페미니즘과 아시아의 페미니즘 사이에
있는 시야나 위치의 차이가 얼마나 깊이 있게 논의되었는가를 숙제로
남는다. 이 차이는 1975년 8월 제 2차 〈아시아인회의〉에서 만난 싱가
포르 청년이 무토 이치요에게 "도쿄에 와서 처음으로 아시아인으로서
의 의식을 가졌습니다"라고 말했던 순간에서 느껴지는 것과 엇비슷하
다.[68] 분단된 아시아가 다시 만난 것이 그 분단을 초래한 정치경제권력
의 수도인 도쿄였다는 아이러니는, 1970년대를 둘러싼 아시아 여성연
대의 장면에서도 '도쿄'가 중심화되면서 반복적으로 나타나고 있었던
것은 아닐까?

일본의 저널리스트이자 활동가인 마츠이 야요리의 시야에서는 '아
시아'가 보였지만, 해방 후 백색테러, 내전, 독재를 겪으면서 민주화

---

65   전쟁과 여성에 대한 폭력-일본 네트워크(VAWW-NEt Japan)

66   「아시아여성자료센터(アジア女性資料センター)」, http://jp.ajwrc.org/about/
outline/yayorimatsui

67   강가람, 「2000년 여성국제법정을 통해 본 초국적 여성 연대의 가능성」, 이화여자
대학교 여성학과 석사학위논문, 2006 등을 참조.

68   미치바 지카노부, 「1960-70년대 베트남전쟁 반대운동에서 '아시아'에 대한 시선
의 부상」, 성공회대 동아시아연구소 편, 『냉전 아시아의 문화풍경 2 (1960-1970년
대)』, 현실문화, 2009, p.112.

운동이나 노동운동에 열중하고 있던 한국에서는, 다른 아시아와의 연대를 모색하는 활동이나 재일조선여성에 대한 인식이 활발히 일어나기는 쉽지 않았을 것이다. "한국의 여성노동운동이 여성노동운동의 이름으로 국제적인 네트워크를 만들기 시작한 것은 80년대 후반 CAW(Committee for Asian Women, CAW)에서 활동하기 시작하면서부터"인데, 1987년 이전에는 독자적 여성 노동 조직이 없었고 정부의 감시로 외국으로 갈 비자를 발급받지 못하는 등 외국 방문이 어려웠기 때문에 시기적으로 늦어진다.[69]

한국은 "80년대 후반과 90년대에 걸쳐 직접적인 프로그램의 수혜를 받아왔다면, 90년대 중반 이후로는 다양한 활동 사례와 경험을 제공하는 역할"을 해 왔다. 그러나 현재는 동남아시아 등의 여성운동과의 동등한 교류 방식이 모색되어야 할 때라는 점에서, 여성연대 안에서도 존재하는 여러 갈등과 위계를 느낄 수 있다.[70] 제국의 위치에서는 아시아가 보이지만 고통 속에 있는 아시아에서 다른 아시아를 볼 수 있는가라는 물음은, 마츠이 야요리가 열어젖힌 아시아 여성의 자기서사 공통장에서도 다시금 질문되어야 할 문제이며, 더 나아가 한국사회에 대한 보다 깊은 성찰을 요청한다.

또한 트랜스내셔널한 관점에서 한일 간의 여성 연대, 혹은 아시아 여러 지역의 연대를 모색할 때, 오히려 비가시화되는 존재가 있음은 앞서 살펴본 재일조선여성의 자기서사 공통장에서도 명확했다. 마츠이 야요리의 활동을 중심으로 본 아시아 여성 연대는, 재일조선인을

---

69 박진영, 「여성노동운동의 아시아 연대」, 『페미니즘 연구』 8(1), 한국여성연구소, 2008, pp.223-224.
70 박진영, 위의 논문, pp.224-226.

비롯하여 여성들 내부에서 다시 만들어지는 위계에 자각적이지만, 아시아 여성 내부의 갈등하는 관계를 깊이 파고들진 않으며, 이 지점에서 재일조선여성의 문제는 충분히 조망되지 못하는 지점이 있다. 이러한 아시아 여성 연대의 공통장이 이후 위안부를 둘러싼 한일 교류 및 현재 재일조선여성의 자기서사 공통장 텍스트의 기반이 되지만, 각 지역이나 국가 간 연결뿐 아니라 마이너리티 여성 내부의 관계를 보다 섬세하게 묻기 위해서는 자기서사 공통장 텍스트들 속으로 깊이 들어가 봐야 한다.

4.3. 재일조선여성의 자기서사와 내재적 공통장: 군위안부, 기업위안부, 근로정신대...

트랜스내셔널이라는 틀로는 보이지 않는 재일조선여성의 내재적 연결과 갈등은 재일조선여성의 자기서사 공통장 텍스트에서 그 실마리를 찾을 수 있다. 특히 자기서사 공통장 텍스트 중 재일조선여성 1세의 다양한 구술기록은 이러한 점에서 주목을 요한다. 이 기록을 보면, 현재 분리해서 생각하는 식민지기부터 해방기까지의 여러 층위의 여성들의 삶이 서로 연결되어 있음을 확인하게 되기 때문이다.

물론 같은 재일조선여성의 표현이라고 할지라도, 2장에서 주로 다룬 재일조선여성의 '글쓰기'와, 질문-답 형태를 지닌 '증언·구술' 사이의 차이는 명확하다. 그러나 그 양쪽 모두 재일조선여성을 둘러싼 공통장의 산물임에는 차이가 없다. 글쓰기가 글을 막 배운 재일조선여성의 표현이며, 구술은 글을 배우지 못한 재일조선여성의 표현이라는 점에서, 이 두 형태를 재일조선여성의 자기서사공통장 텍스트로서 연결지어 생각해야 할 것이다.[71]

근로정신대로 1944년 5월 아이치현 미쓰비시 중공업 나고야 항공
기 제작소로 동원되어 비행기 부품도본을 알루미늄판에 그리는 일을
하고 한국에 돌아와 살고 계신 박해옥님은, '근로정신대'에 초점이
맞춰진 구술집에서 「우리 근로정신대는 그러니까 위안부가 아니여
요」라고 말한다.

> 국민학교에서 보냈어요. 각 초등학교에서. 우리 정신대원들은. 그러
> 니까 위안부가 아니여요. (테이블을 두드리고 목소리가 커지며) 위안
> 부들은 정신대를 붙일 수가 없어요. 종군위안부지, 우리는 근로정신대
> 라는 것이 그것밖에 정신대가 없었어요. 그 당시에는~. 근로정신대.
> 정신대 한문이 몸을 바치라는 것인데, 천황폐하에 몸을 바쳐서 일해라,
> 그 뜻이에요. 그러는데 그거를 엄한 데다 붙여가지고.[72]

강제동원되고 성노예로 끌려간 여성들의 형태를 섬세하게 구별하
는 것은, 이 폭력의 책임을 명확히 묻기 위해서 중요하다. 그러나 뿌
리 깊은 가부장제는 위안부 당사자를 지역사회에서 소외시키고 손가
락질하거나, 혹은 국민국가 담론으로 포섭함으로써, 그녀들의 구체
적인 경험을 말할 수 없게 만든다. 이런 상황은 일본군 '위안부'와
'근로정신대' 당사자들 사이를 분열시키는, 여성들에 대한 외압으로
나타난 결과다. 강제동원 이후의 삶을 살아가는 데 있어서, 그녀들
에게 일본군 '위안부'였는가 아닌가의 여부가 계속해서 고통과 피해

---

71 재일조선여성의 구술과 글쓰기 행위 사이의 차이에 대해서는 본고의 범위를 넘어
서므로 추후의 과제로 삼고자 한다.
72 「우리 근로정신대는 그러니까 위안부가 아니여요」, 『조선여자근로정신대, 그 경
험과 기억』, 일제강점하강제동원피해진상규명위원회, 2008, p.145.

를 주기 때문이다.

그러나 재일조선여성 1세의 생애사 구술 속에서 여성들이 마주한 여러 상황들은 연결되거나 겹쳐지는 경우가 있다. 배봉기에 한정해서 보더라도, 근로정신대가 위안부가 되는 경우가 있다. 오세종은 배봉기가 "'가네코'라는 이름의 조선인 남성을 따라 부산으로 향"한 뒤, "'곤도'라고 하는 일본인 남성에게 넘겨진 후 29세 무렵 '여자 정신대'에 들어갔다. 29세 무렵이다. 정신대라는 것은 종군간호부와 심부름, 군대청소, 취사, 군수공장에서 노동 등을 위해 모집된 여자들이다. 그런데 정신대 들어간 조선인 여성 상당수는 보내진 곳에서 일본군 '위안부'로 동원되었다"[73]고 쓴다.

배봉기의 구술을 통해 작성된 『빨간 기와집』에는 "기생들은 1943년 5월부터 여자근로보국대로 편입되었고, 1944년 8월부터는 여자정신대로 군수공장에 동원되었다"고 쓰여 있어, 기생들이나 조선요리집의 여성들이 다시 근로정신대가 되는 경우도 있었음을 알 수 있다.[74]

'위안부'의 형태도 지역이나 관리 주체에 따라 여러 가지였다. 예를 들어 군 '위안부'도 있었지만, 산업 '위안부'도 있었다. 1910~20년경 조선인 집단 거주지구에 형성된 조선요리집에 집안 빚에 팔려오거나 속아서 온 젊은 여성은 식사대접 뿐 아니라 매춘에 이용되었고, 그 조선요리집은 '조선유곽', '반카페', '조선빠', '삐야' 등의 이름으로 불렸다.[75] 1942년 이후 탄광으로 강제동원된 조선인을 상대로 하는 산업

---

73 오세종 지음, 『오키나와 조선의 틈새에서』, 손지연 옮김, 소명출판, 2019, p.266.
74 가와다 후미코 지음, 『빨간 기와집』」, 오근영 옮김, 꿈교출판사, 2014, p.65.
75 〈朝鮮料理店·産業「慰安婦」と朝鮮の女性たち~埋もれた記憶に光を~〉、高麗博物館、2017年企画展、2017年8月30日~12月28日, p.2. 박물관의 전시자료와 히구치 유이치(樋口雄一)님의 논문 및 보고문을 보내주신 도쿄의 「고려박물관」

'위안소'가 탄광 주변에 정부와 기업 주도로 생기자,[76] 그녀들은 다시 산업 '위안소'에 배치되었고 정부와 기업에 의해 관리되었다.[77] 그 외에도 강제동원당한 남편을 찾거나 쫓아 온 여성, 1920년대에 토지를 빼앗기고 날품팔이 노동자로 도항한 여성 등 여러 형태의 삶이 있었다.

　다음에서는 재일 조선 여성 1세의 구술을 통해, 여성들 간의 연결이나 겹쳐짐을 양태의 측면 및 시간적 연속의 측면에서도 살펴보자.

　첫째로, 1920년대부터 도항한 여성들의 삶과 근로정신대 여성의 삶과 위안부의 삶과 전후 재일여성의 삶이 연결되어 가는 측면을 보여주는 구술자료로 『백만인의 신세타령-조선인강제연행 강제노동의 한』[78]이 있다. 이 구술자료집은 강제동원된 남녀 109명의 증언을 모은 것으로, 강제징용의 다양한 형태들이 나와 있다. 특히 2장 3절에 「남자는 쓸데 없어-어머니들의 활약」이라는 장을 두어 여성들의 구술을 담았고, 재일조선여성의 삶과 제주도 여성의 삶과 의 연결을 보여주는 구술도 다수 있다.

　이 구술 작업에 참여한 가야누마 노리코에 따르면 구술은 1993년에 시작하여 4년간 청취조사를 한 뒤 12월에 출판되었다고 한다. 이

오바 사요코(大場小夜子)님께 마음 깊이 감사드린다.

76　樋口雄一, 「日本国内の朝鮮料理店と産業慰安婦」『季刊 戦争責任研究』第90号、2018年夏号、29頁; 樋口雄一, 「朝鮮料理店女性と産業慰安婦」, 『海峡』1992年10月、16頁.

77　'산업위안부'라는 말은 히구치 유이치(樋口雄一)가 「朝鮮料理店女性と産業慰安婦」(『海峡』1992年10月)에서 쓴 말로 당대에 사용되던 말은 아니다. 이 말은 징용된 조선인의 위안시설의 설치 및 관리에 일본기업이 관여했다는 함의를 표현한 말로 이 글에서도 '산업위안부'라는 표현을 사용하기로 한다.

78　「百万人の身世打鈴」編集委員, 『百万人の身世打鈴(シンセタリョン)-朝鮮人強制連行・強制労働の「恨(ハン)」』, 東方出版, 1999. 이하 이 책에서의 인용은 '신세타령; 쪽'으로 표기.

구술집은 '강제동원'이란 테마에 한정되어 있기는 하지만, 강제동원
의 범위를 한국병합 후 시작된 자본주의 유입과 토지 조사에 의한 농
촌 붕괴 속 자유 도항까지 확장시킨다.[79] 또한 강제동원에 한정하지
않고 "그들의 신세타령을 듣는다"는 데 초점을 맞춰 "어디서 태어나,
모국에서 어떠한 생활을 하고, 얼마나 빈곤해져 갔는지, 왜 일본에
건너가게 되었는지, 일본에 온 후의 생활은 어땠는지 등 적나라하게
그들의 일대기"를 들었다고 한다.[80] 가야누마는 이 구술자료 중에서
남편을 따라 왔으나 결국 혼자서 가족과 아이를 부양한 여성들의 삶
에 주목해야 한다고 강조한다.

둘째로, 여성들의 재생산 노동 속에서, 식민지배, 가난, 피폭, 한
센병 등이 겹쳐진 지점들이 드러나는 구술로『몇 번을 지더라도 나
는 녹슬지 않아(식민지 전쟁 시대를 살아낸 할머니들의 노래)』가 있다.[81]
이 책은 2012년 6월부터 가와다 후미코가『세카이』잡지에 연재한
'할머니의 노래'를 묶은 것이다. 재일조선인 여성들, 그중에서도 '할
머니'라고 불리는 나이 많은 여성들의 구술이다. 가와다 후미코는
1977년 위안부 피해자임을 최초로 증언한 배봉기 씨의 이야기를 듣
고『빨간 기와집』이라는 책으로 펴냈는데, 이번 책 서문에는『세카
이』에 연재된 첫 번째 글의 일부분을 인용하고 있다. 그 글에서 가와

---

79 가야누마 노리코 저, 「여성의 힘-『증언집 백만인의 신세타령』을 중심으로」, 『일본
　　학보』 9, 박성희 역, 경상대학교 일본문화연구소, 2004, pp.139-141.
80 가야누마 노리코 저, 위의 논문, p.141.
81 가와다 후미코 저, 『몇 번을 지더라도 나는 녹슬지 않아(식민지 전쟁 시대를 살아
　　낸 할머니들의 노래)』, 안해룡 외 1명 역, 바다출판사, 2016. (일본어판은 川田
　　文子, 『ハルモニの唄――在日女性の戰中·戰後』, 巖波書店, 2014. 이하 이 책에
　　서의 인용은 '가와다; 쪽'으로 표시.

다는 배봉기와 송신도를 만난 후부터 "일본군 성폭력 문제"는 필생의 작업이 되었고,(가와다; 11) 동시에 "다른 재일 여성들이 어떤 인생을 걸어왔는지 알고 싶어졌다"고 한다.(가와다; 11) 가와다는 자신이 할머니의 구술에 관심이 있는 이유를 다음과 같이 말한다.

> 남자가 아닌 '할머니'다. 왜 '할머니'인가? 할머니들은 문자로 기록되지 않았던 세계를 내게 보여주었기 때문이다. …… 글자를 모르는 할머니들이야말로 생생한 언어를 쓴다. …… 재일 할머니들은 고향을 떠나 있었기 때문에 정착할 곳조차 없었다. 대부분은 동포들이 집단으로 모여 살기 시작한 도시에서 살았다. 음식을 제공받는 정도이거나, 임금이 지급된다 해도 극히 낮은 임금 조건에서 어린 나이부터 노동을 시작했기에, 재일 할머니들은 전쟁 전부터 여성 노동자의 선구자였다. 할머니들은 언제나 일을 하고 있었다. 노동조합에 소속되는 기회도 극히 드물었다. 새처럼 불안정한 상태에서 일을 해왔으며 때론 자영을 하기도 했다."(가와다; 14-16)

이 책에 묶인 할머니들의 구술을 보면, 식민지기부터 해방 후까지 여성 노동의 역사가 연결되어 나타난다. 김분란 씨가 대표적인데 「겪을대로 겪었지 고생은 나의 힘」이라는 글에는 3살 때 가족과 일본으로 와서 초등학생 때부터 온갖 노동을 해 온 일대기가 나온다. 오빠의 도박 빚을 갚기 위해 결혼한 남편도 본업은 '도박'이라고 할 정도였고 분란씨는 함바집에서 죽도록 일하며 남편의 폭력을 참는다. 분란씨와 딸 애순씨는 남편이 죽은 뒤 청소회사를 하면서 살아간다. 이처럼 분란씨의 끊임없는 노동 속에서는, 전전과 전후의 구별도 1945년 8월 15일이라는 해방의 날도 모두 공백으로 남는다.

박수련 씨의 「아저씨, 빨간 종이로 된 약 주세요」라는 구술을 보면 수란씨는 갓난쟁이일 때 일본에 와서 14세에 교토의 헤이안진구 근처 연사 공장 기숙사에서 일을 시작한다. 남편은 술꾼에 오입질에 틈만 나면 수련씨를 때리는 사람이었고 그럼에도 가족을 부양하는 건 수련씨의 몫이었다. 그러던 중 수련씨는 한센병에 걸린다. 재일조선인은 한센병 발병비율은 높아 2011년에도 젠쇼엔 입소자 중 4.48%가 조선인이라고 한다. 수련씨의 삶에는 온갖 노동, 남편의 폭력, 가난, 그리고 한센병자의 삶이 겹쳐져 있다. 그 밖에도 「히로시마 거리가 통째로 사라졌어」에는 피폭당한 세 명의 삶이 그려지며, 위안부였음을 증언했던 송신도 할머니의 전후는 온갖 날품팔이 노동으로 점철되어 있다.

이 텍스트들 이외에도 재일조선여성의 구술은 꾸준히 발행되고 있다.[82] 그 속에는 여성 간의 갈등도 나타나지만, 그보다 더 선명히 드러나는 것은 '여성의 노동'이라는 공통되고 겹쳐진 경험과 그 경험으로 연결되는 내재적인 자기서사 공통장이다.

이처럼 아시아 여성, 그리고 재일조선여성의 경험을 통해서 식민지기와 해방기를 보면, 전혀 다른 시공간이 등장한다. 어떻게 하면 이러한 각 여성들의 경험과 상황을, 각 고통이 지닌 특수성을 무화시키거나 고통의 무게를 비교하고 재는 방식이 아니라, '자기서사 공통장'이라는 '연결의 장소'로 논의하고 확장할 수 있을지 질문하게 된다. 아시아 여성 사이의 내재적 공통장을 찾고 창조하는 것은 어떻게 가능할까? 이것은 재일조선여성의 자기서사 공통장 텍스트가 '우리'

82　成律子, 『オモニの海峡』, 彩流社, 1994; 朴 日粉、 金 潤順, 『生涯現役−在日朝鮮人 愛と闘いの物語』, 同時代社, 2000; 여성만을 다룬 것은 아니지만, かわさきのハルモニ・ハラボジと結ぶ2000人ネットワーク 生活史聞き書き・編集委員会, 『在日コリアン女性20人の軌跡)』, 明石書店, 2009.

에게 던지는 물음일 것이다.

5. 자기서사 공통장 텍스트의 번역·순환과 난민여성문학

　재일조선여성의 자기서사 공통장 텍스트를 만들어내기 위한 관계
는 어떻게 맺어질 수 있을까? 이와 더불어 자기서사 공통장 텍스트
들이 한국과 일본 사이에서, 더 나아가 아시아 및 전지구적 차원에서
어떻게 번역/순환되어야 할까? 이 질문들은 자기서사 공통장 텍스트
를 둘러싼 새로운 번역 및 출판유통의 프레임이 필요함을 열려준다.
　영화 『82년생 김지영』이 개봉되면서 다시금 화제에 올랐지만 소설
『82년생 김지영』(조남주, 2016)은 한국 안에서 르포인가 소설인가라
는 논란, 문학성에 대한 평단의 논란에도 불구하고, 대중의 엄청난
공감을 끌어내면서 18개국으로 번역된다. 일본에서는 2018년 12월
에 『82년생 김지영』이 사이토 마리코의 번역으로 치쿠마 서방에서
출판된다.[83] 반응은 폭발적이어서 100만 부를 돌파했으며 번역자인
사이토 마리코와 조남주 작가의 인터뷰, 기사, 라디오 등이 줄을 이
었다.[84] 출판기념회는 도쿄 한복판에 있는 유서 깊은 서점, 기노쿠니
야 홀 로비에서 열렸고, 아쿠타가와상 수상자인 여성 작가 가와카미
미에코(川上未映子)가 대담자로 나섰으며 전석 만석이었다.[85]

83　チョ·ナムジュ 지음, 斎藤真理子 번역, 『82年生まれ、キム·ジヨン』, 筑摩書房,
　　2018.
84　인터뷰: "100만부, 한국여성의 고뇌, 한국의 작가 조남주 씨(100万部、韓国女性
　　の苦悩 韓国の作家·趙南柱さん)", 『朝日新聞 Digital』, 2018년 12월 14일.
85　https://book.asahi.com/article/12109416

그런데 위의 인터뷰, 라디오, 기사, 등에서 볼 수 있듯이 일본에서
『82년생 김지영』은 '페미니즘 문학' 이전에 '한국문학'이라는 점이
강조되면서 소개된다. 즉 『82년생 김지영』의 흥행 배경에는 일본에
서 꾸준히 한국문학의 수용자층이 확산되어 왔던 상황이 있다. 또한
그 확산과 소개의 중심에 『82년생 김지영』을 번역한 사이토 마리코
의 활동이 있다는 것도 간과할 수 없다.

사이토 마리코는 굉장히 빠른 속도로 한국문학을 번역해서 소개하
고 있는데 이미 『고래』, 『핑퐁』, 『카스테라』, 『난장이가 쏘아올린 작은
공』, 『희랍어 시간』 등 다수의 한국문학을 번역했고 박민규의 『카스테
라』는 제 1회 일본번역 대상을 수상했다. 사이토 마리코가 중심이 되어
2017년 4월에 발간된 한국문학/문화 소개 잡지인 『중간 정도의 친구
(中くらいの友だち)』는 창간호와 2호가 완판되었으며, 2023년 12월에
나온 13호로 종간하기까지 많은 관심과 인기를 모았다. 또한 진보초에
있는 한국문학을 원서와 번역서 모두 소개하는 서점이자 카페인 「책거
리(CHEKCCORI, チェッコリ, www.chekccori.tokyo/)는 쿠온이라는 출
판사를 운영하면서 최근의 한국문학을 꾸준히 소개하고 있다.

이러한 최근 몇 년 간의 경향은 1970~80년대 일본에서 이뤄졌던
한국문학 소개와는 다르다. 1970~80년대에 일본에서 한국문학은 민
주화 운동과 노동운동을 지지하는 일본 신좌파와의 교류 속에서 소
개된다. 그런데 최근의 한국문학은 기존 사회운동의 흐름과는 또 다
른 맥락에서 부상하고 있다. 일본의 전통적인 종합문예지 『문예(文
藝)』도 2019년 가을호 특집을 「한국·페미니즘·일본」로 하여 고노스
유키코(鴻巣友季子)와 사이토 마리코의 대담, 김남주, 한강, 박솔뫼,
박민규 등의 소설 번역과 일본소설 중 한국을 소재로 한 작품을 함께
게재했다. 이 특집호는 유례없는 속도로 팔려 완판된 후에도 지속적

으로 구매 요청이 있었다고 한다.

『문예』 가을호는 한국과 일본의 페미니즘을 점검하는 에세이 섹션 뿐 아니라 「더 쉽게! 더 깊게! 한국문학 벼락치기 키워드 모음」과 같은 코너도 마련했다. 이 코너는 한국과 관련된 단어들을 알게 쉽게 설명하고 있는데, 한국어 문면을 잡지 지면에 그대로 노출시키고 사진도 게재했다. 이 코너에서 언급된 단어들은 '홍대', '페미니즘과 문학', '세월호 사고', '6.25', '월남전'에 이르기까지 분류의 기준을 찾기 어려울 정도로 다양하여 눈길을 끈다.[86]

이처럼 일본에서 『82년생 김지영』이나 한국문학·문화가 얻는 인기는 그 이전의 소설들과는 비교할 수 없을 정도다. 사이토 마리코는 한 라디오 방송 인터뷰에서 일본에서 『82년생 김지영』이 이처럼 인기를 끄는 이유의 핵심에는 한국의 K-페미니즘의 충격이 있다고 해석한다. 미투 운동 및 활발한 여성들의 활동이 일본에도 소개되면서 넓게 호응을 얻고 있기 때문이라는 것이다. 특히 서양의 페미니즘 문학과 비교해 볼 때, 일본 여성들은 일본과 가부장 문화 등 여러 가지가 비슷한 한국의 페미니즘 문학에 더 깊이 공감하기 쉽다고 말한다. 특히 명절에 겪는 어려움 등을 그 예로 들고 있다.[87] 한국문학과 페미니즘 문학이라는 양쪽의 힘을 받아 『82년생 김지영』은 일본에서 밀리언셀러가 되었다고 할 수 있다.

---

[86] 「더 쉽게! 더 깊게! 한국문학 벼락치기 키워드 모음」, 『문예』, 2019년 가을호, pp.182-191.

[87] 「지금 주목을 모으고 있는 현대한국문학, 그 배경과 매력은?(いま注目をあつめる現代韓国文学、その背景と魅力とは?)」斎藤真理子×すんみ×倉本さおり×荻上チキ(2019년 1월 25일(금)방송) (TBSラジオ「荻上チキ・Session-22」평일 22시~) https://www.tbsradio.jp/335619

그러나 재일조선여성 등 마이너리티 여성이 쓴 자기서사 공통장 텍스트가 한국과 일본 사이에서 얼마나 소개되고 알려지고 있는지를 생각하면, K-문학과 K-페미니즘이 인기를 얻는 상황을 그저 긍정만 하기 어렵다. 미투 운동과 『82년생 김지영』의 인기와는 달리, 일본에서 위안부 활동은 광범위한 호응이나 반응은커녕 무시되고 비가시화되고 역사수정주의적인 반론에 맞서 힘겨운 싸움을 계속해야 했다. 일본 최대 규모의 예술제인 「아이치 트리엔날레」는 2019년 8월 1일부터 김운성 김서경 작가의 "평화의 소녀상"을 포함한 기획전 「표현의 부자유전, 그후」전시를 했으나, 스가 요시히데 관방장관이 보조금 삭감을 언급했고 온갖 테러 협박에 밀려 8월 3일에 돌연 전시를 중단했다. 아이치 트리엔날레에 참여하려던 각국 작가들이 항의의 표시로 전시 보이콧을 선언했으나 이 사건은 일본에서 금기시되는 영역이 무엇인지를 선명히 보여주었다.

이러한 일본의 반응은 한국에서 미투 운동이 위안부 문제에 대한 관심을 불러 일으키고 광범위한 공감대를 형성했던 것과 대비된다. 한국문학에 한정해서 보더라도, 김숨의 책 『한 명』(현대문학, 2016), 일본군 위안부 김복동 증언집인 『숭고함은 나를 들여다보는 거야』(현대문학, 2018) 등 한국에서는 위안부의 증언을 토대로 한 소설들나 재현물들이 등장했다.

반면 이러한 소설들은 일본에서 K-문학에 대한 관심, 그 중에서도 K-페미니즘 문학에 대한 관심이 아무리 뜨겁고 또 더욱 뜨거워진다고 하더라도, 편안하게 번역되거나 수용될 것이라고 보긴 어렵다. 『한 명』은 2018년 9월에 번역되었지만, 별다른 반향을 얻지 못했다. 아마존 평점에는 매우 긍정적인 감상을 적은 글과 "1965년과 2015년 두 번에 걸쳐 최종적이고 불가역적 해결이 끝났다. 읽을 가치가 없는 내용"이

라고 최하위 평점을 준 코멘트가 공존한다.[88]

이처럼 한국에서 일본으로의 문학번역에서 '젠더'는 부각되지만(번역되지만) '식민주의'는 후경화된다.(번역되지 못한다) 일본에서 재일조선여성문학이나, 재일조선여성에 의해 쓰인 자기서사 공통장 텍스트가 어떻게 읽힐까 생각해보면 비슷하리라 여겨진다. 2006년 11월에 창간된『땅에서 배를 저어라(地に舟をこげ-在日女性文学)』는 재일여성문학에 특화된 잡지로 2012년에 7권까지 간행된 뒤 종간한다. 종간이유는 편집자들의 연령이 많고 자금조달에 어려움이 있기 때문이라고 적고 있어[89] 재일조선여성문학이 겪는 특수한 어려움은 표현되어 있지 않다. 그러나 제3호(2008.11)의 특집「왜 그녀들은 쓰는가? - 창작활동을 하는 재일 여성에 대한 앙케이트」중 13번 문항 "이제부터 재일문학은 무엇을 표현해가야 한다고 생각합니까 당신은 무엇을 표현하고 싶습니까?"[90]에 대한 대답을 보면 재일조선여성들이 글을 쓰면서 겪고 있는 고민이 드러난다.

시인 이명숙처럼 재일문학으로서 독특한 경험을 표현해야 한다거나 동화작가 윤정숙처럼 재일문학의 확장성을 논하는 긍정적인 견해도 있지만, 시인인 나카무라 준(中村純)은 재일문학이 지닌 이미지에 대해서 다음과 같이 우려한다. "미디어 속에서 다뤄지고 표현되는 재일의 모습은 폭력적인 남자, 매맞는 여자, 빈곤, 빠칭코, 야키니쿠 등

---

88 キム・スム, 岡裕美, 『ひとり』, 三一書房, 2018.
89 「편집후기-종간의 말」, 『땅에서 배를 저어라-재일여성문학(地に舟をこげ-在日女性文学)』7, 2012, p.256.
90 「왜 그녀들은 쓰는가? - 창작활동을 하는 재일 여성에 대한 앙케이트(創作活動をする在日女性へのアンケートなぜ彼女たちは書くのか)」, 『地に舟をこげ-在日女性文学』3, 2008. 이하 이 글에서의 인용은 '재일여성문학 3호; 쪽'으로 표기.

스테레오타입에 고정되어 있다고 느낄 때가 있습니다."(재일조선문학3;
66) 여러 작가가 '재일'로 묶이는 데 대한 불편한 심경을 드러내기도
한다. 박경미는 "'재일문학이라고 묶는 것에도 묶이는 것에도 좀처럼
관심이 없습니다라고 잘라 말하고 싶습니다만, 그렇게 하지 못하는
나 자신도 있습니다"(재일조선문학3; 70)라고 토로하며, 시인 김미혜는
"재일만으로 머물지 않고 인간 본래의 다양한 테마를 표현해가야 한다
고 생각해요."(재일조선문학3; 73)라고 하며, 하기 루이코는 "건방지게
들릴지 모르겠습니다만, 재일문학이라는 좁은 틀로 표현활동을 생각
하고 싶지 않습니다"(재일조선문학3; 77)라고 말한다.

　1977년부터 "재일조선인작가를 읽는 모임"을 주도해 온 이소가이
지로(磯貝治良)는 재일조선인문학이 왜 지속되어야 하며 또 지속될 수
밖에 없는가를 "문학상의 전쟁책임"이라는 말로 강조한다.[91] 이와 같은
새로운 재일조선인 작가 세대의 고민은, 재일조선여성들의 자기서사
공통장 텍스트 또한 공통성의 확보가 특정 공동체에 묶이지 않으면서
도 열린 장소성을 확보할 수 있는가라는 물음에 마주하게 한다.

　이러한 물음 앞에서 최근 재일조선인의 삶과 오키나와의 관계 혹은
아이누와의 관계를 사유하는 저작이 나오고 번역된 것이 반갑다.[92]
이러한 자기서사 공통장 텍스트의 소개와 번역은 한국 내부에서 형성
되고 있는 난민여성문학의 공백을 직시하게 된다. 예를 들어 2018년
페미니즘과 난민을 대립시키는 포퓰리즘을 비판했던 대항적 공통장의

91　磯貝治良, 「〈在日〉文学二〇一五, そしてゆくえ……」, 『抗路』 1号, 図書出版ク
　　レイン, 2015.9.1., p.144. 이소가야 지로는 2015년에 『 "在日"文学の変容と継承』
　　(新幹社, 2015)를 출판했다.

92　오세종 저, 『오키나와와 조선의 틈새에서』, 손지연 역, 소명출판, 2019년 및 석순
　　희 지음, 『조선인과 아이누 민족의 역사적 유대』, 이상복 옮김, 어문학사, 2019 등.

성과는 『경계없는 페미니즘』이라는 단행본으로 출간됐다.[93]

마지막으로 가족사진에서 시작하는 자기서사 공통장 텍스트의 한 예를 들며 끝맺으려 한다. 『보통이 아닌 날들: 가족사진으로 보는 재일조선인, 피차별부락, 아이누, 오키나와, 필리핀, 베트남 여성의 삶』[94]이 그것이다. 조경희가 「추천의 글−열린 친밀권의 힘」에서 언급하듯이 이 책은 사진 한 장에서 시작하여 거대 역사와는 다른 아시아의 소수자 여성들의 삶을 펼쳐놓고, 동시에 가족이나 조직과 같은 억압적 친밀권이 아닌 외부로 열린 친밀권의 형성을 보여준다.(가족사진; 6-7) 즉 재일조선인, 피차별부락민, 아이누를 비롯 베트남 여성에게까지 열린 또 하나의 듣고−쓰기의 공통장을 형성한다.

이 보고−듣고−쓰기의 연쇄적 공통장은 15년 전부터 재일조선여성의 역사를 되짚어보기 위해 가족사진을 매개로 이야기를 나누는 "미리내" 구성원들에 의해 튼튼히 뒷받침되어 왔고, 이러한 공통장이 기반이 되어 아시아의 소수자 여성들과의 만남으로 확장되었다. (가족사진; 12) 미리내는 "1991년 일본군 위안부 김학순 할머니의 증언을 시작으로 발족된 '조선인 종군 위안부를 생각하는 모임'으로 출발"한 뒤, 이후 이름을 미리내로 바꾸고, 다시금 "재일 조선인 여성들의 모임"이 된다.[95] 미리내 회원들은 "가족사진을 통해 재일조선인의 역사

---

93 김선혜 외 저, 『경계 없는 페미니즘 (제주 예멘 난민과 페미니즘의 응답)』, 와온, 2019.

94 미리내 지음, 『보통이 아닌 날들: 가족사진으로 보는 재일조선인, 피차별부락, 아이누, 오키나와, 필리핀, 베트남 여성의 삶』, 양지연 옮김, 조경희 감수, 사계절, 2019. (일본어판은 皇甫康子, 『家族写真をめぐる私たちの歴史: 在日朝鮮人, 被差別部落, アイヌ, 沖縄, 外国人女性』, 御茶の水書房, 2016.) 이하 이 글에서의 인용은 '가족사진; 쪽'으로 표시.

95 엄미옥, 「가족사진 그리고 마이너리티 여성 증언의 서사, 차별과 편견에 저항하고

를 보여주는 〈'자이니치'가족 사진전〉을 캐나다 벤쿠버(2001년)와 한
국 광주의 비엔날레(2002년)에서 개최"한 뒤, "재일조선인 뿐만 아니
라 다른 형태로 차별받는 일본의 여성들 즉 피차별 부락민들, 소수민
족 아이누, 오키나와 등의 여성들과 교류하면서 몰랐던 서로의 역사
를 배우고 삶을 공유"했다.[96]

이러한 만남 속에서 미리내 구성원들은 재일조선여성들 사이의 차
이를 인식하고 여러 난민 및 이주자들과의 연결을 만들어 간다. 책의
마지막 가족사진은 베트남 난민인 구 티 고쿠 트린의 것이다. 그녀는
「말레이시아 난민캠프부터 현재까지」라는 글에서 "저의 삶은 그 자
체로 보물입니다. 하지만 제가 경험한 슬픔과 분노를 아들도 경험하
게 하고 싶지 않습니다. 앞으로 재일베트남인 3세와 4세가 점점 늘
어날 것입니다. 아들이 이 나라에서 사람들과 연대하면서 앞으로 어
떤 경험을 하게 될지 기대됩니다."(가족사진; 263-264)라고 쓴다. 이
러한 자기서사 공통장 텍스트는 한국 안에 많은 이주여성과 난민여
성이 있음을 상기시킨다.

이 책의 끝에서 황보강자는 오카모토 유카와의 인터뷰를 통해 이렇
게 말한다. "찍지않는 것은 무엇일까. …… 우리는 가족사진에 찍히지
않은 것을 풀어내는 일부터 시작했습니다."[97] 자기서사 공통장 텍스트

소통과 연대를 모색한다 『보통이 아닌 날들』」, 『아시아여성연구』 58(1), 숙명여자
대학교 아시아여성연구원, 2019, p.121.

96 엄미옥, 위의 논문, pp.121-122.
97 인터뷰어: 황보강자 정리: 오카모토 유카, 「인터뷰: 하기와라 히로코에게 묻다-
가족사진에 찍히지 않은 것: 사진의 진실, 혹은 거짓」, 『보통이 아닌 날들: 가족사진
으로 보는 재일조선인, 피차별부락, 아이누, 오키나와, 필리핀, 베트남 여성의 삶』,
사계절, 2019, pp.271-272.

는, 가족사진에 찍히지 않은 부분이라고 할 수 있을지 모르겠다. 그런 점에서 재일조선여성의 자기서사 공통장 텍스트는 '우리' 속에 비가시화된 부분을 끊임없이 상기시키며, '우리/그들'을 동시에 부정하는(혹은 동시에 긍정하는) 힘을 지닌다.

이 글은 『여성문학연구』 48집(한국여성문학학회, 2019.12.)에 게재된 논문을 수정·보완한 것임.

박수남 감독 다큐멘터리 속
오키나와의 강제동원 군속과 '위안부' 재현 연구

마이너 트랜스내셔널한 기억과 '비커밍 아웃(becoming out)'으로서의 증언

안민화

1. 들어가며

오키나와 집단 자결, '위안부', 강제동원 등에 관련된 국가와 제국
주의의 폭력 문제를 부정하거나 축소하는 일본과 (한국)의 역사 수정
주의는 심각할 정도로 문제가 되어 오고 있고, 이에 대한 끊임없는
비판은 필요하다. 일례로 2015년 박근혜 정부와 아베 정권은 졸속으
로 '위안부' 문제에 합의했으며, 전후부터 최근까지 일본과 한국의
법원은 일제 강제 동원 피해자들이 일본 기업들을 상대로 낸 손해배
상 소송을 각하시켜 왔다. 이러한 역사 수정주의에 대한 대응으로 한
국에서는 지속적인 수요 집회를 위시로 해 NO Japan 운동이 활발히
일어났고, 최근 몇 년간 위안부를 재현한 극영화들이 다시 한번 쏟아
지고 있다. '위안부' 문제에 대중들이 관심을 가지는 이러한 현상은
매우 고무적인 일일 것이다. 하지만 캐롤 글럭(Carol Gluck)이 지적하
듯 한국과 중국의 많은 경우, 증오 내셔널리즘이라는 양태 안에서 반

일 감정이 젊은이들 사이에 급속도로 퍼지고 있으며 전시 폭력에 대한 글로벌한 기억은 국가와 적이 뚜렷히 구분되는 흑백논리 속의 기억으로 대체되고 있다. 글럭은 이러한 하이퍼(hyper) 국가주의의 시대에 우려를 표하며 '앞서 일어났던 기억의 연대'는 어떻게 다시 되살아날 수 있을까?[1]라고 묻는다.

이러한 내셔널리즘이라는 양태 안에서 제국주의나 국가의 폭력을 고발한 대중문화 아카이브는 대부분 탈식민주의 혹은 민주주의를 호소하지만 주로 남성중심적이거나 국가/민족주의에 머물러 있다. 남한의 '위안부'나 강제동원 피해자에 대한 재현과 아카이브도 그러한 방식이었다. 예를 들면 역사학자들은 일제 강제동원 역사관 등의 전시물은 강박적으로 민족주의를 동원하고 있다고 지적하며 강제동원이 조선인만의 피해가 아니라 아시아태평양 민중이 함께 겪은 피해라는 점도 중요하다고 말하며 한일학자와 시민들이 공동으로 고민하는 플랫폼을 고민해야 한다고 주장한다.[2] 또한 학자들은 대중문화 속 '위안부'의 재현이 침범당한 민족의 표상으로서 알레고리화되어 있거나, 세대 간의 여성주의 연대로 그리려고 해도 지극히 내셔널한 관점에 머물러 있다고 한계를 지적한다.[3] 오키나와 전투나 집단 자결에 대한 재현도

1 Carol Gluck, "Memory in Hypernationalist Times: The Comfort Women as Traveling Trope" in *Series, Mnemonic Solidarity*, Vol. 12, Issue 17, 2019.

2 이와 같은 관점으로는 정혜경, 『일본의 아시아태평양전쟁과 조선인 강제 동원』, 동북아역사재단, 2020; 도노무라 마사루, 『조선인 강제연행』, 뿌리와 이파리, 2018 등이 있다.

3 이에 대해서는 권은선, 「일본군 '위안부' 영화의 자매애와 증언전수 가능성」, 『한국콘텐츠학회논문지』 17(8), 한국콘텐츠학회, 2017, pp.414-421; 허윤, 「일본군 '위안부' 재현과 진정성의 곤경: 소녀와 할머니 표상을 중심으로」, 『여성과 역사』 29, 한국여성사학회, 2018, pp.131-163 등을 참고.

그러한 방식이었다. 오세종은 오키나와인은 식민주의의 단절과 연속, 저항과 포섭, 동화와 이화라는 자기 분열을 누구보다 민감하게 감지하고 자각해 옴으로써 자기 기록 문화가 풍부했지만 오키나와인만이 제국주의 폭력의 대상이 아니라고 말한다. 따라서 그는 "전시와 전후를 관통하며 오키나와를 살아간/살고 있는 '오키나와의 조선인'"의 비가시화에 대해 주목한다.[4] 이것과 연관해서 보면 오키나와 전투와 집단 자결에 의해 희생된 오키나와 주민들에 대한 선구적인 영상운동인 오키나와 1피트 운동도 80년대에 시작되었지만 2000년대에 비로소 이러한 비가시화된 조선인 군속(군대내의 노동자), '위안부'의 존재를 묘사하기 시작한다.[5]

사실 한국이라는 국가적 범위를 벗어나 보면 일본과 재일 감독들도 조선인 '위안부'나 강제 동원 노동자를 다룬 다큐멘터리들을 꾸준히 제작해 왔다. 1975년에 커밍아웃한 배봉기 할머니의 인터뷰를 바탕으로 오키나와의 위안부 문제를 최초로 묘사한 다큐멘터리는 일본 감독, 야마타이 데쓰오(山台哲夫)의 〈오키나와의 할머니-증언, 종군위안부〉(1979)이다. 또한 강제연행이나 일본의 잔혹한 노동착취를 다룬 다큐멘터들이 일본감독들에 의해 만들어져 왔는데, 츠치모토 노리야키(土本典昭)의 〈여문 물봉선화, 우리의 조선〉(1984), 마에다 겐지(前田憲

---

4 오세종 저, 『오키나와와 조선의 틈새에서: 조선인의 '가시화/ 불가시화'를 둘러싼 역사와 담론』, 손지연 역, 소명출판사, 2020, pp.3-4.

5 주은우에 따르면 조선인 군속, 위안부를 다룬 작품은 2005년 작 〈1피트 영상과 전쟁체험자의 증언으로 엮는 오키나와전의 증언〉(2005)으로 한국취재까지 동반해 이들의 강제연행에 대해서 묘사하고 있다고 한다. 그 후 2009년에도 〈군대가 있던 섬-케라마의 증언〉이라는 작품에서 조선인 군부, 위안부를 비중 있게 다루고 있다고 한다. 주은우, 「오키나와 전투와 1피트 운동의 기억의 정치」, 『아세아 연구』 56(4), 아세아문제연구소, 2013, pp.161-203.

二)의 〈백만인의 삶을 이야기하다-조선인 강제연행, 강제노동의 한〉 (2000), 모토하시 유스케(本橋雄介)의 〈한국BC급 전범의 기록〉(1997) 이 그것이다. 1980년대부터는 이러한 테마에 대해 재일, 그들 스스로 가 다큐멘터리들을 제작하기 시작했다. 신기수의 〈해방의 날까지, 재 일조선인의 족적〉(1980), 오충공의 〈감추어진 손톱자국〉(1983)이며, 박수남의 〈또 하나의 히로시마, 아리랑의 노래〉(1987)와 〈아리랑의 노 래, 오키나와로부터의 증언〉(1991)도 여기에 포함된다. 2000년대 들어 서는 큰 역사라는 틀을 넘어, 일상과 여성의 목소리를 담은 영화들도 나오기 시작했는데, 〈아리랑 해협을 넘어서〉(이토 코지, 2003), 〈해녀 양씨〉(하라무라 마사키, 2004), 〈꽃할매〉(김성웅, 2004)〉, 〈HARUKO〉 (노자와 카즈유키, 2004)[6]가 있고, 일본인과 재일이 '위안부' 여성문제를 본격적으로 다룬 것으로는 〈기억과 함께 산다〉(도이 토시쿠니, 2015)와 〈침묵〉(박수남, 2016)이 있다. 또한 이러한 문제들이 국가적 기억으로 회수되지 않는다는 것을 보여주는 '위안부'를 다룬 한국영화 중에서는 〈낮은 목소리 삼부작〉(변영주, 1994, 97, 99), 〈나의 마음은 지지 않았 다〉(안해룡, 2009)와 동시대 영화로는 〈주전장〉(미키 데자키, 2018), 〈표 적〉(니시지마 신지, 2021) 등이 있다. 앞의 두 작품은 각각 '위안부' 여성 피해당사자의 목소리를 담거나 일본 페미니스트 그룹과 '위안부' 여성 의 트랜스내셔널한 연대를 보여주는 영화들이고, 〈주전장〉과 〈표적〉 은 일본내 역사 수정주의들의 '위안부' 왜곡에 대해 재미 일본인과 일본 저널리스트의 고발 이야기이다.

　이 중에서 박수남 감독의 영화들은 재일 피폭자, 오키나와 전투에서

6　門間貴志「映画史の中の在日朝鮮人」, 「日本に生きるということ―境界からの視線」, 山形国際ドキュメンタリー映画祭2005公式カタログ, 2003, pp.76-83.

의 조선인 생존자, '위안부' 문제 등, '공식, 대중 아카이브'에서 배제된 마이너리티 역사를 끊임없이 기록한다는 점에서 작가적으로 연구가치가 높다. 저널리스트로 활동하던 박수남은 고마쓰가와(小松川事件)사건[7]으로 수감 중이던 재일조선인 2세 이진우와 서신을 교환하며 재일조선인이 당하는 사회적 편견들을 일본 사회에 알렸다. 이진우의 사형이 집행된 1962년까지 오간 이 서신들은 『죄와 죽음과 사랑과』(1963), 『이진우 전 서간집』(1979) 등의 책으로 출간되었고, 이는 오시마 나기사의 영화 〈교사형(絞死刑)〉(1968) 제작의 모티프를 제공하기도 했다.[8] 그리고 '위안부'를 다룬 그의 영화, 〈침묵〉(2016)이 2016년 서울여성영화제와 DMZ 다큐멘터리 영화제에 상영되면서 한국 사회에 알려졌다. 그의 초기작인 〈또 하나의 히로시마―아리랑의 노래〉(1986)도 2021년 DMZ 다큐멘터리 영화제에서 상영되었다. 2023~2024년, 국내외 각종 영화제에서 박수남 감독의 자전적 다큐멘터리인 〈되살아나는 목소리〉(2023, 박마의와의 공동연출)가 화제작으로 떠올랐다.

이러한 맥락에서 본고는 비교적 알려지지 않았지만 오키나와의 조선인 강제동원 피해자와 '위안부'에 대한 기억을 그리고 있는, 그의 또 다른 초기작 〈아리랑의 노래―오키나와로부터의 증언〉(アリランのうた―オキナワからの証言, 1991)[9]과 〈누치가후―옥쇄장으로부터의 증언〉

---

7 1958년, 도쿄의 고마쓰가와 고등학교의 여학생, 오타 요시에가 재일조선인 2세 이진우에 의해 살해된 사건.

8 Website, 監督 朴壽南 Park Soonam, https://nutigafu.wixsite.com/park-soonam/korean.

9 본고에서 다루고 있는 영화는 2022년 서울국제여성영화제에 상영된 버전 전에 이미 DVD로 발매된 영화이며 이를 토대로 분석했음을 밝혀둔다. 2022년 버전과 DVD 버전은 박수남의 더빙 문제 등 조금 다른 부분이 있어서이다.

(ぬちがふぅー玉砕場からの証言, 2012)에 대해 분석하고자 한다. 〈아리랑의 노래-오키나와로부터의 증언〉(줄여서 "오키나와로부터의 증언")은 오키나와 전투에 끌려온 강제징용자 출신의 조선인 군속과 '위안부'의 기억을 명시적, 암시적으로 다룬다. 영화는 오키나와 전투 속에 놓인 폭력과 조선인 '위안부'에 대한 조선인 군속 출신의 피해자들의 끊임없는 증언으로 이루어져 있으며, 〈누치가후-옥쇄장으로부터의 증언〉(줄여서 "누치가후")은 오키나와 전투와 집단자결 강요라는 트라우마에 대한 오키나와 주민들의 집단적 기억을 그리면서 그 속에서 비가시화된 조선인 군속의 기억을 끄집어내고 있다. 이는 〈또 하나의 히로시마-아리랑의 노래〉(もうひとつのヒロシマ-アリランのうた)(1986)에서 일본 피폭의 역사에서 배제된 재일 피폭자를 통해 은폐된 식민주의의 모습을 보여주었듯이[10] 집단적 트라우마로서 자리매김된 오키나와 전투와 집단 자결강요라는 일본제국의 폭력 속 비가시화된 또 다른 식민주의를 폭로하는 작업이다. 오키나와의 조선인의 가시화/불가시화에 대해 풍부한 자료와 다양한 시기를 통해 분석한 오세종은 식민지와 전쟁 시기, 강제연행당한 조선인 군속과 위안부가 대부분 한반도의 고향으로 귀향했고, 나머지 일부분은 오키나와 전쟁이 끝난 후에 '출입역 관리령'에 의한 류큐주민/비류큐인이라는 구별하에 비류큐인, 무국적자로 분류되어 갔다고 지적한다. 특히 잔류해 있던 조선인들은 무국적자로 밝혀

10　이에 대해서는 다음의 논문들을 참조. 안민화, 「피폭자, 생태비판학, 의학 다큐멘터리 혹은 지적인 작업으로써의 다큐멘터리」, 『트랜스 영상문화연구』, 2017. 안민화 "(De)colonializing Postwar militarism and the Ecocritical documentary in South Korea and Japan-focused on films on (Zainichi) Korean Hibakusha and Jeju Massacre/Gangjeong naval base" (Journal of North-East Asian Culures, 『동북아 문화연구』, 2019, p.3.)

지면 처벌이 기다리고 있었기 때문에 오키나와에 거주하던 조선인들은 숨죽이며 조용히 살았고 이러한 사정은 그들이 비가시화되어 갔던 사실과 연관이 있다.[11] 다시 말하면 전쟁 시기와 전후의 조선인 존재의 오키나와 역사에서의 비가시화는 많은 조선인들이 귀향해서 그것을 증언하고 기록할 주체가 없었기 때문이기도 하겠지만, 잔류해 있던 전후 오키나와의 조선인들의 비가시화는 존재하는 자들이 일본과 미군정의 법적 구조라는 포위망 속에 가두어졌기 때문이다. 그는 이것이 바로 "오키나와 전쟁 당시의 식민주의 위계질서가 이른바 법제도화된 구조에 다름아니라는"[12] 사실에 근거가 된다고 한다. 최근에 미국 국립문서기록관리청(NARA)을 비롯해 한국 현대사 자료를 수집 공개하는 영상 아카이브 발굴 프로젝트들이 진행되었다. 그 중 하나인 〈태평양 전쟁의 한국인들〉에서 오키나와에 강제 동원된 한국인들의 모습을 구체적으로 증언하는 영상이 최초로 발굴되어 KBS에 방영되면서 아카이브로써 중요한 가치를 보여주었다.[13] 이 영상이 조선인을 가시화하고 있다는 점에서 탈식민적으로 매우 의미있지만, 조선인만 부각할 뿐, 실제 다양한 방식으로 일어났던 조선인과 오키나와인의 조우를 전혀 증언하거나 기록하고 있지 않아서 민족적인 담론에만 머무르는 한계를 보인다.

이러한 맥락에서 〈오키나와로부터의 증언〉과 〈누치가후〉에서 가장 흥미로운 지점은 두 영화에서 오키나와인들이 적극적으로 조선인

---

11 오세종, 앞의 책, pp.126-130.

12 오세종, 위의 책, p.138.

13 KBS 다큐인사이트, 웹 참조
https://vod.kbs.co.kr/index.html?source=episode&sname=vod&stype=vod&program_code=T2019-0296&program_id=PS-2021091563-01-000&broadcast_complete_yn=N&local_station_code=00&section_code=05. (검색일: 2021.10.10.)

의 피해사실에 대해 증언하면서 조선인과의 연대를 보여준다는 것이다. 이것은 인종적 마이너리티와 일본 시민들의 연대를 넘어서, 조선인 군속과 오키나와 주민들, 즉 마이너리티들간의 (불균등한 관계까지 포함한) 피해의 공유와 연대이다. 이러한 현상은 슈메이 시(Shu-mei Shih)와 프랑소와즈 리오네(Françoise Lionnet)가 부른 마이너 트랜스내셔널리즘적 시각에서 읽힐 수 있다. 이 시각은 "마이너리티가 동화와 저항이라는 수직적인 관계 안에서 주류에 항상 대항한다는 것이 아니라, 메이저와 다른 마이너들의 목소리들과의 상호 (반)작용이라는 다층적인 영역을 드러내면서 다층적인 언어적 발화(조선어, 일본어, 오키나와어)들을 통해 국가의 경계를 넘어 비교를 통해 마이너의 표현적 영역이 형성되는 (불)가능성의 시각[14]"이다. 본고는 일본 제국의 폭력을 집단기억으로 형상화된 오키나와 주민의 기억이라는 틀 속에서 오키나와 남성, 여성, 조선인 남성, 여성 사이의 경계를 가로지르며 형성되는 마이너리티의 기억을 그린 박수남의 영화들을 '마이너 트랜스내셔널리즘'이라는 개념으로 읽고자 한다. 이러한 마이너 트랜스내셔널한 시각은 재일 여성 감독이라는 정체성과 연관지어 사유되어 질 수 있다. 일본 영화가 메이저 문화 안에서 동화와 저항 혹은 친화와 차별이라는 다소 수직적 시선으로 재일을 바라보았다면 남한 영화가 그리는 재일은 기존의 탈식민주의 담론과 맞물려 젠더, 계급 그리고 트랜스내셔널리티를 간과한 채 '민족적 정체성'에 방점을 두는 경향이 있다.[15] 또한 재일 조선인 남성감독이 만든 영화들도 이러

---

14 Françoise Lionnet, Shu-mei Shih, "Introduction:Thinking through the Minor, Transnationally" in *Minor Transnationalism*, Duke Press, Kindle eBooks version Location 125-127 of 6288, 2005.

한 경향들이 다분히 많다. 이는 아리프 딜릭(Arif Dirlik)이 지적한대
로 젠더와 계급 등의 차이성에 불구하고 디아스포라의 정체성이 대부
분 민족적이고 국가적으로 귀결된다고 지적하는 것과 맞닿아 있다.[16]
하지만 재일 여성 감독인 박수남의 영화들은 일본 식민주의를 통렬히
비판하는 탈식민주의적 시각이 있음에도 불구하고 자민족적인 경향
으로 기울지 않고, 계급과 젠더적으로 차이를 기입한 오키나와인과
조선인이라는 마이너리티들의 연대의 (불)가능성을 보여준다. 이것
은 캐롤 글럭이 지적하듯 "특정한 사건이 그것들을 수행했던 사람이
나 피해를 입었던 사람들만의 문제가 아니라 그 후의 역사적, 도덕적
여파 속에서 살았던 인간들의 문제"[17]인, 트랜스내셔널한 기억의 일
부가 되는 과정과 비슷하다. 즉 "1990년대 이후 기억속으로 들어간
위안부라는 과거를 국경이나 문화적 경계에 얽매이지 않고 사회적,
법적, 도덕적 귀결을 수반했던"[18] "여행하는 비유(Traveling trope),"
"가만있지 않는 기억(Restive memory)"과 연결시켜 생각할 수 있다.

또 한 가지 주목해야 할 지점은 이러한 트랜스내셔널한 연대의
(불)가능성을 묘사하는 영화의 방식이 학살을 기억하는 기존의 미학
과 공유한다는 점이다. 즉 재현불가능성과 재현이라는 미학적 방식

---

15 예컨대 오시마 나기사 영화의 재일은 일본인의 타자로써 절대적으로 차별받는
　　존재 혹은 저항하는 존재로 그려지며 〈GO〉같은 영화는 재일이 일본사회에 동화되
　　는 존재로 그려진다. 반대로 한국영화 〈우리 학교〉 등에서 그려지는 재일조선인은
　　탈식민적이지만 하나같이 같은 목소리를 내는 민족적 담론에 머물러 있다.

16 Arif Dirlik, 'Asia Pacific studies in an age of global modernity,' *Inter-Asia
　　Cultural Studies*, Volume 6, Number 2, 2005, p.166.

17 캐롤 글럭, 「기억의 작용: 세계 속의 위안부」, 나리타 류이치 외 지음, 『감정,
　　기억, 전쟁』, 정실비 외 옮김, 소명출판사, 2014, p.222.

18 캐롤 글럭, 위의 책, p.261.

을 취하고 있다. 박수남의 영화들은 학살의 흔적이 제거된 곳을 배경
으로 피해자 혹은 목격자들의 증언을 기록함으로써 그들의 기억을
거기에 물질적으로 현전시키면서 가시화시킨다. 이는 랑시에르가 주
장한 '비-유사성으로서의 재현'에 대한 논의를 상기시킨다. 랑시에
르는 '재현의 불가능성'을 논하며 "아무런 흔적도 남아있지 않은 것
이 재현될 수 있다면, 그것은 과거에 있었던 것에 관해 지금 여기서
발화된 말과 장소에 물질적으로 현전하면서 부재하는 현실 사이의
대결을 통해서"[19]라고 말한다. 이것은 직접적 모방이라는 유사성에
기반한 재현 대신에 재현할 수 없는 것 자체를 보여줌으로써 사건의
핵심을 역설적으로 재현하는 방식을 제시한 것이다. 랑시에르가 이
러한 예로 든 〈쇼아〉(클로드 란즈만, 1985)에서처럼 박수남 감독의 영
화들에서도 이제는 고요한 흔적없는 학살의 장소는 과거의 잔혹했던
학살에 대한 증언과 묘한 불일치를 자아내며 비-유사성을 통해 재현
의 불가능성 속에서 역설적으로 과거의 사건이 재현되고 있다. 하지
만 동시에 박수남의 영화, 〈누치가후〉에서는 뉴스릴과 기존 다큐멘
터리에서의 파운드 푸티지들과 기념관에서 전시되어 있는 사진과 회
화 이미지들을 적극 활용하고 있다. 이는 비재현을 비판하며 "재현
불가능하다고 여겨지는 것들이야말로 오히려 재현이 절실히 요구되
는 사태이며, 따라서 예술은 보다 적극적으로 그것을 재현해야 한
다"[20]고 주장하는 미학적 논의들과 연결시켜 해석될 수 있다. 본고에

---

19 자크 랑시에르 저, 『이미지의 운명』, 김상운 역, 현실문화, 2014, p.223.
20 디디 위베르만과 조르조 아감벤의 경우가 그러한데, 이에 대해서는 최수임, 「'재현
할 수 없는 것'의 (비)재현: 조슈아 오펜하이머의 다큐멘터리 〈침묵의 시선〉에서
침묵과 시선」 참고, 『씨네포럼』 제19호, 동국대학교 영상미디어센터, pp.43-74에
대한 글을 참고, 인용은 p.48.

서는 박수남 감독이 이러한 재현불가능성과 재현이라는 양가적인 전략을 통해 어떻게 "기억될 수 없는 것이나 이야기할 수 없는 것"에 대해 대상화하는 방식의 설명을 피함을 동시에 침묵을 깨뜨리는 과제에 응하고 있는 지 살펴보고자 한다. 마지막으로 영화들에서 보이는 다큐멘터리의 수행성을 통해 형성되는 증인과 청자인 감독/관객과의 상호 (불)소통적인 관계를, 도미야마 이치로(富山一郎)가 말하는 증언을 "심판의 근거로 삼는 과거의 사건에 관한 체험자 개인의 커밍아웃"이 아니라 증언 이후 우리의 응답 방식에 대해 질문하게 하는 비커밍 아웃(becoming out)"[21]의 과정으로 보는 것과 연관지어 연구하고자 한다. 박수남 감독의 주관적인 보이스 오버와 출연자/제작자의 퍼포먼스는 "현실질료가 그것의 어떤 기록 또는 재현보다 먼저 온다 해도, 퍼포먼스와 현실 사이의 상호작용에 의해 의미가 주어지기 때문에, 영화 그 자체는 수행적"[22]이라는 다큐멘터리의 논의를 떠오르게 한다. 감독과 대상, 나아가 관객과 대상의 상호작용에 방점을 두는 다큐멘터리의 참여성과 수행성이 어떻게 도미야마 이치로가 말하는 국가를 넘어선 비커밍 아웃의 한 예가 될 수 있는지 보여주고자 한다.

---

21 도미야마 이치로 저, 「증언 '이후': 곁에서 일어나고 있는 일이지만, 이미 타인의 일이 아니다.」, 정유진 역, 『기억의 연대 e-시리즈』, 서강대 트랜스내셔널인문학연구소, pp.48-63.

22 Stella Bruzzi, "The Performative documentary," *New Documentary*, Routledge, 2006, p.186.

2. 마이너 트랜스내셔널리즘(Minor Transnationalism)과 가만있지 못하는 기억(Restive Memory)

〈오키나와로부터의 증언〉의 첫 장면은 조선인 군속, 심재온이 전사자 천유구의 부인에게 그날의 진실을 말하며 시작된다. 천유규가 일본군으로부터 낙오한 뒤, 미군에게도 항복하지 않고, 일본군에게도 돌아가지 않고 있다가 일본군에게 붙잡혀 학살당했다고 증언하는 것이다. 이렇게 전반부는 경상북도와 서울을 오가며 오키나와 전투 당시의 조선인 군부 생존자들이 자신들과 죽은 조선인들에 대한 증언들로 이루어져 있다. 서울의 홍수내의 부인의 증언을 시작으로 경북 영산군의 심재온, 천택기의 증언들을 들려주고, 경산북도 청송부 마을의 집회소의 강수진을 비롯한 조선인 군부 생존자들을 경유해, 대구로 온 심재온의 증언으로까지 이어진다. 그리고 이제 영화는 무대를 옮겨 조선인 군부 피해자, 김원명과 이상춘이 오키나와 전투의 현장으로 방문하는 것을 보여준다. 영화는 자막으로 오키나와의 도카사키섬(渡嘉敷島), 자마미섬(座間味島), 아카섬(阿嘉島)에 900명 정도의 조선인 군부가 끌려왔으며 21명의 여성이 위안부로써 연행되었다고 설명한다. 김원명과 이상춘은 특히 폭뢰를 장착하고 적의 함선에 몸이 닿는 자살특공정으로 조선인들이 이용되었는 지 기억해 낸다.

이 다음 장면부터는 본격적으로 오키나와인들의 조선인들에 대한 증언이 시작된다. 먼저 아리가 마사오(有鉻政夫)는 오키나와 피난민들과 섞여져 있는 조선인들이 스파이로 내몰리는 상황을 회상하며, 결국 일본군인들에게 살해당한 사실을 증언한다. 긴조 유키치(金城勇吉)는 3명의 조선인 군부가 총살당하고, 도망간 조선인 군부들도 결국 일본군 병사에게 잡혀간 것을 보았다고 증언하며, 나카지마 히로시(中島 広)는 아카시마의 아고의 해변 모래밭을 찾아가 그곳에서 조선인들이 매장당했다고 증언하며 그 장소로 추측되는 곳에 촛불을 켜고 애도를 한다. 그는 그러면서 정말 마을 주민들이 더 협력해 주면 좋았을 텐데라고 이런 학살의 사실을 후세대에 전달하는 것이 인간의 도리로써 해야 할 일이 아닌가하고 되뇌인다. 또한 오키나와현 쿠니가미군 히가시 무라(国頭郡東村)에 방문한 조선인 군속 피해자, 김원명은 그곳에 살고 있는 긴조 마사노부(金城政信)를 만난다. 그들은 서로 조선인 위안소에 대해 증언하며 대화를 나눈다. 긴조가 위안소의 위치를 떠올리며, 위안부의 존재를 희미하게 기억해 내자, 김원명은 처음에는 그때의 여자들이 일본의 민간 처녀들이라고 생각했는데, 조선어가 들려서 굉장히 화가 치밀었다고 얘기한다. 그리고 그들을 애도하며 그러한 전쟁에서 살아남아서 고생했다며 손을 마주 붙잡고 서로를 위안한다.

이러한 오키나와인들의 조선인 피해자에 대한 증언과 기억은 〈누치가후 – 옥쇄장으로부터의 증언〉(2012)에서 더 명시화된다. 영화의 전체의 반 정도는 오키나와 전투와 집단 자결이라는 역사를 오키나와 주민들의 적극적인 증언과 거기에 관련된 기록과 재현을 통해(히메유리 탑의 생존자, 누치두 다카라 오키나와전의 그림命どぅ宝 沖縄戦の図의 그림, 뉴스릴, 파운드 푸티지 등) 소환해낸다. 그리고 영화의 나머지 반은 그러한 집단적 기억 안에 비가시적인 '조선인'의 존재를 내 비추기 시작한다. 박수남 감독은 오키나와인 증인에게 무심코 말을 내던진다. "조선인 노동자를 혹시 만났나요?" 그리고 영화는 경북지방으로 이동하여 조선인 군속들의 증언들을 듣기 시작한다. 6명의 전 군속과 2명의 유족들이 '사건의 현장'을 찾아가 그때의 상황에 대해서 증언하며 죽은 이들을 애도한다. 하지만 이 영화에서는 조선인에 대한 조선인의

증인보다는 오키나와 주민의 증인들에게 훨씬 더 할애한다. 시종일관 오키나와 전투에 대해 증언하던 가키하나 다케이치(垣花武一)라는 오키나와 주민은 어느 순간 아카섬의 30명의 끌려 온 조선인 군속의 존재를 말하며 그들이 자마미섬이라는 미군기지로부터 잘 보이는 가장 위험한 곳에 배치당했다고 언급하며 그들이 감금, 매장당한 곳을 보여준다. 특히 그는 긴조 유키치(金城勇吉)라는 또 다른 증인과 한국으로부터 온 조선인 군속들과 '사건의 현장'을 방문해 조선인 피해자들이 학살당한 곳에 술을 부으며 애도한다. 한편 일본군에게 어머니를 잃은 오시로 모리토시(大城盛俊)도 타마구스쿠 마을(玉城村)에 있는 가마 동굴에서의 감금당한 조선인 군속들에 대해 증언하며, 조선인 군속들과 그 동굴에서 같이 아리랑을 부르기도 한다. 또한 케라마섬에서 조선인 군속들에 대한 유일한 증언자인 이하 마사에이(伊波正栄)는 조선인 자살공격대에 대해서 처음으로 증언하며 몇백 명의 조선인 군속들이 희생당했다고 비통해 한다. 그는 조선인 전몰장병기념비를 조선인 생존 군속들과 방문해 일본군을 위해 조선인과 오키나와인들이 대리전을 치렀다면서 조선인 생존자들에게 정말 수고 많으셨다고 말하며 사과까지 한다. 이렇게 영화는 오키나와 전투와 집단 자결이라는 제국적 폭력의 역사안에서 오키나와인들의 적극적인 증언들을 기록하고 이러한 집단 기억 안에서 '조선인'이라는 비주류 피해자들에 대한 기억을 겹쳐 보이게 한다.

이러한 장면들은 '마이너 트랜스내셔널'한 시각의 단면들은 아닐까? 슈메이 시, 프랑소와즈 리오네는 국가/민족 문화에 동화하거나 저항하는 것, 글로벌한 것과 지역적인 것 같은 이항대립적인 요소로서의 트랜스내셔널리즘의 모델 안에는 국가 간의 경계를 가로질러 생성되는 비주류 문화나 경험의 창조적 개입이 결여되어 있다고 지적하면서,

그러한 모델은 마이너리티와 디아스포라들의 문화의 다양하고 복잡한 형태를 부정하고 다양하고 역설적인 관계안에서의 트랜스내셔널리티의 미시적 실천들을 숨긴다고 주장한다. 또한 국가의 통제로부터 벗어난 탈국가적이나 노마드적인 주체와는 다르다고 하면서, 마이너 트랜스내셔널리티는 내셔널한 것과 트랜스내셔널 한 것 사이의 관계들을 가시화시킨다고 말하는데, 즉 유동적이고 노마드적인 주체들은 어떤 특정한 지정학적 공간에 속하지 않는 것을 지시한다면, 마이너 트랜스내셔널한 주체들은 불가피하게 그들 자체가 제국 혹은 국가의 시민과 동등한 권리를 인정받기를 원하면서 그들의 지정학적 공간들 속에 투여되는 것이라고 말한다. 또한 그들은 '트랜스내셔널한 관점으로의 마이너리티 문제'는 기존의 '마이너리티 담론'과도 구별된다고 설명한다. 보통 마이너리티는 한 국가나 지역속의 소수자들을 지칭하지만, 마이너 트랜스내셔널리즘은 트랜스콜로니얼한 과정(식민주의와 신식민주의에 대해 다르면서 비슷한 경험들을 공유하는 것)에 의해 굴절되는 다른 국가들과 지역들 속에서 형성된 마이너리티의 문제들을 보게 한다는 것이다. 또한 그들은 기존 탈식민주의 담론이 한 국가에 제한된 수직적인 분석에 제한되어 있다고 하면서 트랜스내셔널하고 트랜스콜로니얼한 경험들로부터 도출되는 마이너리티의 살아있는 경험, 기억을 전경화하는 데 실패한다고 말한다. 대조적으로 '마이너 트랜스내셔널리즘'은 (신)식민지적 권력과 글로벌 자본의 권력의 지속을 인식하면서, 국가적 범위를 가로질러 포스트콜로니얼한 마이너리티의 기억 형성에 관해 생산적인 비교들을 가져다주는 수평적 접근을 취하고 다층적 언어의 형성들이 연루되도록 한다고 설명한다.[23]

---

23 Françoise Lionnet, Shu-mei Shih, Ibid, 173-265 0f 6288.

이러한 마이너 트랜스내셔널리즘의 개념은 박수남의 영화들에서 정확히 실천된다. 박수남의 영화들은 한국으로 귀환한 강제동원 노동자, 오키나와인 전쟁 피해자, 재일 '위안부' 생존자 등의 다층적 마이너리티들이 서로를 위해 증언하고 서로의 입장에서 그들의 기억들과 현재를 전경화한다. 특히 증언의 과정에서 조선인 증인들은 주로 조선어로 증언하지만 때때로 일본어 단어가 튀어나오고, 오키나와 사람들과 대화를 할 때는 일본어를 사용한다. 오키나와인들은 조선인 강제노동자나 위안부에 대해 증언할 때 그들이 부르는 아리랑 노래를 기억해내며 조선어로 부르는데, 이러한 언어들의 교차들을 마이너리티들간의 상호 교감되는 다층적 언어의 영역을 드러내는 순간들이다. 이 과정 안에서 남한이나 오키나와같은 한 지역을 넘어서서 그 경계를 가로질러 형성되는 마이너리티의 경험들을 보게 하는 것이다. 또한 이들의 살아 있는 증언들은 일본제국뿐만 아니라 (아직도 발굴되지 못한 조선인/오키나와인 유골들이 있는 오키나와 지역의 흙들을 미군이 가져와 자신의 기지 매립지로 사용한다는) 미국의 지속되는 신식민지도 직시하는 중첩된 의미의 트랜스콜로니얼의 문제도 공유하기도 한다.

영화 속 텍스트 분석 이외에 영화가 사용한 아카이브의 활용들을 보면, 먼저 영화는 오키나와 처녀들의 집단자결을 일본국가의 희생으로 미화함으로써 일본인 전체의 피해자 내셔널리즘을 강조하는 기존의 히메유리 탑과 관련된 신화[24]와는 다르게 그때의 생존자, 미야기 기쿠코(宮城喜久子)가 어떻게 자기가 자살을 강요당했는지 증언함으로써 그 신화를 폭로하는 등 메이저의 기록에 저항한다.(〈오키나와

---

24 일례로 영상문화로는 그 당시 인기 있었던 〈히메유리 탑(ひめゆりの塔)〉(1953, 이마이 타다시)가 대표적이다.

로부터의 증언〉의 경우) 또한 미군이 만든 집단 자결이 강제된 오키나와전에 대한 공식기록을 활용하며 오키나와전의 폭력성을 드러내기도 한다. 그러면서 오키나와 주민의 학살을 그린 그들의 목소리와 이미지로 기록한 것과 같은 오키나와 원피트 영상 등과 같은 마이너한 문화들을 삽입하며(〈누치가후〉의 경우), 그것과의 상호작용 안에서 조선인의 피해 혹은 조선인과 오키나와인의 피해의 연대가 형성되는 순간을 표출하고 있다. 이렇게 "메이저와 다른 마이너들의 시각과의 상호(반)작용이라는 다층적인 영역을 드러내며 국가의 경계를 넘어 마이너의 영역이 표현되는" 마이너 트랜스내셔널한 기억을 묘사하고 있다. 오세종은 이러한 마이너 트랜스내셔널한 연대의 과정이 조선인을 가시화하는 데 중요한 역할을 했다고 지적한다. 특히 60년대에 대두한 주민의 입장에서 오키나와 전쟁을 기술한 기록운동[25]에 대해 설명하면서 "담론과정을 단순히 증언이 등장하는 장이 아닌, 탈식민지화를 가능케 하는 장으로 삼기 위해서는 오키나와인들과 오키나와의 타자 간에 서로 겹쳐지는 역사를 공유하고, 그럼으로써 가해에 서게 하는 구조에 저항해 갈 필요가 있을 것"[26]이라고 주장한다. 그는 "그때 비로소 사이에 끼인 오키나와의 조선인도 가시화되고, 그 전체상이 오키나와인들의 삶과 역사까지 포괄하며 위로 부상하게 될 것"[27]이라고 성찰한다. 이는 60년대의 문학 운동에 있어서의 마이너

---

25 오세종은 "기록운동의 담론공간을 민중의 것으로 전환하고, 그리고 조선인들을 등장시키는 것으로 오키나와 사람들의 경험이 조선인의 그것과 중첩된다는 사실을 인식하게 하고, …… 즉 담론공간은 오키나와 사람들과 조선인을 가시화하는 동시에 가해/피해라는 고정적인 관계와 일본/오키나와, 미국/오키나와라는 틀을 되묻는 일을 가능하게 했다"고 설명한다. 오세종 저, 앞의 책, p.201.
26 위의 책, p.287.

리티들의 연대성에 대한 담론이 80-90년대의 다큐멘터리 기록과 직접적 관련은 없지만 전자가 후자에게 영향을 끼쳤음을 짐작하게 하는 대목이다.

그렇다면 영화에서 누가 '위안부'에 대해서 증언하는가에 대해 주목해보자. 〈오키나와로부터의 증언〉에서는 조선인 남성, 오키나와 남성, 여성, 위안부(배봉기 할머니) 등 다양한 층위에서 그들이 강제로 소집되었다고 증언한다. 조선 여성을 도와주지 못한 오키나와 여성, 방관할 수 없었던 조선 남성들의 죄책감과 자조어린 목소리까지 포함해서 말이다. 〈누치가후〉에서도 먼저 오키나와 남성들에 의해 '위안부'의 존재가 표출되는데, 이어서 이를 활발히 기억해 내는 것은 역시 오키나와 여성들이다. 위안소에서 가사일을 돌보았던 가네시마 기쿠에(兼島キク工)는 조선인 '위안부'들이 그들을 비하하면 조선인을 바보로 만들지 말라고 항의했다고 증언한다. 또한 치넨 츠루(知念ツル)는 조선인 '위안부'의 존재를 증언하고 조선인만 아니라 오키나와 성노동자도 위안부로 전락한 사실에 대해서도 언급했는데, 이를 통해 감독은 여성은 제국뿐만 아니라 남성의 폭력으로부터 자유로울 수 없었다는 '이중적 식민' 상태에 대해서 말한다. 특히 조선인 여성들은 가해자/피해자의 구도에 있던 조선인 남성들, 오키나와 사람들, 모두에게 피해를 입을 수 밖에 없었던 것이다. 영화는 다양한 증언들을 통해 차별과 폭력이 하부로 이전되어 가는 상황, 피해자가 가해자로 바뀌어 버리는 구도로 인해 조선인 여성에게 더욱 심각한 피해가 가해지게 되었다는 것을 넌지시 암시한다. 이 또한 '마이너 트랜스내셔널리즘'의 특성과 잘 공명한다. 즉 메이저 문화에 거부하거나 충돌하는 두 가지 방법으

---

27 위의 책, p.287.

로서의 저항의 거점으로 기능하는 기존의 트랜스내셔널리즘과 달리, 마이너 트랜스내셔널리즘안은 "메이저와 마이너, 그리고 마이너와 또 다른 마이너들이 불균등한 권력관계들에 형성된 트랜스내셔널한 시간과 공간을 공유하면서 거기에 참여"[28]하게 된다는 것이다. 위안부를 둘러싸고 조선인과 오키나와인, 그리고 남성과 여성이라는 불균등한 관계를 직시하는 박수남의 영화는 마이너와 마이너의 만남을 유토피아로만 상정하는 것이 아니라, 갈등이 내재된 마이너 트랜스내셔널리즘의 단면을 보여주기도 하는 것이다.

한편, 방대한 자료조사를 바탕으로 쓰여진 『오키나와 전장의 기억과 위안소』라는 책에서 홍윤신은 "오키나와 전장에서의 조선인과 그것을 목격한 오키나와인의 슬픔이 어째서 동시에 이야기될 수 없었는지를 문제 삼는데, 피해자로서의 조선인 대 가해자로서의 일본인' 혹은 조선인 학살에 가담한 '오키나와인의 가해성'을 문제 삼는 것만으로는 전장에서의 구조적 폭력 자체를 묻는 담론에는 이르지 못하는 것이 아닐까"[29] 라는 문제의식을 제시하고 있다. 또한 그는 오키나와 위안소에 관한 증언들이 위안부 본인의 증언이 아니라는 데 주목하며, 그것은 '위안부'와 '위안소'를 목격한 오늘을 사는 오키나와 사람들의 증언이었다고 설명한다. 또한 그것은 전후라는 역사성 속에서 과거에 자신들이 목격한 위안부를 기억하는 사람들의 이야기들

---

28 Françoise Lionnet, Shu-mei Shih, ibid, 208 of 6288.

29   홍윤신, 「'머뭇거리는 인간'을 위한 말들: 오키나와 주민이 본 '위안소'라는 상황」, 『2021 여성인권과 평화국제컨퍼런스 자료집』, 2021, p.318. 저자는 이 발표문이 그의 저서 『오키나와 전장의 기억과 '위안소'』(『沖縄戦場の記憶と'慰安所'』(インパクト出版会, 2016年)의 연구에서 밝힌 오키나와의 상황을 개략하면서 일본군 '위안부' 본인이 아닌 그들을 목격한 오키나와 주민들의 증언이 갖는 가능성에 대해 서술한다고 밝히고 있다.

이라고 지적한다. 한편 홍윤신은 자신의 작업을 '성'을 중심으로 전장에 휩쓸려 간 사람들의 경험을 비교/교차하는 작업이었다고 말한다. 그는 다음과 같이 말한다.

> 이는 집단 자결과 종군위안부의 용어에서 볼 수 있듯이 항상 이들 용어에 따옴표를 붙여서 '집단자결'과 일본군 '위안부' '성노예' 등 강제성을 호소하는 말을 궁리해야 하는 생존자들을 위해서는 일본인, 조선인 오키나와인으로 명확히 분류할 수 없는 폭력의 구도 속에 휩쓸려 가는 과정을 입체적으로 드러내야 한다고 생각하기 때문이라고 말한다.[30]

따라서 그는 오키나와 사람들에게 '위안부'는 타자였음에도 불구하고 그곳에 살았던 자신들의 기억이며 그것은 고통을 수반하는 '실천'이기도 했다고 지적한다. 즉 오키나와인들의 이러한 기억과 말들은, (고통을 수반하기 때문에) '머뭇거리는 사람들'의 죽음의 정치의 폭력성에 저항하는 것이 될 수 있는 것이다.[31] 박수남의 영화들도 홍윤신이 지적한 대로 일본인, 조선인과 오키나와인들의 인종적 구별에 의해서가 아니라 같은 장소에서 폭력에 노출될 수 밖에 없는 지점을 강조한다. 여기서 중요한 것은 박수남 영화들도 조선인과 오키나와간의 서로를 위한 공감과 위안[32]이 식민주의 질서에 균열을 일으킬 수 있는 가능성

---

30 홍윤신, 앞의 책, p.335.

31 홍윤신, 위의 책, p.335.

32 오세종은 미세한 위계질서가 놓여있음에도 불구하고 조선인과 오키나와인간의 교류가 끊임없이 놓여 있다고 설명한다. 실질적인 예를 들어, 일본군 32군이 파놓은 호와 지하통로와는 다른 조선인과 오키나와인만 서로 드나드는 비밀통로들이 곳곳에 있었다고 설명한다. 앞의 책, p.89.

과 희망이라는 것을 누누히 강조하고 있다는 것이다. 앞의 여러 예와 마찬가지로 치렌 츠루가 오키나와 여성도 조선인 여성처럼 '위안부'로 살았다고 언급하자, 조선인 군속들은 그들에게 오키나와인들이 정말 비참한 삶을 살았다고 공감해준다. 그리고 그들은 일본제국에게 있어서는 똑같이 벌레취급받은 존재였을 뿐이라고 서로를 위안한다. 이어 영화는 조선인 군속들이 치렌에게 한국에서 가져 온 하회탈을 선물하는 장면을 보여주며 서로의 건강과 행복을 비는 그들의 만남을 감동적으로 그려낸다. 그리고 마지막 시퀀스에 감독은 오키나와의 마을 축제 의례를 보여주고 옥쇄작전이 일본군에 의한 것이 아니라 오키나와현의 부시장, 미야자토 세이슈라는 개인의 명령에 의한 것이라는 80년대 역사수정주의 주장을 통렬히 비판하며 일본으로부터의 오키나와의 독립을 기원하며 영화를 끝낸다.

요약컨대 영화는 재일 조선인 여성감독의 탈식민주의에 대한 기록이면서 동시에 자민족적이지만은 않는 타인종간의 연대와 남성중심적 민족주의의 대리인으로 표상되는 것을 넘어서 여성의 이중 피해를 강조하는 대안적 아카이브를 그려낸다. 박수남의 마이너 트랜스내셔널리즘은 〈오키나와로부터의 증언〉의 제작 배경에서도 명시적이다. 영화를 만들기 위해 도쿄와 오키나와를 중심으로 '아리랑의 노래를 만드는 모임'이라는 시민 운동이 출범되어 제작 자금을 모았으며, 그러는 동안 오키나와는 한국에서 군속을 초청해 한일 합동 위령제를 실시하는 등 다양한 이벤트를 벌였다. 합동 위령제의 목적은 오랫동안 준비해온 태평양 전쟁 희생자 유족회의 일본 정부에 대한 제소였다. 그리고 한일 합동 위령제 등 일련의 행사를 통해 발굴된 증언은 제소의 힘이 되어 일본 정부의 공식 사죄와 배상을 요구하는 소송을 제기하는 계기가 되었다. 영화의 제작 위원회인 '아리랑의 노래

를 만드는 모임'(アリランのうたを創る会)이 이러한 일련의 운동들을 도왔고, 또한 이 운동들이 영화제작에 영향을 주었다고 한다.[33] 이 제작위원회 대표 11명에는 평화를 지지하는 일본의 여러 종교인을 비롯하여, 재한 피폭자를 구원하는 시민 모임 대표, 마쓰이 요시코, 아리랑 위령 기념비를 만드는 모임 대표, 기타 하마코, 그리고 오키나와 원 피트 운동 대표, 후쿠치 히로아키(福地曠昭)와 부대표인 나카무라 후미코(中村文子)가 포함되어 있다.[34] 이렇게 영화의 제작과정에는 80년대 말, 90년대 초에 일어났던 위안부, 강제징용 피해자의 인권, 배상에 관한 마이너리티들을 대변하는 시민의 트랜스내셔널한 영상운동이 놓여 있었다.

　이러한 점은 박수남의 '위안부' 문제를 전면적으로 다룬, 영화 〈침묵〉(2016)에서도 드러난다. 영화는 1994년 이후 한일양국의 국가주도에서 벗어난 할머니들로 이루어진 피해자 모임과 감독 자신의 교류과정을 주된 내용으로 한다. 즉, 영화는 최초로 위안부임을 밝힌 배봉기 사후에 그것을 남북국가의 민족수난으로 삼으려고 했던 민단과 총련의 갈등과 아시아여성국민 기금이라는 이름의 민간기금을 둘러싼 한일 양국의 갈등 속에서, 양쪽에서 배제된 감독자신과 피해자들의 마이너 트랜스내셔널한 '위안부' 운동을 상세히 묘사하고 있다. 박수남은 영화에서 재일교포 2세로 태어난 감독 자신의 마이너리티

---

33 「80年代 沖縄へ、強制連行された軍夫、慰安婦の足跡を追う―真相解明と被害回復のための補償を求める運動へ―」、Website、監督 朴壽南 Park Soonam, https:// nutigafu. wixsite.com/park-soonam/history4. 이에 대한 더 자세한 내용은 朴壽南 編集、『アリランの歌―おきなわからの証言』、アリランのうた制作委員会、2021 참조.
34 박수남과 감독과의 서면 인터뷰, 2021년 9월 20일.

의 정체성을 암시하며 양쪽 국가에서 배제당하는 피해자 할머니들을 바라본다. 나아가 배봉기의 증언과 오키나와 여성들의 조선인 '위안부'에 대한 증언을 같이 겹쳐서 보여주고, 이어서 필리핀 위안부 여성, 마리아 로사 핸슨, 일본인 전 육군병원 군의관, 일본인 이등병 생존자, 일본시민(작가이자 서명운동발기인인 스미이 스에) 등의 마이너리티들을 위한 트랜스내셔널 지지가 이 피해자 운동과 상호작용했음을 묘사하고 있다. 이렇듯 1990년대 전시폭력에 대한 공감과 연대가 전지구적으로 일어난 기억의 자장 안에서 박수남 감독의 마이너 트랜스내셔널한 아카이브를 이해할 수 있다. 글릭은 1990년대의 한국 '위안부' 여성들의 증언으로 시작된 '증인의 시대'와 맞물려 매스 미디어는 그들의 개인적인 과거들을 확대하며 트랜스내셔널한 액티비즘의 널리 퍼진 매개체가 되었다고 한다. 즉 한국 '위안부' 여성들은 그들의 증언을 가지고 일본 정부에 대항해 법정 소송을 했는데 1993년, 일본의 민주성향의 정권의 '위안부'에 대해 식민주의적인 통치와 폭력의 결과라고 인정한 분위기와 더불어, 이 문제가 아시아뿐만 아니라 한국계 캐나다 혹은 한국계 미국인 페미니스트와 인권 운동가들의 주요 쟁점으로 떠올랐다는 것이다. 또한 이러한 움직임들은 '위안부' 여성들이 태평양 전쟁에 대해 보수적인 역사관을 비판해 온 진보적 일본학자, 시민들과 트랜스내셔널한 연대를 가지게끔 했다고 지적한다. 전 세계적으로 홀로코스트가 학살을 대표하는 것처럼 90년대 말쯤에는 '위안부' 여성들은 지구적으로 여성들에 반하는 성폭력의 문제를 환기하고 여행하는 비유(Traveling Trope)를 만들어 내었다고 한다. '위안부' 여성들은 시민 사회운동들을 전지구적으로 일어나게 했던 원동력이 되어 옴으로써 전지구적 기억 속에 자리잡았다고 할 수 있다. 그들은 경계를 가로지르고 연대를 구축하는 '가만히 있지 못하는 기억(Restive Memory)'을 대변한다. 글럭에 따르면 일본 정부가 그들을 저지하는 움직임이 보일 때마다 비난하는 분위기가 도시와 마을들 안에 생겼는데, 그것은 일본을 압박하는 바로 사죄와 보상의 기대들을 촉구하는 전지구적 기억이라 할 수 있다.[35]

  이런 의미에서 박수남의 영화들은 90년대와 2000년대의 기억의 연대가 시작되었던 분위기에서 만들어졌고 감독은 그 당시 '위안부' 여성들과 활발히 교류하면서 마이너 트랜스널한 기억들을 소환하고 있다. 박수남 감독은 〈오키나와로부터의 증언〉의 제작 배경에 대해서 설명하면서, 1973년 오키나와에 거주하고 있던 배봉기 할머니가 자신이 '위안부'였다고 커밍아웃하며 나온 사건을 염두에 두었고, 감독 자신이 1987년, 배봉기의 고발을 '한국교회여성연합회'에 제기했다고 한다. 여기서 그는 '위안부'가 제국의 폭력에 기반한 성범죄라고 주장하면서 위안부 여성들에게 사과와 국가보상을 일본 정부에게 할 것을 권고했다고 한다. 그리고 한국 여성과 재일 남북 동포 여성, 일본 여성, 3자가 연대하는 틀을 시급히 만들 것을 제안함으로써, 1990년에 '한국정신대협의회'가 발족되었다고 한다.[36] 이것이 박수남 감독과 위안부 여성들의 교류의 시작이었고, 이것을 바탕으로 1991년에 위안부에 대해 부분적으로 다루고 있는 이 영화가 완성되었다. 〈오키나와로부터의 증언〉과 〈누치가후〉는 '위안부' 피해자 자신의 소리로 얘기하는 '위안부'에 대한 전면적인 기록은 아니다. 하지만 연대의 의미로서의

---

35 Carol Gluck, "Memory in Hypernationalist Times: The Comfort Women as Traveling Trope" in *Series, Mnemonic Solidarity, Vol. 12, Issue 17, 2019.*

36 「80年代 沖縄へ, 強制連行された軍夫, 慰安婦の足跡を追うー真相解明と被害回復のための補償を求める運動へー」, Website, 監督 朴壽南 Park Soonam, https:// nutigafu. wixsite. com/park-soonam/history4

트랜스내셔널한 목격자들의 증언에 대한 영화이고, 감독 자신이 재일 여성으로서 한국 '위안부' 여성들과의 교류 속에서 같이 운동을 함께 한 헌신자라는 점(그것도 1991년 김학순 할머니가 최초로 증언하는데 시발 점이 된 위안부 운동에 처음부터 재일, 일본여성의 연대가 개입되어 있다는 점)은 매우 의미가 깊다. 따라서 그의 영화들은 '위안부 여성'들의 문제 를 국가의 경계를 가로지르는 '기억의 연대,' '가만있지 못하는 기억'으 로 되살릴 수 있는 아젠더로서, 동시대에 다시 꼭 재소환되어야 할 가치가 있는 것이다.

3. 은폐된 기억의 가시화: 재현 (불)가능성

두 영화들은 〈침묵〉과는 달리 영화제작 배경에서 설명되었던 피해 자들의 일본정부에 대한 소송 운동이나 그들을 지지하는 시민 운동들 의 액티비즘을 전면적으로 담지 않는다. 대신 피해자와 목격자의 '증 언과 사건의 현장'을 집중적으로 묘사한다. 이것을 다루는데 있어서, 그는 이항대립적으로 여겨져 왔던 재현불가능성과 재현이라는 미학이 서로가 모순되는 것이 아닌 보충하는 전략을 펼친다. 영화들에서 이미 역사의 흔적이 제거된 '사건의 현장'을 피해자 및 목격자들이 찾아가 증언하는 부분은 매우 특이할 만하다. 〈오키나와로터의 증언〉에서는 오키나와에서 한국으로 돌아온 생존한 피해자인 김원영, 이상춘은 각 각 오키나와의 아카해안과 아고의 숲속으로 찾아가 그때의 일을 증언 한다. 그리고 거기서 촛불을 켜고 애도를 한다. 〈누치가후〉에서도 6명 의 전 군속과 2명의 유족은 그때의 '현장'을 찾아가 사건에 대해 증언한 다. 강제 동원 피해자, 김재성, 임춘석, 강인창 등과 오키나와 목격자

들은 오키나와의 아카섬에 있는 조선인들이 자살공격을 강요당한 곳
이나 그들이 탈출하다가 붙잡혀 매장당한 이름없는 산 속과 타마구스
쿠 마을에서 가까운 270밀리미터 정도 깊이의 동굴인 가마로 찾아가
위안부의 존재에 대해서도 증언하고, 애도하며 아리랑을 같이 부른다.
집단 자결이나 학살의 장소나 피해자들, 목격자들의 증언을 통해 그
때의 폭력을 소환해내는 박수남의 작업은 '제거의 흔적'을 되살리는
과정으로 볼 수 있다. 〈오키나와로부터의 증언〉에서 자료와 증언을
통해 알려진 학살이나 자살 공격이 일어났던 장소를 방문하지만 그러
한 장소라고는 믿을 수 없을 정도로 한적한 산 속과 평화로운 바다
등이다.[37] 하지만 그곳을 바라보는 증인들의 시선과 말은 "절멸이 절멸
된 그 순간(학살의 흔적이 제거된 현장)"을 되살려낸다. 자크 랑시에르는
〈이미지의 운명〉에서 '재현 불가능 한 것은 무엇인가'라는 명제를 질문
하며 '재현불가능성'에 대해 언급한다. 랑시에르에게 "예술이 구상적
인가 아닌가와 무관하게, 우리가 그 속에서 식별 가능한 등장인물과
광경의 형태를 인식하느냐 아니냐'와 무관하게, 예술은 이미지로 이루
어져 있고, 예술의 이미지는 어떤 간극, "(비)유사성을 산출하는 조작
이다."[38] 그는 다음과 같이 말한다.

> 재현되어야 할 것은 가해자와 피해자가 아니라, 이중의 제거 과정,
> 즉 유대인의 제거와 그들을 제거한 흔적의 제거이기 때문이다. ……
> 만일 (과거에) 어떤 것이 일어났고 아무런 흔적도 남아 있지 않은 것이

---

37 홍윤신은 위안소가 개개인의 '위안부'가 미군의 수용지구에 포로가 되면서 대부분
   소멸했고, 학살의 장소는 전후에 미군 비행장 등으로 접수되었기 때문에 부지 자체
   가 흔적도 없이 사라진 경우가 많았다고 지적한다. 앞의 책, p.334.
38 자크 랑시에르 저, 『이미지의 운명』, 김상운 역, 현실문화, 2014, p.19.

재현될 수 있다면, 그것은 행위를 통해서, 지금 여기서 시작되는 새로 지어 낸 허구를 통해서다. 즉 과거에 있었던 것에 관해 지금 여기서 발화된 말(하기)와 이 장소에 물질적으로 현전하면서 부재하는 현실 사이의 대결을 통해서이다.[39]

랑시에르는 예술이 직접적인 모방이냐 아니냐에 무관하게 예술의 이미지는 간극, 비-유사성을 산출하는 조작이라고 설명한다. 하지만 더 나아가 "말할 수 있는 것과 볼 수 있는 것 사이의 관계, 이 둘 사이의 유사와 비-유사성 모두에 기초하여 작용하는 관계를 연출하는"[40] 체제가 예술이라는 것이다. 이와 관련해서 최수임은 랑시에르가 〈쇼아〉를 예를 들며 그 영화는 "나치에 의해 역사의 흔적이 '제거'된 장소로 헬름노의 숲속 빈터를 카메라로 담고 그곳에 대한 증언을 기록함으로써 '흔적의 제거'로서의 '재현 불가능한 것' 자체를 재현하고자 한다"[41]고 설명한다. 이것은 직접적 모방이라는 유사성에 기반한 재현이 아니라 재현 불가능한 상태 자체를 묘사함으로써 대상의 본질을 재현하고자 하는 의도로 읽혀진다. 즉 과거의 끔찍했던 학살에 대한 증언과 이제는 평화롭고 흔적 없는 학살의 장소는 기묘한 부조화를 자아내는데, 이는 비-유사성을 통한 재현의 불가능성 속에서 아이러니하게 과거의 사건이 표상된다는 것이다.[42]

---

39 위의 책, p.223.

40 위의 책, p.19.

41 최수임, 앞의 논문, p.53.

42 최수임, 위의 논문, p.53. 최수임은 랑시에르의 재현불가능성에 대한 논의를 가지고 조슈아 오펜하이머의 다큐멘터리의 〈침묵의 시선〉을 분석하는데, 필자가 박수남의 영화를 재현(불)가능성으로 분석하는데 있어서, 그의 논문에서 힌트를 받았음을 밝혀둔다.

비록 〈쇼아〉에서 쓰인 세부적 영화적 장치는 다르지만[43] 박수남의 영화들은 랑시에르가 설명한 '흔적이 제거'된 것으로서의 (과거)의 재현 불가능한 사실들을 사건의 현장으로 찾아가 그것을 배경으로 증언하면서 거기에 물질적으로 현전시키면서 가시화시킨다. 예를 들어, 〈오키나와로부터의 증언〉에서 아카섬의 산 속에서 목격자인 나카지마 히로시가 조선인이 매장된 장소로 감독을 안내하지만 그곳에는 아무런 흔적 없이 정적만이 감돈다. 나카지마는 그 곳에 촛불을 켜고 고개 숙여 애도할 뿐이다. 또한 아고의 해변을 롱 샷으로 잡고 난 뒤 거기에 김원명과 이상춘을 보여주는 장면이 있다. 이상춘은 거기에서 절을 하며 죽은 자들을 애도하며, 그것을 허망하게 바라보는 김원영의 얼굴이 클로즈업된다. 이 장면들은 랑시에르가 직접적 모방이라는 유사성에 기반한 재현 대신에 재현할 수 없는 것 자체를 보여줌으로써 사건의 핵심을 역설적으로 재현하는 방식을 제시한 것처럼, 오키나와 전투라는 역사적 재현이 아닌 지금 현재라는 이 순간을 선택하고, 사건에 대한 증거적 재현(명시적인 학살을 담은 사진이나 영상이 아닌)에 맞서[44]

---

43 랑시에르는 "〈쇼아〉에서 헬름노의 숲속 빈터에 선 증인을 의도적으로 큰 풍경 속에 작게 담아 보여주는 쇼트가 시각적으로 '상상할 수 없는' 과거의 사건을 극대화해 느끼게 하며 과거의 '절멸'을 떠올리게 하는 장소의 고요한 침묵은 말을 잇기 힘들어하는 증언자의 증언에 바탕을 이루며 재현 불가능성을 통해 사건을 사유하게 한다"고 지적한다. (p.53) 이러한 영화적 장치는 박수남의 영화들과는 비슷한데 그의 영화들에서는 증인을 롱쇼트로도 보여줌과 동시에 미디엄 쇼트로 자세히 표정들을 묘사하며 그들의 기나긴 말에 귀를 기울이기도 한다. 하지만 쇼아와는 달리 주관적 나레이션과 음악을 사용한다.

44 〈오키나와로부터의 증언〉은 단 한 장면에서만 파운드 푸티지가 쓰이는 데, 이것은 오키나와 원피트 운동의 〈오키나와전, 미래로의 증언〉(1986)인데, 그것은 오키나와 전의 기본적인 상황을 전달해줄 뿐이지, 학살과 피해와 관련된 이미지는 아니다. 따라서 영화는 일종의 구술역사를 지향하는 것처럼 보인다.

〈사진 1〉 조선인 군속 생존자, 김원영과 오키나와인 목격자, 나카시마 히로의 사건의 현장을 배경으로 한 증언과 애도 (위), 아카섬 아고의 해변의 김원영과 이상춘의 풀쇼트와 증언을 하다 멈춘 허망한 모습의 김원영(아래), 〈오키나와로부터의 증언〉에서 발췌.

그 영화들 속에 현현하고 있는 인물들의 감정, 그리고 그 비가시화된 과정을 물질화하는 방식을 선택했다는 것을 보여주는 장면이라 할 수 있다. 〈사진 1〉

즉 이것은 "사라져버린 어떤 것을, 그 흔적이 지워진 사건을 조사하고 증인들을 찾아내고, 그들에게 그 사건의 물질성에 관해서 그 수수께끼를 지우지 않고서 말하게 만드는 것"[45]의 탐색일 것이다. 저널리스트였던 박수남 감독은 피해자들을 인터뷰하면서 그들이 고통을

---

45 자크 랑시에르 저, 앞의 책, p.226.

온전히 말로 표현하지 못했고 그들의 표정에서 느껴지는 침묵, 슬픔, 분노 그리고 원한같은 감정들이 더 절실했기 때문에 그것을 담기 위해 영상 작업을 시작했다고 밝힌 바 있다.[46] 이러한 감독의 말을 반영이라도 하듯, 인상적인 것은 마치 '구술역사'처럼 증인의 말과 사건의 현장을 끊임없이 병치하는 영화에서 그러한 말들 사이에 각인되어 있는 침묵과 그들의 감정이다. 그들은 말을 하다가 중단하거나 머뭇거리거나 망연자실해 한다.

하지만 〈누치가후〉에서 특이할 만한 것은 〈쇼아〉에서와 달리 뉴스릴의 파운드 푸티지와 기념관 등에서의 남아 있는 사진과 회화 이미지들의 적극 활용이다. 이는 아감벤이나 디디 위베르만이 "재현 불가능하다고 여겨지는 것들이야말로 오히려 재현이 절실히 요구되는 사태이며, 따라서 예술은 보다 적극적으로 그것을 재현해야 한다"[47]고 하는 것과 연결시켜 해석될 수 있다. 그에 따르면 위베르만은 비재현은 오히려 범죄의 흔적을 제거하기를 원하는 가해자들의 의도에 부합하며 학살을 기록한 사진들은 피해자들이 그들 자신의 '존재의 가시성'을 향한 투쟁이라고 주장한다.[48] 아감벤 역시 비재현은 학살/전쟁의 가해

---

46 CINE TALK: Sunam Park", 국제포럼 〈아카이브의 주소를 묻다: 여성, 디아스포라, 필름메이킹〉, 한국예술종합학교 트랜스: 아시아영상문화연구소, 2021.9.30.

47 최수임, 앞의 논문, p.48.

48 디디 위베르만은 "아우슈비츠에서 유출된 네 장의 학살 사진들을 분석하고 있는데 그는 유태인 학살의 동기가 단지 많은 유태인을 죽이는 것이 아니라, 그들을 완전히 말살함으로써, 유태인이라는 '이미지'를 없애려는 시도, 그리하여 이 이미지의 종말 속에서 한 인종에 대한 '상상' 자체를 불가능하게 만들려는 시도였다고 분석하며, 엄청난 위험을 무릅쓰고 유출된 이 학살 사진들과, 아울러 종전 후 수용소에서 발굴된 수많은 가족 사진들, 편지들, 기록들이야말로 말살에 저항하여 자신의 존재성을, 존재의 이미지를 보존하려는 희생자들의 필사적인 노력이었다고 결론짓는다". 1차 인용, 최수임, 위의 논문, p.49; 조르주 디디 위베르만 저, 『모든 것을 무릅쓴 이미

자들이 범죄를 은폐하고 '불가능한 것'으로 신비화하고자 하는 것과 통한다고 하면서 재난을 비판적 사유의 대상으로 삼기 위해 재현을 통해 사태를 끊임없이 기억해야 한다고 논한다.[49] 이러한 주장을 반영이라도 하듯 〈오키나와로부터의 증언〉과 달리 〈누치가후〉는 오키나와 전투에 관련된 파운드 푸티지와 사진과 회화 이미지, 기념관 등을 적극 사용한다.[50] 미군의 오키나와 상륙 과정과 일본군의 자살공격대에 대해 다소 공식적인 어조로 설명하는 뉴스릴과 다큐멘터리 파운드 푸티지는 각각 고베 영화자료관에서 제공한 미군 항공공학부(Bureau of Aeronautics)가 제작한 뉴스릴(1945)과 오키나와 원피트 운동이 제작한 〈오키나와, 미래로의 증언(沖縄戦·未来への証言)〉(1986), 〈다큐멘터리 오키나와전(ドキュメンタリー沖縄戦)〉(1995)이다.[51] 이 파운드 푸티지들과 더불어 오키나와 집단자결의 폭력을 재현한 누치두다카라 오키나와전의 그림(命宝 沖縄戦の 図)을 클로즈업으로 보여주며 증인들의 모습 사이에 삽입하고 있다. 이 회화는 마루이키 부부가 82~87년

지』, 오윤성 역, 미학과 정치, 2017.

49 아감벤도 "어떤 재난을 숭고라는 불가해성으로 인식하고, 이 재난에 대한 어떤 이해와 재현도 불가능하다고 주장하는 것은 "종교적인 방법론"으로서, 이는 결국 "유태인 학살과 같은 재난에 신화적 권위를 부여하는 것"에 지나지 않는다고 주장한다. 예를 들어, 기독교적 전통에서 예수와 성령들의 기적은 '불가해한 것'으로 받아들여지며, 이 불가해한 사태의 본질을 이미지 속에 가두려는 행위는 그 사태의 숭고한 신비를 훼손하는 것으로, 그리하여 파괴해야 할 어떤 것으로 여겨진 바 있다. 아감벤은 이러한 숭고와 그것의 이해불가능성에 대한 종교적 태도를 유태인 학살과 같은 현실의 재난에 적용하는 문제를 '재난의 신화화'라는 용어로 비판하고 있는 것이다." 1차 인용, 최종철, 「재난의 재현'이 '재현의 재난'이 될 때」, 『미술사학보』 42, 2014; 2차 인용, 조르조 아감벤, 『아우슈비츠의 남은 자들』, 새물결, 2012.

50 이는 오키나와 전투에 관한 기록은 오키나와의 조선인의 피해에 관한 기록에 비해 상대적으로 많기 때문에 아닌가 추측된다.

51 박수남 감독과의 서면 인터뷰, 2021년 9월 20일.

동안 오키나와에 몇달 간 머물면서 "오키나와인들과의 공동제작"이라고 말 할만큼 오키나와전투를 경험한 사람들의 수 많은 증언을 모델로 그린 것이라고 한다. 또한 영화는 나하시에 있는 철혈근황대(鉄血勤皇隊, 어린 소년병이 천황을 지킨다는 의미) 기념관에서부터 자살공격대의 조선인 전몰장병기념비에서 발견된 이미지들을 강박적으로 피해자들의 증언들과 병치시키고 있다. 이런 방식으로 일본군대가 섬주민과 조선군속을 학살한 장소인 아카섬에는 이제 학살의 흔적이 뚜렷이 남아있지 않지만, 감독은 증언들 사이에 이러한 오키나와 전투에 관련된 다큐멘터리, 뉴스릴 푸티지, 기념관에서의 기록들, 사진들을 교차시키며 그 때의 학살에 대해 가시화하려고 필사적으로 노력하는 듯하다. (사진 2) 따라서 〈오키나와로부터의 증언〉에서는 사건의 핍진적인 재현을 피하는 지금 현재와 장소를 물화하는 비유사성으로서의 재현과, 〈누치가후〉에서는 그것을 보충이라도 하듯 그때의 사건과 엇비슷한 증거적 자료들을 사용하는 유사성으로서의 재현에 대한 강박이 보여지는데, 박수남 감독은 이 두 가지 전략을 각각 절묘하게 사용하고 있다. 결과적으로 끔찍하고 은폐된 기억을 재현하는 것의 어려움을 관객이 상상할 수 없는 것을 상상하게 만드는 이러한 전략으로 어느 정도 상쇄시킨다.

박수남의 재현(불)가능성에 대한 미학적 전략은 〈쇼아〉가 그러했던 것처럼, "일견 모순되어 보이는 '이중의 역사적 과제', 즉 한편에서는 설명을 절단하려는 과제에, 다른 한편으로는 침묵을 깨뜨리는 과제'"[52]에 응하고 있다. 먼저 첫 번째 과제, 재현불가능성은 피해자

---

[52] 다카하시 데쓰야 저, 『기억의 에티카—전쟁, 철학, 아우슈비츠』, 고은미 역, 소명출판사, 2021, p.38.

〈사진 2〉 미군정과 오키나와 원피트 운동의 다큐멘터리 푸티지(왼쪽 위, 아래)와
'누치두 다카라 오키나와전의 그림'을 배경으로 한 증인 (오른쪽 위)과
'철혈근황대'의 사진을 배경으로 한 증인(오른쪽 아래), 〈누치가후〉에서 발췌.

의 증언이 하나의 통합적이고 선형적인 체제를 가지고 있지 않고 때
때로 기승전결이라는 일반적인 언설의 형태로 이야기될 수 없다는
것을 가리키는데 이는 조선인 피해자, 김원영과 이상춘 등의 말의 끊
김과 망연자실해 있는 표정에 잘 드러난다. **박수남 감독은 조선인 피
해자들이 증언할 때 몸이 먼저 떨려왔다고 말하면서 그들은 그때의
고통의 기억을 찾아내서 말을 가지려면 또 한번 죽어야 하는 경험을
가진다고 말한다.** 그래서 피해자들은 정확한 말을 가지지 않고, 내
뱉는 말은 깊은 침묵인데, 그것은 슬픔이고 분노이고 원한이었다고

회고한다.[53] 이것은 다카하시 데쓰야가 홀로코스트에서 살아남은 생존자가 증언을 할 때 "역사 앞에서의 책임을 위하여 살아남고자 '잊지 않으면 안되'었던 기억을 상기시켜야만 했다"[54]는 설명과 연관이 있다. **데츠야는 이 기억은 말하자면 매번 "정신적으로 죽은 존재가 되지 않으면 상기할 수 없는 기억[55]"이며, 레비나스 식으로 말하자면 "언제까지나 계속 피가 흘러내리는 상처"[56]라고 설명한다.** 따라서 흥미롭게도 박수남과 다카하시 데츠야는 공통적으로 학살과 고통의 재현 (불)가능성(증언(불)가능성)을 증언자가 다시 한번 죽은 존재가 되어야 비로소 상기되는 기억으로 해석하는 것이다. 그렇다면 이 '재현(증언)의 불가능성'은 사건에 대해 절대적인 침묵을 요구하는 것일까? 여기서 두번째 과제, 재현, 즉 침묵을 깨뜨리는 과제가 대두되는 것이다. 다케하시 데츠야는 "기억될 수 없는 것에 대한 기억은 사건에 대한 일체의 기억을 파괴하고자 하는 기획에 맞서 기억의 요청을 격렬화시키기 위해 오는 것이지 그것을 약화시키거나 부정하기 위해 오는 것이 아니라고 설명한다. 또한 그는 쇼아를 분석한 펠만을 인용하며 '절멸'의 핵심에 있는 '증언의 불가능성'으로부터는 "완전히 독자적인 방식을 통한" "이야기하기의 절대적 필요성"이 출현한다고 말한다.[57] 따라서 "절멸을 망각의 구멍에 묻어버려서는 안 되며 또 완

---

53 "CINE TALK: Sunam Park,"interviewed by 황미요조, 이유미, 〈아카이브의 주소를 묻는다: 여성, 디아스포라, 필름메이킹〉, 한국예술종합학교 트랜스: 아시아영상문화연구소, 2021년 9월 30일.

54 다카하시 데쓰야, 앞의 책, p.143.

55 같은 책, p.144.

56 같은 책, p.144.

57 같은 책, p.36.

전 범죄를 이루게 해서도 안된다고 한다면 이야기할 수 없는 것 앞에서 언제까지고 말을 잃은 채로 있을 수는 없다."고 주장한다.[58] 내부의 진리라는 것의 본질이 이야기할 수 없는 것에 있다고 한다면, 이야기할 수 없는 것을 그럼에도 불구하고 이야기하는 행위가 필요한 것이다. 박수남의 영화는 이 두 번째 과제를 수행하기라도 하듯, 불가시화된 마이너 트랜스내셔널한 기억 속에, 오키나와 전투에 관한 파운드 푸티지, 사진, 회화이미지를 곳곳에 병치함으로써 "기억될수 없는 것이나 이야기할 수 없는 것에, 즉 '기억의 비장소'에 어떤형태로든 장소를 부여"[59] 하고 있는 것이다.

4. 다큐멘터리의 수행성과 비커밍 아웃으로서의 증언

그렇다면 이러한 전략을 다큐멘터리의 전략과 견주어 생각해 볼수도 있지 않을까. 즉, 재현 (불)가능성으로서의 '기억의 비장소와비시간'을 포착하려는 것은 핍진성으로서의 리얼리즘, 즉 과거를 선

---

58 같은 책, pp.63-64.

59 다카하시 데쓰야는 "우리들의 현재 안에서는 결코 현재화될 수 없는 과거와의 관계, 우리들의 현재에 의해서는 결국 기억되지 못하는 '망각의 구멍'에 가라앉아 버린 과거와의 관계에 의해 우리들의 현재가 끊임없이 이화되고 타화되는 듯한 역사성을 생각하지 않으면 안되는 것이다"고 설명한다. 따라서 기억의 요청에 대한 응답도 결코 상기=내화될 수 없는 역사적 타자들, 결코 이야기되거나 서술되지 못하는 역사적 타자들의 불가능한 기억, 끝나지 않는 상을 포함하지 않는다면, 그 다른 기억, 다른 해석, 다른 이야기의 폭력에 맞선다고 자인하면서도 '역사'의 원-폭력을 무의식적으로 반복하게 되어버리고 말 것이다."고 말한다. 박수남의 비가시화된 조선인의 존재는 이러한 역사적 타자들의 불가능한 기억이었고, 이러한 기억을 마이너 트랜스내셔널한 방식으로 기억한다는 것 자체가, 내셔널한 기억 속에 갇혀 있는 현재를 이화시키고 타화시키는 역사성일 것이다.

형적으로 재현하는 것과 결을 달리하는 다큐멘터리의 책무라고 할 수 있을 것이다. 하지만 여기서 진실을 물질화한다는 다큐멘터리의 근간이 반드시 객관성에 기반한 관찰자성에 있지는 않다. 스텔라 브루치도 주장했듯이 주관적이고 비실증적인 방식의 다큐멘터리도 사실들을 물질화하는 측면이 있다. 즉 관객은 재현(불)가능성을 통해 출연자와 감독의 실존의 드라마에 참여(engagement)함으로써 은폐된 기억과 조우하게 되는 것이다. 이러한 주관성의 전경화는 박수남 감독의 영화에도 종종 나타난다. 그의 영화들은 주로 피해자, 목격자들의 증언을 바탕으로 (부분적인 파운드 푸티지의 사용과 함께) 구성되어 관찰자의 시각을 견지하고 있으나 중간중간에 감독은 자신의 보이스 오버로 코멘트를 달거나 증언자들 사이에 질문을 던지거나 화면 안으로 나타나며 약간의 개입을 시도한다. 적극적인 질문은 아니지만 증인들의 기억 속에 조선인의 존재를 부각시키기라도 하듯 "조선인 노동자를 만났나요? "조선인 위안부를 만났다고요?" 등의 질문을 던지며 영화가 오키나와 속의 조선인의 비가시화에 대한 문제에 주목하려는 하는 것을 환기시킨다. 영화들은 여성 일인칭 나레이션, 감독의 장면내의 위치지음과 제작자와 대상 간의 만남이 지닌 본질적인 성격 및 특성에 의거 등이라는 참여적 다큐멘터리의 특징을 가진다. 또한 두 영화에서 감독은 최소한의 정보를 알려주는 설명적인 나레이션 위에 때때로 사건과 상황에 대해서 주관적인 느낌의 보이스 오버를 들려준다. 〈오키나와로부터의 증언〉에서 타이틀이 뜨기 전과 그 직후에 경북지방과 서울을 보여주는 장면에서 박수남 감독의 다음과 같은 보이스-오버가 들린다. "나는 왜 이웃나라 일본에서 태어났는가? 내 나라의 말도, 내 이름도 모른 채 자랐다. 자기 자신이라는 사실을 도둑맞은 채, 나는 나를 찾으러, 아버지의 나라, 어머니의 고향을 방문하기 위해 하얀 하나의 길, 한의 길을 밟는다.""서울, 갈라놓은 조국의 절반인 고향, 하루가 돌아오는 동안 생명이여. 젊은 날, 나는 당신을 얼마나 만나고 싶었는가. 당신들이 나를 불렀다. 환상의 반경 속 과거는 눈물을 계속 흘리게 하고 세월을 계속 흐르게 하는 구나"이러한 보이스 오버는 "사실 열거와는 다른 경험과 기억의 주관적 특성을 강조하고 가시적인 증거이상의 것과 목소리는 그 이상, 감정적인 반응을 불러일으킴으로써, 기존에 구축된 그 어떤 지식틀 안에서 이 사건을 이해한다는 것은 불가능하게 만드는 수행성"[60]을 실천하고 있다.

두 영화에서 피해자에 대한 애도의 의례로서 등장하는 재일조선인 무용가, 강휘선의 퍼포먼스와 오키나와인들의 퍼포먼스들로 영화는 끝을 맺고 있다. 또한 〈누치가후〉에서 아리랑이 나오는 장면은 세 번에 걸쳐서인데, 박수남 감독은 후텐마 기지의 오우라만에서 사이판으로 도망 간 오키나와의 징병거부자, 구쉬켄 토쿠쉰을 인터뷰하면서 "그 때 조선군속을 만났나요? 라고 끼어들자, 그는 "네" 하고 대답하며 아리랑을 부르기 시작하고 화면 밖의 박수남 감독도 같이 따라 부르기 시작한다. 두 번째는 아카섬을 배경으로 박수남 감독은 나레이션으로 조선 처녀들이 고향의 노래인 아리랑을 울면서 불렀다고 기억을 환기시키고, 이어서 카네시마 키쿠에라는 위안소의 가사도우미가 조선 처녀들이 아리랑 노래를 불렀다고 기억해 내며 그 노래를 따라부르는 장면이다. 마지막 장면은 감금과 학살의 현장인 타마구스쿠 마을에 있는 가마 동굴에서 생존자와 목격자들이 같이 아리랑을 부르는 장면이다. 이러한 장면들은 빌 니콜스가 말한 것처럼

---

60 빌 니콜스 저, 『다큐멘터리의 이해』, 이선화 역, 한울아카데미, 2005, p.215.

다큐멘터리가 객관성을 담보로 한 것이 아닌, 불완전성과 기억 그리고 인상, 주관적인 구성에 대한 이미지들을 제시하기 때문에 수행적이라는 것과 일맥상통한다.[61]

　이러한 장면들은 현실질료가 그것의 어떤 기록 또는 재현보다 먼저 온다해고, 제작자의 퍼포먼스와 현실 사이의 상호작용에 의해 의미가 주어지기 때문에, 다큐멘터리 그 자체는 수행적[62]이라는 스텔라 브루치의 논의를 떠올리게 한다. 즉 오키나와인이 아리랑을 부르는 것은 현실질료라 할 수 있지만, 그것을 우연히 포착하는 시네마 베리테적인 요소는 감독의 퍼포먼스이기도 하며, 그것과 오키나와인들이 아리랑을 부르는 것이라는 현실 사이의 상호작용에 의해 새로운 의미가 주어진다. 즉 여기서 감독의 매개적 위치는 오키나와인의 조선인과의 조우, 연대의 기억을 끄집어내는 의미를 생산하게 되는 것이며, 이것이 바로 박수남 감독의 다큐멘터리의 수행성의 한 예라고 할 수 있다.

　박수남 감독은 제작과정의 다층적 목소리로서 자신을 드러내왔다. 상연자[63]로서, 나레이터로서, 촬영/편집 단계의 매개자로서 관객에게 감독은 자신의 위치를 지속적으로 인식시킨다. 이와 같이 감독이

61　Stella Bruzzi, "Documentary journeys", *New Documentary*, Routledge, 2006, p.85.

62　Stella Bruzzi, "The performative documentary", *Ibid*, pp.185-215. 박수남 영화가 다소 고전적으로 보일 지라도 여타 방송 다큐멘터리같이 일관된 설명적 나레이션과 존그리어슨 식의 프로파간다적 요소나 휴머니즘을 강조하고 있지 않다는 점에서 브루치가 말하는 수행성에 가깝다고 할 수 있다.

63　물론 박수남 감독의 영화는 동시대적 의미로서의 실험적인 상연을 행하는 다큐멘터리는 아니다. 하지만 위의 설명한 것처럼, 아리랑이라는 노래가 나오게 금, 매개자 역할을 하거나 조선어를 쓰는 증인의 증언에 감독 자신이 일본어로 더빙을 입히는 등의 제작의 모드를 적극적으로 드러내는 상연자로 등장한다.

자신을 관객에게 환기시키는 방식은 제작자와 대상이 주체-대상으로 분리된 것이 아니라 연결되어 있음을 시사하는 것이다. 브루치에 의하면 작가-상연자를 기반으로 하는 다큐멘터리가 반복하는 것은 다큐멘터리가 그것 자신의 기록이고 개입주의자 다큐멘터리 영화 감독은 그가 출현하는 모든 컨텍스트에 의해 (재)정의되는 유동적인 전체성이다. 감독-상연자는 그럼으로써 영화의 진행되는 대화적 분석의 구성이다.[64] 이것이 브루치가 말하는 수행적 다큐멘터리에 있어서의 작가의 의미인데, 박수남 감독의 경우와 맞아떨어진다. 즉 영화 속 사건에 대해 감독이 주관적 감정을 표현하고 상연을 행함으로써 영화의 책임자로서 스스로 견고하게 하는 역할을 한다. 결국 감독의 마이너리티에 대한 공감은 그들에게 쉽게 동일화하지는 않는 헤테로적 연민의 동일화[65]인데, 이는 피해자에게 다가가는 방식, 그들과 소통하는 방식, 이 모든 과정에 감독 자신의 책임을 부과하는 방식에 대한 힘이 되는 것이다.

이제 박수남 감독의 영화들에서 보이는 수행성을 통해 형성되는 증인과 청자인 감독/관객과의 상호(불)소통적인 관계가 어떻게 증언 이후 우리의 응답방식에 대해 질문하게 되는지 보자. 도미야마 이치로는 증언을 "심판의 근거로 삼는 과거의 사건에 관한 체험자 개인의 커밍아웃"이 아니라 증언 이후 우리의 응답의 방식에 대해 질문하게

---

64 Stella Bruzzi, "The performative documentary", *Ibid*, pp.197-198.

65 도미니크 라 카프라는 "이종요법적 동일시(heteropathic identification)라는 개념을 말하는 데, 이것은 타인의 경험과 기억에 대한 정동적인 공감을 하되 타인을 피해자로 대상화시키는 지 않는 것을 말한다. 즉 타인의 경험을 자기의 것으로 되돌리 않는다는 자각이라고 설명한다. Dominick LaCapra, Writing History, Writing Trauma, Johns Hopkins University Press, 2000, pp.10-20.

하는 비커밍 아웃(becoming out)"의 과정으로 보자고 제안한다. 그는
증언에는 사전배제라는 과정이 존재한다고 설명하는데, 이는 주디스
버틀러의 개념으로 (법정에서처럼) 증언에는 내용의 시비를 묻는 검열
과 발화 주체의 가능성 자체를 문제 삼는 검열이 존재하는데, 후자는
전자의 전제이며 이 전제로서의 검열에 의해 발화가능성이 박탈되는
사태가 사전 배제이다. 사전 배제에 관한 폭력은 "폭력의 상처에 대
해 말해도 말한 것으로 간주되지 않고 없었던 일로 여겨져 버리는 상
황"이며 이것이 문자 그대로 문답무용의 폭력이다.[66]

　여기에 저항하기 위해서 도미야마는 다케무라 가즈히코의 논의를
빌어, "증언 이후 그 다음 전개는 비밀을 캐내려고 집착하는 것이 아
니라 계속 사전 배제라는 틀로 구성되어 있는 세계에 저항하며, 말을
획득해 나가는 것"[67]이라고 말한다. 이것은 단일한 정체성을 기반으
로 하지 않는 젠더나 계급 차 등의 중첩된 것의 "우선적 연대"인데,
이것은 하나의 공통의 사상과 공통의 정서에 기인하지 않는 집합성
을 가르킨다. 도미야마는 '증언 이후'에는 이러한 집합성이 요구된다
고 주장한다. 그는 "증언 이후가 의미하는 것은 그것은 말이 들리지
않았던 장소에서 목소리가 들리기 시작하는 것이고 역으로 이제까지
이야기하고 있던 것들이 이해 불가능하게 되는 일"[68]이라고 설명한
다. 따라서 도미야마는 그것은 확실히 "집합과 동시에 이산을, 친밀
함과 동시에 곤혹감과 적의를 생산하는"사태일 것이라고 지적한다.

66　도미야마 이치로 저, 「증언 '이후': 곁에서 일어나고 있는 일이지만, 이미 타인의
　　일이 아니다.」, 『기억의 연대 e-시리즈』, 정유진 역, 서강대 트랜스내셔널인문학연
　　구소, pp.51-53.
67　위의 논문, p.57.
68　위의 논문, p.58.

그리고 그렇기 때문에 말을 이어나 갈 수 있는 영역을 어떻게 마련할 것인가가 정말 중요하게 되며, 말이 소통되지 못하게 되었다 해도, 잠시 중단하고, 언어를 새롭게 구성해나갈 영역을 만들어가는 것이 필요하다는 것이다.[69]

말하자면, 그에 의하면 삶을 폐기하는 '죽음의 정치'가 '사전배제'라는 언어적 질서를 포섭하고 있다고 한다면, 그 안에 놓여 있는 사람들은 말이 없어지고, 폭력의 세계로 수렴될 것이라는 것인데, 여기서 우리의 언어도 문답무용의 폭력에 노출될 수밖에 없는 것이 된다. 그는 이를 알게 된다는 것은 정말 공포스러운 것이며 두려움에 틀림없다고 말한다.[70] 하지만 중요한 것은 "그것을 남의 일로 타자화하고 '나는 oo가 아니다', 'oo라고 착각하지마' 라고 안심하는 것이 아니라, 그 폭력의 예감을 통해 새로운 관계 생성을 향해 이어 나가는 것인 것이다."[71] 이것이 바로 도미야마가 말하는 비커밍 아웃이다.

〈오키나와로부터의 증언〉의 마지막 시퀀스의 오키나와와 한국의 합동위령제를 배경으로 박수남의 보이스-오버는 다음과 같다. "한, 분열된 조국의 슬픔, 하얀 한의 길을 밟으면 울음소리가 들린다. 아버지들이여, 어머니들이여, 나는 이제 한으로부터 태어나, 당신들은 우리들이다. 당신들은 우리들 안에 다시 되돌아오고 나는 당신의 한 속에서 빼앗겼던 나, 빼앗긴 말을 되찾아 간다." 이는 수십 년간 이름 없는 피해자에 대한 폭력을 남의 일로 타자화시키지 않고(도미야마가 지적했듯이) 탈식민적인 정체성으로 승화시키는 발언이다. 이것

---

69 앞의 논문, p.58.
70 위의 논문, p.58.
71 위의 논문, p.59.

은 다소 민족적 정체성을 기반한 듯 들리지만 이 장면, 바로 앞 장면
에서 보여준 오키나와인들의 조선인들에 대한 마이너 트랜스내셔널
한 증언과 연대와 겹쳐 본다면, 여기서 당신과 우리가 반드시 인종적
인 정체성에 기반되지 않을 수도 있다. 더구나 〈누치가후〉의 마지막
시퀀스의 오키나와의 마을 축제를 배경으로 한 감독의 나레이션이
"오키나와는 아직 일본의 식민지이다. 그러나 오키나와의 어머니들
은 반얀나무처럼 강하고 생명력이 있어 꿈을 지켜나가고 있다. 오키
나와의 독립, 희망, 그리고 미래에 대한 꿈을. 네가 가지고 있는 모
든 것은 생명이다. 생명은 보물(누치가후−오키나와어)이여라"라는 것
을 감안해 볼 때, 재일 조선인으로서의 발화자가 반드시 조선인에 대
한 아이덴티티에 천착하지 않고 오키나와인와 조선인의 상황을 오버
랩시킴으로써, 마이너 트랜스널한 시각으로 탈식민적 사유를 하고
있음을 알 수 있다. 이것은 즉 조선인, 오키나와인, 그리고 재일조선
인 디아스포라 감독 스스로가 서로를 구분하지 않고 자기 앞에 놓인
폭력이 −차이를 가지지만−서로의 것이 될 수 있음을 공유하는 도미
야마가 말하는 '새로운 관계 생성'을 위한 장치이다.

　박수남의 보이스 오버들은 도미야마가 말하는 새로운 관계 생성을
정확히 지시하는 수행적 코멘터리이다. 박수남 영화에서의 수행성은
그의 번역 작업에서도 드러난다. 그는 〈오키나와로부터의 증언〉에
서 조선인 증인이 조선어로 증언할 때, 그것을 본인 스스로 더빙작업
을 해서 일본어로 입힌다.[72] 이는 비록 의도하지 않았다고 해도 오키

72　앞의 논문, p.58. 여기서의 더빙은 증인의 원래 목소리가 그대로 들리는 상태에서
　　동시통역같은 느낌의 날 것 그대로의 더빙 작업이다. 박수남에 의하면 〈또하나의
　　히로시마〉의 경우는 그것을 의도했다고 하며, 〈오키나와로부터의 증언〉에서는 증
　　언자의 대부분이 경상북도 방언을 쓰고 있었는데, 번역을 맡은 사람이 그것을 이해

나와에서의 마이너리티인, 조선인의 존재를 먼저 일본 사회에 알리기 위한 일본어권 관객을 소구하는 적극적인 제스처로 읽힐 수 있다. 이러한 번역 작업은 "사전배제를 다르게 바꾸어 써 나아가는 것"의 하나의 예로 보여지며 감독이 중간에 매개되어 "말이 들리지 않았던 장소에서 목소리가 들리기 시작하는 것"이라 할 수 있다. 하지만 그러한 번역이 완벽히 일어나지 못하며 때때로 증언자의 조선어가 날 것 그대로 들리면서 일본어권 관객에게 일본어로 들렸던 친밀감이 순식간에 곤혹감으로 바뀐다. 한편 한국어권 관객은 친숙하리라고 예상된 한국인 증언자들의 모습 속에서 더빙된 박수남의 일본어를 통해, 또한, '곤혹감'을 느끼게 될 수도 있다. 즉 이것은 번역됨과 동시에 번역될 수 없음을 의미한다.[73] 이러한 집합과 동시에 이산을 친밀함과 동시에 곤혹감을 생산하는 현상으로서의 다큐멘터리의 참여성과 수행성의 순간들이야말로 도미야마가 말하는 "새로운 관계 생성을 향한 어떤 멈춤의 순간, 말이 통하지 않게 되었다 할지라도 거기에 멈춰, 말을 계속할 수 있는 장을 어떻게 마련할 것인가를 묻는

하지 못했으나, 감독 자신은 부모가 경북출신으로 알아듣고, 시간상의 문제로 자막을 만들지 못하고 자신과 재일조선인 여성 세 명이 함께 더빙 작업을 했다고 한다. 박수남과의 서면 인터뷰, 2021년 9월 20일.

[73] 황미요조는 이것을 필자가 한일역사의 교차 속 나타난 마이너리티에 대한 박수남 감독의 번역작업이라고 지적했다고 인용하고, 영화 〈침묵〉에서는 이것이 번역될 수 없음으로 옮겨가고 있다고 주장한다. 〈침묵의 번역 혹은 번역할 수 없음의 재현-영화 〈침묵〉리뷰〉, 결 일본군 '위안부' 문제연구소 웹진. 하지만 필자는 〈침묵〉에서는 나타나지 않고, 〈오키나와로부터의 증언〉에서 나타난 이런 독특한 더빙방식에서 매끄럽게 '번역될수 없음'이라는 사유가 드러난다고 이 글의 토대가 되는 국제 학술대회의 발표문인 "Archive and Minor Transnational Memory: Documentary of Zainichi Korean Women as Visualizing the Testimony, Space, Image"에서 이미 밝혔다. 즉 필자가 주장한 박수남 감독의 "번역작업"은 단순한 번역작업이 아닌 "번역됨과 동시에 번역될 수 없음"이라는 양가성을 의미하는 것이다.

일이고, 언어를 넓혀 갈 수 있는 장의 논리인," 국가를 넘어선 비커
밍 아웃일 수 있다.

영화의 컨텍스상, 〈오키나와로부터의 증언〉이 제작된 후인, 1993
년에 '위안부' 피해자(18명)은 국가적 차원의 지원 단체에 불신감을
더해 "우리가 운동의 주인공인 것이다"라고 독립을 선언하고 스스로
운영하는 국내 최초의 〈한국 종군위안부 피해자의 모임〉[74]를 결성했
다. 그 후 박수남 감독을 중심으로 〈할머니들을 지지하는 모임〉이
발족되고 〈피해자 모임〉은 3년에 걸쳐 일본에 왕래하며 일본 정부의
사죄와 개인 보상을 요구했다. 그리고 관동 각지의 집회나 고등학교
에서 체험을 증언하고 일본 시민과의 교류를 넓혀 '위안부'의 진실을
전했다[75]. 이러한 피해자들은 한국이라는 단일한 정체성안에 문제가
국한되어 민족주의의 매개자가 되는 것을 거부하고 스스로 주체가
되어 박수남 감독 자신을 포함한 일본내의 다양한 시민들과 교류 속
에 그들의 운동을 전개해 갔다. 박수남은 「부조리를 넘어서」라는 글
에서 다음과 같이 말한다.

일본 정부과의 교섭이나 가두 홍보 활동 등을 전개했지만, 할머니들
은 가는 곳마다 관헌에 의한 위협과 폭력에 노출되어 간다. 그 중 한명
은 1개월의 중상을 입기도 했다. 이러한 경험을 통해 할머니들은 일본
정부의 정체를 간파해 나간다. 한편, 투쟁에 대한 지원이 넓어 다양한
시민과의 만남 속에서 할머니들은 계속 살아서 투쟁할 희망을 찾아간

---

74 1993년 결성당시에는 〈현생존 강제군대위안부피해자대책협의회〉라는 이름이였
는데, 1994년에 이 이름으로 개칭되었다고 한다.

75 「90年代「慰安婦」の尊厳を回復するために」、https://nutigafu.wixsite.com/
park-soonam/history5

다. …… 사면초가의 할머니들의 '독립 운동'은 일본 국가의 부조리를
고발한 투쟁임과 동시에 할머니들의 '독립'을 부인하고 '연대'를 거부한
한국과 일본의 전후 보상 운동의 저질성에 대항한 투쟁이었다.[76]

이렇게 국가를 넘어선 자신의 독립과 국가를 넘어선 다양한 층위
의 연대를 강조한 할머니의 증언과 운동은 도미야마가 말하는 '새로
운 관계 형성을 위한 비커밍 아웃'의 실제 예이지 않을까. 그리고 이
실제 내용을 바탕으로 2016년 박수남의 다큐멘터리 〈침묵〉이 만들
어진 것이다.

5. 결론을 대신하여: 재일 여성감독의 마이너리티에 대한 기억

이때까지 '마이너 트랜스내셔널한 기억'과 '다큐멘터리의 수행성'
을 담지하는 박수남의 선구적인 다큐멘터리적 실천을 살펴보았다.
즉 그의 영화들이 어떻게 오키나와 전투 당시, 조선인 군부의 피해를
당사자들의 증언과 더불어 오키나와인들이 목격자로서 적극적으로
증언하며 마이너리티들간의 트랜스내셔널한 기억의 연대를 그리는
지 분석해 보았다. 또한 그의 다큐멘터리들이 −동시대적 의미의 실
험적인 수행성은 아니지만−브루치가 말하는 다큐멘터리의 현실과
감독의 상호작용에 방점을 두는 근본적인 수행성을 통해 증인에 대
한 감독, 나아가 관객의 응답 방식에 대해 질문하는 '비커밍 아웃'을

---

76 朴　壽南, 「不条理を超えて―」, 「アリランのうたNEWS 15号」, 1994, 8月。

실천하는지 살펴보았다.

글럭은 '위안부' 여성에 대한 운동을 둘러싸고, "모든 전쟁의 기억이 그러하듯 마치 영웅 이야기 속의 국민들이 동일한 국민인 여성과 그녀들의 이야기에 의해서 도전받았던 것처럼, 이러한 운동들은 민족주의적 경향을 내포하고 있다."[77]라고 지적한다. 그럼에도 불구하고 그는 다음과 같이 말한다.

> 많은 단체들은 트랜스내셔널하게 노력했다. …… 더 좋은 활동이란 서로 다른 국민적, 사회적, 역사적 상황이 가진 감수성을 유지하면서도 공통의 기반, 즉 과거와 미래의 젠더의 정의를 탐구하는 것이다. …… 더 좋은 활동이 남긴 유산은 위안부가 경험했던 특수한 고통의 원인을 인식하고 그녀들의 체험이 시대와 장소를 불문하고 비슷한 성적 폭력을 예방하는 데 참조점이 되도록 하는 트랜스내셔널한 기억[78]인 것이다.

77 캐롤 글럭, 앞의 책, p.263.
78 캐롤 글럭, 위의 책, p.264. 이러한 주장과 비슷하게, 1990년대의 초국적 이동을 통해 드러나는 한국인 종군위안부들의 문학적 트라우마를 다양한 문화적, 사회적 관점에서 연구한 이유혁도 "종군위안부들의 트라우마의 이동, 즉 수직적으로 일 세대에서 다음 세대로의 세대 간의 이동을 통해, 한국과 동아시아에서 미국으로의 (더 나아가 전 세계로의) 수평적인 초국가적 이동이 종군위안부 문제에 대한 기억 상실과 무관심을 조장하는 현재적 식민의 구조에 보다 책임감 있게 저항할 수 있는 패러다임을 제공할 수 있음"을 주장한다. 이유혁, 「이동하는 또는 고통스러운 기억들 한국인 종군위안부들의 트라우마의 초국가적 이동, 그것의 문학적 재현, 그리고 식민의 망각에 관하여」, 『인문연구』 64, 영남대학교 인문과학연구소, 2012, pp.267-300. 문소정도 "민족/국가의 경계 자체를 지속적으로 문제화하여 페미니즘과 식민주의, 내셔널리즘을 민감하게 사유하는 트랜스내셔널 여성주의 관점에서 글로벌 페미니즘에 친화적으로 행동하는 자료관 일본 WAM의 일본군 '위안부'의 기억정치학을 독해하면서, 일본과 아시아 피해국 여성들의 초국적 연대의 경험이자 성과"를 강조한다. 문소정, 「행동하는 자료관 「WAM」과 일본군 '위안부'의 기억정치학」, 『동북아문화연구』 50, 동북아시아문화학회, 2017, pp.385-400.

그는 또한 "'위안부'가 공적 의식 안에서 그들의 자리를 확보했다는 것은 전적으로 일상기억의 영역이 만들어 낸 노력의 결과였다는 점"[79]을 강조한다. 또한 "기억의 활동가가 없었다면 개별적인 개인의 과거라는 영역은 공적 시선에 노출되지 않았을 것이며, 역시 메타기억에 관한 토론에서 '위안부'에 대한 관심도 그리 높아지지 않을 것이며, 그리고 신문에서 인터넷에 이르기까지 이들 미디어가 없었다면 모든 기억의 활동들은 아무도 볼 수도 들을 수도 없이 사라져 버렸을 것이다"[80]라고 지적한다.

이런 의미에서 박수남 감독도 다큐멘터리를 매개로 한 '위안부'나 조선인 군부의 일상 기억의 궤적을 그려낸 기억활동가인 셈이다. 또한 그는 한국의 극영화들의 내셔널한 한계를 뛰어넘고, 한국과 일본의 다큐멘터리들이 가진 트랜스내셔널성의 선구적인 자리를 차지하거나 그 계보들을 이어가며 초국적 기억의 연대성을 만들어가고 있다. 특히 '마이너리티'들의 비가시성에 주목하고 그들간의 연대 (불)가능성을 강조한 그의 작품들은 재일여성이라는 마이너리티라는 그의 정체성과 맞물려 있어 매우 독보적이라 할 수 있을 것이다. 최근의 화제작, 〈되살아나는 목소리〉(2023)는 일본 식민주의의 조선인 피해자들을 평생 기록해 온 박수남의 감독으로서의 이야기와 박수남 자신과 그의 영화를 제작해 온 그의 딸의 일상적인 이야기를 교차시킨 사적 다큐멘터리이다. 그런데 경이로운 것은 감독의 사적인 일상이 역사와 액티비즘 그 자체가 된다는 점이다. 이는 피해자, 목격자, 한사람, 한사람의 목소리와 체험을 기록하는 것이 역사의 진실이라

---

79 캐롤 글럭, 위의 책, p.254.
80 위의 책, p.255.

는 감독의 믿음과 그것을 실천한 박수남의 삶 자체가 바로 영화가 되기 때문이다. 박수남은 고마쓰가와(小松川事件)으로 수감된 이진우와의 조우를 통해 전후를 살아가는 뒤틀린 재일의 모습이 전전의 식민주의와 연결되어있는 역사적 사실을 시각화하고 있고 이것이 그가 기억활동가로서 헌신하는데 깊은 영향을 주었음을 고백한다. 박수남의 재일 조선인으로서의 정체성이 피해자의 역사를 끊임없이 기록하려는 투쟁의 아카이브적 실천에 동기부여가 되었음을 알 수 있다. 더 나아가 이렇게 영화는 재일 조선인이라는 정체성에 방점을 두고 있다하더라도 '마이너 트랜스내셔널성'을 놓치지 않는다. 영화에서 제일 놀라운 장면은 이진우에 의해 살해된 일본인 여고생, 오타의 가족에 대한 묘사와 일본인 원폭 피해자 히라노 노부토(平野伸人)에 관한 묘사였다. 그의 가족은 그의 딸을 조문한 박수남에게 이 근처가 관동대지진 때 조선인들이 많이 학살된 곳이며 자기 형제들도 조선인을 죽이는 데 가담했다고 고백한다. 그리고 일본인들은 이것에 대해 한 번도 사과를 하지 않았는데, 자기 딸에게는 조선인들이 많이 조문을 온다라고 덧붙인다. 이는 재일 조선인에게서 딸을 잃은 일본인 피해자의 전형적인 모습이 아니라 그 피해를 통해 자기들의 가해의 역사를 반성하는 매우 희귀한 순간이다. 또한 한국인 원폭피해자를 지원하는 모임의 대표인 히라노 노부토는 그가 한국인 원폭 피해자를 돕게 된 계기가 바로 자기와 같은 피해자로서 조선인 피해자를 바라볼 수 없는 점이었다고 말한다. 조선인 원폭 피해자는 전쟁의 폭력뿐만 아니라 전전의 강제동원과 전후의 차별이라는 식민주의의 폭력을 지속적으로 당한 다중적 고난에 놓인 사람이라고 말한다. 가해자로서의 일본인이라는 원죄를 짊어진, 그리고 동시에 원폭 피해라는 상흔을 가진 자가 할 수 있는 것은 자기와는 다른 하지만 닮은 피해자를 적극 돕는 일인 것이다. 이렇게 〈되살아는 목소리〉는 박수남의 이전 작품들에서 표방하는 '마이너 트랜스내셔널성'에 대한 가능성을 적극 내포하고 있다.

더 나아가 아카이브와 '전수 가능성'에 대한 관계에 대해서도 질문을 던진다. 영화의 공동연출자인 그의 딸은 마치 포스트 메모리시대의 우리들의 모습을 보여주는 것 같다. 박마의 감독은 아카이브 푸티지를 통해 피해자의 역사를 배우게 되고 이를 기록한 젊은 시절 엄마의 헌신을 알게 된다. 또한 군함도의 강제동원의 피해자인 서정우씨의 아들이 아카이브 푸티지를 통해 그의 아버지를 만나게 된다. 즉 과거를 경험하지 않은 후속세대들에게 아카이브의 복원은 데츠야식으로 말하자면 '기억의 비장소에 어떤 형태로든 장소를 부여'이며 이를 통해 과거의 목소리를 듣게 하고 과거의 사람들을 보게 하는 마법인 것이다. 물론 이 '마법'은 기술의 편리함을 넘어선 감독을 비롯해 영화에서 목소리를 내는 피해자, 목격자, 연구자, 그리고 시민활동가들의 노고와 용기가 깃든 기억활동이 만들어 낸 산물이다. 중요하게도 박수남 감독이 말하는 것처럼 이 '마법'이 없어지지 않는 한 피해자에 대한 가해자의 책임은 사라지지 않을 것이다. 이러한 점에서 그의 작품들은 앞으로 더 많은 후속세대 감독에게 귀감이 될 것이다. 그의 영화들에 대한 연구가 최근 국가 중심의 경직된 한일 관계를 벗어나, 국가의 경계를 넘어 마이너리티를 중심으로 횡단교차되는 기억의 궤적들을 사유할 수 있는 계기를 마련하는데 조금이나마 시사점을 던져 줄 수 있기를 바란다.

이 글은 『문학과 영상』 22(3)집(문학과 영상학회, 2021)에 게재된 논문을 수정·보완한 것이다.

참고문헌

I 돌봄

재생산 영역은 어떻게 재구성되고 재배치되어야 할까 / 이다 유코

デイヴィッド・ベネター(2006), 『生まれてこない方が良かった: 存在してしまうことの害悪』, 小島 和男・田村 宜義訳, 東京, すずさわ書店, 2017.

円堂都司昭(2019), 『ディストピア・フィクション論: 悪夢の現実と対峙する想像力』, 東京, 作品社.

ミシェル・フーコー(1997), 『社会は防衛しなければならない』, 石田英敬・小野正嗣訳, 東京, 筑摩書房, 2007.

ナンシー・フレイザー(2022), 『資本主義は私たちをなぜ幸せにしないのか』, 江口泰子訳, 筑摩書房, 2023.

キャロル・ギリガン(1982), 『もうひとつの声: 男女の道徳観のちがいと女性のアイデンティティ』, 岩男寿美子監訳, 生田久美子・並木美智子共訳, 川島書店, 1986. 『もうひとつの声で: 心理学の理論とケアの倫理』, 川本隆史・辺恵理子・米典子訳, 風行社, 2022.

キャロル・ギリガン(2011), 『抵抗への参加: フェミニストのケアの倫理』, 小西真理子・田中壮泰・小田切健太郎訳, 晃洋書房, 2023.

飯田祐子(2019a), 「リブと依存の思想: 中絶・子殺し・育てること」, 『戦後日本を読みかえる4: ジェンダーと生政治』, 京都, 臨川書店.

_____(2019b), 「新しい幸福を発見する: 鹿島田真希『冥土めぐり』」, 『ケアを描く: 育児と介護の現代小説』, 東京, 七月社.

_____(2020), 「再生産・生殖の再配置に向けて: 現代女性作家による五つの実験」, 『日本文学』 69(11), 2020.11, pp.12-22.

_____(2022a), 「プロレタリア文学における「金」と「救援」のジェンダー・ポリティクス」, 『プロレタリア文学とジェンダー: 階級・ナラティブ・インターセクショナ

リティ』, 飯田祐子·中谷いずみ·笹尾佳代編, 東京, 青弓社.

飯田祐子(2022b), 「戦後日本の「ケアの危機」: 津島佑子「ある誕生」「壜の中の子ども」にみる子殺しと障害の交差」, 『戦後日本の傷跡』坪井秀人編, 臨川書店.

飯田祐子(2024a), 「関係の〈余白〉を広げる: 単数的な語りによるヤングケアラーの可視化」, 『JunCture』15.

飯田祐子(2024b), 「ヤングケアラー小説の登場: 複数的な語りによる〈回復〉のナラティブ」, 『アジア·ジェンダー文化学研究』8.

上村裕香(2022), 「救われてんじゃねえよ」, 『小説新潮』, 2022.5.

川上未映子(2008), 『乳と卵』(初出『文学界』, 2007.12), 東京, 文藝春秋.

_____(2019), 『夏物語』(初出『文学界』, 2019.3,4), 東京, 文藝春秋.

エヴァ·フェダー·キテイ(1999), 『愛の労働あるいは依存とケアの正義論』, 岡野八代·牟田和恵監訳, 東京, 白澤社, 2010.

古谷田奈月(2016), 『リリース』, 東京, 光文社.

窪美澄(2016), 『アカガミ』(初出『文藝』, 2015.10), 河出書房新社.

李琴峰(2021), 『生を祝う』(初出『小説トリッパー』, 2021秋期号), 東京, 朝日新聞出版社.

前川ほまれ(2023), 『藍色時刻の君たちは』, 東京, 東京創元社.

南杏子(2023), 『いのちの十字路』(初出『福島民友新聞』等に連載), 東京, 幻冬舎.

瑞紗マリヱ(1971), 「刑法二一二条」, (作詞: 小倉雅美·作曲: 瑞紗マリヱ), 日本コロムビア.

元橋利恵(2021), 『母性の抑圧と抵抗: ケアの倫理を通して考える戦略的母性主義』, 京都, 晃洋書房.

村田沙耶香(2014), 『殺人出産』(初出『群像』, 2014.5), 東京, 講談社.

_____(2018), 『地球…星人』(初出『新潮』, 2018.5), 東京, 新潮社.

_____(2019), 「変半身」, 『変半身』, 東京, 筑摩書房.

ナガノハル(2021), 『一万年生きた子ドモ: 統合失調症の母をもって』, 東京, 現代書館.

中村佑子(2023), 『わたしが誰かわからないヤ: ングケアラーを探す旅』, 東京, 医学書院.

凪良ゆう(2022), 『汝、星のごとく』(初出『小説現代』, 2022.5/6, 7), 東京, 講談社.

岡野八代(2024), 『ケアの倫理: フェミニズムの政治思想』, 東京, 岩波書店.

小野美由紀(2020), 「ピュ…ア」(初出『SFマガジン』, 2019.6), 『ピュ…ア』, 東京, 早川書房.

三枝和子(1969), 「幼ない、うたごえ色の血」, 『処刑が行われている』, 東京, 審美社.

渋谷智子(2020), 『ヤングケアラーわたしの語り: 子どもや若者が経験した家族のケア・介護』, 東京, 生活書院.

高橋たか子(1978), 「渺茫」(初出『文学界』, 1970.11), 『彼方の水…音』, 東京, 講談社文庫.

田間泰子(2001), 『母性愛という制度: 子殺しと中絶のポリティクス』, 東京, 勁草書房.

_____(2018), 『徴産制』, 東京, 新潮社.

上野千鶴子(1990), 『家父長制と資本制: マルクス主義フェミニズムの地平』, 東京, 岩波書店.

_____(2011), 『ケアの社会学: 当事者主権の福祉社会へ』, 東京, 太田出版.

宇佐見りん(2022), 『くるまの娘』(初出『文藝』2022年春季号), 東京, 河出書房新社.

山下紘加(2022), 『あくてえ』(初出『文藝』2022年夏季号), 東京, 河出書房新社.

横田弘(2015), 『増補新装版: 障害者殺しの思想』, 現代書館.

「ゆれる優生保護法」, 『朝日新聞』朝刊, 1970.7.8.‒10,13‒16(全7回).

▮ 부모돌봄의 적임자로 호명되는 비혼여성들 / 지은숙

사노 요코, 『나의 엄마 시즈코상』, 윤성원 역, 이레. (佐野洋子, 『シズコさん』, 新潮社, 2008), 2010.

요시미 순야, 『포스트 전후 사회』, 최종길 역, 어문학사, (吉見俊哉, 『ポスト 戦後社会』, シリーズ日本近現代史9, 東京: 岩波書店, 2009), 2013.

지은숙, 「부모를 돌보는 비혼남성의 남성성: 일본의 젠더질서와 가족돌봄의 역학」, 『한국여성학』 30(4), 한국여성학회, 2014.

_____, 「비혼(非婚)을 통해 본 현대 일본의 가족관계와 젠더질서: 사회집단으로서 비혼의 형성과 변화를 중심으로」, 『한국문화인류학』 49(3), 한국문화인류학회, 2016.

吉広紀代子, 『非婚時代』, 東京: 三省堂, 1987.

_____, 『男たちの非婚時代』, 東京: 三省堂, 1988.

伊田広行, 『シングル単位の社会論: ジェンダー・フリーな社会へ』, 京都: 世界思想社, 1998.

落合恵美子, 『近代家族とフェミニズム』, 東京: 勁草書房, 1989.

_____, 『21世紀家族へ: 家族の戦後体制の見かた・超えかた』, 東京: 有斐閣, 1994.

佐藤博樹·永井暁子·三輪哲(編), 『結婚の壁−非婚·晚婚の構造』, 東京: 勁草書房, 2010.

上野千鶴子, 『ケアの社会学』, 東京: 太田出版, 2011.

平山亮, 『迫りくる「息子介護」の時代 28人の現場から』, 東京: 光文社(류순미·송경원 역, 『아들이 부모를 간병한다는 것: 부모를 간병하는 아들 28명의 체험담』, 어른의시간, 2014), 2015.

嶋崎尚子, 「人生の多様化とライフコース−日本における制度化·標準化·個人化」, 『ライフコース選択のゆくえ: 日本とドイツの仕事·家族·住まい』, 東京: 新曜社, 2013.

Long, Susan O.·Ruth Campbell·Chie Nishimura, "Does It Matter Who Cares? A Comparison of Daughters versus Daughters-in-Law in Japanese Elder Care", *Social Science Japan Journal* 12(1), 2009.

LeBlanc, Robin M., *Bicycle Citizens: The Political World of the Japanese Housewife*, Berkeley: University of California Press, 1999.

Ogasawara, Yuko, *Office Ladies and Salaried Men: Power, Gender, and Work in Japanese Companies*, Berkeley, Calif.: University of California Press, 1998.

Painter, Andrew A., "The Telerepresentation of Gender in Japan", Imamura, Anne E. ed. *Re-imaging Japanese Women*, Berkeley: University of California Press, 1996.

Ⅱ   젠더 백래시

▌일본 #MeToo 운동이 남긴 것 / 다나카 도코

江原由美子, 「ジェンダー·フリー·バッシングとその影響」, 『年報社会学論集』 20, 2007.

田中東子, 『メディア文化とジェンダーの政治学−第三波フェミニズムの視点から』, 世界思想社, 2012.

_____, 「第三波以降のポストフェミニズム」, 『現代思想』(2019年5月臨時増刊号), 青土社, 2019.

_____, 「性加害とファン文化の不幸な関係−ジャニーズ問題とわたしたち」, 『世界』 976(2023年12月号), 岩波書店, 2023.

_____,「ジャニーズ性加害, 3つの要因」, 共同通信社による配信記事, 2023.9.9.

林香里, 巻頭言,「日本では「#MeTooが盛り上がらない」のか?」,『共同参画』(令和2
　　年3·4月号), 内閣府, 2020.

アンジェラ·マクロビー, 『フェミニズムとレジリエンスの政治』, 田中東子·河野真太
　　郎訳, 青土社, 2022.

Banet-Weiser, Sarah, 2018, Empowered: Popular Feminism and Popular
　　Misogyny, Duke University Press(サラ·バネット゠ワイザー「エンパワード:
　　イントロダクション」,『早稲田文学』(2020年夏号), 田中東子訳).

「松本人志と恐怖の一夜「俺の子ども産めや!」」,『週刊文春』2024年1月4日·11日合
　　併号.

東洋経済新報社,〔巻頭特集 タレント帝国の財務を暴く〕「解体! ジャニーーズ経済
　　圏」,『週刊東洋経済』(11/11号), 2023.

▌일본의 #MeToo 운동과 포스트페미니즘 / 조경희

권김현영 엮음, 『피해와 가해의 페미니즘』, 교양인, 2018.

손희정, 『페미니즘 리부트』, 나무연필, 2017.

정희진 엮음, 『미투의 정치학』, 교양인, 2019.

조남주, 『82년생 김지영』, 민음사, 2016.

김부자·김창록 외 편저, 『위안부 문제와 미래에 대한 책임 한일 합의에 대항하여』,
　　민속원, 2018.

낸시 프레이저 저, 『전진하는 페미니즘 여성주의 상상력, 반란과 반전의 역사』, 임
　　옥희 역, 돌베개, 2017.

히구치 나오토 저, 『폭주하는 일본의 배외주의: 재특회, 왜 재일 코리안을 배척하는
　　가』, 김영숙 역, 미래를 소유한 사람들, 2015.

야마구치 도모미, 노가와 모토카즈, 테사 모리스 스즈키, 고야마 에미 저, 『바다를
　　건너간 위안부: 우파의 '역사전'을 묻는다』, 임명수 옮김, 어문학사, 2017.

デヴィッド·ハーヴェイ 저, 渡辺治 감역, 『新自由主義: その歴史的展開と現在』, 作
　　品社, 2007.

江原由美子,「からかいの政治学」,『女性解放という思想』, 勁草書房, 1985.

菊地夏野, 『日本のポストフェミニズム:「女子力」とネオリベラリズム』, 大月書店, 2019.

堀あきこ,「〈からかいの政治〉2018年の現在」,『現代思想 性暴力=セクハラ』, 2018.

金富子, 『継続する植民地主義とジェンダー:「国民」概念·女性の身体·記憶と責任』,

世織書房, 2011.

藤原千沙,「貧困元年としての1985年: 制度が生んだ女性の貧困」,「女たちの21世紀」 編集委員会編,『女たちの21世紀』57, アジア女性資料センター.

牟田和恵,「フェミニズムの歴史からみる社会運動の可能性:「男女共同参画」をめぐ る状況を通しての一考察」,『社会学評論』57(2), 2006.

牟田和恵·岡野八代,「フェミニストたちの歴史をつなぐ」,『現代思想 性暴力=セクハ ラ』, 2018.

Butler, Judith, *Excitable Speech: A Politics of the Performative*, Routledge, 1997. ジュディス·バトラー저 竹村和子 옮김,『触発する言葉: 言語·権力·行 為体』, 岩波書店, 2004.

McRobbie, Angela, *Aftermath of Feminism*, SAGE Publications: London, 2009.

木村涼子編,『ジェンダー·フリー·トラブル: バッシング現象を検証する』, 白澤社, 2005.

上野千鶴子 외 편저,『バックラッシュ: なぜジェンダーフリーは叩かれたのか?』, 双風 舎, 2006.

上野千鶴子,「ネオリベラリズムとジェンダー」,『ジェンダー研究』20, 2017.

西尾幹二·八木秀次.『新·国民の油断-「ジェンダーフリー」「過激な性教育」が日本 を亡ぼす』, PHP研究所, 2005.

石橋,「日本女性政策の変化と「ジェンダー·バックラッシュ」に関する歴史的研究」, 立命館大学大学院 文学研究科博士論文, 2014.

細谷実,「男女共同参画に対する最近のバックラッシュについて」,『We learn』, 2003.

楊아람·李炘宣,「일본의 이토 시오리(伊藤詩織)와 미투 운동」,『대동문화연구』 106, 대동문화연구원, 2019.

雨宮処凛,「『女の痛み』に向き合う」,『現代思想 性暴力=セクハラ』, 2018.

姫岡とし子,「日本とドイツの反フェミニズムとナショナリズム」,『政策科学』22, 2015.

倉橋耕平,『歴史修正主義とサブカルチャー: 90年代保守言説のメディア文化』, 青弓 社, 2018.

『나·들』16, 2014.02.

『일다』2019.5.4.

『Newsweek』(日本版), 2017.12.5.

『文藝』2019(가을호).

『Japanism』43, 2018.6.

『女性&運動』279, 2018.6.
『現代思想』46, 2018.7.
『IZE』2019.2.12.
『Posse』39, 2018.7
『週刊文春』2015.4.2.
webちくま, http://www.webchikuma.jp/
Open the Black Box, https://www.facebook.com/OpentheBlackBox/
Flowerdemo #MeToo #WithYou, https://www.flowerdemo.org

▌ 2000년대 이후 일본에서 나타난 두 번의 젠더 백래시 / 신기영

伊藤公雄, 「バックラッシュ」, 『ジェンダー辞典』, 丸善, 2024.
上野千鶴子他, 『バックラッシュ！なぜジェンダーフリーは叩かれたのか?』, 双風舎, 2006.
江原由美子, 『ジェンダーの社会学－女たち/男たちの世界』, 新曜社, 1989.
大沢真理, 『男女共同参画社会をつくる』(NHKブックス950), NHK出版, 2002.
石ヒャン, 『ジェンダー・バックラッシュとは何だったのか　史的総括と未来へ向けて』, インパクト出版会, 2016.
菊地夏野, 『日本のポストフェミニズム:「女子力」とネオリベラリズム』, 大月書店, 2019.
木村京子(編), 『ジェンダー・フリー・トラブル』, 白澤社, 2006.
木村京子, 「教育における「ジェンダー」の視点の必要性」, 木村京子(編) 『ジェンダー・フリー・トラブル』, 白澤社, 2006.
高橋裕子, 「「心は女性」の学生を女子大が受け入れる意味－－トランスジェンダーを巡る歴史的経緯とは?」, 2018. 東洋経済オンライン
https://toyokeizai.net/articles/-/229478 (검색일: 2024.5.28.)
竹信美恵子, 「やっぱりこわい?ジェンダーフリー・バッシング」, 木村京子(編)『ジェンダー・フリー・トラブル』, 白澤社, 2006.
舘かおる, 「ジェンダー概念の検討」, 『ジェンダー研究』1, 1998.
松岡宗嗣, 「性的少数者への差別「理解増進」ではなく「禁止」が必要だ」, 毎日新聞政治プレミア(2023年2月27日)
https://mainichi.jp/premier/politics/articles/20230223/pol/00m/010/003000c(검색일: 2024.5.28.).
松岡宗嗣, 오차노미즈 여자대학 대학원 젠더입법과정론 강의 자료 (강의 2023년 11월 23일, 미공개)

松田聰子, 「和泉市男女共同参画推進条例の制定をめぐって: バックラッシュのなか
　　で」, 『桃山法学』 15, 2010.

三井マリ子, 「館長雇い止め·バックラッシュ裁判」, 『あごら』 305, 2006.

三井マリ子·浅倉むつ子(編), 『バックラッシュの生贄――フェミニスト館長解雇事件』,
　　旬報社, 2012.

三成美保, 「LGBT理解増進法の成立と法的性別変更要件の緩和」, 学術会議叢書31
　　『女性の政治参画をどう進めるか』, 日本学術協力財団, 2024.

森屋裕子, 「大阪府内の男女共同参画社会形成の推進に関する条例の動向と課題」,
　　『ジェンダーと法』 3, 2006.

花岡奈央, 『日本のフェミニズム文脈で語られるTwitter上でのトランスジェンダー差別·
　　排除の言説分析――ハッシュタグ「＃ファイヤーデモ」に着目して――』(お茶の水
　　女子大学大学院 人間文化創生科学研究科 ジェンダー社会科学専攻 修士論
　　文, 未公開 論文), 2023.

堀あきこ, 「近年のインターネットを中心とした「トランス女性排除」の動向と問題点」,
　　『解放社会学研究』 36, 2023.

ポリタスTV(編)·山口智美(著)·斉藤正美(著)·津田大介(解説), 『宗教右派とフェミ
　　ニズム』, 青弓社, 2023.

山口智美, 「ジェンダーフリー」論争とフェミニズムの失われた10年」, 上野千鶴子他
　　『バックラッシュ！なぜジェンダーフリーは叩かれたのか?』, 双風舎, 2006.

山口智美·斉藤正美·荻上チキ, 『社会運動の戸惑い』, 勁草書房, 2012.

若桑 みどり·加藤 秀一·皆川 満寿美·赤石 千衣子(編著), 『「ジェンダー」の危機を超
　　える!: 徹底討論!バックラッシュ』(青弓社ライブラリー 45), 青弓社, 2006.

수전 팔루디 지음, 『백래시: 누가 페미니즘을 두려워하는가?』, 황성원 옮김, 아르테,
　　2017.

신기영, 「개인적인 것이 정치적인 것이다: 선택적 부부별성과 이름의 정치학」, 『젠
　　더와 일본사회』, 한울출판사, 2016.

Butler, Judith, *Who is Afraid of Gender?* (Kindle Book), Farrar Straus &
　　Giroux, 2024.

Shimizu, Akiko, "Imported" Feminism and "Indigenous" Queerness: From
　　Backlash to Transphobic Feminism in Transnational Japanese Context,"
　　『ジェンダー研究』 23, 2020.

Ⅲ 주체

87년 이후 광장의 젠더와 계보 / 허윤

또하나의문화, 『또하나의문화』 10, 또하나의문화, 1994.

장애여성공감, 『공감』, 장애여성공감, 1999~2017.

_____, 『마침』, 장애여성공감 부설 장애여성독립생활센터[숨], 2018~2020.

_____, 『장애여성공감 10년 활동사』, 한울아카데미, 2010.

한국여성의전화 편, 『한국여성인권운동사』, 한울, 2015.

김미영, 「능력주의에 대한 공동체주의의 해체: 능력 공과 필요의 복합평등론」, 『경제와 사회』 84, 비판사회학회, 2009.

김성일, 「광장정치의 동학: 6월 항쟁에서 박근혜 탄핵 촛불집회까지」, 『문화과학』 2017년 봄호, 문화과학사, 2017.

김영찬, 「'90년대'는 없다: 하나의 시론, '1990년대'를 읽는 코드」, 『한국학논집』 59, 계명대학교 한국학연구원, 2015.

_____, 「무라카미 하루키, 사라지는 매개자와 1990년대 한국문학」, 『한국학논집』 72, 계명대학교 한국학연구원, 2018.

김원, 「80년대에 대한 '기억'과 '장기 80년대'」, 『한국학연구』 36, 인하대학교 한국학연구소, 2015.

김현철, 「성적 반체제자와 공공 공간: 2014 신촌/대구 퀴어퍼레이드를 중심으로」, 서울대 석사학위논문, 2015.

김홍중, 『마음의 사회학』, 문학동네, 2009.

너멀 퓨워, 『공간 침입자』, 김미덕 옮김, 현실문화, 2017.

린 헌트, 『프랑스 혁명의 가족 로망스』, 조한욱 옮김, 새물결, 1999.

모니크 위티그, 『모니크 위티그의 스트레이트 마인드』, 허윤 옮김, 행성B, 2020.

성과재생산포럼, 『배틀 그라운드』, 후마니타스, 2018.

전희경, 『오빠는 필요없다』, 이매진, 2008.

정종현, 『대한민국 독서사』, 서해문집, 2018.

조수미, 「퀴어문화추구제 공간의 상징과 의례」, 『한국문화인류학』 52(3), 한국문화인류학회, 2019.

조연정, 「문학동네의 90년대와 386세대의 한국 문학」, 『한국문화』 81, 서울대학교 규장각 한국학연구원, 2018.

조형, 「또 하나의 문화 10주년 기념 좌담 '따로 또 같이 하는 사회운동'」, 『또하나의 문화』 10, 1994.

조혜정·김은실, 「또 하나의 문화, 앞으로 10년」, 『내가 살고 싶은 세상』, 또하나의문화, 1994.

주디스 버틀러, 『연대하는 신체들과 거리의 정치』, 김응산 외 옮김, 창비, 2020.

주은우, 「자유와 소비의 시대, 그리고 냉소주의의 시작: 대한민국, 1990년대 일상생활의 조건」, 『사회와 역사』 88, 한국사회사학회, 2010.

한우리 외, 『교차성X페미니즘』, 여이연, 2018.

한윤애, 「'축제적 전유'를 통한 공공공간의 재구성: 핀란드 '레스토랑 데이'를 사례로」, 『공간과 사회』 25(1), 한국공간환경학회, 2015.

허윤, 「1970년대 여성교양의 발현과 전화(轉化): 『女聲』을 중심으로」, 『한국문학연구』 44, 동국대학교 한국문학연구소, 2013.

홍예륜, 「지방도시의 퀴어 축제를 통해 형성된 다양성 레짐: 대구, 제주, 부산을 사례로」, 서울대 지리학과 석사논문, 2019.

Crenshaw, Kimberle, "Mapping the margins: Intersectionality, identity politics, and violence against women of color", *Stanford Law Review*, 1991.

서울퀴어문화축제, www.sqcf.org

한국성폭력상담소, www.sisters.or.kr

한국여성단체연합, www.women21.or.kr

한국여성민우회, www.womenlink.or.kr

▌'페미니즘 대중화' 시대, 페미니스트 독서/출판의 향방 / 정고은

강미선·김성희·정인혜, 「내 뜻대로 삶 쓰기: 20대 여성의 4B 가치관 형성 과정 연구」, 『여성학논집』 37(1), 이화여자대학교 한국여성연구원, 2020.

권사랑·서한나·이민경, 『피리 부는 여자들: 여성 간의 생활·섹슈얼리티·친밀성』, 보슈, 2020.

김보명, 「'여성 공간'과 페미니즘: 트랜스젠더 여성에 대한 배제를 중심으로」, 『현대문학의 연구』 71, 한국문학연구학회, 2020.

김보화, 「성폭력 상담일지를 통해 본 2018년 한국 미투운동의 의미」, 『페미니즘연구』 19(2), 한국여성연구소, 2019.

김수정·조명아·이정윤, 「페미니즘 관점에서 본 20-30대 여성의 주식 담론: 온라인

여성 커뮤니티 사례를 중심으로」, 『사회과학연구』 33(2), 충남대학교 사회과
학연구소, 2022.

김애라, 「'탈코르셋', 겟레디위드미(#getreadywithme): 디지털경제의 대중화된 페
미니즘」, 『한국여성학』 35(3), 한국여성학회, 2019.

임옥희·김미연·김은하, 「여성 정병러의 소수적 감정 쓰기」, 『실격의 페다고지』,
도서출판 여이연, 2022.

김진아, 『나는 내 파이를 구할 뿐 인류를 구하러 온 게 아니라고』, 바다출판사, 2019.

김하나·황선우, 『여자 둘이 살고 있습니다』, 위즈덤하우스, 2019.

낸시 프레이저·친지아 아루짜·티티 바타차리야, 『99% 페미니즘 선언』, 박지니 역,
움직씨 출판사, 2020.

닉 콜드리, 『왜 목소리가 중요한가』, 이정엽 역, 글항아리, 2015.

박진솔, 「페미니즘 리부트 이후 4B 여성의 정치적 의미에 대한 연구」, 이화여자대학
교 석사학위논문, 2022.

백창화, 「여성 자전 에세이에 나타난 여성의 성공과 정체성: 1990년대 베스트 셀러
를 중심으로」, 서강대학교 석사학위논문, 2000.

버지니아 울프, 『자기만의 방』, 이미애 역, 민음사, 2006.

불리, 『21세기 버지니아 울프를 위한 금융 공부』, 들녘, 2021.

손희정, 『페미니즘 리부트』, 나무연필, 2017.

송지수, 「페미니즘 알기의 의미: 10–20대 여성들의 'TERF'지지 입장을 중심으로」,
서울대학교 석사학위논문, 2021.

송해나, 『나는 아기 캐리어가 아닙니다』, 문예출판사, 2019.(전자자료)

엄혜진, 「신자유주의 시대 여성 자아 기획의 이중성과 '속물'의 탄생: 베스트셀러
여성 자기계발서 분석을 중심으로」, 『한국여성학』 32(2), 한국여성학회, 2016.

_____, 「성차별은 어떻게 '공정'이 되는가?: 페미니즘의 능력주의 비판 기획」, 『경
제와사회』 132, 비판사회학회, 2021.

오혜진, 「카뮈, 마르크스, 이어령: 1960년대 에세이즘을 통해 본 교양의 문화정치」,
『한국학논집』 51, 계명대학교 한국학연구원, 2013.

_____, 「포스트페미니즘 시대 한국 여성문학·퀴어문학 연구: 2010년대 이후 시민
권 담론과 소수자정치」, 성균관대학교 박사학위논문, 2024.

이다혜, 「책 읽기는 싫지만 에세이는 읽고 싶어」, 『자음과모음』 40, 자음과모음,
2019 봄.

이주미, 「여성 에세이를 통해 본 여성적 글쓰기의 특징: 『말의 귀환』과 『여성이 글을

쓴다는 것은」을 중심으로」, 『여성문학연구』 22, 한국여성문학학회, 2002.

이효민, 「페미니즘 정치학의 급진적 재구성: 한국 'TERF'에 대한 비판적 분석을 중심으로」, 『미디어, 젠더&문화』 34(3), 한국여성커뮤니케이션학회, 2019.

작가1, 『탈코일기 2』, 북로그컴퍼니, 2019.

장윤원, 「20-30대 여성 우울증과 페미니스트 대항서사의 가능성」, 연세대학교 석사학위논문, 2020.

장은수, 「에세이 열풍을 어떻게 볼 것인가」, 『황해문화』 102, 새얼문화재단, 2019 봄.

정고은, 「2015~2016년 페미니즘 출판/독서의 양상과 의미」, 『사이間SAI』 22, 국제한국문학문화학회, 2017.

정주아, 「1인칭 글쓰기 시대의 소설」, 『창작과비평』 192, 창비, 2021 여름.

추지현·이현재, 「'피해자' 의미의 교란: 안전, 고통, 권리 담론이 페미니즘에 미친 효과와 과제」, 『한국여성철학』 36, 한국여성철학회, 2021.

한우리, 「'이생망' '헬조선' 여성청년들의 페미니스트 되기」, 『여/성이론』 37, 도서출판여이연, 2017.

『노컷뉴스』, 『뉴스1』, 『여성신문』, 『한국경제』, 『한겨레』 등 인터넷 신문.

인터넷 서점 알라딘, 예스24, 교보문고 홈페이지.

텀블벅 홈페이지.

▌중국 개혁개방기 80년대생(80後) 여성의 '욕망' 재현 / 김미란

김미란, 「중국 1953년 혼인자유 캠페인의 안과 밖: 관철방식과 냉전하 문화적 재구성」, 『한국여성학』 22(3), 한국여성학회, 2006.

김종현, 「농민공 도시정착의 문제와 한계」, 『중국학연구』 62, 중국학연구회, 2012.

김현경, 『사람, 장소, 환대』, 문학과지성사, 2015.

뤼투(呂途) 지음, 『중국 신노동자의 형성』, 정규식·연광석·정성조·박다짐 옮김, 나름북스, 2017.

안재연, 「"리엔아이"(戀愛), 신여성, 근대성의 이데올로기: 중국 1920-30년대를 중심으로」, 『중국어문학논집』 38, 중국어문학연구회, 2006.

양칭샹(揚慶翔)지음, 『바링허우(80後), 사회주의국가에서 태어나 자본주의를 살아가다』, 김태성 옮김, 미래의 창, 2017.

앤소니 기든스, 『현대사회의 성 사랑 에로티시즘: 친밀성의 구조변동』, 황정미 외 옮김, 새물결, 2003.

전희경, 「1960~80년대 젠더-나이체제와 '여성' 범주의 생산」, 『한국여성학』 29(3), 한국여성학회, 2013.

조남주, 『82년생, 김지영』, 민음사, 2016.

Cui JinYing, 「중국의 '핵심가정' 구성에 대한 담론 연구: 개혁개방 초기(1978~1992년)를 중심으로」, 이화여자대학교 여성학과 석사논문, 2012.

허자오톈 저, 『현대 중국의 사상적 곤경』, 임우경 옮김, 창비, 2018.

[美]洪理達著, 李雪順譯, 『剩女時代(Leftover Women)』, 廈門: 海峽出版發行集團 露江出版社, 2016.

顧寶昌, 「實行生育限制的理由已不復存在」, 『人口與社會』 31(2), 2015.

杜洪曉, 「電視劇≪歡樂頌≫中的女性形象分析」, 『視聽』, 2019.

羅愛萍, 王蜂, 江宇著, 『中國剩女調查-關於剩女我們需要壹個真相』, 廣東人民出版社社, 2014.

連佳慧, 「中國電視劇中的"剩女"形象研究」, 山東師範大學戲劇與影視學碩士論文, 2015.

廉明靜, 「都市題材電視劇中的"北漂"形象研究」, 『傳播力研究』, 2017.

範麗娜, 「"北漂"群體生存狀況探析」, 『北京市工會幹部學院學報』 32(4), 2014.

王俊祥·王洪春, 『中國流民史』, 安徽人民出版社, 2001.

張權生, 「≪蝸居≫的女性主義批評」, 『貴州大學學報(藝術版)』, 2011.

張羽, 「80後"北漂"的生存狀態探析」, 中國馬克思主義學院碩士論文, 2008.

丁小鶯, 「≪蝸居≫和"中國夢"」, 北京大學中國現當代文學碩士論文, 2011.

肖穎, 「新世紀國產都市劇中的80後女性形象」, 湖南科技大學碩士學位論文, 2011.

〈中共中央關於控制我國人口增長問題致全體共產黨員、共青團員的公開信〉, http://news.xinhuanet.com/ziliao/2005-02/04/content_2547034.htm

〈東京男子圖鑒〉, https://www.ktv.jp/danshi-zukan/

〈北京女子圖鑒〉, https://v.youku.com/v_show/id_XMzUyMDMxMjgzNg==.html? spm=a2h0k.11417342.soresults.dtitle&s=e18089efbfbdefbfbd48

〈한 달 만에 조회수 12억 뷰, 중드 '베이징여자도감'〉, https://blog.naver.com/wolf42b/221302365515.

〈新時代女子圖鑒〉, 『界面新聞』, 2018.6.1. https://baijiahao.baidu.com/s?id=1602037576456904407&wfr=spider&for=pc

《北京女子圖鑒》: "漂"時代的"漂"情緒_蒲公英獎〉, 2019.6.21. https://www.sohu.com/a/322293289_443957

《도쿄여자도감》 제7회, https://www.youtube.com/watch?v=lJ8-69H_RpU

〈2.4億流動人口，妳們為什麼不留下來?〉,『每日經濟新聞』, 2019.1.30.
    https:// www.sohu.com/a/292500916_115362

AFPBB News(2018), https://www.afpbb.com/articles/-/3172784

ORICON NEWS(2018)

朝日新聞出版(2023),「AERAと旧ジャニーズ事務所の関係を振り返る 本誌はなぜ沈
    黙してしまったのか」,『AERA』(10月30日号), https://dot.asahi.com/articles/
    -/204616

Yahoo!Japan News, https://newsatcl-pctr.c.yimg.jp/t/amd-img/20230929-
    00029453-jprime-000-10-view.jpg?exp=10800

GINGER, (https://gingerweb.jp/trend/article/lifestyle/20230826-johnnys-jr)

男女共同参画局ホームページより▶, https://www.gender.go.jp/about_danjo/whitepaper/
    r04/zentai/html/zuhyo/zuhyo10-06.html

NHK放送文化研究所「調査報告 テレビのジェンダーバランス」, https://www.nhk.
    or.jp/bunken/research/domestic/pdf/20220501_7.pdf

Ⅳ　섹슈얼리티

▌타이완 동성애 문학에 있어서 '일본' / 장원쉰

青山七恵, 高橋源一郎, 多和田葉子, 辻原登, 野崎歓,「第60回群像新人文学賞発表
    選評」,『群像』72(6), 東京: 講談社, 2017.

紀大偉,「日本語版の読者に寄せて」, 紀大偉作. 白水紀子訳『台湾セクシュアル. マイ
    ノリティ文学[2] 紀大偉作品集 膜』, 東京: 株式会社作品社, 2008.

邱妙津,『鱷魚手記』, 台北: 聯合文學, 1999.

_____,『蒙馬特遺書』, 台北: 印刻, 2006.

_____,『邱妙津日記上下(1989~1995)』, 台北: 印刻, 2007.

邱妙津作, 垂水千恵訳,『台湾セクシュアル·マイノリティ文学[1] 邱妙津 ある鰐の手
    記』, 東京: 株式会社作品社, 2008.

太宰治,『人間失格』, 東京: 新潮社新潮文庫, 2002.

陳思宏,『鬼地方』, 台北: 鏡文学, 2019.

村上春樹, 『中国行きのスロウ. ボート』, 東京: 中公文庫, 2010.

李琴峰, 『独り舞』, 東京: 光文社文庫, 2022.

▌일본의 〈퉁즈문학〉 / 유수정

구묘진, 『악어노트』, 움직씨, 2019.

허영섭, 『대만 어디에 있는가』, 채륜, 2011.

佐伯一麦·陣野俊史·石田千, 「創作合評」, 『群像』, 2019. 7.

ショシャナ·フェルマン, 『女が読むとき 女が書くとき―自伝的新フェミニズム批評』, 勁草書房, 1998.

垂水千恵, 「酷児と怪胎のあいだで―「台湾セクシュアル·マイノリティ文学シリーズ」刊行をめぐる経緯」, 『新潮』, 2007.

三木直大, 「阮慶岳短編小説の構造と「台湾同志文学史」の政治学―「広島の恋」を巡って」, 『アジア社会文化研究』16, 2015.

李琴峰, 『五つ数えば三日月が』, 文藝春秋, 2019.

_____, 「虹がはためくのはいつか―日本と台湾のLGBT問題を考える社会」, 『ジェンダー·性』, 2019.

_____, 『独り舞』, 講談社, 2018.

劉霊均, 「日台における性的マイノリティ文化の相互交渉―台湾「同志文学」を手がかりに」, 『アジア遊学』204, 2019.

_____, 「呉継文『天河撩乱』における「同志」と「東京」」, 『野草』95, 2015.

劉亮雅, 和泉司訳, 「愛欲、ジェンダー及びエクリチュール―邱妙津のレスビアン小説」, 『台湾セクシュアル·マイノリティ文学4 クィア/ 酷児評論集』, 作品社, 2008.

움직씨출판사, 〈아시안 퀴어 컬트 쇼크, 대만 구묘진의 악어 노트〉, https://tumblbug.com/queernote (검색일: 2019.11.19.)

岩川ありさ, 「書評: 自分と対話すること」, 《群像》, http://gunzo.kodansha.co.jp/50517/52103.html (검색일: 2019.11.19.)

_____, 「コミュニカティブなクィア?―李琴峰「独舞」を手がかりにして」, 『現代思想』, 2017. 8.

海野弘, 「同時代のすべての人々に通じるクィア文学」, 《東方書店》, https://www.toho-shoten.co.jp/ 2019. 7.

〈TRP〉https://tokyorainbowpride.com/ (검색일: 2019.11.19.)

〈國立臺灣文學館〉 https://tln.nmtl.gov.tw/ (검색일: 2019.11.19.)

〈選評の概要〉 http://prizesworld.com/akutagawa/senpyo/senpyo161.htm (검색일: 2019.11.19.)

〈早川書房〉 https://www.hayakawabooks.com/n/n0b70a085dfe0 (검색일: 2019.11.19.)

V K컬처

▍젠더화된 메타서사로서 한류, 혹은 K-엔터테인먼트 비판 / 류진희

김승구, 「1990년대 전후 한국 내 홍콩영화의 수용 양상」, 『한국학연구』 62, 고려대학교 한국학연구소, 2017.

김정수 외, 『한류와 문화 정책: 한류 20년 회고와 전망』, 한국국제문화교류진흥원, 2018.

김주희, 「탄광과 클럽」, 『페미돌로지』, 빨간소금, 2022.

김현경, 「기획사 중심 연예 산업의 젠더/섹슈얼리티 정치학」, 『한국여성학』 30(2), 한국여성학회, 2014.

김효진, 「후죠시(腐女子)는 말할 수 있는가? '여자' 오타쿠의 발견」, 『일본연구』 45, 한국외국어대학교 일본연구소, 2010.

류진희, 「걸 그룹 전성시대와 K엔터테인먼트」, 『소녀들 K-pop 스크린 광장』, 여이연, 2017.

_____, 「그들이 유일하게 이해하는 말, 메갈리아 미러링: 포스트 여성주체의 탄생에 부쳐」, 『양성평등에 반대한다』, 교양인, 2018.

_____, 「동성서사를 욕망하는 여자들: 문자와 이야기 그리고 퀴어의 교차점에서」, 『성의 정치 성의 권리』, 자음과모음, 2012.

_____, 「초국적 한류와 걸그룹 노동」, 『페미돌로지』, 빨간소금, 2022.

백원담, 『동아시아의 문화선택, 한류』, 펜타그램, 2005.

신윤희, 『팬덤 3.0』, 스리체어스, 2019.

이수연, 『한류 드라마와 아시아 여성의 욕망』, 커뮤니케이션북스, 2008.

이와부치 고이치·히라타 유키에, 『아시아를 잇는 대중문화: 일본, 그 초국가적 욕망』, 전오경 역, 또하나의문화, 2004.

이진경, 『서비스 이코노미: 한국의 군사주의, 성노동, 이주노동』, 나병철 역, 소명,

2015.

이현지, 「한국 BL 소설의 섹슈얼리티 연구: 오메가버스를 중심으로」, 연세대 국어국
    문과 석사학위논문, 2019.

정민우, 「박재범과 타블로, 그리고 유승준의 평행이론: 한국 대중음악의 초국적화와
    민족주의적 트러블」, 『아이돌』, 이매진, 2011.

조한혜정·황상민·이와부치 고이치·이동후·김현미, 『'한류'와 아시아의 대중문화』,
    연세대 출판부, 2003.

진경지, 「한류 용어의 어원 및 대만 한류 발전에 대한 고찰」, 『동아시아문화연구』
    77, 한양대학교 동아시아문화연구소, 2019.

차우진·최지선, 「한국 아이돌의 역사와 계보, 1996-2010」, 『아이돌』, 이매진, 2011.

최규성, 『걸그룹의 조상들』, 안나푸르나, 2018.

한국여성노동자회·손희정 기획, 『을들의 당나귀 귀』, 후마니타스, 2019.

홍유선·임대근, 「용어 한류의 기원」, 『인문사회 21』 9(5), (사)아시아문화학술원,
    2018.

황성희, 「자포니즘으로서의 북유럽 소비에 대한 연구」, 『비교문화연구』 45, 경희대
    비교문화연구소, 2016.

「버닝썬: K팝 스타들의 비밀 대화방을 폭로한 여성들의 이야기」, 『BBC NEWS
    Korea』, 2024.5.19.,
    https://www.bbc.com/korean/articles/clw0yvy8xvro(검색일: 2024.5.28.)

▍혐오를 넘어, 연대와 환대의 번역지대로 / 김지영

김겨울, 「SF, 무엇, 왜, 지금」, 『책 만드는 파주출판도시 소식』, 출판도시입주기업
    협의회, 2020.

김미정, 「국경을 넘는 페미니즘과 '얼굴 없음'의 정동: 『82년생 김지영』 일본어 번역
    을 중심으로」, 『여성문학연구』 51, 한국여성문학학회, 2020.

김지연·정소연·정세랑·조우리·조해진·천희란·한정현, 「아미 오브 퀴어」, 『큐큐
    퀴어단편선 3 언니밖에 없네』, 2020.

김지영, 「혐오시대의 번역문학: 일본이 읽는 'K-문학'에 관한 단상」, 『문학인』 5,
    소명출판, 2022.

_____, 「여성 없는 민주주의와 'K-페미니즘' 문학의 경계 넘기: 일본에서의 『82년
    생 김지영』 번역수용 현상을 중심으로」, 『일본학』 57, 동국대학교 일본학연

구소, 2022.

윤상인·김근성·강우원용·이한정, 『일본문학 번역 60년: 현황과 분석 1945-2005』, 소명출판, 2008.

윤석임, 「일본의 한국문학 수용 현황과 과제 및 대응방안」, 『일본학보』 62, 한국일본학회, 2005.

이승희, 「일본에 부는 新한류, K-Book 열풍의 현재와 의의」, 『문화영토연구』 2(2), 문화영토연구원, 2021.

이유아, 「소설 『82년생 김지영』의 번역에서 나타난 젠더 표현 양상에 대한 고찰: 여성문말표현을 중심으로」, 『일본어문학』 88, 일본어문학회, 2020.

이한정, 『일본문학의 수용과 번역』, 2016.

_____, 「일본의 국문학 번역서지 목록(1945~2016)」, 『한국학연구』 44, 한국학연구 인하대학교 한국학연구소, 2017.

조경희, 「일본의 #MeToo 운동과 포스트페미니즘: 무력화하는 힘, 접속하는 마음」, 『여성문학연구』 47, 한국여성문학회, 2019.

_____, 「동시대적 정동과 번역불가능한 신체성: 일본에 파급된 'K문학'과 페미니즘」, 『문학과 사회 하이픈』 130, 문학과 지성사, 2020.

후쿠시마 미노리, 「『82년생 김지영』에 열광한 일본 독자들, 그 이후는 어떻게 되었을까」, 『문화과학』 102, 문화과학사, 2021.

石原理, 「DSDを知るために」, 『文藝』 60(4), 河出書房新社, 2021.

エミリー·アプター, 秋草俊一郎訳, 『翻訳地帯 ― 新しい人文学の批評パラアイムに向けて』, 應義塾大学出版会, 2018.

風間孝·河口和也·守如子·赤松香奈子, 「性分化疾患 / インターセックス」, 『教養のためのセクシュアリティ·スタディーズ』, 東京 : 法律文化社, 2021.

金ヨンロン, 「研究展望 現代韓国文学とフェミニズム」, 『昭和文学研究』 81(0), 昭和文学会, 2020.

倉本さおり, 「日本の読者がK文学に見つけたもの」, タバブックス『韓国フェミニズムと私たち』, タバブックス, 2019.

住本麻子·すんみ, 「現実を転覆させる文学 ― 現地の編集者に聞く, 韓国SF小説の軌跡」, 『文藝』 59(4), 2020.

チョ·ナムジュ·斎藤真理子, 「韓国フェミニズム小説『82年生まれ、キム·ジヨン』をめぐって」, 『女性のひろば』 483, 日本共産党中央委員会, 2019.

チョン·セラン, 「アーミー·オブ·クィア」, 『文藝』 60(1), 河出書房新社, 2021.

_____, 「作家ノート」, 『文藝』 60(1), 河出書房新社, 2021.

チョン·セラン·チェ·ソンギョン·斎藤真理子, 「チョン·セラン「アーミー·オブ·クィア」(斎藤真理子訳)について」, 『文藝』 60(4), 河出書房新社, 2021.

チョン·ソヨン, 「韓国のSFについて」, 『ちぇっくCheck』 7, K-BOOK振興会, 2020.

チョン·ソヨン·ファン·モガ·すんみ, 「韓国発の新しいSF」, 『SFマガジン』 63(751), 早川書房, 2022.

永江朗, 『私は本屋が好きでした－あふれるヘイト本、つくって売るまでの舞台裏』, 太郎次郎社エディタス, 2019.

福島みのり, 「日本社会における『82年生まれ、キム·ジヨン』の受容－日本の女性は自らの生をどう言語化したのか」, 『常葉大学外国語学部紀要』 36, 常葉大学外国語学部, 2020.

フラワーデモ(編), 『フラワーデモを記録する』, エトセトラブックス, 2020.

渡辺直紀, 「K文学の日本における受容について－研究者の立場からみた韓国文学とフェミニズム」, 『日本学報』 131, 韓国日本学会, 2022.

Paul Ricoeur, *On Translation*, London & New York: Routledge, 2004.

有井太郎, 「「紙の雑誌」衰退の中、文芸誌『文藝』のリニューアルが大成功した理由」, 『DIAMOND online』, 2019.8.16.,
〈https://diamond.jp/articles/-/211270〉(검색일: 2024.7.10.).

井口かおり·斎藤真理子·坂上陽子, 「日本が「韓国文学」から受けたすさまじい衝撃－－編集者たちが見る「ブームの背景」」, 『東洋経済』, 2019.12.29.,
〈https:// toyokeizai.net/articles/-/321351〉(검색일: 2024.7.10.).

舘野哲, 「なぜ韓国で日本の小説はよく読まれるのか－日韓の出版事情を比較する」, 『国際交流基金 Web Magazine をちこち』, 2011.5,
〈https://www.wochikochi.jp/special/2011/05/tateno.php〉(검색일: 2024.7.10.).

「'과학소설' 전성시대, 왜 지금 SF일까?」, 『시사IN』, 2020.11.25.,
〈https://www.sisain.co.kr/news/articleView.html?idxno=43210〉(검색일: 2024.7.10.).

「"문학이 '혐한' 밀어낸다"…일서 'K-북 페스티벌' 김승복 대표」, 『중앙일보』, 2021.11.17.,
〈https://www.joongang.co.kr/article/25024193〉(검색일: 2024.7.10.).

「SF열풍에…한국 SF소설 선구자 문윤성 재조명」, 『동아일보』, 2021.2.10.,
　　　〈https://www.donga.com/news/Culture/article/all/20210209/10536399
　　　3/1〉(검색일: 2023.7.10.).
「「嫌韓」でない本、今こそ書店がフェア「書店がフェア」」, 『朝日新聞』, 2019.11.12.,
　　　〈https://www.asahi.com/articles/ASMC86QS4MC8UTIL050.html〉(검색
　　　일: 2024.7.10.).

Ⅵ　트랜스내셔널

▌ 트랜스내셔널 여성문학의 공백 / 신지영

〈잡지〉
『抗路』.
『地に舟をこげ-在日女性文学』.
『文藝』(2019年秋季号: 韓国·フェミニズム·日本), 河出書房新社, 2019.7.
『アジアと女性解放』.
『中くらいの友だち』.

〈자료집〉
일제강점하강제동원피해진상규명위원회, 『조선여자근로정신대, 그 경험과 기억』,
　　　일제강점하강제동원피해진상규명위원회, 2008.
宋惠媛 編, 『在日朝鮮女性作品集: 一九四五~八四. 1, 2』, 緑蔭書房, 2014.
　　　　, 『在日朝鮮人文学資料集一九五四~七〇. 3(全3巻セット)』(在日朝鮮人資
　　　料叢書 14), 緑蔭書房, 2016.

〈인터뷰, 전시 도록〉
〈朝鮮料理店·産業「慰安婦」と朝鮮の女性たち~埋もれた記憶に光を~〉, 高麗博物
　　　館, 2017年企画展, 2017年8月30日~12月28日.(이후 이 도록은 다음의 책으
　　　로 출간됨. 高麗博物館朝鮮女性史研究会, 『朝鮮料理店·産業「慰安所」と朝
　　　鮮の女性たち』, 社会評論社, 2021.)
"100万部、韓国女性の苦悩　韓国の作家·趙南柱さん", 『朝日新聞 Digital』, 2018년
　　　12월 14일.

가야누마 노리코 저, 「여자의 힘-『증언집 백만인의 신세타령』을 중심으로」, 『일본학보』 9, 박성희 역, 경상대학교 일본문화연구소, 2004.

가와다 후미코 저, 『빨간 기와집』, 오근영 역, 꿈교출판사, 2014.

_____, 『몇번을 지더라도 나는 녹슬지 않아(식민지 전쟁 시대를 살아낸 할머니들의 노래)』, 안해룡 외 1명 역, 바다출판사, 2016.

강가람, 「2000년 여성국제법정을 통해 본 초국적 여성 연대의 가능성」, 이화여자대학교 여성학과 석사학위 논문, 2006.

권범철, 「현대 도시의 공통재와 재생산의 문제」, 『공간과 사회』 60, 한국공간환경학회, 2017.

김미정, 『움직이는 별자리들』, 갈무리, 2019.

김선혜 외 저, 『경계 없는 페미니즘 (제주 예멘 난민과 페미니즘의 응답)』, 와온, 2019.

동국대학교 한국문학연구소 저, 『한국문학과 여성 (한국문학연구신서 2)』, 아세아문화사, 2000.

로잘린드 C. 모리스 엮음, 가야트리 스피박 외 지음, 『서발턴은 말할 수 있는가?: 서발턴 개념의 역사에 관한 성찰들』, 그린비, 2013.

미리내 지음, 『보통이 아닌 날들: 가족사진으로 보는 재일조선인, 피차별부락, 아이누, 오키나와, 필리핀, 베트남 여성의 삶』, 양지연 옮김, 조경희 감수, 사계절, 2019.

박광현·오태영 편저, 『재일조선인 자기서사의 문화지리 1,2』, 역락, 2018.

박죽심, 「재일조선인 여성작가의 존재방식에 대한 연구: 이양지와 유미리를 중심으로」, 『어문론집』 73, 중앙어문학회, 2018.

박진영, 「여성노동운동의 아시아 연대」, 『페미니즘 연구』 8(1), 한국여성연구소, 2008.

손지연 엮음, 『전후 동아시아 여성서사는 어떻게 만날까』 (경희대학교 글로벌류큐·오키나와연구소 총서 5), 소명출판, 2022.

송연옥, 「재일조선인 여성의 삶에서 본 일본 구술사 연구 현황」, 『구술사연구』 6(2), 구술사학회, 2015.

송혜원, 『재일조선인문학사를 위하여: 소리 없는 목소리의 폴리포니』, 소명출판, 2019.

서아귀 지음, 『할머니들의 야간 중학교』, 유라주 옮김, 오월의 봄, 2019.

석순희 지음, 『조선인과 아이누 민족의 역사적 유대』, 이상복 옮김, 어문학사, 2019.

실비아 페데리치 지음, 『혁명의 영점』, 황성원 옮김, 갈무리, 2013.

엄미옥, 「가족사진 그리고 마이너리티 여성 증언의 서사, 차별과 편견에 저항하고 소통과 연대를 모색한다『보통이 아닌 날들』」, 『아시아여성연구』 58(1), 아시아여성연구소, 2019.

오문자·조영순 저, 『봉선화, 재일한국인 여성들의 기억』, 최순애 역, 선인, 2018.

오세종 지음, 『오키나와 조선의 틈새에서』, 손지연 옮김, 소명출판, 2019.

오카마리 지음, 「제3세계 페미니즘과 서발턴」, 이재봉 사이키 카쓰히로 역, 『코기토』 73, 부산대학교 인문학연구소, 2013.

유미리 저, 『한국시나리오걸작선 084: 가족시네마』, 커뮤니케이션북스, 2005.

윤대석, 「한국에서의 포스트콜로니얼 연구」, 『식민지국민문학론』, 역락, 2006.

윤정화, 「재일한인작가 유미리 소설에 나타난 '장소성' 양상 연구」, 『한국문학이론과 비평』 20(3), 한국문학이론과 비평학회, 2016.

이경원, 『검은 역사 하얀 이론 (탈식민주의의 계보와 정체성)』, 한길사, 2011.

이와부치 히로코 기타다 사치 저, 『처음 배우는 일본 여성 문학사 (근현대편)』, 이상복 외 1명 역, 어문학사, 2008.

이흥섭 지음, 「역자서문」, 『딸이 전하는 아버지의 역사』, 번역공동체 「잇다」 옮김, 논형, 2018.

최효선, 『재일동포문학연구 (1세작가 김달수의 문학과 생애)』, 문예림, 2002.

태혜숙 역, 『서발턴은 말할 수 있는가? (서발턴 개념의 역사에 관한 성찰들)』, 그린비, 2013.

황호덕, 「탈식민주의인가, 후기식민주의인가」, 『상허학보』 51, 상허학회, 2017.

かわさきのハルモニ·ハラボジと結ぶ2000人ネットワーク　生活史聞き書き·編集委員会, 『在日コリアン女性20人の軌跡』, 明石書店, 2009.

康潤伊, 鈴木宏子, 丹野清人 著編集, 『わたしもじだいのいちぶです』 (川崎桜本·ハルモニたちがつづった生活史), 日本評論社, 2019.

キム·スム、 岡裕美, 『ひとり』, 三一書房, 2018.

成律子, 『オモニの海峡』, 彩流社, 1994.

宋恵媛, 『「在日朝鮮人文学史」のために−−声なき声のポリフォニー』, 岩波書店, 2014.

チョ·ナムジュ 지음, 斎藤真理子 번역, 『82年生まれ、キム·ジヨン』, 筑摩書房, 2018.

「百万人の身世打鈴」編集委員 編, 『百万人の身世打鈴(シンセタリョン)−朝鮮人強制連行·強制労働の「恨(ハン)」』, 東方出版, 1999.

朴日粉、 金 潤順, 『生涯現役−在日朝鮮人 愛と闘いの物語』, 同時代社, 2000.

樋口雄一, 「朝鮮料理店女性と産業慰安婦」, 『海峡』, 1992.

樋口雄一, 「日本国内の朝鮮料理店と産業慰安婦」, 『季刊　戦争責任研究』第90号、
　　　2018年夏.

松井やより, 『女性解放とは何か』, 未来社, 1975.

むくげの会, 『身世打鈴‐在日朝鮮女性の半生』, 東都書房, 1972.

小熊英二、姜尚中, 『在日一世の記憶』, 集英社, 2008.

■ 박수남 감독 다큐멘터리 속 오키나와의 강제징용 군속과 '위안부' 재현 연구 / 안민화

권은선, 「일본군 '위안부' 영화의 자매애와 증언전수 가능성」, 『한국콘텐츠학회논문
　　　지』 17(8), 한국콘텐츠학회, 2017.

다카하시 데쓰야 저, 『기억의 에티카: 전쟁, 철학, 아우슈비츠』, 고은미 역, 소명출
　　　판사, 2021.

도미야마 이치로 저, 「증언 '이후': 곁에서 일어나고 있는 일이지만, 이미 타인의
　　　일이 아니다.」, 정유진 역, 『기억의 연대 e‐시리즈』.

도무라 마사루, 『조선인 강제연행』, 뿌리와 이파리, 2018.

문소정, 「행동하는 자료관 「WAM」과 일본군 '위안부'의 기억정치학」, 『동북아문화
　　　연구』 50, 동북아시아문화학회, 2017.

빌 니콜스 저, 『다큐멘터리의 이해』, 이선화 역, 한울아카데미, 2005.

이유혁, 「이동하는 또는 고통스러운 기억들 한국인 종군위안부들의 트라우마의 초
　　　국가적 이동, 그것의 문학적 재현, 그리고 식민의 망각에 관하여」, 『인문연
　　　구』 64, 영남대학교 인문과학연구소, 2021.

오세종 저, 『오키나와와 조선의 틈새에서: 조선인의 '가시화/ 불가시화'를 둘러싼
　　　역사와 담론』, 손지연 역, 소명출판사, 2020.

자크 랑시에르 저, 『이미지의 운명』, 김상운 역, 현실문화, 2014.

정혜경, 『일본의 아시아태평양전쟁과 조선인 강제동원』, 동북아역사재단, 2020.

조르조 아감벤, 『아우슈비츠의 남은자들』, 새물결, 2012.

조르주 디디 위베르만 저, 『모든것을 무릅쓴 이미지』, 오윤성 역, 미학과 정치, 2017.

주은우, 「오키나와 전투와 1피트 운동의 기억의 정치」, 『아세아 연구』 56(4), 아세아
　　　문제연구원, 2013.

최수임, 「'재현할 수 없는 것'의 (비)재현: 조슈아 오펜하이머의 다큐멘터리 〈침묵의
　　　시선〉에서 침묵과 시선」, 『씨네포럼』 19, 동국대학교 영상미디어센터, 2014.

최종철, 「'재난의 재현'이 '재현의 재난'이 될 때」, 『미술사학』 42, 미술사학연구회,
　　　2014.

캐롤 글럭, 「기억의 작용: 세계 속의 위안부」, 나리타 류이치 외 지음, 『감정, 기억, 전쟁』, 정실비 외 옮김, 소명출판사, 2014.

허윤, 「일본군 '위안부' 재현과 진정성의 곤경: 소녀와 할머니 표상을 중심으로」, 『여성과 역사』 29, 한국여성사학회, 2018.

홍윤신, 「'머뭇거리는 인간'을 위한 말들: 오키나와 주민이 본 '위안소'라는 상황」, 『2021 여성인권과 평화국제컨퍼런스 자료집』, 2021.

_____, 『오키나와 전장의 기억과 '위안소'』(『沖縄戦場の記憶と'慰安所'』(インパクト出版会、2016年)『アリランの歌ーおきなわからの証言』.

門間貴志, 「映画史の中の在日朝鮮人」, 「日本に生きるということー境界からの視線」, 山形国際ドキュメンタリー映画祭2005公式カタログ, 2003.

朴壽南 編集, 『アリランの歌ーおきなわからの証言』, アリランのうた制作委員会、2021.

朴壽南, 「不条理を超えてー」, 「アリランのうたNEWS 15号」, 1994, 8月.

Ahn, Minhwa, "(De)colonializing Postwar militarism and the Ecocritical documentary in South Korea and Japan-focused on films on (Zainichi) Korean Hibakusha and Jeju Massacre/Gangjeong naval base" (Journal of North-East Asian Culures, 동북아 문화연구, 2019)

Bruzzi, Stella. *New Documentary*, Routledge, 2006.

Dirlik, Arif. 'Asia Pacific studies in an age of global modernity,' *Inter-Asia Cultural Studies*, Volume 6, Number 2, 2005.

Gluck, Carol. "Memory in Hypernationalist Times: The Comfort Women as Traveling Trope" in *Series, Mnemonic Solidarity*, Vol. 12, Issue 17, 2019.

Lionnet, Françoise & Shih, Shu-mei. "Introduction: Thinking through the Minor, Transnationally" in *Minor Transnationalism*, Duke Press, Kindle eBooks version, 2005.

監督 朴壽南 Park Soonam, https://nutigafu.wixsite.com/park-soonam/korean.

KBS 다큐인사이트, https://vod.kbs.co.kr/index.html?source=episode&sname=vod&stype=vod&program_code=T2019-0296&program_id=PS-2021091563-01-000&broadcast_complete_yn=N&local_station_code=00&section_code=05

박수남과 감독과의 사전 인터뷰, by 안민화 국제학술대회 〈아카이브의 주소를 묻는다: 여성, 디아스포라, 필름메이킹〉, 한국예술종합학교 트랜스: 아시아영상

문화연구소, 2021.9.20.
"CINE TALK: Sunam Park", by 황미요조, 이유미, 국제포럼 〈아카이브의 주소를
　　묻는다: 여성, 디아스포라, 필름메이킹〉, 한국예술종합학교 트랜스: 아시아
　　영상문화연구소, 2021.9.30.

집필자 소개 (게재순)

I 돌봄

■ 재생산 영역은 어떻게 재구성되고 재배치되어야 할까
 : 페미니즘과 문학적 사유를 통해
 이다 유코(IIDA Yuko)
 나고야대학교 인문학연구과 교수

■ 부모돌봄의 적임자로 호명되는 비혼여성들
 : 초고령사회에서 딸노릇과 비혼됨(singleood)의 변화
 지은숙(JEE Eunsook)
 서울대학교 비교문화연구소 학술교수

II 젠더 백래시

■ 일본 #MeToo 운동이 남긴 것
 : 미디어 문화와 페미니즘의 불행한 만남에 대해
 다나카 도코(TANAKA Toko)
 도쿄대학교대학원 정보학환교육부 문화·인간정보학코스 교수

■ 일본의 #MeToo 운동과 포스트페미니즘
 조경희(CHO Kyunghee)
 성공회대학교 동아시아연구소 부교수

▎2000년대 이후 일본에서 나타난 두 번의 젠더 백래시
　신기영(SHIN Kiyoung)
　오차노미즈여자대학교 인간문화창성과학연구과 및 젠더연구소 교수

Ⅲ　주체

▎87년 이후 광장의 젠더와 계보
　: 한국여성대회, 장애여성운동, 퀴어문화축제를 중심으로
　허윤(HEO Yoon)
　국립부경대학교 국어국문학과 부교수

▎'페미니즘 대중화' 시대, 페미니스트 독서/출판의 향방
　: '여성 에세이'를 중심으로
　정고은(JEONG Goeun)
　성균관대학교 대동문화연구원 선임연구원

▎중국 개혁개방기 80년대생(80後) 여성의 '욕망' 재현
　: 장소성과 젠더관점을 중심으로
　김미란(KIM Miran)
　성공회대학교대학원 실천여성학전공교수·동아시아연구소 HK교수

Ⅳ　섹슈얼리티

▎타이완 동성애 문학에 있어서 '일본'
　: 추먀오진(邱妙津)과 리 고토미(李琴峰)를 중심으로
　장웬쉰(CHANG Wenhsun)
　국립타이완대학교(NTU) 부교수

▎일본의 〈퉁즈문학〉
　: 리 고토미와 일본의 타이완 LGBT문학 수용
　유수정(YU Sujeong)
　숙명여자대학교 인문학연구소 연구교수

V K컬처

▌ 젠더화된 메타서사로서 한류, 혹은 K-엔터테인먼트 비판

류진희(RUE Jinhee)

성균관대학교 초빙교원

▌ 혐오를 넘어, 연대와 환대의 번역지대로

: 일본에서의 'K문학' 수용에 관하여

김지영(KIM Jiyoung)

숙명여자대학교 인문학연구소 HK교수

VI 트랜스내셔널

▌ 트랜스내셔널 여성문학의 공백

: '자기서사 공통장 텍스트'로서의 재일조선여성문학

신지영(SHIN Jiyoung)

연세대학교 비교문학협동과정 부교수

▌ 박수남 감독 다큐멘터리 속 오키나와의 강제징용 군속과 '위안부' 재현 연구

: 마이너 트랜스내셔널한 기억과 '비커밍 아웃(becoming out)'으로서의 증언

안민화(AHN Minhwa)

숙명여자대학교 인문학연구소 인문사회 학술연구교수

한국일본학회 기획총서5-문학편

동아시아 젠더·페미니즘의 현재

2024년 9월 27일 초판 1쇄 펴냄

펴낸이 한국일본학회
발행인 김흥국
발행처 보고사

책임편집 이순민
표지디자인 김규범

등록 1990년 12월 13일 제6-0429호
주소 경기도 파주시 회동길 337-15 보고사
전화 031-955-9797(대표)
메일 bogosabooks@naver.com
http://www.bogosabooks.co.kr

ISBN 979-11-6587-764-4 93300
ⓒ한국일본학회, 2024

정가 34,000원

이 책은 공익법인 도시바국제교류재단의 2023년도 조성금에 의한 출판물이다.
本書は公益法人東芝国際交流財団の2023年度助成金による出版物である。